선교적 교회 목회론

THE MINISTRY OF MISSIONAL CHURCH

배현찬 지음

쿰란출판사

선교적
 교회
목회론

발간사

《사회선교는 이렇게》(Social Mission for Love and Justice)를 출판한 이후, 어느덧 세월이 흘러 교회 창립 20주년을 맞게 되었습니다. 한국과 북미주에서 그 책에 실린 이론과 사례들에 대해서 매우 적극적인 반응과 긍정적인 호응을 보내온 것에 격려와 책임을 동시에 갖게 되었습니다.

그 후 사회 선교관(Social Mission Center)을 건립하고(2014년), 4회에 걸친 전국적인 '선교적 교회 세미나'를 개최하면서 여러 모로 도전을 받고 사명을 다져 왔습니다.

그래서 이번에 지난 책에 목회리더십을 추가·보완을 해서 개정판으로 새롭게 출판을 하게 되었습니다. 특별히《선교적 교회 목회론》(The Ministry of Missional Church)이라고 제목을 정하면서, 목회론적인 측면에서 이론과 실례들을 추가하였습니다. 북미에서 선교적 교회의 이론을 정립하고, 선교적 교회 운동을 촉진하시는 대럴 구더 교수께서 발표하시고 기고하신 '선교적 교회: 도전과 기회'를 권두언에 실었습니다.

후반부에는 선교적 교회 목회 리더십에 관하여 이론적으로 추가하였으며(8부), 마지막으로 추가된 목회 실제 사례(9부)에서는 현장감 있는 사역 경험을 선교적 목회 리더십의 관점에서 나누었습니다.

부록에서는 공동체 나눔을 통해서 함께 선교적 공동체를 이루어 가는 교인들의 최근 나눔들을 수록함으로써 독자들로 하여금 실제감 있는 체험을 하도록 하였습니다.

이번 개정·보완판에는 세 분의 추천사가 추가되었습니다. 선교적 교회 세미나에서 주제 강의를 해주신 국·내외의 대표적인 중진 신학자들(선교학, 윤리학)께서, 함께 머무는 며칠 동안, '주예수교회'의 사역 현황과 목회 현장을 경험하고 공감하신 후 보내 주신 귀한 옥고들입니다. 이번에 출판한 책이 한국과 미국 그리고 전세계 디아스포라 한인 교회 목회자들과 신학생들에게 도움이 되는 자료가 되기를 간절히 바랍니다.

담임목사와 함께 '선교적 교회의 역사적 사명'을 감당해 가며 창립 20주년을 맞는 주예수교회에 하나님의 은총이 더하시기를 바랍니다.

2019년 7월
주예수교회 담임목사
배현찬

추천사

장로회신학대학원 선교학 교수
한 국 일

　선교적 목회는 선교적 교회를 실천하는 목회적 관점이며 형태이다. 선교적 교회는 단지 시대적 요청에 따른 일시적 현상이 아니라 성경에서 가르치는 교회론의 본질이며, 또한 우리 시대에 수행해야 할 시대적 과제이다. 교회의 본질이 선교라는 명제를 받아들인다면, 이러한 교회의 특성을 나타내는 '선교적'이라는 용어는 교회의 다른 역할에도 동일하게 적용하는 것이 가능하다. 선교적 교회와 함께 선교적 그리스도인, 선교적 삶, 선교적 예배 등 이 모든 것을 포괄적인 목회 활동을 가리키는 용어로 '선교적 목회'란 표현을 사용할 것을 제안한다.
　교회가 속한 모든 현장이 선교 현장이라는 논지에서 보면, 교회가 하는 모든 일은 선교적 증언을 지향해야 한다. 교회 안에서 필요한 사역들, 예배, 설교, 성경 공부, 심방과 상담, 행정 등을 수행하는 목회 활동 역시 그 자체가 목적이 아니라 지역교회와 그리스도인의 삶이 세상에서 증인이 되는 것에 있다. 지역교회가 선교적 교회를 구체화하는 것은 실제적으로 목회자의 목회관에 달려 있다. 목회직의 이해는 시대와 상황에 따라 다양한 관점으로 발전되거나 확장되어 왔다. 그러나 역사적 연구를 통해서 살펴본 목회직은 대부분 교회 내부적 일에 집중되어 있다. 이러한 교회 중심적 패러다임의 변화는 목회자의 신학적 인식과 관점의 변화로부터 시작한다.

  목회자는 더 이상 제도권에 속한 목회자가 아니라, 낯선 선교 현장으로 보냄을 받아 모든 것을 새롭게 시작하는 선교사의 영성과 운동성을 회복하고 목회에 적용해야 한다. 교회 안에서 교인들만을 대상으로 하는 활동의 범위를 넘어 목회 영역을 지역 사회로 확장하는 것은, 단지 현재의 교회가 직면한 정체 상태를 해결하기 위한 방법으로 제시하는 것이 아니다. 이미 선교적 교회론에서 충분히 논의가 된 것처럼 교회는 세상(지역) 안에 거하고, 세상을 향하여 보냄을 받은 '선교 공동체'라는 교회의 본질에 근거하고 있기 때문이다. 교회가 본질적으로 선교적 교회라면 그 교회에 주어진 목회 활동 역시 기존의 교회 안이라는 제한된 활동의 범위를 넘어 지역과 세상을 향해 활동 범위를 확장해야 할 것이다.

  인류 역사를 보면, 인간은 자신이 태어나 자란 고향을 떠나 어떤 이유에서 다른 나라로 이주하여 살게 되는 이주민 역사를 형성해 왔다. 성경에서 이주민 역사의 대표적 사건은 아브라함이 자신의 고향 갈대아 우르를 떠나 하나님이 지시하는 땅 가나안으로 이주한 사건이다. 야곱 또한 젊은 날에 부모 집을 떠나 외삼촌 라반의 집에서 20년간 살면서 부인과 자녀를 얻었다. 요셉은 애굽으로 팔려간 어려운 상황에서도 하나님을 철저하게 신뢰한 결과 이방인으로서 왕 다음의 최고 관리가 되어 전 애굽을 통치하는 자가 되었다. 이같이 성서에 기록된 사건 속에서 이주의 역사를 볼 수 있다. 이주의 역사는 인간의 역사와 동일하게 진행하고 있다. 그러나 현대 역사에서 이러한 현상은 매우 급진적으로 진행되고 있다.

  한 자료에 따르면, 1960년대 이후를 "이주의 시대"(the age of migration)

라고 이름 붙이고 있다. 유엔 자료에 의하면 2005년 한 해에 세계적으로 191만 명의 사람들이 국가의 경계선을 넘어 다른 나라로 삶의 터전을 옮겼다. 이러한 숫자는 어림잡아도 세계 인구의 2.95퍼센트이며 또는 브라질 인구에 필적하는 숫자이다. 그것은 세계 인구의 34명 중 한 명 꼴로 자신의 고향을 떠나 다른 곳으로 이주한 것을 의미한다. 전 세계적으로 이주민 증가 현상은 지난 40년 동안 150퍼센트 증가한 것이며, 또한 1975~2005년의 지난 30년보다 그 수가 배나 증가한 것을 의미한다.

배현찬 목사님이 시무하시는 주예수교회는 전 세계에 흩어져 있는 한국의 디아스포라 교회 즉 이민 교회이며, 디아스포라 교회로서 선교적 교회를 잘 실현하고 있는 대표적 교회이다. 전 세계에 흩어져 세워진 한인 교회의 첫 번째 선교적 과제는 고국을 떠나 전 세계에 흩어져 살아가는 이민자 그리스도인들을 돌보는 사역으로 시작하였다. 한인 교회의 역사는 한인 이주민 역사와 더불어 시작하였다. 한인들이 모여 살고 있는 곳은 어디든지 한인 교회가 세워져 있다. 이것이 디아스포라 한인 교회의 선교적 과제였다. 한인 교회의 두 번째 선교 사역은 한인 사회에 구심적 역할을 하면서 한국에서는 신앙을 갖지 않은 동포들에게 복음을 전하며 선교 활동을 전개하는 것이었다. 이런 점에서 한인 교회는 한인 사회안에서 선교적 교회로서 역할을 수행하여 왔다.

이제 한인 교회의 선교 사역은 첫 번째와 두 번째 사역을 넘어 세 번째 사역으로 확장되어야 한다. 그것은 한인 교회가 세워진 현지 사회 속으로 들어가 현지 교회들과 협력사역을 하며, 또한 다양한 방향으로 현지 사회에 선교 사역과 영향력을 나타내는 일이다. 특히 북미나 유럽에 있는 한인 교회들이 한인 이민자들이 전과 같이 증가하지 않는 상태에서 한인 사회 안에만 머물려고 하면 점차적으로 한인 교회는 축소되고 말 것이다. 이런 현상은 이미 서구사회에 세워진 한인 교회들에 나타나고 있다.

물론 한인 교회의 생존을 위해서가 아니라, 한인 교회들이 가진 신앙의 열정과 헌신적인 자원을 한인 교회 안에서만 소화하지 말고 현지 교회들과 사회 속으로 들어가 그들에게 다양한 형태와 방법으로 선교적 영향을 미치는 것이 현 시대에 필요한 선교적 과제이다.

주예수교회는 이런 점에서 한인 사회 안에서 교민들에게 선교하는 교회에 멈추지 않고 미국 사회 안으로 들어가 하나님 나라의 복음을 전하고 그 영향력을 나타내는, 선교적 디아스포라 한인 교회를 대표하는 교회로 존재하며 활동하고 있다. 담임목회자인 배현찬 목사님은 개척하여 현재에 이르기까지 성도들과 함께 교회를 한인 사회 속에서 교회를 세워 갈 뿐 아니라 현지 사회에 매우 활발한 선교 활동을 전개하고 있다. 디아스포라 한인 교회들이 이제 한인의 범주를 넘어 현지 사회 속으로 그리고 현지 교회들과 협력하여 서로에게 도전이 되는 선교적 교회를 지향하는 것이 오늘날 전 세계에 세워진 한인 교회들이 새로운 과제이다.

배현찬 목사님이 오랫동안 실제적으로 선교적 목회를 해오신 주예수교회의 경험을 이론적으로 정리하여 다른 디아스포라 한인 교회들과 공유할 뿐 아니라 고국인 한국 교회에도 큰 도전이 되는 훌륭한 내용을 담은 책을 출판하게 된 것을 진심으로 축하하며 이 책을 추천한다.

추천사

서울신학대학원 선교학 교수
최 형 근

오늘날 '선교적'이라는 단어가 부상하게 된 이유는 교회의 존재 이유와 삶의 방식이 그 본질과 지나치게 괴리되어 있기 때문일 것이다. 선교를 정의하는 방식에 따라 교회의 사역 방향이 결정되고 구조와 조직이 결정된다. 지난 20여 년 가까이 선교적 교회 운동에 참여하면서 곤혹스러웠던 점은 선교적 교회론에 대한 남용과 오용 그리고 작위적 적용이었다. 그 결과 선교적 교회도 일종의 교회 성장을 위한 실용적인 개념으로서 간주되는 경향을 보였다. 삼위 하나님은 서로 사랑하고 상호 내주하며 교통하시는 존재이다. 만일 교회가 영원한 신적 순환관계 가운데 거하시며 서로를 향해 열린 방식으로 존재하는, 관계적이며 사회적이고 공동체적인 삼위 하나님의 존재를 이해하지 못하면, 교회는 세상과 타자를 향해 폐쇄적이 되며 자신만을 위한 권력 집단으로 변질된다.

2014년 초, 미국 버지니아 주 리치먼드의 주예수교회 배현찬 목사님께 이메일을 받았다. "선교적 교회, 건강한 교회"라는 주제로 개최하게 될 제1회 선교적 교회 세미나 강사로 초청하고 싶다는 것이었다. 배현찬 목사님에 관해서는 잘 알지 못했고 만나 본 적도 없었기에, 주예수교회 웹사이트를 통해 목사님의 사역을 살펴보고 놀라움을 금할 길이 없었다. 웹사이트를 보면서 오랜 디아스포라 사역을 하면서 교회의 본질에 관해 고민하신 배 목사님의 흔적들을 발견할 수 있었다. 특히 2011년 한인 교회 최초로 미국 장로교(PCUSA)에서 사회 봉사상을 수상하고 2014년 사회 선교관을 봉헌하여 사회 선교 연구원을 설립한 주예수교회가, 디아스포라 공동체로서 선교적 교회의 원리에 관해 고민하고 지역 사회의 다양한 영역들에 적용하려 애써 온 흔적들이었다.

방문하는 짧은 기간 동안 주예수교회의 사역을 돌아보며 교회 건물이라는 공간과 주일이라는 특정 시간을 넘어 지역 사회에서 같이 살아가고 있는 이웃들과 함께하려는 모습을 엿볼 수 있었다. 특히 다인종 사회에서 발생하는 인종 갈등과 후기 자본주의 사회가 초래한 빈곤과 소외 그리고 불의가 만연한 상황에서 주예수교회의 지역과 함께하는 사역은, 이웃을 대상화하는 것이 아니라 긍휼과 환대 그리고 손 대접이라는 초대교회 공동체의 모습을 구현하려는 말씀과 행동이 일치된 모습이었다.

교회는 삼위일체 하나님에 의해 세상으로 보냄 받은 하나님 백성이며 예수 그리스도의 몸으로 존재한다. 교회가 지역 사회와 연관되지 않고 교회 자체를 위해 존재한다면, 그것은 교회됨과 교회의 삶을 포기하는 것이다. 지역과 상관없는 교회, 지역의 비난과 무관심이라는 사각지대에 놓인 교회의 현실은 교회의 혁명적이고 전복적인 본래적 성격과는 전혀 무관하다. 교회의 전복적인 성격은 그리스도의 성육신을 통해 나타난다. 성육신과 하나님의 선교는 분리되지 않는다. 예수께서 몸으로 세상에 오신 것은 하나님의 사랑이 세상에 흘러넘친 선교적 자기 파송이었기 때문이다.

이러한 선교적 교회의 원리들을 배현찬 목사님의 목회 리더십에서 발견하는데, 그것은 성육신적이며 선교적이고 총체적 차원을 띠고 있다. 사람들을 교회로 불러 모으는 것이 아니라, 모든 신자들과 함께 지역 사회로 들어가 참여하고 유대감을 형성하여 복음을 몸으로 살아 내는 것이었다. 이 지점에서 주예수교회가 나가는 방향을 확인할 수 있었다.

기독교 신앙은 본래 지나간 일들을 '돌아보며'(回想) 다가올 일들을 '바라보는'(期待) 가운데 교회 공동체 앞에 놓인 미지의 길을 향해 발걸음을 내딛는 것이다. 배현찬 목사님의 선교적 목회가 복음을 부여잡고 세상 속으로 들어가려는 가슴 벅찬 사역을 이루어 냈다면, 미래에 이루어질 일들은 지나간 발자취와 현재의 모습 가운데 고스란히 녹아 아름다운 무늬장식 천으로 지역 사회와 한인 디아스포라 교회들 가운데 드러난 것이다.

주예수교회 창립 20주년을 맞이하여 선교적 교회의 원리에 근거한 목회론을 출판하시는 배현찬 목사님과 선교적 순례 여정에 동참하여 아름다운 하나님 백성의 이야기를 함께 엮어 내신 성도님들께 진심으로 축하의 말씀을 드린다. 이 책을 통해 한인 디아스포라 교회들뿐 아니라 북미 교회들이 삼위일체 하나님에 의해 세상으로 보냄 받은 교회의 선교적 본질을 발견하고 적용하여 공동체의 고유한 이야기들을 만들어 내기를 바란다.

추천사

풀러신학교 기독교 윤리학 교수
이 학 준

　배현찬 목사님이 쓰신 이 책은 이민 교회 사역의 현장에 선교적 교회 이론을 접속시킨 귀한 책입니다. 미국 내에 3,000여 이민 교회가 있지만 이민 교회의 독특한 현장성을 연구해서 생각해 낸 사역들이 많지 않고, 선교적 교회에 대한 논의는 많으나 이를 실제로 이민 한인 교회에 적용시킨 예는 거의 없는 상황에서, 이 책은 선교적 이론에 대한 논의와 더불어, 리치먼드의 주예수교회를 담임하면서 성도들과 함께 실제적으로 선교적 교회의 기치 아래에서 해온 여러 사역들을 현장성을 담은 책이기에 많은 도전과 감동을 제시합니다.

　지역 속에 존재하는 교회, 하지만 갇혀 있는 것이 아닌 여는 교회, 기다리는 것이 아닌 다가가는 교회로서의 사역이 무엇인지 잘 보여줍니다. 특히 인종 화합과 노숙자 사역 등 사회 참여의 사역들은 그동안 마음은 있지만 감히 엄두를 못 내던 많은 이민 교회들에게 신선한 도전과 용기를 줄 것입니다. 이에 이민 사역자들과 신학생들의 일독을 권합니다.

추천사

연세대학교 기독교 사회 윤리학 교수, 전 한국기독교윤리학회 회장
정 종 훈

존경하는 배현찬 목사님은 저의 대학 선배님인 동시에 제가 리치먼드 유니온 신학교의 방문교수로서 연구년을 보내던 1년 동안(2006년 7월~2007년 8월)에 저와 함께해 주신 정겨운 담임목사님이시기도 합니다. 그분께서 귀한 저서를 출판하면서 추천사를 요청하셨을 때, 후배가 추천사를 쓴다는 것이 주제 넘고 부끄러운 일이 아닌가 생각되었지만 그분의 목회 철학과 목회 현장을 직접 경험한 저로서는 영광스러운 일이라 여겨져 감히 추천사를 쓰기로 마음 먹었습니다.

저자 배현찬 목사님은 라인홀드 니버로부터 "사랑과 정의"라는 기독교윤리학의 토대를 놓으시고, 마틴 루터 킹 주니어로부터 "다인종 사회에서의 인권운동"이라는 기독교윤리학의 실천적 방향을 설정하하셨습니다. 그 후 목회와 사회선교의 양축을 균형 있게 견지하고 계신, 보기 드문 리더십의 목회자이자 실천적인 윤리학자이시고, 동시에 삶의 자리를 정의 위의 평화 공동체로 변혁하고자 애쓰는 사회운동가이십니다.

배현찬 목사님께서 저술하신 《선교적 교회 목회론》에 소개된 글들과 프로그램들은 '주예수교회'의 일원으로 생활하던 저에게 너무도 익숙한 것들입니다. 조금도 과장됨 없이 있는 그대로 소박하게 소개되어 있습니다. 이 책은 미국의 한인 교회뿐만 아니라 세계 도처에 있는 한

인 디아스포라 교회들까지, 교회가 한국인만의 섬처럼 되지 않고 지역 사회와 호흡하기를 원한다면 좋은 지침서이자 교보재로 사용될 수 있을 것이라고 사료됩니다.

지금 한국의 교회는 성장이 정체되다 못해 마이너스 성장 중에 있습니다. 한국 교회는 세상을 선도하던 초창기 교회 전통과 달리 세상으로부터 지탄을 받는 현실에 놓여 있습니다. 세상의 상식조차 행하지 못하는 한국 교회에 과연 희망이 있을까 의문을 품는 사람들이 적지 않습니다. 그러나 한국 교회는 사회적 물의를 일으키는 소수 대형 교회들보다 하나님의 뜻을 따르고자 애쓰는 '주예수교회'와 같은 익명의 다수 교회들로 구성되어 있다는 것이 희망적입니다.

예수께서는 "너희는 세상의 소금이다", "너희는 세상의 빛이다"라고 말씀하셨습니다. 교회와 기독교인들이 소금과 빛으로서 자기 사명을 감당해야 하는 곳은 교회 공동체가 아니라 세상 한가운데라는 것입니다. 이 책은 배현찬 목사님 혼자 쓰신 책이 아니라 '주예수교회'의 교우들, 그리고 지역 인사들까지 한마음으로 동참한 사회 선교의 결정체로서 세상과 함께 기뻐하며 세상으로부터 거두어들인 공동의 산물이라 여겨집니다.

배현찬 목사님은 꿈의 사람입니다. 그분은 마틴 루터 킹 주니어의 꿈을 계승 발전시키며 지역 사회에서 구현한 결실을 이 책을 통해서 우리에게 나누어 주고 있습니다. 어느 나라든 다인종이 함께 사는 사회는 긴장과 대립, 갈등으로 이어지기 쉽습니다. 우리 한국 사회 역시 외국인 이주 노동자들과 다문화 가정의 식구들 130여 만 명, 탈북 새터민 25,000여 명 등으로 인해 인종적·문화적 차이가 문제시되고 있습니다. 차이는 서로의 부족함을 채워 주는 풍성함의 조건임에도 불구하고, 차이를 차별하는 모든 사회의 교회와 기독교인들은 "이리와 어린 양이, 표범과 새끼 염소가, 송아지와 사자가, 암소와 곰이, 독사와 어린아이가 함께 뒹구는" 하나님 나라의 비전을 현실화하려는 배현찬 목사님과 '주예수교회' 교우들의 수고에서 큰 배움을 얻을 수 있으리라 확신합니다.

우리는 흔히 많이 가진 자를 부자라고 말하지만, 주님께서는 적지만 주님과 이웃을 위해 다 내놓을 수 있는 자, 자신의 것을 나눔으로 하늘 창고에 부를 쌓으려는 자를 진정한 부자라고 말씀하십니다. '주예수교회'는 교인의 수나 교회 건물의 규모로 볼 때 대단히 큰 교회는 아닙니다. 그러나 전체 예산의 1/3 이상을 언제나 선교비로 책정하고 지역 사회와 지극히 작은 자들을 진심으로 섬기고자 노력하는, 정말 큰 교회입니다. 세상적인 기준으로 큰 교회가 아니라 주님의 기준으로 큰 교회를 지향하는 '주예수교회'의 대열에 목회자 독자들과 평신도 독자들 모두가 함께 동참하기를 기대하면서, 이 책의 일독을 추천하는 바입니다.

추천사

서울장신대학교 신학대학원장, 전 한국실천신학회 회장
김 세 광

범람하는 홍수처럼 쏟아져 나오는 서적들 속에 본서가 출판되어야 하는 가치가 무엇일까를 생각해 보았는데, 다음 세 가지가 그것입니다.

첫째, 본서는 이민 교회 목회자들을 위한 통찰력 있는 목회 지침서입니다. 이민 교회 목회자들의 목회 사역의 지평을 넓히고, 앞으로 나아갈 수 있는 자신감을 불어넣어 줍니다. 이민 사회의 척박한 현실에서 자칫 개교회의 성장과 개교인들의 영적 안위에 함몰될 수 있는 이민 목회 상황에서 목회자들이 이웃과 사회를 생각하고 거시적으로 섬기는 공동체적 안목을 갖는다는 것은 매우 어려운 일입니다. 그런 점에서 이 책은 예언적인 성격을 지니고 있습니다.

둘째, 이민 사회의 단체장이나 그룹들의 전략 지침서이기 때문입니다. 이 책은 이민 교회가 이민 사회의 정신적 리더로서의 역할을 하고 있다는 것을 확실히 보여주고 있습니다. 이민 사회의 어떤 단체나 개인이 다인종 지역 사회를 이렇게 전략적으로 진정성 있게 섬길 수 있겠습니까! 한인 커뮤니티를 너머 다른 소수 인종의 커뮤니티에도 자극이 되는 역사적 자료로 사용될 수 있을 것입니다.

셋째, 이민자들 개개인의 의미 있고 보람된 삶을 위한 지침서입니다. 세계 역사상 어느 때나 이민자들은 사회의 소수자로서 본인들의 생존에 연연할 수밖에 없는 환경적 구조에 갇혀 있는 이들인데, 본서가 보고하고 있는 주제와 사건들은 이민자 개개인으로서는 엄두 내지 못할 굵직굵직한 프로젝트들입니다. 이 책을 읽고 있는 동안 독자들은 한국 이민자들이 미국 땅에서 단지 자신들의 생존 게임이 아니라, 성서적 가치를 실현하는 미국 사회를 건설하는 현장에 서 있음을 느낄 수 있습니다. 미국으로 이민 오게 된 이유와 동기가 개인적 차원에서 사회적이고 역사적 차원으로 발전하는 짜릿함을 맛볼 수 있을 것입니다.

본인은 한국 신학계의 여러 논문들을 읽고 평가하는 작업 중에 이 글을 쓰고 있는데, 이 책이 이민 교회의 사회적 공헌에 대한 성서적 원리와 실제를 다룬 귀한 자료와 교과서로서 활용되었으면 하는 바람이 생기면서 미국 사회뿐 아니라 세계 모든 나라에 흩어져 있는 한인 교회의 목회적 로드맵으로 제시할 수 있겠다는 생각이 들었습니다. 주예수교회의 창립 시부터 저자의 마음 속에 담겨 있던 섬기는 공동체에 대한 뜨거운 비전을 옆에서 지켜보았던 본인으로서는, 이 책에 수록된 한 사건 한 사건, 한 글자 한 글자가 성경 말씀을 읽을 때처럼 감동과 은혜로 다가옵니다.

축하 메시지

사회봉사상 축하 메시지

Dr. Kenneth J. McFayden
유니언 신학교 학장

한인 교회 최초로 '사회봉사상'(Elinor Curry Award)을 수상한 주예수 교회 성도 여러분께 먼저 축하의 말씀을 드립니다.

이 상은 미국 전역에 있는 모든 미국 장로교회를 대상으로 매년 한 차례 한 교회를 선정하여 수여합니다. 올해는 여러분이 수상자가 되셨습니다. 이 상이 부여하는 바에 대해 잠깐 말씀드리겠습니다.

사회봉사상은 유니언 장로교 신학교의 기독교 교육에 대한 깊은 열정과 헌신에서 비롯되었습니다. 기독교 교육은 예배와 선교에 직접적으로 연결되어야 하고, 이는 우리의 삶 속에서 예수 그리스도의 제자로서의 부르심에 합당한 삶으로 인도되어야 한다고 생각합니다. 따라서 이 상은 단지 남을 위해 수고했기 때문에 주어진 것은 아닙니다. 정의를 실천하고 자비를 사랑하며 하나님과 겸손히 동행하도록 부르시는 하나님의 요청에 순종하였기에 주어진 것입니다.

이는 또한 회중의 온전한 변화를 통해 하나님을 예배하게 되고, 부활하신 그리스도와 성령의 인도하심을 통해 그리고 하나님의 임재하심을 통해 끊임없이 개혁하는 교회가 되도록 도전을 주려는 의미가 있습

사회봉사상(Elinor Curry Award) 수상 편지, 기사

사회 선교 게시판

니다. 이 상의 모든 수상자들의 공통점이 있는데, 그것은 정의를 구현하는 다양한 사역을 통해 회중의 삶과 사역에 큰 변화를 가져왔다는 것입니다. 얼마나 많은 재정이 들어가고, 얼마나 참여 봉사자들이 많았느냐는 크게 중요하지 않습니다. 참가의 깊이와 넓이가 더 중요합니다. 즉, 이 사역에 대한 회중의 의지, 참가자들의 세대별 다양성, 재정, 인력, 물리적 자원이 전체적으로 어떻게 이 사역을 위해 사용되었는지가 고려됩니다.

이러한 사역이 한 회중에게 얼마만큼의 양적인 성장과 영적인 성장을 가져왔는지도 중요한 심사 기준이 됩니다. 좀 전에 보았던 영상에서 보았던 바와 같이, 다른 교회와 기타 사회 사역 기관들과 얼마만큼 협력하는지도 살펴봅니다.

이러한 다양한 심사 기준으로 볼 때 주예수교회는 "사랑과 정의를 위한 사회 선교"(Social Mission for Love and Justice)라는 타이틀을 가지고 다양한 선교 사역을 충실히 이행하고 있음을 보게 됩니다. 인종 화합 음악제(Intercultural Music Festival)를 통해 다른 문화와 인종의 교회와 협력하는 것을 볼 수 있었습니다. 한국 음식 문화 축제를 통해 한국 교회만의 넉넉한 인심으로 맛있는 한국 음식과 친절함을 잘 보여주셨습니다. 또한 카리타스, 먼로 공원 노숙자 선교, 주택 보수(Renew Crew) 등 교회 안팎의 봉사 활동에도 열심히 참여하셔서 많은 이들이 큰 감동과 고마움을 느꼈습니다. 애팔래치아(Appalachian) 산골 빈민 선교와 우간다 아동 구호 등 먼 지역까지 도움의 손길을 뻗쳐 하나님의 임재를 그들에게 보여주는 귀한 사역을 감당해 오셨습니다.

그동안의 사역을 통해 여러분은 하나님의 말씀의 힘을 목격했습니다. 생명으로 인도하시는 하나님의 영의 임재를 경험했습니다. 하나님께서 여러분의 새로운 가능성을 일깨우시고, 여러분을 생명을 변화시키는 사역으로 인도해 오셨음을 느꼈을 것입니다. 1, 2세들이 함께해 온 이러한 생명의 사역들을 앞으로도 더욱 지속, 발전시켜야 할 것입니다. 하나님의 말씀과 한국과 미주 한인 문화의 특성을 잘 조화시켜 지역 가운데 화해와 평화를 가져오는 역할을 잘 감당할 수 있기를 바랍니다. 하나님은 여러분을 더욱 기대하고 계십니다.

(2011년 6월 19일 선교주일 예배 시)

제5회 다문화 음악 축제 참가 교회 목회자 및
지역 사회 지도자(주 하원의원)

제7회 다문화 음악 축제 포스터

먼로 공원 급식 사역

사잇글

샬롯츠빌 폭동 사태를 보면서

"목사님 계신 곳은 어때요?" "손녀가 UVA(University of Virginia)에 입학해서 며칠 있으면 가려고 하는데 괜찮겠습니까?"

미국의 여러 도시와 멀리 한국에서까지 샬롯츠빌(Charlottesville, VA)에서 일어난 폭동 사건을 보고 안부를 계속해서 물어오고 있다. 오늘 아침 마이애미의 한 지인으로부터 염려스러운 질문을 받고 자세한 배경 설명과 현지 소식을 전해 주면서 이 글을 써야겠다고 마음을 먹게 되었다. 지난 월요일(14일) 이곳에서 한 시간 떨어진 그 도시를 방문하고 온 다음 화요일 오후 대통령의 사저(Trump Tower)에서 기자 회견을 한 내용을 보고 여러 언론에서 뜨거운 갑론을박을 벌이는 모습을 몇 시간에 걸쳐 본 다음이라 더욱 마음이 간절해서이다.

인구 47,000여 명의 산골 소도시이면서 주위의 몇 풍요로운 카운티와 더불어 약 15만의 경제 인구로 미국에서도 살기 좋은 도시로 알려진 샬롯츠빌은 모든 여건이 잘 갖추어져서 은퇴하기에도 좋은 곳으로 소문이 나 있다. 도시 뒤를 등지고 있는 유명한 블루리지 마운틴(Blue Ridge Mountains)의 애팔래치아 산맥과 도시 앞 산봉우리에 우뚝 선 건국의 아버지요 독립 선언문 작성자인 토머스 제퍼슨(Thomas Jefferson)의 몬티첼로(Monticello)를 앞 뒤로 두고 도시 중앙에 자리 잡은 UVA는 미국 내에서 최고의 명문 주립대 가운데 하나로, 지역 사회는 이 대학과 병원 등을 중심으로 구성되어 있다.

역사의 고풍스런 흔적을 담은 다운타운의 올드 히스토릭 타운(old historic town)과 인근의 옛 법원 건물과 맞닿아 있는, 남북전쟁 당시 남군 총사령관이었던 로버트 리(Robert Lee) 장군 동상이 바로 이번 폭동 문제의 발단이다. 전쟁 후 남북 모두에게 존경을 받는 지도자인 리 장군의 동상을 인종주의적인 남부연합군(Confederate Army)의 상징을 의미한다고 보기 때문에, 시의회는 이 동상을 철거하기로 하였다. 이 결정에 대한 반발로 KKK에서 오래전부터 전국적인 준비를 한 데모대와 또 이 데모를 반대한 그룹과의 충돌이었기 때문이다. 두말할 것 없이 인종차별주의(Racism)가 이번 폭동의 핵심이다.

지난 10여 년 오바마 대통령 정치하에서 수면 아래로 감춰져 있던 백인 우월주의(White Supremacy)가 트럼프 대통령의 등장과 함께 수면 위로 떠올랐다. 화이트 내셔널리스트(White Nationalist)들이 공공연히 그들의 목소리를 높인 것이다. 새 정권의 이민 정책을 옹호하면서 편협한 국가 우선주의(America First)의 가치관으로 포장한 KKK와 네오나치(Neo-Nazi)를 중심으로 한 그룹이 시대적인 흐름을 이용하여 인종폭동을 일으켰다.

대통령을 비롯한 백악관의 보수적인 목소리를 내고 있는 극우향(All-Right)의 편향적 태도가 이번 사건에 대한 해석과 대응에서 드러났다. 대통령의 개인적인 성향이나 사고체계가 그대로 드러난 지난 화요일의 회견은, 미국을 극단적인 두 진영으로 몰아가는 무책임한 정략적 태도로 인종 차별(Racism)의 고질적인 병을 안고 있는 미국에 다시 휘발유를 끼얹은 격이 되었다.

앞으로 미국 사회는 이 사건을 두고 불꽃 튀는 논쟁을 벌이면서, 어떻게 역사 발전의 정치 사회적 장애물을 어떻게 걷어내고, 인권 존중과 민주주의를 지향하는 전통적 가치관을 추구해 나가야 할 것인가를 고민할 수밖에 없게 되었다.

　이번 폭동은 오랫동안 전통적으로 보수적인 정치색과 가치관으로 공화당 주였던 800만의 버지니아가 최근에 선출된 민주당 주지사와 함께 점점 더 민주당 편으로 기울어지고 있는 현상에서 일어난 사건이기도 하다. 워싱턴 인근 지역과 샬롯츠빌 같은 대학 도시를 제외한 대부분의 버지니아 중소도시(Richmond, Virginia Beach, Norfolk 등)들은 전통적으로 공화당 진영으로 보수적인 성향이 강하다. 아직도 버지니아 농촌 지역 주민들은 자신들의 소유지나 앞마당에 남부 연맹기를 나부끼면서, 남북전쟁 당시의 정서적 유대감과 함께 연방 정부에 대한 반감을 드러내고 있다.

　샬롯츠빌은 지난 2016년 대통령 선거에서 80% 가까운 주민들이 민주당의 클린턴을 지지했다. 대통령의 이번 사건 이해와 함께 드러난 정치적 태도와 계산의 속내를 드러내는 현실이라고 볼 수 있다. 이러한 정치 지도자들을 배경으로 하여 KKK 중심으로 전국에서 몰려온 수천 명의 데모대는 샬롯츠빌 시민들과의 의식과는 상반되는 입장을 드러낸 가운데 이러한 마찰이 일어났다.

　필자의 아들은 UVA를 졸업하였고, 딸은 샬롯츠빌 다운타운 인근에 자리 잡은 150년 된 전통적인 백인 교회의 부목사로 사역하고 있다. 때문에 사건이 일어나기 전부터 이번 일을 관심 있게 주지하고 있었는데, 결국 뜻밖의 폭동으로 번진 이번 사건의 피해가 가슴을 아프게 한다. 꽃다운 32살의 젊은 여성과 함께, 이번 폭동을 진압하는 데 출동했던 주정부 헬리콥터의 추락으로 두 사람의 파일럿이 어이없게 희생당한 것이 분하고 억울한 심정이다. 헬기 조종사였던 주정부 경찰관들(Berke

M. Bates 40세, H. Jay Cullen 48세)은 주정부 경찰관으로 20여 년을 근무하면서 경찰 간부로 헬기를 몰다 참사를 당했는데, 한 사람(Lieutenant Cullen) 가족은 필자가 시무하는 리치먼드의 미드로티안(Midlothian) 지역에 거주하고 있다.

지역 사회의 인종 화합을 위해서 20여 년간 빈민가의 흑인 목사와 손잡고 10회의 인종 화합 합창제(Intercultural Music Festival)를 하면서 한, 흑, 백, 히스패닉 회중들이 모여 함께 찬양하고 식사하면서 교제해 오고 있다. 오래전 지역 CBS-TV에서 여러 차례 흑인 지도자와 대담하면서 한흑 간의 인종 화합이 한, 흑, 백 모두에게 평화로운 지역 사회가 되도록 하는 데 소수 인종으로서 관심을 기울여 왔었다.

20여 년 전에는 아시안으로서는 처음으로 버지니아 주의회 개회기도를 하면서, 인종 화합을 도모하는 소수민족의 독특한 사명을 감당해 오고 있다. '사랑과 정의를 위한 사회 선교'(Social Mission for Love & Justice)라는 명제로 이러한 섬김을 통해서 지역 사회의 어두운 구석을 더 실감하면서, 우리 스스로의 인종적 편견과 사회적 갈등을 극복해 가고자 하는 목회적 관심을 기울여 오고 있다. 그러므로 이러한 인종 폭동과 같은 테러나 살인 사건이 있을 때마다 필자와 회중은 참으로 간절한 심정으로 바라보면서, 다시 한 번 이민자로서의 우리들의 삶과 신앙 공동체적 사명을 되새겨 보는 것이다.

샬롯츠빌 인근의 버지니아 주 도시인 리치먼드(Richmond)에서는 이번 사태를 계기로 9월에 예정되었던 리치먼드 로버트 리 장군 동상 앞에서의 반대 시위를 취소하기로 결정하였다고 행사 주관자가 공표하였다. 남북전쟁 당시의 남주의 수도였던 리치먼드 시 중앙(Monument Ave)에 자리 잡은 로버트 리 장군 동상이야말로 가장 상징적이며 웅장한 조형물이다. 그동안 이 동상에 대해서도 상반된 견해의 논쟁이 많았으나 이번 사태를 계기로 평화로운 시위와 대응을 염두에 둔 노력을 하고 있다.

인종 화합을 위하여 북을 울리다 순교의 피를 흘린 킹 목사(Martin Luther King Jr.)의 비폭력 철학을 다시금 되새겨 보게 된다. 유명한 몽고메리 버스 보이콧 운동을 할 때 '비폭력 철학'(Non-violence Resistance)으로 흑인들을 정신적으로 무장시키면서, 백인들과 함께 '인류 공동의 선'을 추구하고자 했던 그의 숭고한 삶과 지도력이 오늘의 미국이 되게끔 하는데 견인차의 역할을 하였다. 그러나 '인종 차별'은 아직도 그 뿌리를 뽑지 못한 채 정치적 정략과 경제적 이해에 따라 사회는 점점 양극화되어 가고 있는 현실이 너무 안타깝다. 그래도 미국 사회는 갈등과 무질서를 극복하면서 점점 더 정의롭고 평화로운 사회로 발전돼 가리라고 기대한다.

평화로운 산골 도시이지만 수준 높은 대학 문화와 함께 여유로운 삶을 즐기는 주민들의 안타까운 원성이 들려온다. "샬롯츠빌 이름이 이처럼 잘못 알려져 안타깝지만, 이제는 전국에서 온 데모대는 다 돌아갔고 평화로운 일상생활로 돌아왔으니 걱정하지 마시고 오십시오."

미국이 킹의 말처럼, "정의는 결국 궁극적으로 하나님의 편에 서 있기 때문에" 평등(Equality), 질서(Order), 자유(Freedom)를 추구하는 정의의 요소는 반드시 역사의 때에 열매를 거두게 되리라 믿는다. 이번 샬롯츠빌 폭동을 통하여 뼈아픈 현실적 교훈을 얻음으로 헛되지 않는 정치 사회적 발전이 있으리라고 기대한다.

- 미주 크리스챤 신문, 2017년 8월 26일

권두언

선교적 교회: 도전과 기회
(The Missional Church: Challenge and Opportunity)

Darrell L. Guder
프린스턴 신학교 명예교수

선교적 교회의 주제가 무엇을 뜻하며, 또한 무엇을 뜻하지 않는지를 파악하면서 이 시대를 살아가는 우리들에게 선교적 교회로서 어떠한 기회들이 주어졌는지에 대한 신학적인 주제들을 다루고자 한다.

I. 선교적 교회: 도전(The Missional Church: The Challenge)

먼저 1998년에 북미 출판사에서 출판된 책의 제목이기도 한 선교적 교회의 토론을 위한 간단한 조사를 나누며 시작해 보고자 한다. 선교적 교회의 주제에 대한 책들을 읽어 보신 분들에게는 어쩌면 조금은 반복된 내용일 수도 있다. 《선교적 교회》(Missional Church)라는 제목의 책은 6명의 선교학자의 보고로 쓰여진 책이었다.

복음과 문화 연대(Gospel and Our Culture Network)의 후원 아래 모인 학자들은 레슬리 뉴비긴(Lesslie Newbigin)이 제시한 충격적인 질문인 "서양 기독교 국가(Western Christendom)의 결말과 후기 기독교국의 시대를 맞이하며 어떻게 서양 교회들은 다시 선교의 교회가 될 수 있으며, 어떻게 서양 기독교 국가들의 문화적 영향을 받은 현대의 선교 지역에서 나타난 도전들에 반응할 수 있을까?"를 고민하게 되었다. 이 책에서 주어진 대답들은 새로운 신학적 견해나 선교 교회론이 아니었다. 반면 급진적으로 세속화되어 가는 서양 사회에서 신실한 그리스도의 증인이 되어야 하는 사명 속에서 신중하게 논의되어야 할 진지한 신학적 주제들에 관한 주장이었다. 이것은 전체적인 선교적 교회의 토론들을 이끌어 나가는 기본적인 도전이기도 하다.

'선교적'(missional)이라는 단어는 새로운 용어였으며, 교회의 목적, 본질, 실천의 신학적 토론의 중심을 이끌기 위해 선택되었다. 이러한 토론은 기독교 운동(Christian Movement) 중에 특별히 '서양 기독교 국가'(Western Christendom)라고 불리는 오래된 문화와 지역에서 직면하고 있는, 급속적이며 때론 당황스러운 변화에 대한 명백한 필요성에 의해 이루어지게 되었다. 우리가 알아야 할 것은, 이 주제의 초점은 분명히 북대서양의 지역에 위치하고 있는 기독교 국가들을 중점으로 두고 있는 점이다. 1998년에 출간한 출판물(1998 Volume)의 소제목인 "북미 교회들의 보내심을 위한 비전"(A Vision for the Sending of the church in North America)은 큰 의미를 갖는다. '서양 기독교 국가'의 큰 범위 내에 속하는 것으로 이해되는 문화 이외의 국가들의 주제는 다루지 않았다. 하지만 이 주제와 책이 국제적인 관심을 얻게 되었으며, 서양 기독교 국가 이외의 많은 나라들에서 이러한 주제들이 선택되고 발전되는 것을 보며 놀라움을 금치 못했다. 예를 들어, 이 책은 한국어로도 번역되었고 또한 내가 올해 초 한국을 방문했을 때 한국의 선교학자들 사이에서 열린 토론에 참석하게 됨에 큰 보람을 느꼈다.

선교적 교회의 토론에 직면하는 도전들은 무엇일까? 도전들을 정의

하기 위해 우리들의 관점에서 선교적 교회의 신학적 발의들을 깊게 생각하게 만드는 중요한 사실들을 먼저 제시하며 시작할 것이고, 이 사실들의 요약은 우선순위가 정해진 것은 아니다. 이 사실들은 서로 연결되었으며, 서로 보충하고 있다. 그리고 모든 요약들은 선교적 교회 주제 발의들 안에 포함되어 있다.

첫째, 서양 기독교 국가는 결말을 맞고 있다. 기독교적 믿음과 기독교적 교회들의 주도권은 서양 문화에서 급속도록 감소하고 있다. 그 이유는 복잡하다. 이들 중심 이슈 중 하나는 미국의 헌법 안에 유명한 문구들로 사용된 '종교의 설립'(the establishment of religion)에 대한 종교와 정부에 관해 공식적으로 정의된 관계들이 사라지고 있다는 것이다.

그러나 이것 이외에도 구조의 변화들이 있다. 기독교 운동의 문화 형성의 역할이 감소하고 있고, 수세기 동안 영향을 주었던 서양의 기독교 교회들은 더 이상 윤리적·사회적·문화적 권위를 갖지 못하고 있다. 교회들의 '목적, 본질, 실천'에 대한 거대한 결말 가운데 'paradigm shift: 인식체계의 구조적 변화'의 중심에 놓여 있다는 것이다. 사실 콘스탄틴의 기독교 국교 재정 이전의 초기 기독교 운동 때보다 우리는 훨씬 더 심각함을 느낀다. 오늘날 우리 자신을 베드로전서에 말한 '나그네와 외국인'으로 소개해도 어색하지 않다. 이 사실은 우리를 차별 받고, 심지어 핍박 받는 소수의 일원으로 세계 주변에서 구성되고 있는 이 시대의 수많은 기독교 공동체들과 거대한 연합으로 연결되게 한다.

둘째, 서양의 기독교 국가들은 감소하고 있는 반면에 북미대륙 이외의 기독교 운동은 급속히 확산되고 있다. 양 기독교 문화의 주도권은 세계 곳곳의 기독교 교회들이 상황화(contextualization)와 비교문화 해석(Cross-cultural translation)의 힘든 상황으로 인하여 감소하고 있다. 성경이 더 많은 언어로 보급됨에 따라, 기독교 운동의 문화적 다양성은, 이 땅의 모든 권세는 부활하신 주 예수 그리스도에게 있음을 고백하는 영광스러운 간증들이 일어나고 있다. 이로써 우리는 마태복음의 위대한 위임명령(the Great Commission)에서 주어진 모든 민족의 제자(disciple the ethnicities)를 삼는 권한을 얻게 되었다. 기독교 운동의 세계화와 맞추어 기독교 유산에 대한 철저한 검토와 현대 선교사 운동에 대한 포스트식민지주의(Post-Colonial)의 비평은 우리가 직면하는 선교적 도전의 하나인 것이다.

오늘날 선교 활동은 더 이상 오래된 기독교 국가 중심으로 일어나는 것이 아니라 아시아, 아프리카, 라틴 아메리카 등 상대적으로 젊은 국가들을 중심으로 주도되고 있다. 국제적 현실 가운데 한국 장로교의 급속한 성장의 역사는 가장 대표적인 예로 들 수 있다. 땅 끝까지 기독교 복음이 확산되고 있는 또 하나의 증거로는 빠르고, 매우 다양하게 전파되고 있는 오순절 운동을 언급할 수 있다. 또한 전 세계적으로 확산되는 혁신적이고, 실험적인 교회들의 여러 가지 모습들을 주의하며 볼 수 있다. 현대의 선교사들이 북대서양 사회로부터 세계로 파송되었다면, 이제는 기독교 운동이 반대로 매우 어려운 선교지로 인식되는 서양의 문화로 역이동하고 있다.

셋째, 기독교 선교의 정의와 활동 모두는 기독교인들 사이에 열정적인 토론의 주제가 되고 있다. 이러한 논쟁에서 여러가지의 주제들이 만들어지는데 성경학자와 역사학자들은 사도적 시대(Apostolic period)에 등장한 기독교 선교에 대한 우리의 이해를 새롭게 해석하고 확대해 주었다. 점점 분명해진 사실은, 사도적 선교의 목적은 개인 영혼의 구원이기보다 증인된 공동체의 형성이었다는 것이다. 오순절 이후의 성령의 역사하심으로 하나님의 구원은 민족들의 치유와 기독교 공동체의 발생을 중심으로 복음은 모든 이에게 주어졌다는 증거를 세계에 전파하게 되었다. 하나님의 선교의 목적은 그저 교회가 되는 것만이 아니라, 오히려 세상을 향한 하나님의 선교에 있기 때문에 교회가 존재한다는 것이다. 아브라함에게 임한 하나님의 부르심을 돌아볼 때 하나님은 그를 부르셨고, 떠나게 하셨으며, 훈련하시고, '택하신 족속, 왕 같은 제사장들, 거룩한 나라, 그의 소유가 된 백성'으로 그의 사람들을 보내셨다. 그러나 베드로가 그의 첫 번째 서신에서 분명히 밝힌 것처럼 이 선별된 공동체는 그것 자체로 끝나는 것으로 지어진 것이 아니라, "이는 너희를 어두운 데서 불러 내어 그의 기이한 빛에 들어가게 하신 이의 아름다운 덕을 선포하게 하려는"(벧전 2:9) 분명한 사명을 위한 공동체였다. 이것이 선교의 성경적 토대가 된다.

"예루살렘과 온 유대와 사마리아와 땅 끝까지 이르러 내 증인이 되리라 하시니라(행 1:8). 너희는 그리스도의 편지라(고후 3:2-3). 너희는 화해를 위한 그리스도의 대사라"(고후 5:17 이후의 구절들)는 사도적 성경 구절들은, 기독교 공동체가 계속해서 세상을 향한 하나님의 선교의 도구로 형성되어 가는 것에 초점을 두고 있다. 이러한 선교의 사도적 이해가 널리 퍼지는 가운데 기독교 국가들의 선교의 역사적 문제점들이 드러나기 시작하였다. 기독교 국가에 대한 신학적 유산의 비판과의 대면은 선교적 교회의 토론에서 대두되고 있는 중요한 문제 중에 하나인데, 간결하게 말한다면, 서양의 기독교 국가들은 긴 역사 속에서 선교의 역할을 반복하고 있었지만 신학적인 측면에서 특별히 교회론과의 연결에 있어서는 선교가 중세시대부터 철저하게 배제되어 왔다는 것이다. 개혁 시대와 현대 기독교의 발전에 있어서 신학적인 관점에서 선교를 고려하지 않았던 것이다. 많은 주석가들이 언급한 것처럼, 마태복음 28장의 위대한 사명은 수세기 동안 교회의 본질과 임무와 연관하여 토론되지 않았다.

사도적 선교는 기독교의 형성에 있어서 공식적인 서양 종교, 유럽의 로마 가톨릭 제국의 효과적인 확장으로만 간주되었다. 윌버 쉐크(Wilbur Shenk)가 "기독교 국가/시대는 선교가 없는 기독교이다"라고 말한 것과 같다. 윌리엄 케리가 1792년에 그의 유명한 〈이교도들의 개종을 위한 수단으로 사용되는 기독교인의 의무에 대한 연구〉에서 문제를 제기했을 때 선교의 토론이 다시 시작되었다.

이러한 현대 선교사 운동은 선교를 교회의 목적과 행동의 측면에서 보는 20세기에 들어와 많이 화자되고 있는 신학적 제안들로 다시 돌아가게 하였다. 지난 20년 동안 설명하려고 노력했던 선교적 교회의 연구는, 선교란 단지 교회의 프로그램의 하나가 아니라 교회의 본질과 행동에 근거해야 한다는 것이었다. 또한 선교는 단지 기독교인들이 다른 문화에서 경험하는 일들이나 미전도 지역에 복음을 전하는 일들로만 정의되어서는 안 된다는 것이다. 물론 이것은 선교의 중요한 설명임은 분명하다. 20세기 말에 들어와서 선교란 하나님의 선교-the Missio Dei-로 이해해야 한다는 공감대가 늘어나기 시작했으며, 또한 성부, 성자, 성령의 하나님 자신을 드러내시는 목적성(purposefulness)을 말하는 용어로 사용하게 되었다.

하나님의 행동이 하나님의 목적들로 드러났으며, 그 하나님의 목적들은 치유와 화해와 용서이다. 선교는 우리가 다 알고 있듯이 '보내심'인 것이다. 그리고 이 보내심의 핵심은 바로 하나님 자신 이 아들로 오셨으며, 성부와 성자로 인해 보내지신 성령님이다. 이것은 바로 그리스도 안에 깨어진 세상을 향해 증인 되도록 자기의 백성들을 부르시고, 훈련하시고, 보내시는 삼위의 하나님을 의미한다.

이 보내심의 중심 주제는 부르심의 공동체, 에클레시아(Ecclesia) – 훈련되고 보내지기 위해 성령 안에 모인 교회에 초점을 맞추게 된다. 칼 바르트(Karl Barth)는 교회와 모든 기독교인의 부르심은 증인됨(witnessing)이라고 주장하였다. 그것이 바로 선교가 교회의 핵심적 본질이며, 많은 프로그램 중의 하나로 취급되지 않아야 하는 이유이다. 선교는 단지 교회 성도들이 그들 자신은 뒤로하고 다른 누군가를 위해 돈을 보내는 일이 아니다. 선교적 교회는 하나님의 선교를 위해 존재하며, 주님의 부르심을 전하기 위해 성령 안에 훈련되는 것이다.

선교가 더 이상 교회나 교회의 일원이 되는 의미로 정의되지 않아야 한다면, 그렇다면 불가피하게 죄에 대한 개인 구원의 메세지가 감소되지 않았나라고 말할 수 있다. 이러한 지속되는 우려는 그리스도의 증인으로서의 의무가 신실하게 전해지는 것보다 영원히 지내는 곳만으로 인식되기 때문이다. '환원주의적' (Reductionistic; 환원주의, reductionism: 복잡하고 추상적인 개념을 단일 레벨의 더 기본적인 요소로부터 설명하려는 입장, 과학 철학에서의 실증주의적 입장 - 역자 주)"의 한 종류라고 부른다. 왜냐하면 이러한 관점은 유효하지만 복음은 단지 개인의 구원이라는 차원 이외에 더 많은 것들을 의미하고 있으며, 교회의 부르심은 그러한 구원받음에만 국한해서는 안되는 위대한 것이기 때문이다. 기독교 국가의 결말이라는 깊은 인식 가운데, 기독교 운동의 방향의 국제적 전환과 선교와 교회의 강력한 논의, 그리고 선교적 교회의 토론들은 교회의 본질과 목적, 그리고 실천에 있어 섬기도록 부르시고, 훈련하시는 하나님의 선교로 정의되어야 한다고 주장하고 있다. 그렇기에 우리가 '선교'(Mission)라는 단어에 '적'(al)이라는 말을 붙임으로 우리가 교회로서 우리의 이해와 실천 속에 빠져 있는 성스러운 선교적 목적의 신학적 부재를 고치려는 노력을 의미하는 것이다. 그저 많은 교회의 프로그램 중의 하나로 관심을 가지려고 하는 단순한 생각으로부터 선교를 구해 내려는 의지인 것이다.

우리는 예수님께서 하늘과 땅의 모든 권세를 가지셨으며, 그러므로 우리는 보내지고, 그분의 권능을 받아 우리가 있는 모든 곳에서 빛과 소금으로, 누룩으로, 증인과 대사로, 그리고 그의 편지로 살아가야 함을 강조하는 것이다. 우리는 매주일 이미 주님의 치유하심 아래 있는 세상으로 그리스도의 증인으로서 보내진다. 우리의 모임의 목적도 바로 이 보내심이다. 우리에게는 선택권이 없으며 우리의 관심은 오로지 주님의 치유 목적을 수행할 증거가 되는 신뢰할 만한 증인들인가 아닌가에 맞추어져야 한다. 이제 선교적 교회의 신학이 함께하는 공동체의 실천으로 적용되어야 한다.

이러한 도전들은 기독교 국가 안에서 수천년 동안 확고하게 다져진 패턴 양식과 연결되어 있다. 교회의 선교적 사명에 대한 참여를 시작할 때, 다양한 종류의 저항들이 발생할 수 있다. 현재의 흐름들을 형성하는 이러한 사실들은 위협적인 일들로 다가올 수 있다. 변화는 종종 누군가에게는 문제가 되기도 하며, 민감한 상호작용과 인내를 요구하기도 한다. 교회 내부에 집중된 '기본 방식'(Default mode)이 빠르게 가동될 수도 있다. 우리는 많은 경우 다양한 형태의 오랜 환원주의(Reductionism)의 후렴구인 "나는 단지 나의 필요를 채워 주는 교회를 찾아요"와 같은 말을 듣게 될 것이다. 이러한 위험은 '구도자가 친숙한 교회'(seeker friendly church)에 복음을 구도자에게 맞추어 희석시키는 현실에 빠지게 한다. 이것은 우리를 공동체의 순례의 길에 침투하는 환원주의자(Reductionist)를 용납하며, 사회 현상의 압력에 쉽게 우리의 사명을 타협하는 유혹에 무너지게 한다.

그러나 우리는 담대하게 맞서야 한다. 이러한 유혹은 교회를 망가뜨리며, 개개인의 그리스도인들에게 예수를 따르는 이유의 현실로 생각하게 만든다. 이러한 복음과 멀어진 성공의 정의를 받아들이는 모습들을 발견할 수 있다. 우리의 문화에 더욱 익숙해지기 위해 윤리적 타협에 유혹 받게 될 수 있다. 이러한 일들은 사회적으로 수용되기 위해 진리의 양날 칼을 무디게 할 것이다.

우리는 선교적 신실함에 방해하는 것들을 용납하는 많은 변명의 방법을 찾게 된다. 교회의 성도들에게 선교적 신학과 실천을 소개하는 방법을 찾는 동료와 대학원생들과의 소통 가운데, 나는 이러한 도전들이 생겨나는 것을 보았다. 이러한 문제는 축소하거나 무시되어서는 안 될 것이다. 충분한 선교적 변화를 위해 쉬운 방법들은 아니다. 강요할 수도 없다.

나는 《교회의 지속적인 회심》(The Continuing Conversion of the Church)이라는 책 속에서 이러한 도전들의 몇 가지 범위들을 언급하였다. 회심은 우리가 유도하거나 조작할 수 없는 오직 성령의 역사함이지 우리가 조정하거나 계획하는 것이 아니다. 우리는 이를 위해 기도할 수 있다. 회심 가운데 우리는 막는 것들을 바로 볼 수 있는 성령의 계시를 기도할 수 있는 것이다. 우리의 마음과 생각을 열어 주님이 품게 하시는 새로운 일들을 받아들이도록 주님께 간구할 수 있다. 나의 직감은 이것이다. 오늘날 우리의 '도전은 선교적 신실함을 방해하는 기독교 국가적 사고방식의 한계들과 무기력을 극복해야 한다는 것이다. 확신하기는 주님의 방법은 훈련되며, 철저하며, 말씀으로 위협을 무릅쓰고 나아가는 자들을 통해 이루어진다. 선교적 교회의 발생에서 큰 가속도로 발전되었던 중요한 핵심 중의 하나는 선교적 성서 형성에 있다.

이 시도를 선교적 '성서해석학'(Missional hermeneutics)이라고 부른다. 이것은 이미 초대 사도의 선교 전략에서 믿는 자들의 신실한 증인된 공동체를 근거로 했다는 사실에서 발생되었던 것이다. 복음화의 과정은 선교의 형성으로 급속히 발전하면서 회심자들이 말씀의 증인이 되었다. 초대 기독교의 역사에서 제자들의 성인 교리 교육은 개인의 선교 인식을 이끌어가는 교회의 방법으로 쓰여졌다.

신약의 서신서들은 사도인 저자들이 초대교회의 증인된 공동체에게 선교적 신실함을 가르치고, 이끌어가기 위해 지속적으로 사용했던 교리 교육의 방법이었다. 사복음서는 새로운 기독교인들과 오랜 성도들이 예수님의 제자로 세워지며 사도적 보내심을 위해 준비하는 '예수님 학교'(School with Jesus)의 자료이기도 하였다.

바울의 성도들을 향한 관심은 예수 그리스도의 복음의 가치로 공적인 삶과 직장의 삶을 이끌어 가는 것이었다. 빌립보서 1장 27절은 그러한 복음의 가치가 그들이 나누는 말씀과 이 말씀으로 살아가는 그들의 행동에서 일치되어 표현되었던 것이다. 신약의 전반에 걸쳐서 십자가와 빈 무덤의 복음에 반하여 형성된 공동체를 대표하는 탁월한 사랑에 대한 끊임 없는 강조가 나타나 있다. 신약 명령들은 함께 택하여진, 신실하며 순종적인 기독교 증인이 되어가는 종합적인 과정 속에 있었다. 그리고 오늘 우리에게 놓여진 도전들은 같은 방법으로 성경 말씀을 마주해야 한다. 선교적 신실함에 대한 저항들은 성서의 말씀을 통해 시험되어야 한다. 선교적 교회를 지향하는 것에 저항하는 도전들은 줄어 들지 않고 더욱 심해지고 있다.

기독교 국가로 정의된 국가들은 점점 종교적 세속화와 종교적 다원화가 되고 있다. 우리의 이웃은 전통적인 기독교 교회가 아닌 모스크(mosque)나 사당(shrine), 절(temple)에 더욱 관심을 보이고 있다. 그것은 어쨌든지 종교와 어떤 연관을 갖고 있다는 말이다. 뿐만 아니라 인구 통계학자들에 의하면 종교와 아무 관련이 없는 비율도 급속하게 많아지고 있다고 한다. 사회의 공공장소에서 교회를 위한 유익은 별로 남아 있지 않다. 세금을 내지 않는 기관을 반갑게 여기지 않는 마을과 도시의 지역 조정 위원회 (zoning boards)에게는 교회가 장애물적인 존재가 되었다. 교회가 이웃들에게 유익이 되는 곳으로 여겨질 때도 있었다. 하지만, 지금은 교회 때문에 발생할 교통 정체로 환영받지 못하고 있다. 기독교 공동체는 앞으로 정부가 법적 유효성에 문제가 될 사항들을 검사하는 상황들을 더 많이 경험하게 될 것이다. 다시 말하지만, 우리는 앞으로 주변에 놓여 있는 우리 자신을 발견하게 될 것이다. 포스트 기독교 국가 선교 지역에서 대면하는 복합적 어려움들은 몇 세기에 걸친 우리들 자신이 만든 문제들인 것이다.

20세기 중반에 프린스턴 신학교의 총장을 역임한 존 맥케이(John Mackay)는 1928년에 예루살렘에서 모였던 국제 선교사 협의회(International Missionary Council)에서 교회의 복음적 사명에 대하여 이렇게 언급하였다. 이 모임에서 그는 그 시대의 선교사 리더십에게 "들리는 권리를 얻으라"(earn the right to be heard)라고 주장했다. 그는 특별히 세속화된 서양 사회에서 기독교의 증인이 되어야 함을 강조하였다. 이러한 문제는 현재를 사는 우리에게 더욱 절실해졌다. 우리는 어떻게 주님이 사랑하시는 이 세상에서 주님의 증인으로 그분의 선교에 참여하며 나아갈 수 있는지를 분별하도록 간구해야 한다. 이러한 분별력을 다루기 위해서, 두 번째 강의를 통해 계속해서 우리는 선교적 교회 계획에 놓여진 기회들을 함께 논의해 나갈 것이다.

II. 선교적 교회: 기회(The Missional Church: The Opportunity)

진지하게 복음을 받아들인 기독인들은 결코 비관주의자가 될 수 없다. 제자들이 바다에서 폭풍을 만났을 때 예수님은 배 안에서 주무시고 계셨다. 그때 제자들은 배가 결코 가라앉을 수 없다는 평범한 진리를 놓치고 있었다. 그 진리란 예수께서 배에 함께 계셨다는 사실이다. 교회를 배라고 한다면, 그 배 안에 약속에 따라 예수님이 항상 함께 계신다. 때문에 그 배는 항구에 무사히 이르기까지 안전할 수밖에 없다. 비록 항해는 거칠고 힘들 수 있지만, 결과적으로는 그 배는 문제 없이 목적지에 도착하게 되어 있다. "너희 속에 착한 일을 시작하신 이가 그리스도 예수의 날까지 이루실 줄을 우리가 확신하노라"(빌 1:6) 앞선 강의에서 선교적 교회(missional church)가 직면한 도전들에 대해 살펴보았을 때, 우리에게 절망을 안겨다 줄 만한 한 가지 사실이 남아 있다고 하였다. 그러나 여기에 절망하는 것은 믿음의 반응이 아니다. 또 산 소망을 가진 자, 곧 죽음에서 부활하신 예수 그리스도로 말미암아 우리 또한 새롭게 태어난다고 하는 산 소망을 가진 자로서의 태도가 아니다.

    우리가 직면하고 있는 도전들이 줄어들지 않겠지만, 우리는 그러한 위기에 마음을 빼앗기는 대신 우리 앞에 놓인 기회들을 바라보아야 한다. 세계적으로 기독교의 인구에 급격한 지형 변화가 이루어지면서, 미국의 기독교는 쇠락해 가고 있다. 우리는 선교와 교회, 둘 다에 대해 심각한 근본적인 논란에 빠져 있는 실정이다. 이러한 도전들에 대해 우리가 제대로 대처하는 것이 정말 중요하다. 이것이 우리에게는 지금보다 더 나은 길, 곧 우리가 어떻게 나아가야 할지 성령께서 보여주시는 바로 그 길이 될 것이다. 교회는 지금 어쩌면 출애굽하여 광야에서 유랑하던 자들과 처지가 같을지도 모른다. 하지만, 교회는 하나님께 부르심을 입은 자, 긍휼함을 입은 자들이라는 것, 또 교회를 향한 그분의 치유 목적들과 언약의 부르심은 여전하다. 기독교가 쇠락해감에 대해 슬퍼만 하기보다 우리는 이 새로운 국면을 적절히 대처할 준비를 해야 한다. 거기에는 통찰력이 필요하다. 이걸 위해서 우리는 우리에게 남겨진 기독교 유산들 가운데 받아들여야 할 것과 거부해야 할 것을 분명히 구별할 수 있는 법을 알아야만 한다. 왜냐하면 그 유산이라는 것이 정말 복잡하게 뒤엉켜 있기 때문이다. 바르트가 인간 문화를 "하나님의 섭리와 인간의 혼동"의 상호작용으로서 정의한 것은 우리에게 시사해 주는 것이 많다.

어떻게 하면 우리가 문제투성이의 기독교 역사 속에서 오늘날의 신실한 증인들에게 하나님의 섭리와 인간의 혼동을 구별하는 데 도움을 줄 수 있을까? 더 나아가 전혀 자격 없는 자들이 주님의 증인이 되도록 부르심을 받은 사실처럼, 이 혼란스런 역사적 상황 속에서 어떻게 하나님의 구속적 임재를 깨닫게 할 수 있을까? 우리는 우리가 하나님의 은혜에 대해 아무런 자격이 없는 자들임을 우리 스스로 잘 안다. 우리는 우리의 행위대로 갚지 않으시고, 전혀 합당하지 않은 큰 은혜를 주신 하나님을 찬양한다.

그래서 우리는 우리가 선교적인 교회로서의 비전을 열망하며 구할 때, 우리에게 여러 가지 선교적 기회들을 주시리라는 믿음을 갖고 용기를 얻는다. 그리고 우리가 이러한 기회들에 대해 고심할 때, 우리는 우리의 앞선 역사로부터 배울 수 있는 것들이 있고, 그러한 역사적 교훈들은 우리의 선교적인 신앙인들에게 용기를 더해 줄 것이다. 우리가 처한 구조적인 변화(paradigm shift)는 우리로 '처음으로 돌아가기'를 촉구한다. 그것은 신학적 훈련에 있어 높이 평가되는 바르트의 잘 알려진 초대교회 방식(council)이며, 우리로 하여금 탁월한 선교적인 감각을 갖도록 해준다. 성경에 등장하는 제1세대의 사도적 선교(The apostolic mission)는 기독교 증인들의 역사적 출발이 된다. 성령 강림 이후 교회는 예수님의 명령을 실천적으로 행하는 변화를 이루어 낸다. 그 명령이란 예수께서 승천하실 때 제자들에게 "너희는 예루살렘과 유대와 사마리아와 땅 끝까지 이르러 내 증인이 되라"고 하신 것이다. 그 사도적 증인(That apostolic witness)이 된다는 것은 세상에 복음의 메시지를 전하는 것과 더불어 그 메시지의 본보기(model)이 되는 것을 포함하고 있다. 예수 그리스도의 임재 가운데 모이는 모든 기독교 공동체는 이 사도적 선교사명을 이어가게 되어 있다. 그들 모두 가운데 함께하시는 성령께서 그들로 복음에 대한 의무에 대해 듣고 반응하며 순종하도록 하시기 때문이다. 이 예수님의 선교적 명령에 중심을 두고 있지 않고 집중하지 않는 모든 기독교 공동체는 진짜 교회라 할 수 없다.

우리 앞에 놓인 선교적 기회들은, 우리가 우리 스스로에게 몇 가지 질문을 진지하게 하고자 할 때 새롭게 열릴 수 있다. 이 질문들은 분명 어려운 것이지만, 우리를 씻어 깨끗해 해주는 질문들이다. 우리가 아는 메시지, 그것이 진정 성경적인 복음의 충만함을 잘 지켜 내고 있는가? 예수 그리스도의 증인으로서의 우리의 직업적인 이해와 실천에 있어서 이 세상 문화의 압력에 의해 양보하고 타협해 있지는 않는가? 우리가 행한 어떤 다른 구조적인 헌신에 의해 우리에게 있어야 할 유일한 예수 그리스도의 주권이 타협해 있지는 않는가? 증인으로서 우리의 직업을 공적으로 수행하는 것이 진정 '예수 그리스도의 복음의 가치'라 할 수 있는가? 복음에 대한 환원주의(reductionism, 복잡하고 추상적인 개념을 단일 레벨의 더 기본적인 요소로부터 설명하려는 입장, 과학 철학에서의 실증주의적 입장-역자 주)나 복음을 무능하게 하려는 세력에 맞서 신실한 증인이 되기 위해 싸우며, 이제라도 우리가 돌이켜 회개하면서 근본적인 선교적 사명을 감당하겠다는 의지적 결단이 있는가? 이제 좀 더 깊이 그 선교적 기회들에 대해 알아보고, 복음의 영향력을 감소하게 하고, 복음의 역동성을 제한한 일들에 대해 회개하자.

나는 서구 사회에서 복음의 영향력이 감속하게 된 주요한 이유가 개인 구원에 천착하고 내적인 구원만을 위한 교회의 구조적인 운영에 있다고 정의 하였다. 복음에 대한 환원주의적 성향을 인지하는 것, 그것을 거부하는 것, 거기에 대해 회개하는 것, 그 속박으로부터 하나님의 자유롭게 하심을 구하는 것이 바로 기회이며, 그것은 로마서 12장 2절의 사도 바울의 말씀을 인용하자면 '우리의 마음을 새롭게 함으로 변화를 받아'라고 해야 할 것이다.

우리는 하나님이 이 세상을 사랑하셔서 그 아들을 보내셨다는 성경의 핵심 가치들을 되찾을 필요가 있다. 우리는 특별히 예수님께서 이 땅에서의 목회 활동과 사도적 선교 사명을 펼치심을 통해 하나님의 나라의 구심점이 되셨다는 사실과 직면할 필요가 있다. 복음은 모든 피조물에 대한 하나님의 치유 목적에 대한 복된 소식이다. 마가복음은 기쁜 선포로 시작된다. "때가 찼고 하나님의 나라가 가까이 왔으니 회개하고 복음을 믿으라"(막 1:15). 공관복음서는 예수 그리스도에 의한 하나님의 통치의 개입이 지속적으로 반복되는 주제이다. 정말 시급한 문제인 사도적 선교 사명을 위해 예비된 제자들에게 있어서, 그들은 예수 그리스도가 진실로 하늘과 땅의 모든 권세를 가지고 계시다는 것과 진실로 주님이 이 세상을 통치하신다는 것 그리고 그는 보이지 아니하시는 하나님이시며 모든 피조물보다 먼저 나신 자라는 사실(골 1:15)을 단단히 붙잡아야만 했다. 공관복음서가 하나님의 나라에 대한 강조점을 두는 반면, 서신서들은 예수의 주권에 대해 강조한다. 이 두 가지는 복음에 대한 이해에 있어 필수적인 사항임과 동시에 상호보완적인 것이다. 우리는 이 두 가지의 이해가 서로의 가치를 희석시킨다고 두려워할 필요가 전혀 없다. 그러나 복음의 '하나님의 나라-예수의 주권'이라는 가치를 희석시키는 것은 교회의 시작부터 지금까지 있어 왔으며, 이러한 환원주의와 맞서 우리는 싸워야만 한다.

미국 장로교회(PCUSA)는 이러한 환원주의와 씨름하는 것을 계속해 오고 있다. 1980년대, 19세기 남북전쟁의 발발로 분열되었던 남·북 장로교회가 마침내 다시 통합이 되었다. 통합의 과정에서, 교단은 새로 형성될 통합 교단이 집중해야 할 우선 순위가 무엇인지에 대해 함께 인식하고자 하는 작업을 진행하였다. 수개월 동안 그 과정을 진행하면서 토론과 연구가 계속되었고, 상당량의 기획안들이 쏟아져 나왔다. 그 결과로 진정한 합의와 일치를 이루는 교단이 발족되기를 바랐다. 이 모든 과정 이후, 놀랄 만한 결과가 나왔다. 절대 다수의 장로교인들은 복음을 전파하는 것(복음주의, evangelism)이 새롭게 시작될 교회의 최우선 순위가 되어야 한다는 것에 확신을 가지고 있었다는 것이다. 이러한 논의의 과정에는 많은 뒷이야기들이 있지만 여기에서 다룰 수는 없고, 다만 교단의 지도자들은 '사회정의에 헌신하는 것' 또한 복음을 전파하는 교회의 우선순위와 동시에 이루어져야 한다고 깊이 인식하고 있었다. 결과적으로 이 논의의 과정을 마감하면서, 그들은 교단이 두 가지의 우선순위를 견지해야 한다는 결론에 이르렀다. '복음 전도와 사회정의' (evangelism and social justice). 이 양면성은 서구 기독교의 뿌리깊은 역사였고, 이것이 여기에서도 재현된 것이다. 그러나 '선교적 교회에 대한 논의'를 하고 있는 우리의 관점에서 볼 때, 이러한 양분은 문제성이 많다. 왜냐하면 그것을 복음에 대한 또 다른 환원주의의 예에 불과하기 때문이다. 이것은 그리스도에 대한 신실한 증인이 될 수 있는 교회의 가능성에 심각한 손상을 주는 일이다.

교회의 속성, 목적, 활동들을 정의하면서 이것이 하나님의 선교에 대한 포괄적·통전적인 헌신이라는 점에서 볼 때, 이러한 이분법은 완전히 잘못된 것이다. 내가 생각할 때, 그것은 복음의 핵심으로서 하나님의 다스리심을 무시하도록 영향을 끼치는 예라 할 수 있다. 이러한 이

분법은 서구 기독교에 아주 깊이 뿌리내려 온 것이다. 선교적 관점에서 보자면, 우리는 이런 질문들을 해야만 한다. 복음(gospel)을 이해할 때, 복음 전파의 일(evangelism)이 예수 안에서의 하나님의 통치 정의(social justice)에 반하는 것인가? 하나님의 정의와 공의가 복음의 은혜로부터 분리될 수 있는가? 만약 우리가 십자가에서의 의롭게 하심으로 말미암아 변화되고 자유롭지 않았다고 한다면, 우리가 어떻게 인류 역사 속에서 하나님의 의로우심에 대한 증인이나 대사(agents)가 될 수 있겠는가? 우리가 받은 구원, 우리가 감사하며 기뻐하는 것, 우리가 그 일에 증인이 되는 것은 우주적인 치유(cosmic healing)를 일으키는 행위이며 완전함(wholeness)을 회복하는 일이 되는데, 이러한 회복의 일은 하나님께서 십자가 위에서와 빈 무덤에서 완성하신 것이다. 이 거룩한 구원 사건은 진실로 하나님의 정의를 드러내어 주는 일이며, 그것을 결코 하나님의 사랑에서부터 분리될 수 없는 일이다.

예수님은 빌라도 앞에서 재판을 받으실 때 이것을 매우 분명하게 하셨다. "나의 나라는 이 세상에 속하지 않았다." 그러나 그의 특별한 권능은 이 세상을 치유하기에 충분한 것이었다. 모든 예수의 증인들은 이러한 치유가 일어나는 일에 증거로서 섬기도록 부름을 받았다. 이러한 잘못된 이분법을 극복하는 것이야말로 가장 시급한 일이며, 여기에 주의를 기울임에 따라 우리는 선교적 교회로 회복되는 기회가 주어질 것이다. 그것은 '예수가 의도하신 공동체'의 급진적인 성격에 일치하고자 함이다.

우리는 로마 가톨릭의 신약학자인 게하르트 로핑크(Gerhard Lohfink)의 덕을 보았다. 그는 이 문제가 되는 주제를 연구했다. 그는 아주 분명하게 예수가 그의 제자들을 선교 공동체를 위해 준비해 두었으며, 그 선교적인 공동체 안에서 복음으로 말미암은 치유와 회복의 일들이 일어났음을 보여주었다. 그 공동체는 인간 세상에서 일어나는 권력의 구조를 뒤집어놓은 것이었다. 그 공동체는 요한의 가르침을 중심으로 신약성경에는 많은 명령과 의무에 복종하며 살도록 종용받고 있다. "내 계명은 곧 내가 너희를 사랑한 것같이 너희도 서로 사랑하라 하는 이 것이니라"(요 15:12). 예수께서 의도하신 공동체는 예수님과 제자들과 이루었던 그 관계를 계승해 나가는 것이며, 이것은 하나님이 세상 가운데 우리를 부르셔서 그의 증인이 되도록 하신 목적이 되고, 이것은 세상 속에서 이루어지는 삶의 방식과는 극단적으로 전혀 다른 새로운 것이다. 사도 바울도 이 공동체에 대해 지속적으로 강조했던 것은 "너희가 부르심을 받은 일에 합당하게 행하여"(엡 4:1)라는 것이었다.

오늘날 교회가 직면하고 있는 다양한 가능성과 기회들에 대해 살펴보았다. 교회의 특성, 목적, 행위가 선교적인 비전의 관점에서 바라봐야 한다고 본다. 우리는 다시 처음으로 돌아가야만 하는 그 이유와 중요성에 대해 이야기 했고, 사도적인 선교 사명(the apostolic mission)에 기초한 교회의 역할에 대하 점검해 보았다. 이 작업을 통해 우리는 예수님이 의도하신 이 급진적인 공동체에 강조하셨던 성경 말씀에 의해 도전을 받는다. 우리는 분명히 예수 그리스도의 통치에 대한 의미가 아주 중요한 것임을 재확인하였고, 그것이 궁극적으로는 잘못된 이분법 곧 '복음전파와 사회정의'로 복음을 쪼개고자 하는 갈등을 극복해야 한다는 궁극적인 선교 비전에 대해 확인을 했다. 복음에 대한 모든 환원주의는 이제 동정이나 관심 따위는 받을 필요 없이 정결케 하시고 거듭나게 하시는 부활의 믿음에 그 자리를 내어주고 사라져야 한다. 비록 나는 한국인이나 재미 한국 문화에 대한 전문가적인 해석 능력을 갖추고 있다고 주장할 수 없지만, 오늘 우리가 이렇게 NCKPC 총회로 모인 것이 선교적인 교회로서의 재도약의 기회가 있고, 거기에 여러분의 삶이 있고,

부르심이 있다는 확신을 갖는 기회가 될 수 있다고 믿어 의심치 않는다. 우리 미국 교회 안에 있는 한국인과 재미 한국 교회가 미국 교회 안에서 정말 긍정적인 에너지를 주고 자극을 주며 올바른 선교적인 교회로서의 방향으로 나아갈 수 있도록 하는 기회들이 있을까? 내가 몇 가지의 제안을 하고 싶다.

과거 수십 년 동안 선교학의 주된 주제 중 하나는 상황화(contextualization, 선교를 진행하면서 복음의 본질을 잃지 않으면서, 현장에서 복음을 받아들일 때, 이질적이지 않고, 본인들을 위한 것으로 여길 수 있도록 하는 것-역자 주)에 초점을 둔 것이었다. 선교신학의 용어로서 주된 이슈가 되어 왔고, 비교문화적(cross cultural) 입장에서의 현장화를 목적으로 한 것이다. 사도적 선교 사명이라고 하는 관점에서 선교적으로 성경을 읽다 보면, 교회는 처음부터 증인 공동체로서 선교적 사명을 감당하려는 의도에서 세워졌음을 발견할 수 있다. 이것은 필연적으로 비교문화적인 경계가 있는 곳에서는 새로운 문화와 언어로 복음이 해석(translation)될 수밖에 없게 한다.

라민 싸네(Lamin Sanneh, 아프리카 감비아 출신으로 예일 대학교 신학부 교수-역자 주)는 기독교의 가장 특징적인 것 중의 하나가 바로 끊임없는 복음의 현장성(infinite translatability)이라고 강조하였다. 복음의 역사를 보면 문화와 언어적인 장벽을 넘어서 계속 확장해 갔는데, 복음이 전파된 곳이 매우 다른 상황과 현장을 가지고 있었음에도 불구하고 복음에 대한 진정성은 훼손되지 않고 잘 이어져 왔다는 점이다. 사실 이 점은 신약 성경 안에서 잘 묘사되어 있다. 마침 몇 주 전이 성령 강림 주일이었다. 그때의 사건을 보자면, 세계 각지에서 예루살렘에 모여든 유대인들이 자기 자신의 언어로 복음을 듣게 되었다. 신약성경은 이방인에게 선교하는 것에 초점을 맞추고 있는데, 그것은 비교문화적인 상황에서의 복음의 해석의 요구와 그 위기에 대한 예를 잘 보여주고 있다. 복음을 전하는 사람들과 복음을 받아들이는 사람 사이에는 비교문화적으로 볼 때 큰 차이가 있었다. 그러나 성령께서는 새로운 상황 속에서도 복음이 전파되도록 하셨고, 사도적 선교 사명을 감당한 이들은 거기에 성실함으로 반응하였다. 신약 성경에 등장하는 선교사들의 사명은 끊임없는 복음의 해석(continuing translation)과 상황화(contextualization)를 이루어 가는 것이었다. 복음이 '땅끝'까지 이르도록. 이 과정에서 선교적 교회가 집중하는 것은, 복음을 받아들이고 복음의 증인 공동체로 교회가 세워졌을 때, 그 문화 안에서 또 그 문화를 넘어서서 모두 복음의 증인으로서의 역할을 계속해 나아가야 한다는 것이다. 뉴비긴(Lesslie Newbigin, 영국의 선교학자, 인도 선교사, 주교-역자 주)은 강조하여 말하기를, 선교사들의 사역으로 말미암아 타 문화권에 신앙 공동체가 형성되었다고 결코 그런 식으로 정의할 수 없다고 하였다. 그는 또한 탄식하기를 많은 서구 선교사들이 매우 불완전한 교회학(deficient ecclesiology)을 가지고 선교 사역을 해왔다는 것이다. 그 결과로 새로 생겨난 기독교 공동체는 주로 '구원받은 영원들을 위한 저장소'로서 기능하였고, 복음에 대한 성숙한 이해나 선교적 역할에 있어서 크게 역량이 부족하다는 것이다.

오늘날 우리는 전 세계의 3분의 2 지역에서 주된 선교적 노력을 하고 있음을 볼 수 있다. 그것은 선교 사역이 인지되고 실천적으로 해석되고 있음을 의미한다. 그러나 상황화(contextualization)의 과정 속에서 발생되는 문제, 곧 비교문화적 선교에 있어 오늘날 신경이 쓰이는 몇 가지 이유들이 있다. 선교신학이 상황화를 언급할 때 몇 가지 신학적 질문들이 함께 나오게 된다. 과연 복음을 그들의 상황에 맞춰 해석하는 것은 선교사들을 위한 필요에 맞추어지는 것이 아닌가? 또 복음이 복음의 가치에 상응하지 않는 문화적인 부분들과 어떤 식으로 관계를 맺어가야 하는가? 그런 예들은 수도 없이 많다. 성 차별, 노인 차별, 계급 차별과 같은 문화적인 사회 구조들은 종종 거기에 도전하여 맞서기보다는 그냥 순응해 버리는 경우들이 많다. 물론 기독교 세계에서 형성된 사회에서도 그런 상황적인 탈선의 예가 많이 있다.

에큐메니컬 교회에서의 공통된 작업이라면 '복음의 진정한 가치가 잘 살아 있는지'에 대해 철저하게 검사하는 것인데, 이것은 전하는 자나 받는 자에게나 상호 증명이 되어야 하는 것이고 함께 세워야 하는 것이다. 이러한 면에서 볼 때, 북미의 한국 기독교는 특별히 중요한 선교적 기구가 될 수 있으며, 변화와 실천에 있어 훌륭한 촉매제로서의 역할을 할 수 있다. 대안적으로든 상응하는 방식으로든 상황화의 이슈에 접근하는 것은 교회의 보편적인 선교적 공교회로서의 주요한 관심이다. 그 논의는 보편성에 대한 고대의 기준을 다시 새롭게 바꾸는 것이며, 이것은 특별히 교리를 형성하는 기관으로서 특별히 중요하다.

우리는 통상적으로 'catholic'이란 말을 'universal'이란 말로 번역한다. 만약 우리가 그리스어를 파싱하여 분석해 본다면, 우리는 거기에 우리의 관심을 잡아 끄는 신학적인 역동성이 있음을 발견하게 될 것이다. 어원은 'Kat' holon'이다. 'the whole' 혹은 'the center', 'the essential'이라는 의미를 포함하고 있다. 전치사처럼 앞에 있는 'Kata'(~아래, ~반하여, cata의 이형—역자 주)와 명사 'holon'(부분적 전체)의 관계성은 선교적인 의미에서 흥미를 끈다. 이 말은 사도적 교회와 초기 선교 운동에 적용되면서 발전되었고, 그러한 교회의 'catholicity'는 'holon'들, 곧 사도적 사명, 삶과 죽음 부활과 승천, 그리스도의 통치와 같은 복음의 내용들을 끝없이 해석(translatability)해 가는 과정을 필연적으로 해야만 했다는 것이다. 명사 'holon'(전체)은 수많은 'kata'(반하는 것)에 의해 둘러싸여 있다. 그리고 그것은 복음이 새로운 증인 공동체를 형성하는 과정에서 필연적으로 나타나는 복음의 해석(문화적 경계를 넘어선)을 의미한다. 오직 하나의 'holon'이 있다. 모든 기독교인들이 선포하고 증언하는 하나의 구원의 역사가 있다. 그러나 거기에는 또한 다양한 문화와 언어로 성육화된(incarnated) 복음의 메시지들이 있다. 'kata'라는 과정 안에서 성령님은 믿음의 신실한 공동체가 나타나도록 역사하시고, 다시 새로운 곳과 새로운 세대를 일으키셔서 그들로 하나님의 선교 사명을 담당하도록 하신다.

나는 우리의 한국 장로교회 동료들의 현장감 있고, 역동적인 선교적 헌신에 대해 아주 높게 평가를 한다. 나는 여러분이 여러분 스스로를 하나님에 의해 이곳 북미로 '보냄을 받은 자'로 여길 수 있기를 바란다. 어려운 변화와 도전의 시대이다. 서구 기독교가 찾고 있고 필요로 하는 정말 신실한 증인들로 우리와 함께해 주시기를 바란다.

대럴 구더(Darrell L. Guder) 교수와 함께(NCKP 총회, Oklahoma City, 2016. 6)

들어가는 말

함께 살아야 하는 다인종 사회

"커뮤니티 섬김에 큰 희망-주예수교회, 미국 장로교(PCUSA) 교단 내
한인 교회 최초로 유니온 신학교 사회봉사상 수상"

지난 2011년 4월, 미국 버지니아 주 리치먼드에 소재한 한 한인 교회가 미 주류 교단 내 신학교로부터 2011년 지역사회봉사상 수상자가 되는 명예를 안았다. 1만 1천여 교회가 소속되어 있는 미국 장로교 산하의 신학교 가운데 하나인 유니언 장로교 신학교(Union Presbyterian Seminary, Richmond, VA)는 매년 "정의를 행하고 자비를 실천하며 하나님과 겸손히 동행하는"(Do justice, love mercy, and work humbly with God) 교회를 선정, 엘리노 커리(Elinor Curry) 지역 사회봉사상을 수여하고 있는데, 2011년에는 "사랑과 정의를 위한 사회 봉사"(Social Mission for Love and Justice, SMLJ) 프로젝트를 지난 10여 년 동안 시행해 온 리치먼드 주예수교회(담임목사 배현찬)를 수상자로 결정했다.

이 상이 더욱 의미 있는 것은, 미국 장로교단에 속한 한인 교회가 지역사회봉사상을 받은 것이 이번이 최초인 동시에, 리치먼드 지역 내 모든 미국 장로교단 교회 가운데서도 최초의 수상이었기 때문이다. 1999년 설립된 주예수교회는 출발 당시부터 기독교 사회 윤리에 기초한 담

임목사의 사회 선교 비전 아래, 이민 1세와 2세가 함께 "사랑과 정의를 위한 사회 봉사" 프로젝트를 실행해 왔다. 소수 민족의 디아스포라 이민 교회이지만 미국 주류 사회 속에서 확고하게 자리매김을 하여, 지구촌과 지역 사회를 섬기며 예수 그리스도의 사랑과 정의를 실천해 온 주예수교회의 노력이 가져온, 조용하지만 아름다운 변화를 교단과 지역 사회가 주목한 사건이었다(미주 〈한국일보〉 2011년 5월 5일자).

"말씀으로 훈련받은 디아스포라 공동체로서 하나님과 이웃을 섬긴다"라는 사명 선언문(Mission statement) 아래, 주예수교회는 설립 이래로 온 교인이 "이웃을 함께 섬기는 공동체"(Community in serving others)라는 주제로 지역 사회 선교에 나서고 있다. 주예수교회의 지역 사회 선교를 평가하고 격려하는 이번 수상은 교회 공동체의 선교 사역 발전뿐만 아니라, 미주 한인 이민 사회에 사회 선교적 모형을 제시하는 도전을 주고 있다.

나날이 다인종·다문화 사회로 변화하고 있는 지구촌의 현실을 직시할 때, 묵묵히 사랑과 정의를 실천해 가는 선교적 교회(Missional Church)로서 사명을 감당해 가고자 하는 신앙 공동체를 격려하며, 더욱 발전하는 새로운 차원의 사명 감당에 도전을 주고 있다고 본다.

선지자 예레미야는 고향을 떠나 바벨론에 살고 있는 이스라엘 백성들에게 "너희가 거기에서 번성하고 줄어들지 아니하게 하라 너희는 내가 사로잡혀 가게 한 그 성읍의 평안을 구하고 그를 위하여 여호와께 기도하라 이는 그 성읍이 평안함으로 너희도 평안할 것임이라"(렘 29:6-7)고 하였다.

예레미야는 눈물의 선지자이다. 이스라엘, 유다 왕국의 멸망을 예고

하면서 백성들에게 회개할 것을 외쳤지만, 아무도 그의 말을 귀담아 듣지 않아서 고독했던 선지자이다. 그는 우상 숭배와 도덕적 타락으로 인해서 유다가 멸망해 가는 때에 예언 활동을 하였기 때문에, 박해와 저항을 받아가면서 40년간을 변절한 이스라엘 백성들에게 하나님께 돌아오라고 눈물로 외쳤던 사람이다.

종내 유다 왕국은 그의 예언대로 강대국 바벨론의 침공을 받았다. 결국 예루살렘은 초토화되고, 지도자들은 바벨론으로 붙잡혀 가고 말았다. 그때 유다의 마지막 왕 시드기야는 두 눈이 뽑힌 채 수많은 백성들과 함께 포로로 붙잡혀 갔다. 예레미야로서는 얼마나 답답하고 안타까운 일이었겠는가?

이러한 예레미야에게 하나님께서 이번에는 엉뚱한 말씀을 전하라고 하셨다. 하루라도 빨리 포로로 붙잡혀 간 바벨론에서 고향 땅 예루살렘으로 돌아오고 싶어하는 이스라엘 백성들에게, 비록 포로로 붙잡혀 가서 사는 땅이지만 그 성이 평안해야 그들도 평안하기 때문에 그곳이 평안하도록 빌라는 것이다. 돌아올 생각을 하지 말고 살라는 것이다. 일단 그곳에서 정착하라는 것이다. 그리고 그곳의 번영과 안전을 도모하는 일에 힘쓰라는 것이다. 70년이란 세월, 즉 후세대에 가서나 고국으로 돌아올 수 있으니 돌아오려고 조바심 내지 말고 그곳을 고향처럼 생각하고 잘 정착하여 그 사람들과 함께 잘살도록 하라는 말이다.

우리가 디아스포라로 흩어져 살고 있는 이 땅이 평화롭고 번영해야 우리의 이민 생활도 평안하다. 그러므로 디아스포라로서 흩어져 살고 있는 나라가 정의와 평화의 사회가 되도록 함께 노력해야 한다. 그 땅은 우리만을 위해 있는 것이 아니고 모두를 위해 있다. 그리고 모두 잘

되어야 우리도 함께 평안하게 생활할 수 있다. 그런데 더불어 어울려 사는 다인종 사회의 평안을 해치는 가장 현실적인 문제가 무엇인가?

인종 갈등이다. 인종 갈등의 요인인 인종 차별은, 다인종 사회화되어 가는 지구촌 공동체의 적이다. 하나님께 창조하신 인간의 존엄성에 대한 범죄이다. 하나님의 창조 질서와 인류 사회의 윤리를 어기는 다인종 사회의 사회악이다. 교회는 사회적 선교를 통하여 사회 변화를 추구함으로써 이러한 문제를 해결하는 데 선지자적 사명을 가지고 있다.

특수한 사회 문화적 환경과 심리적 요인으로 인해서 한국 사회나 한국의 교회보다 더 보수적인 경향이 있는 한인 이민 사회나 이민 교회는, 미국의 정치 사회적 문제인 인종 문제에 대해 그동안 이러한 보수적 시각에서 접근해 왔다고 볼 수 있다. 그런데 갈수록 다인종 사회화하는 미국 사회나 한국 사회에서 일어나는 인종 갈등은, 디아스포라 이민 교회로 하여금 그러한 보수적인 태도에 근본적인 도전을 던져 주고 있다.

이제부터 다인종 선교 과제는 피상적인 대안 제시가 아닌, 사회 윤리적 측면에서 근본적인 문제 이해와 해결 방안이 논의되어야 한다. '다인종 사회'라고 하는 정치·사회적 당면 과제를, '신학적인 이해와 목회적인 응답'으로 반응하는 것이 교회의 '사회 선교' 사명이라고 본다. 주예수교회는 이러한 사회 선교적 사명을 감당하고자 "사랑과 정의를 위한 사회 선교"(Social Mission for Love and Justice)란 주제로 다양한 지역 사회 봉사 활동을 전개해 오고 있다.

이러한 사역에 대한 이론적 배경과 실례를 모은 이 책을 통해서, 디아스포라 교회의 사회 선교적 사명에 긍정적 도전이 되며 실제적 도움이 되기를 바란다. 뿐만 아니라, 한국 사회에서 점점 사회 문제화 되어 가고 있는 다문화(인종) 가정에 대한 교회의 선교적 안목이 열릴 수 있기를 기대한다. 더 나아가서 전 세계에 흩어져 있는 한인 디아스포라 선교 공동체와 한인 선교사들에게도 사회 선교에 실제적인 도움을 주는, 실제적으로 필요한 자료가 되기를 바란다.

• SMLJ 사랑과 정의를 위한 사회선교

차/례/

발간사 _ 4

추천사 _ 한국일(장로회신학대학원 선교학 교수) / 6

　　　　최형근(서울신학대학원 선교학 교수) / 10

　　　　이학준(풀러신학교 기독교 윤리학 교수) / 13

　　　　정종훈(연세대학교 기독교 사회 윤리학 교수, 전 한국기독교윤리학회 회장) / 14

　　　　김세광(서울장신대학교 신학대학원장, 전 한국실천신학회 회장) / 17

축하 메시지 _ Dr. Kenneth J. McFayden(유니언 신학교 학장) / 19

　　* 사잇글: 샬롯츠빌 폭동 사태를 보면서 / 23

권두언 _ 선교적 교회: 도전과 기회 / 28

　　　　　　　Darrell L. Guder(프린스턴 신학교 명예교수)

들어가는 말 _ 함께 살아야 하는 다인종 사회 / 50

1부 다인종 사회와 디아스포라

1장　해외 한인 이민 사회의 3대 수난 사건 / 60
2장　타 인종에 대한 편견 / 65
3장　변화하는 다인종 사회와 더불어 / 69
4장　미주 한인 이민 사회와 다인종 사회 / 78

5장 　 한·흑 관계에서 본 다인종 사회와 교회 / 84
　　　 * 사잇글: 디아스포라 목회 수상 / 89

2부　사랑과 정의를 위한 사회 선교

6장 　 사랑의 목표와 정의의 방법으로 / 98
7장 　 킹 목사의 인권운동을 통한 역사적 교훈 / 103
8장 　 사회 선교를 통한 지역 사회 변화 / 109
　　　 * 사잇글: 공동체 양육과 훈련 / 118

3부　인종 화합을 위하여

9장 　 다문화 음악 축제(Intercultural Music Festival) / 142
10장　 한국 음식 문화 축제(Korean Food Festival) / 158
　　　 * 사잇글: 북소리 울려라 / 166

4부　노숙자들을 위하여

11장　 지역 홈리스 사역 기관과 함께(CARITAS) / 170
12장　 먼로 공원 급식(Monroe Park Soup Kitchen) / 186
　　　 * 사잇글: 새롭게 시작하는 목회 / 194

5부   지역 사회 개발을 위하여

13장   저소득 독거노인 및 장애인 주택 보수(Renew Crew) / **208**
14장   도시 생활 개선(Inner City Development) / **226**
15장   산골 빈민 주택 보수(ASP) / **236**
      * 사잇글: 교회 브랜드 만들기 / **245**

6부   지역 한인 사회를 위하여

16장   2세를 위한 민족의 얼과 뿌리를 찾아서
      (무궁화 한국 학교, 여름 문화 학교) / **254**
17장   노년들을 위한 섬김(무궁화 시니어 센터) / **275**
      * 사잇글: 한인들 정직성 회복해야 / **286**

7부   지구촌 곳곳을 위하여

18장   의료 및 교육
      (Russia, Dominica, Mexico, Korea, Paraguay, Jamaica) / **298**
19장   어린이 구호(Uganda) / **316**
20장   협력 선교 기구와 신학 교육 기관 후원
      (KWMC, Union Presbyterian Seminary) / **323**
      * 사잇글: 다음 세대와 더불어 하는 사회 선교 / **337**

8부 선교적 교회 목회 리더십

21장 선교적 교회 사역 원리와 리더십 / 346
22장 선교적 교회 목회 리더십 과제 / 352
23장 선교적 교회 목회 리더십 응용 실제 / 358
   * 사잇글: 이민 사회의 윤리적 과제 / 383

9부 목회 리더십의 실체

24장 건축의 발자취를 따라 / 394
25장 선교사를 파송하면서 / 407
26장 신학생을 양성하며 / 412
27장 안식월을 맞아 / 416
28장 대외봉사를 통하여 / 430
   * 사잇글: 선교적 교회와 평신도 리더십 / 442

나가는 말 _ 더불어 사는 삶 / 449
   * 사잇글: 설립 20주년을 맞아 / 459

부록 _ 공동체 나눔 / 463
참고문헌 / 487

1부

다인종 사회와
디아스포라

1장

해외 한인 이민 사회의 3대 수난 사건

일제의 조선 반도 침략 이후 한민족은 개인의 자유와 나라의 독립을 도모하고, 강제 징용 그리고 가난의 굴레를 벗어나고자 다른 민족의 영토로 이주하기 시작했다. 4천 년 역사를 단일 민족으로 살아가면서 지구상의 독특한 민족 공동체를 이루어 가던 우리 조상들은 타민족과의 더불어 사는 다인종 공동체 생활에는 미숙할 수밖에 없었다. 주류 사회와의 정치 사회적 관계나 다른 소수 인종과의 우호적 관계를 정립하는 데 있어서, 기본적인 정책이 없는 가운데 오히려 소극적이고 폐쇄적인 민족 공동체를 고집하고 있었다. 그러한 역사 배경 속에서 우리 민족의 이민사에 고난의 장으로 장식된 3대 수난 사건이 있었다.

1923년 일본의 동경 대지진 사건 때, 일본 본토인들의 모략으로 6천여 명의 조선인들이 화재와 황폐해진 일본 땅에서 개인적인 피해를 당한 것만 해도 고통인데, 방화와 살인의 누명을 쓰고 지진 피해를 입은 일본인들의 손에 속죄양으로 희생당했다. 도쿄 일원의 간토 지방이 막대한 지진 피해로 사회 질서가 혼란스러울 때에, 내무성이 각 지역 경찰서에 하달한 공문에 다음과 같은 내용이 있었다. "재난을 틈 타 이득을 취하려는 무리들이 있다. 조선인들이 방화와 폭탄에 의한 테러, 강도 등을 획책하고 있으니 주의하라."

이러한 공문이 사실 확인도 없이 일부 신문에 보도되자, "조선인(또한 중국인)들이 폭도로 돌변해 우물에 독을 풀고 방화와 약탈을 하며 일본인을 습격하고 있다"라는 거짓 소문이 각 지역에 나돌게 되었다. 이에 격분한 일본인들이 자경단을 조직하여 조선인이나 중국인을 불심 검문하여 확인되면 아무런 법적 절차 없이 즉결 처형하는 학살이 만행되었다. 당시 치안 당국은 의도적으로 방관하거나 지극히 소극적으로 대치하였으며, 조선인 학살과 더불어 좌파 계통의 운동가들을 처리하는 기회로 악용하기도 하였다.

일본은 얼마 전에 있었던 조선 땅의 3·1 독립만세운동(1919년)에 대한 역반응으로, 일본 제국주의는 국가적인 자연 재해의 위기를 정치·사회적으로 이용해 힘없는 디아스포라 조선인들을 희생양으로 삼아 민심을 달래고자 했던 것이다. 그 이후로도 재일 동포들은 전 세계 어느 나라에서도 찾아볼 수 없는 불리한 법적 제재를 받고 있다.

왼쪽_관동 대지진 당시 일본 경찰 및 자경단의 조선인 학살
오른쪽_일본 치안 당국은 터무니없는 유언비어를 만들어 각 신문사로 보냈다.

1937년 소련의 연해주에 정착해 살던 18만여 명의 조선인들이 소련 공산당의 음모와 스탈린의 정치적 술책에 의해서 중앙아시아 지방으로 강제 이주를 당하였다. 연해주 한인들의 사회는 19세기 중엽부터

최초의 한인 이주 가정(동북아 평화 연대)

가난한 농민들이 삶의 터전을 찾아서 디아스포라의 터전을 닦기 시작하면서 형성되었다. 그 이후 1920년대와 1930년대에 와서는 일제의 강제 점령을 피하여 조국의 품을 떠난 한인들의 수가 18만 명을 헤아렸고, 당시 블라디보스토크 농촌 인구의 1/4을 넘어서고 있었다.

고려인 강제 이주는 1939년 9월과 10월에 걸쳐서 중앙아시아 지방으로 총 36,442가구 171,781명이 이주되었다(카자흐스탄 20,170가구 95,256명; 우즈베키스탄 16,272가구 76,525명). 이어서 캄차카 지역에 남아 있던 고려인 어부들, 사업차 여행 중인 이들도 11월 1일자로 이송되었다. 연해주 디아스포라 한인들의 중앙아시아 강제 이주는 1937년 스탈린이 볼셰비키당 중앙위원회에 "당 사업의 부진과 크로트키 및 다른 양면 주의자들을 청산할 방법에 대하여"라는 보고서를 제출하면서부터 정치적으로 시작되었었다.

이러한 배경 속에서 1937년 8월 21일, "극동 지방 국경 부근의 조선인 거주민을 이주시키는 문제에 관하여"라는 결의문(no. 1428-326cc)이 채택되었다. 1937년 7월 29일자 〈프라우다〉지에는 이와 관련된 기사가 다음과 같이 실렸다. "일본 비밀 정보부의 파괴적 행위: 일본은 승려나 어민 또는 한인이나 중국인으로 가장하여 국경 지대와 연해주 내에서 소련에게 불리한 파괴적인 활동을 하고 있다."

여행에 충분한 준비와 장래의 삶에 대한 대책 없이 갑자기 이루어진 강제 이주로 여행 중 유아 사망률은 60%에 달했으며, 이산가족도 많았고, 수많은 사람이 기아와 질병으로 사망하였다. 도착지 또한 아무런 생활 터전이 마련되어 있지 않은 황량한 벌판이나 척박한 지역이었다. 기차에 실려서 인적도 없는 허허벌판의 추운 갈대밭, 타슈켄트 지역으로 강제 이주 당한 조선인들의 후예들이 지금은 중앙아시아 지역에서 가장 성공적인 소수 민족으로 뿌리를 내려가고 있다.

1992년 4월 29일, 지금으로부터 20년 전 미국 로스엔젤레스에서 일어난 폭동은 로드니 킹(Rodney King, 폭동 20년 주년 기념 직후인 2012년 6월 17일 자택에서 사망)이라는 흑인 청년이 백인 경찰들에게 구타당한 사건의 재판 결과에 대해서, 흑인 사회의 분노가 폭발되어 일어난 인종 갈등이었다. 4월 29일부터 5월 4일까지 발생한 폭동으로 인해 53명이 생명을 잃었고(그중 10명은 경찰이나 폭동 진압 군인에 의한 사망), 2천여 명이 상해를 당했다. 백인 경찰에 대한 흑인들의 분노가 한국인 가게에 대한 방화와 약탈로 점화되면서, 한·흑 간의 인종 갈등으로 극대화되어 조명되었기 때문에, 미주 한인의 수난사로 점철되었다.

대략 10억 달러 정도의 막대한 재산 피해가 추정된 가운데, 한국인들의 가게가 주 피해지가 되었다. 3,600여 회의 방화가 있었고 1,000여 개의 빌딩이 전소되거나 소실된 가운데, 피해를 입은 한국인 가게가 700여 개, 사망자 1명, 그리고 3억 5천만 달러 정도의 재산 피해가 있었으며, 중요하게 부각되지는 않았지만, 사상자의 1/3 이상이 히스패닉이었다. 폭동 중에 있었던 한인 사회의 자구책(무장 자치대 활동)이나 미주 한인 사회의 부정적 모습(흑인 청소년 Latasha Harlins를 자기 방

LA 흑인 폭동으로 폐허가 된 한인 상가

어로 쏘았던 가게 주인 두순자 씨) 등을 주요 언론에서 크게 부각시킴으로써 폭동은 한·흑 간의 갈등으로 증폭되었고, 한인 사회는 이중적인 피해를 입었다. 4·29 폭동이 일어난 지역(South Los Angeles)은 이미 60여 년 전(1965년) 유대인과 흑인들이 크게 마찰을 일으켰던 곳으로, 산업화 과정에서 직장을 잃고 경제적 기반이 약해진 지역 흑인들의 분노가 들끓고 있던 휴화산과 같은 지역이었다. 이 지역에서 소규모 자영업을 하던 한인들의 가게가 속죄양의 타깃이 되었던 것이다. 이 사건을 계기로 미주 한인 사회에 1.5세와 2세를 중심으로 하는 정치력 신장이 있었으며, 성숙한 시민 사회의 일원으로서 사회적 책임 의식도 강조되었다.

그리고 필자도 이때부터 이민 교회의 사회 선교 사역에 집중하였다. 이 4·29 폭동은 기회의 땅, 자유의 나라, 이민의 천국인 미국으로 찾아온 한인 이민자들에게는 결코 잊을 수 없는 사건이다. 한국인은 하와이 사탕수수밭 노동자로 시작해서 연방 하원에까지 이른, 성공적 이민 그룹으로 성장해 가고 있었다. 높은 교육 수준과 근면한 노동으로 밤낮없이 땀 흘리며 삶의 터전을 일궈 가는 이민자들에게 미국은 과연 이민의 나라이며 꿈의 나라인 것처럼 여겨졌다.

그러나 이 땅에서는 우리에게 인종 차별이나 인종 갈등 같은 것은 문제가 되지 않는다고 여겼던 것이 착각이었음이 드러났다. 타 인종, 특히 흑인들에 대한 인종 편견이나, 다인종 사회 속에서 여러 인종과 함께 어울려 사는 태도와 지혜에 대해서 새로운 눈을 뜨기 시작했던 것이다.

2장

타 인종에 대한 편견

인종 차별(racism)이라는 개념 뒤에는 인종 우월(racial superiority)이나 인종 열등(racial inferiority)이라고 하는 인종적 편견(prejudice)이 자리잡고 있다. 인종의 신체 특징에 의거해서 정신적·문화적으로 열등하거나 우월하다는 주장은, 개인의 특성과 능력보다는 인종 그룹에 의해 개인을 일반화시키는 오류를 범하고 있다. 그래서 타 인종을 접할 때 개인적인 가치나 능력을 기준에 두기보다는, 인종이라는 고정관념을 통해서 개인의 인격을 매도하고 개성을 무시하게 된다.

인류학자들의 과학적 연구에 의하면, 인종 차이가 개인적 우월과 열등을 나타내는 기준이 아니라는 사실이 증명되었다. 진화론자들의 주장에 의해서 몇 가지 신체적인 특징들(코, 두뇌의 크기, 입술, 손, 발, 피부 등)을 기준으로 종족의 차이에 따라 심리적·정서적으로 문명화 혹은 비(非)문명화를 구분하는 것이 옳은 것처럼 받아들여졌다. 하지만 이러한 진화론적인 이론들은 정치적·경제적 동기에 의해서 역사적으로 점점 타당한 논리로 조장되어 왔을 뿐이다.

역사적으로 볼 때 인종 차별에 관한 과학적 논리들이 개발된 것은 19세기에 들어와서였다. 서구 문명의 식민지 개척 이후 이러한 이론들이 본격적으로 학문적으로 대두되었다는 점을 유의할 필요가 있다. 영국의 로버트 낙스(Robert Knox, Races of Man, 1850)와 프랑스의 아더 드 고비노(Authur De Gobineau, Essai Sur L'inegalite des vaces Humanies, 1853~55)의 이론을 바탕으로, 서구 문명은 인종 차별을 정당화하기 시작했다. 그들은 모두 유럽의 식민주의 정책을 옹호하는 데 이바지하는 인종적인 이론을 제공한 것이다. 그러므로 인종 차별이라고 하는 것은 서구 사회에 의해서 개발되어 오용된 정치·경제적 사회 정책이었다는 것이 역사적으로 증명된다.

백인이 유색 인종보다 우월하다는 편견, 특히 흑인들은 인권을 가질 수 없는 인간 이하의 노동 생산 수단이라는 주장은 경제적 요인이 더 크게 작용된 결과이다. 서구 주도의 세계 경제 구조가 형성되어 가면서 이러한 이론들이 역사적으로 점점 타당한 사회적 이론으로 자리 잡게 된 정치적 배경이 있었다.

초기 진화론자들이 신체적 발달과 인종적 우월을 연결시킨 점에서 그들은 이러한 정치·경제적 요인들을 희석시킨 오류를 범했다고 볼 수 있다. 입술의 모양, 혀의 길이, 두뇌의 크기 등으로 인종적 그룹을 구분 지어 열등과 우월로 구분 짓는 것은, 그러한 신체적 차이에서 가져온 인종적 차이보다 개인 간의 차이가 훨씬 더 크다는 사실을 통해 재평가되어야 한다.

단순히 신체적인 기관이나 피부 색깔의 차이로 인종 우월과 인종 열등을 구별할 수는 없다. 그보다는 정치적 요인이나 지적 훈련, 사회 구조가 인종 이해에 더 큰 영향을 주었다. 한 인종이 다른 인종을 접하면서 상대편 인종을 열등하다고 생각했을 때, 사실 상대편도 자신들이 우월하고 다른 편이 열등하다고 생각한다. 원시림에 사는 야만

인이나 문명적으로 덜 개화된 미개인조차도 자신들이 남들보다 우월하다고 생각한다는 것이다.

그러므로 이러한 인종 우월 의식의 요인이 되는 인종 편견(prejudice)은, 이성적이고 합리적인 논리에 근거한다기보다 무비판적 선입관에서 나온 감정적 태도에 근거하고 있음을 알 수 있다. 이러한 편견은 고정관념에서 나온 성숙되지 못한 태도라고 볼 수 있다. 이러한 편견이 인종 간에 자리잡게 되면, 그것은 서로를 구별(segregation)하는 선을 긋게 된다. 그리고 더 나아가서는 제도적으로 고정화되면서 차별(discrimination)을 하거나 차별 당한다.

결국 인종 편견 때문에 부당한 대우(unfair)를 받게 되는 것이다 (prejudice→segregation→discrimination→unfair). 따라서 편견에 의한 개인적 행동이 사회 현상으로 나타나게 되면서부터 점점 사회 구조화되어, 종래에는 하나의 문화 현상으로 자리잡아 버리고 만다(individual behavior→social structure→culture). 그렇게 해서 마침내 인종 차별주의(racism)라고 하는 사회악이 하나의 문화 양태로 등장하게 된다.

여기에서 우리가 유의해야 할 것은, 이러한 인종 차별의 문화 속에서 이루어지는 개인적 태도라는 것이다. 심리학자들의 주장에 의하면, 이러한 인종 차별주의 문화 속에서 피해를 입은 개인은 특이한 심리적 반응을 나타낸다는 것이다. 정신 분석가들은 설명하기를, 한 개인이 '편견'(prejudice) 때문에 피해를 입으면 정서적으로 '좌절감'(frustration)을 느낀다. 이러한 감정을 가진 사람은 대체적으로 남에 대해서 '공격적'(aggressive)인 행동을 하게 되는데, 때때로 문제가 잘 해결되지 않거나 만족을 느끼지 못할 경우에 '속죄양'(scapegoat)을 찾게 된다고 한다(prejudice→frustration→ aggressive→scapegoat).

한·흑 갈등은 흑인들이나 한인들이 그러한 상황에서 서로를 속죄양으로 필요로 한 결과에서 나타난 현상이라고 볼 수 있다. 사람들은 개인적으로 당하는 압박감이나 저임금 노동, 해고 등에서 오는 정신적 피해 의식으로 인해 속죄양을 찾게 된다. 이때 평소에 이질감이나 적대감을 가졌던 그룹을 분노의 대상으로 삼아 공격함으로써 그들을 타도의 상징으로 만들어 간다.

이러한 인종 편견이 언제부터 한 개인에게 영향을 미치게 되는가 하는 점에 대해서, 오래전 하버드 대학교의 알포트(Gordon W. Allport) 교수는 통계 조사를 근거로, 중학교와 초등학교 연령 때에 가장 많은 영향을 받게 된다고 주장한다(12~16세와 6~11세). 그런데 놀라운 사실은, 학교에서보다는(31%) 부모로부터(69%) 더 많은 영향을 받는다는 점이다. 사회 제도와 교육에 책임을 돌리기 이전에 개인적인 가정생활에서 부모로부터 인종 차별의 편견을 가지게 된다는 점을 기억할 필요가 있다.

태어나면서부터 인종 차별주의자인 사람은 아무도 없다. 각자의 피부나 모양이 다르고 인종이 다르기 때문에 싫어하는 것이 아니라, 이미 편견을 가졌기 때문에 긴장하고 싫어하게 되는 것이다. 이러한 사실을 명확히 인식하여, 변화되어 가는 다인종 사회에 대한 올바른 인식과 사회 구성원으로서의 책임 있는 시민 의식 없이 편견과 무지로 경직화된 사고방식이나 행동을 하지 않도록 일깨울 필요가 있는 것이다. 세상 속에서 빛과 소금의 역할을 함으로써, 정의로운 사회 변화의 기능을 감당해야 할 교회의 사회 선교적 사명이 요청되는 이유다.

이웃을 함께 섬기는 공동체 게시판

3장
변화하는 다인종 사회와 더불어

● **미국의 다인종 사회화 현상**

미합중국의 인구는, 2000년 인구 센서스에 의하면 2억 8,140만 명에서 2010년 3억 870만 명으로 9.7%가 증가하였다. 2009년에는 미국 전체 인구가 3억을 돌파했다. 인구 증가는 남부 지역(13.8%)과 서부 지역(13.8%)이 두드러졌으며, 중서부(3.9%)와 동북부(3.2%)는 미미했다. 그 절대적인 요인은 소수 인종의 증가였으며, 이는 미국 사회가 더욱 다인종 사회가 되어 가는 현상을 보여주고 있다.

전 미국 인구의 83.7%가 336개의 광역 도시권에 모여 있으며(인구 5만 이상), 가장 급성장한 대도시는 휴스턴(Houston), 애틀랜타(Atlanta), 댈러스(Dallas-Fort Worth), 워싱턴 D.C.(Washington D.C.), 뉴욕(New York) 그리고 로스앤젤레스(Los Angeles) 지역이다. 통계상으로 볼 때 전 미국 인구 중에 적어도 10명당 1명은 뉴욕이나 로스앤젤레스 지역에 거주하고 있는 것으로 나타났다. 이를 통해 대도시의 비대화와 함께 다인종 사회가 더 빨리 확산되고 있음을 알 수 있다.

미국의 인구를 크게 다섯 인종으로 나누어 볼 때(White, Black

or African American, American Indian or Alaska Native, Asian, Native Hawaiian or other Pacific Islander), 해가 거듭할수록 그동안 절대 다수를 차지했던 백인의 비율은 줄어들고, 히스패닉과 아시안 계통의 인구는 급증하고 있다.

히스패닉 인구는 2000년에서 2010년까지 3,530만 명에서(전 인구의 12.5%) 5,050만 명으로(전 인구의 16.3%), 43%나 증가하였다. 지난 10년 동안 히스패닉 인구가 1,520만 명이나 늘어난 것이다. 2000년 인구 조사에 따르면 75.1%로 전체 인구의 3/4을 차지했던 백인의 인구가 2010년에는 63.7%로 비율이 떨어졌으며, 흑인은 12.3%에서 12.2%로 미미하게 감소했다. 히스패닉의 급증과 함께 아시아인 인구도 크게 증가해서 전체적으로 1,020만 명(3.6%)에서 1,470만 명(4.8%)으로 늘어났다.

2010년 인구 조사에서 나타난 특이한 현상은 다인종(multiple-race conditions) 가정이 크게 늘어나고 있다는 것인데, 흑인과 백인의 결합(180만 명), 백인과 그 외 다른 인종(170만 명), 백인과 아시아인(160만 명), 백인과 아메리칸 인디언이나 알래스카 원주민의 결합(140만 명) 등으로, 전체 미국 다인종 결합 인구의 3/4를 차지하고 있다. 스스로 다인종 가정이라고 밝힌 사람이나 가정은 전체 미국 인구의 2.9%가 된다(표1 참조).

이런 추세로 볼 때, 2050년에는 미국 인구의 인종 비율에 커다란 변화가 올 것으로 예측하는데, 백인 46.3%, 히스패닉 30.2%, 흑인 11.8%, 아시아인 7.6%, 두 인종 이상 3%, 그리고 원주민 1% 등이다.

주목할 점은, 전 미국 3,143개군(county, 미국 행정의 기초 단위) 중에서 348개군이 그 인구의 과반수가 소수 인종(ethnic minority)으로 구성되었다는 점이다. 미국 내 소수 인종 증가를 보여주는 괄목할 만한 인구 변화 현상이다. 미국은 이렇게 다인종 사회로 급변해 가고 있

RACE (인종)	2000년		2010년		변화율	
Total Population (총 인구)	281,421,906	100.0	308,745,538	100.0	27,323,632	9.7
One Race (단일 민족)	274,595,678	97.6	299,736,465	97.1	25,140,787	9.2
White(백인)	211,460,626	75.1	223,553,265	72.4	12,092,639	5.7
Black or African American (흑인)	34,658,190	12.3	38,929,319	12.6	4,271,129	12.3
American Indian & Alaska Native (미국 인디언 & 알래스카 원주민)	2,475,956	0.9	2,932,248	0.9	456,292	18.4
Asian(아시아인)	10,242,998	3.6	14,674,252	4.8	4,431,254	43.3
Native Hawaiian & Other Islander (하와이 원주민 & 다른 섬 원주민)	398,835	0.1	540,013	0.2	141,178	35.4
Some Other Race (그 외 다른 민족)	15,359,073	5.5	19,107,368	6.2	3,748,295	24.4
Two or More Races (둘 또는 그 이상의 다인종)	6,826,228	2.4	9,009,073	2.9	2,182,845	32.0

[표1] 지난 10년간의 전 미국의 다인종화 현상으로 나타나는 인구 구성 변화

다. 모든 기초 행정 단위에서 1/10, 소수 인종이 더 많은 인구를 차지한다는 사실을 볼 때, 미국이 얼마나 다인종 사회화되어(racially and ethnically diverse) 가는지 그 변화의 물결을 읽을 수 있다. 이렇게 점점 다인종화되어 가는 미국의 사회 현상은 교육, 경제, 정치, 문화, 심지어 종교에까지 막대한 영향을 미치고 있다.

● 아시아계 미국인(Asian American)의 급격한 증가

2010년 미국 인구 조사에 의하면, 3/4에 가까운 아시아인들이 캘리포니아나 뉴욕, 텍사스, 뉴저지, 하와이, 일리노이, 워싱턴, 플로리다, 버지니아, 펜실베이니아 등 10개 주에 거주하고 있는 것으로 나타났다. 2012년 3월 현재 전 미국 내 아시아인들의 인구(총 1,820만 명)를 출신 국가별로 살펴보면, 중국인 23%(401만), 필리핀인 19.7%(342만), 인도인 18.4%(318만), 베트남인 10.0%(174만), 한국인 9.9%(171만), 그리고 일본

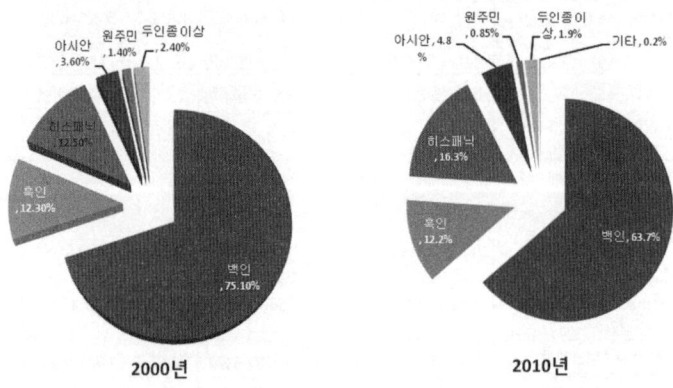

지난 10년간의 미국 인종 구성비의 변화(2010년 미국 인구 조사)

인 7.5%(130만)으로 집계되고 있다.

2010년 인구 조사 후 2년이 지난 2012년 6월 19일, 미국의 저명한 사회 조사 기구인 Pew Research Center에서는 아시아계 인구와 경제 상황에 관한 최근의 통계 자료를 내놓으면서, "아시아인이 미국에서 떠오르고 있다"(Asian-American On the Rise)라고 부각시키고 있다.

아시아인 중에서 다인종 결합 가정(intermarriage)은 29%를 차지하며, 각 출신 국가별 상황은 다양하게 나타나고 있는 것으로 조사되었다. 2008년부터 2010년까지 히스패닉 26%, 흑인 17%, 그리고 백인 9%가 다인종 결합 가정을 이루고 있는 통계를 감안했을 때, 아시아인들은 다른 인종에 비해 훨씬 더 다인종 사회에 잘 적응해 가는 것으로 보인다. 같은 기간에 출신 국가별로 아시아인들의 다인종 결혼 비율(intermarriage rates)을 살펴보면 인도인이 가장 낮고, 일본인이 가장 높으며, 한국인은 일본, 필리핀 다음으로 빈번하며, 중국인과 베트남인은 근사한 차이를 보이며 그 뒤를 잇고 있는 것으로 나타났다. 또한 위 조사에 의하면 한국계 미국인의 다인종 결혼 비율 또한 두드러지

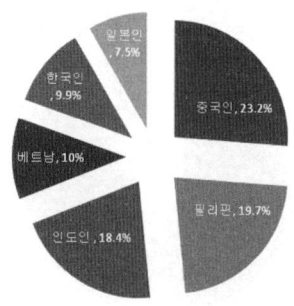

아시아계 미국인의 출신 국가별 비율(pew Research Center, 2012년 3월)
(총 18,205,898명, 미국 인구의 5.8%)

게 증가하고 있다.

전 미국 가구당 연평균 수입(median annual household income, $49,800)과 비교했을 때, 아시아인 평균 연 수입인 $66,000은 상당히 높은 수준이며, 극빈자 가정 비율도 전체 미국인이 12.8%인데 반해, 아시아인의 경우 11.9%로 좀 더 낮은 비율을 보이고 있다. 또한 교육 수준 면에서 대학 이상 졸업 비율도 미 전국의 28%와 비교해서 49%로 매우 높은 편이다. 아시아인(영어 혹은 기타 7개 아시아 언어를 사용) 총 3,511명을 조사한 통계에 의하면, 미국의 평균치 시민보다도 생활에 만족도를 보이며(82% 대 75%), 경제적인 안정도(51% 대 35%)나 국가에 대한 만족도(43% 대 21%)에 있어서도 훨씬 높은 편이다. 아시아인들의 근면과 가정을 중요시하는 가족 관계와 상부상조(相扶相助)의 경제 구조 그리고 높은 교육열은 이들이 미래를 긍정적으로 기대하고 있는 것으로 확인시켜 주고 있다.

2011년 아시아인들 중에서 영주권을 받은 출신 국가별 조사는 흥미롭다. 절반 정도의 인도인과 한국인은 고용주의 스폰서십(H-1B 등)을 통해서 미국에 영구 상주할 자격을 얻었다. 그와 비교해서 직장을 통

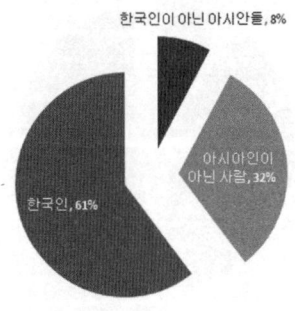

한국계 미국인의 다인종 결혼(intermarriage) 비율
(2008 – 2010)

해서 영주권을 취득한 경우가 일본인은 1/3, 중국인은 1/5, 필리핀인은 1/10, 그리고 베트남인의 경우는 단지 1%에 불과하다. 인도나 한국 출신의 전문 지식과 기술은 미국 사회에 기여할 수 있는 자격으로 판명되었다고 볼 수 있다.

미국의 1965년 새 이민법의 발효로 인해 아시아인은 미국 이민의 물결을 따라 성공하고 있는 가장 큰 인종 그룹으로 여겨지고 있다. 과거 아시아인들에게 불리할 뿐 아니라 제한적이었던 여러 종류의 이

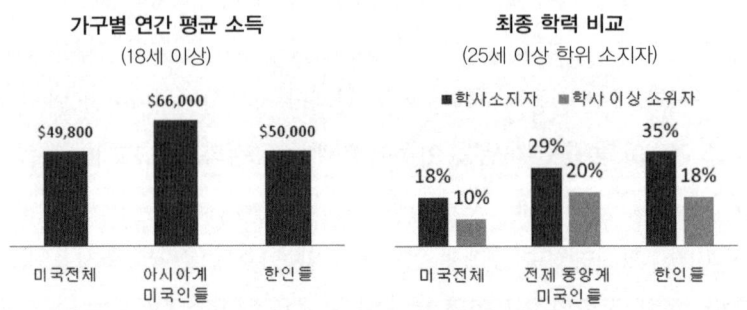

아시아계 미국인과 미국 전체 평균 소득, 생활 및 교육 수준 비교

민법과 사회 제약 등(Chinese Exclusion Act of 1882, Immigration Act of 1917 and the National Origins Act of 1924; Relocation and Internment of Japanese-Americans after 1941)으로 매우 불리한 여건에 있었던 아시아 국가 출신들에게 개방된 이민 문호는, 아시아인 인구의 급증에 큰 영향을 주었다고 볼 수 있다.

여러 다양한 문화적 유산과 민족적 뿌리를 가진 아시아인 인종적 특징 가운데 가장 두드러진 현상은 종교 분야이다. 중국인이 절반은 특정 종교를 가지고 있지 않고 있으며, 필리핀인은 대부분 가톨릭, 일본인은 기독교와 불교, 베트남인들은 불교, 한국인은 기독교, 그리고 인도인은 힌두교가 그들의 주류 종교인 것으로 나타났다. 아직도 기독교적 시민 종교가 미국의 종교 현상에 영향을 미치는 새로운 물결을 일으키고 있다고 볼 수 있다.

● 미주 한인 사회의 현상

2012년 Pew Research Center가 조사한 아시아계 인구와 경제 상황에 관한 통계가 발표된 직후, 신망 있는 미국 공영 라디오 방송(National Public Radio)에서 종합하여 대담한 자료(2012년 6월 20일)를 분석해 보면, 아시아인 전반에 대한 이해, 특히 한국인(Korean-American)에 대한 다른 인종들의 시각을 엿볼 수 있다. 이 분석 자료는, 아시아인들이 히스패닉 인구 증가율을 앞서가고 있고, 인종별 그룹으로는 교육 수준이 가장 높으며, 가구당 연 임금이 높은 것으로 나타나기 때문에, 1,800만 아시아인들의 부상을 눈여겨보아야 하며, 이것은 미국의 미래와도 관계되어 있다는 결론을 내리고 있다. 이는 타당한 분석이라고 볼 수 있다.

반면, 다인종 사회 구성원으로서 아시아인 중 한국인에 대한 평가는 어쩔 수 없이 20년 전에 전 미국 사회에 충격을 주었던 4·29 폭동과 함께, 한·흑 관계로 연관시키고 있었다. 통계 조사에 근거하더라도, 한국인은 타 인종에 대해 가장 소극적이며, 다른 아시아 인종과 달리 자신들의 미국 사회 생활에는 인종적인 차별이 가장 큰 문제라고 스스로가 주장한다고 평가했다. 필리핀인들의 미국 생활 적응률이 가장 높은 데 비하여(언어 문제가 주요인), 한국인들은 언어, 단일 민족 문화 배경, 집단적인 사회적 격리 현상 등으로 다른 인종과 장벽을 두고 있다고 평가했다.

4·29 폭동 20주년을 맞아 이루어진 한인 사회의 조사 〈L.A 한국일보〉(2012. 4) 또한, 여전히 한·흑 간의 갈등과 함께 한·히스패닉 그리고 타 인종과의 긴장이 상존한다고 자체 진단하고 있다. 그러므로 다인종 사회 속에서 함께 어울려 사는 지혜와 훈련에 대해서 지속적인 노력이 요구된다고 할 수 있다.

	비슷하다	매우 다르다
일본인	50%	43%
필리핀인	49%	45%
중국인	36%	52%
베트남인	35%	61%
인도인	30%	57%
한국인	29%	63%

아시아계 미국인들의 미국 생활 평가표 : "전형적인 미국인의 삶과의 차이가 있는가?"

향후 미국의 인종 갈등 가능성
(4·19 폭동 20주년, 미주 한국일보 LA. 지역 조사, 2012년 4월)

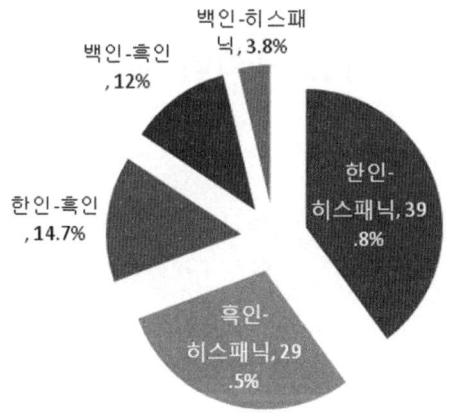

미주 한인들의 인종 갈등 가능성(L.A. 한인 사회 중심 조사 / 2012. 4)
    A. 한-히스패닉 관계 개선 필요성 인정(51.9%)
    B. 한-히스패닉 관계가 위험한 상태에 있다(23.4%)
    C. 한-흑 간의 관계 개선이 필요하다(46.4%)
    D. 한-흑 간의 관계에 위험이 상존하고 있다(34.7%)

4장

미주 한인 이민 사회와 다인종 사회

● 동상이몽

'동상이몽'(同床異夢)이란 같은 침대에서 다른 꿈을 꾼다는 뜻으로, 겉으로는 같은 행동을 하면서도 속으로는 각각 다른 생각을 한다는 말이다. 일반적으로 한국인들은 흑인들(African-American)을 친밀하게 여기지 않는다. 20년 전 미국에 사는 한국인들이 다른 인종을 대할 때 느끼는 호감도와 거리감을 조사한 결과에 의하면, 흑인은 32개 인종 가운데 31번째로 친밀감을 느끼는 그룹이다(Ethnic Distance Indicates in 1991, U.S. Korean Samples).

흑인들의 경우, 한국인은 32개 인종 가운데 19번째로 친밀감을 느끼는 그룹이다(Ethnic Distance Indicates in 1987, U.S. Black Sample). 한인 그룹이든지 흑인 그룹이든지, 양 인종 그룹에서 세 번째로 친밀감을 나타내는 인종이 백인(U.S. White)이다. 두 인종 그룹 모두 한결같이 백인들과는 이해가 가까운 반면, 서로는 거리가 멀다는 인식과 태도를 보이고 있다.

그런데 백인 그룹은 흑인들을 21번째로 가까운 그룹에, 미주 한인들을 23번째로 친밀한 그룹으로 꼽고 있다(Ethnic Distance Indicates in 1991, by Song, U.S. White Sample). 한마디로 말한다면, 한·흑 서로 간에 거리가 멀면서도 각각 백인들은 우호하고 싶은데, 백인들은 한·흑 모두를 그렇게 친밀하게 느끼지 않는다는 것이다. 이는 두 그룹 모두 백인들을 짝사랑하면서 서로에 대해서는 적대시하는 동상이몽의 현상을 보여준다. 한 번 더 생각해 보면, 백인들에게 두 그룹 모두가 이용당하기 쉬운 현실을 말해 주는 것이라고 볼 수 있다.

400여 년의 역사를 가진 흑인들의 줄기찬 인종 차별과의 투쟁은, 노예 생활에서부터 시작해서 참정권까지 이어지는 피맺힌 인권 투쟁의 기록이다. 그들은 아프리카에서 강제로 붙잡혀 온 노예의 삶으로부터 출발해서 마틴 루터 킹 목사(Martin Luther King, Jr.) 같은 위대한 지도자를 낳는 데까지 이르게 되었지만, 아직도 주류 백인 사회의 인종 우월적 제도(white supremacy)에서 밀려나 주변에 머물고 있다고 생각한다.

● 주변성과 소외성

개인적 사례에서뿐만 아니라 제도적 구조 속에서 부당하게 당하는 불이익 때문에, 흑인들은 언제나 '주변성'(marginality)에 묶여서 중심부에 들어가서 역할을 하지 못한다는 자괴심을 가지고 있는 경우가 많다. 그것은 미국의 상층부를 형성하던 전통적인 WASP(White Anglo-Saxon Protestant) 그룹에 대한 불신이 아직까지 흑인들의 가슴 깊이 자리 잡고 있기 때문이다.

한인들도 코리언 아메리칸(Korean-American)이라는 독특한 정체성(identity)을 가지고 있으면서, 한국이라는 사회와 미국이라는 사회 어느 곳에서도 중심 그룹에 들어가지 못하기 때문에 주변(marginality)에 머무를 수밖에 없는 한계적 상황 속에 처해 있다고 자책할 때가 많다. 몸은 이미 한국을 떠나 있지만 언제나 마음은 한국에 두고 있기 때문에 한국을 그리워하고 그곳에 귀를 기울이고 있다.

그러나 때때로 미국에 살고 있기 때문에 어쩔 수 없이 변두리로 밀려나 있는 자신들의 위치를 받아들일 수밖에 없다고 자인한다. 한편으로는 생활의 터전이 있는 이곳에서 열심히 살지만, 다른 한편으로는 언어와 문화적 차이 때문에 만족한 이민의 삶과 생활의 안정을 누리고 있는 미국 사회에서도 중심의 자리에 서지 못하고 주변에서 맴돌 수밖에 없는 현실을 인정해야 하는 것이 1세 이민자들의 의식이다.

이렇게 양 인종이 함께 느끼고 있는 주변성의 삶은 주류 사회에서 차별받아 소외되고 있다고 하는 위기의식과 피해의식에 공감하게 된다. 소외성(alienation)에서 오는 차별 의식은 모두가 소수 인종(ethnic minority)이라는 범주 속에서 서로를 깊이 이해할 수 있는 정서와 공감대가 이루어질 수 있다.

양 인종 그룹 간에 놓여 있는 왜곡된 편견과 문화적 오해가 이러한 공감대를 바탕으로 해서 좁혀질 때 비로소 새로운 관계가 시작될 수 있다. 함께 한·흑 관계뿐만 아니라 한·히스패닉이나 여러 다인종과의 관계도 이러한 시각을 가지고 접근할 수 있으며, 더불어 주류 사회인 백인들과의 관계도 향상시킬 수 있게 되는 것이다.

4·29 폭동 20주년을 맞이해서 조사한 통계〈L.A. 한국일보〉에서(2012. 4. 28) 시사하듯이, 한·흑 간의 갈등은 상존할 뿐만 아니라 (46.4%) 개선되어야 한다는(34.7%) 시각이다. 최초 히스패닉 계통 인구의 급증과 더불어 경제적 이유로 한·히 관계의 접촉이 더 잦아져 일어나는 문제가 점점 더 빈번해져 감에 따라서 한·히 관계 개선이 필요하고(51.9%), 현재 위험한 상태에 있다고(23.4%) 보는 견해도 있다. 그

러나 아직도 한·흑 간의 긴장 완화와 개선이 더욱 중요하고 시급하다고 보는 견해의 비중이 높다.

● 한인 중심의 지역 사회 형성

2012년 3월에 조사된 Pew Research Center의 비교 분석에 의하면, 한인 사회(Korean American Community)는 타 인종과의 관계보다는 자기들끼리 한인 중심 지역 사회를 형성하고 있다고 한다.

전형적인 미국 문화에 적응하는 면에 있어서는 다른 아시아 인종들에 비해서 가장 적응도가 낮은 것으로 나타났다(비슷하다: 29%, 매우 다르다: 63%). 가구당 수입 면에서도 다른 아시아 인종과 비교해서 학력 수준이 가장 높으면서도 수입이 낮게(아시아인 평균: $6,6000, 한국인: $49,800) 나타났다. 특이한 사실은, 2세 한국인들의 결혼이 점점 복합 가정(한국인끼리 결혼: 61%; 2008~2010년)으로 변화되어 가는 다인종화 현상이다. 58% 한국인들은 친구가 한국인들이며, 24%의 한국인들은 인종 차별이 가장 심각한 문제라고 판단하고 있는 현상을 눈여겨 볼 필요가 있다. 한인들의 자영업 비율이 동양인 가운데서도 가장 높고, 다른 동양계보다 영어 사용률이 낮다.

● 한인 이민 교회에 대한 도전

미주 한인 이민 사회의 이러한 현상과 함께 드러나는 디아스포라 이민 교회에 대한 진단을 냉철히 되새겨 보게 하는 좋은 참고가 있다.

나는 미국 텍사스의 작은 도시에 머물면서 이민 교회로부터 집회 요청을 받아 두 달 동안 거의 매주 다니면서 집회로 섬겼다. 집회를 다니면서 각각의 지역에 세워진 한인 교회마다 특징이 있고 사명이 있고 또 도전이 있음을 보게 되었다. 그리고 이민 교회에 대해서 하나님

58%의 한국인들은 친구가 한국인들이다.

24%의 한국인들은 인종 차별이 가장 심각한 문제라고 여긴다.

께서 주시는 마음과 그분의 계획을 느낄 수 있었다. 특별히 집회 가운데서 미주 지역의 한인 이민 교회가 가진 근본적인 문제점을 볼 수 있었다. 그것은 이민의 동기와 목적이 복음 안에서 죽지 않았다는 것이다.

교회 안의 많은 사람들에게 교회는 자신의 이민 목적을 이루기 위한 수단으로만 의미가 있었다. 결국, 자신들이 이민 온 땅에서 사명이 아닌 풍요나 번영을 추구했던 모습으로 남아 있었다. 많은 이들이 교회에 남아 있는 이유는 교회 안에 자신을 위한 복이 있지 않을까 하는 기대에서였다. 이민 생활에서의 마음의 외로움도 달래 주고 자신의 존재감과 중요도를 확인시켜 주는 교제의 장으로서, 또 어려울 때 의지가 되는 장소로서 교회가 필요했던 것이다.

물론 교회가 이민자들에 이러한 역할을 해주는 것은 필요하고 바람직한 일이지만, 이것이 근본 목적인 것처럼 오해되는 것은 심각한 문제를 가져온다. 아브라함의 이민은 우리가 일반적으로 알고 있는 이민의 목적과는 다른 목적의 이민이다. 이민자 교회가 선교 헌금을 많이 하고 선교지를 위해 많이 기도하는 것만으로는 부족하다. 보내심을 받은 땅에서 아브라함과 같은 이민자로 그리고 선교사로 살아야 하는 것이다. 신학 교육을 받고 선교 훈련 과정을 밟아서 파송 받아야만 선교사가 되는 것이 아니라, 하나님의 부르심 가운데 보내신 삶의 자리에서 하나님의 반응하에 내 몫의 십자가를 지고 따르는 사람이 선교사이다(미국 장로교 목회자 세미나 교제, 유니언 신학교, 2012년 3월 6일.《내려놓음》의 저자 이용규 선교사).

이민 교회의 신앙 양태는 모국에서 전이된 기복주의적 신앙생활로 인해 고등 종교로서의 기독교의 사회 윤리성이 약하다. 디아스포라의 삶을 위한 안정과 번영을 추구하면서, 기복적인 가치관에서 개인주의적인 신앙 양태가 강하다. 이민 교회의 성장 그 자체는 긍정적이나 결과적으로 사회적 책임과 문화적 교류를 단절시키는 소외 그룹으로 전락할 수 있는 위험을 내포하고 있다. 한인 이민자들의 중심지요 구심점인 교회가 종족과 언어, 문화를 뛰어넘는 선교적 관점에서 타 인종에 대한 관심과 섬김에 눈을 돌리지 않으면, 공동체적 게토가 되고 마는 결과를 초래할 수도 있는 것이다. 사회 선교는 다인종 사회 속에서 지역 사회 봉사를 통하여 이러한 한계를 극복할 뿐 아니라, 선교적인 삶과 선교적 공동체(Missional Community)를 향하는 사명적 응답인 것이다.

5장
한·흑 관계에서 본 다인종 사회와 교회

1992년 4월 29일, L.A.에서 로드니 킹 사건으로 인해 일어난 흑인 폭동은 우리 한인 사회에 충격적인 피해를 주었다. 백인 경찰의 인종 차별적인 강압적 태도에 격분한 흑인들이, 이 사건과는 아무런 직접적 관련이 없는 한인 상가들을 대상으로 방화와 약탈을 함으로써 한인 사회는 엄청난 피해를 입게 되었다.

미국 보수 언론들의 교묘한 편향 보도로 흑백 인종 갈등이 어이없게도 한·흑 인종 갈등으로 각색되었다. 문화와 관습의 상이한 이해와 빈부 격차에서 오는 긴장 때문에 평소 오해와 갈등의 소지가 많았던 한·흑 관계로 초점이 옮겨지게 되면서부터, 한인 이민 사회는 백인 우월주의로 인한 인종 차별의 속죄양이 되어 갔다. 그제야 한인 사회는 착각의 잠에서 깨어나 스스로를 새롭게 바라보는 인식의 전환을 맞이하게 되었다. 그동안 주류 백인 사회 속에서 기득권을 누리면서 흑인들을 상대하려고 했던 자신들의 과오를 깨닫게 되었다고 볼 수 있다.

주예수교회에서 한·흑 갈등 극복과 다인종 사회 선교를 위한 첫 파트너로서 특정 흑인 교회(Eastminster Presbyterian Church)를 선택하게 된 동기는 이러한 배경 가운데 이루어졌다. 당시 대부분이 은퇴한 교인들로 구성되어 있으면서도 교회가 속한 지역 사회 봉사 사업(청소년 프로그램, 의류 보급, 음식 제공 등)을 활발히 펼치고자 하는 그 교회의 재정 상황에 대해, 백인이 중심이 된 노회가 외면하고 있었다. 그런 상황에 대해 한인 교회에서 제일 먼저 관심을 나타내 보인 것이다.

특히 그 교회가 속한 지역(Church Hill, Richmond, VA)에서 많은 한인 상인들이 소규모 가게를 운영하고 있었기 때문에, 한인 교회가 더욱 그들을 주목하게 되었다. 처음 그들을 찾아가서 서로 우의를 나누고 교회 대표를 통해서 장학금과 선교비를 지급할 때만 해도, 그들은 한인 사회가 응당 그들에게 빚을 지고 있다는 관점에서 받아들이고 있었다. 그런데 그 일이 지역 사회의 TV에 보도되며 흑인 사회가 관심을 가지면서 우리에게 합동 친선 예배를 제의해 왔다.

그렇게 하여 2년째의 교제에는 한·흑 합동 친선 예배로 발전될 수 있었다. 양 교회 목사, 관계 위원들 그리고 성가대의 합동 연습 등으로 서로의 관계가 친밀해지면서, 한인 교회에서 첫 합동 예배를 드리게 되었다. 예상 밖으로 그들은 성실히 준비하고 참여했으며, 한인 교회의 극진한 대접에 감동을 받고 돌아갔다. 교회와 지역 사회에 좋은 반응이 일어났다. 한인 교회의 진심과 정중한 섬김이 그들의 마음을 움직였던 것이다.

그 이후 3년째에는 그 흑인 교회에서 제2회 친선 예배를 드리게 되었다. 한인 교회에서도 많은 교인이 참석하였고, 준비 과정 가운데서도 양 교회 지도자들과 교인들의 교제가 잘 이루어져 갔다. 예배는 노회 관계자들에게까지 알려져서 교단 노회와 지역 사회 흑인 지도자들이 관심을 보이고 참여했으며, 양 교회가 연합한 가운데 성대하고 은혜롭게 드려졌다.

이 의미 있는 행사를 한·흑 매스컴이 잘 보도해 주었는데, 특히 흑인 사회의 신문과 TV에서 관심을 가지고 이를 집중 보도해 주었다. 예배 후 정성이 담긴 대접을 받고 친교를 나눈 한인 교인들은 흑인들의 정성과 진심에 깊은 감사와 사랑을 갖게 되었다. 특히 흑인 교회에 가서 함께 드린 예배와 교제를 통해서 흑인 사회와 문화에 대한 새로운 공감과 우의를 나누게 되었다는 점에서 큰 의미가 있었다. 이후로 서로간의 우애와 사랑이 깊어 갔으며, 이해와 공감을 바탕으로 한 연대의식이 싹트기 시작했다. 그동안 한인 교회는 인종 차별에 대한 세미나, 인종 우월주의에 대한 성경 강해 그리고 교회의 사회 봉사에 대한 예배의 말씀 등을 통해 꾸준히 단계적인 교육을 해왔기 때문에 이와 같은 발전의 단계로 자연스럽게 나아갈 수 있었다.

이러한 한·흑의 이해와 공감을 바탕으로 해서 그로부터 3년 후 지역 사회에 있던 한인 상인들과 정부와의 마찰이 조정되었다. 한편으로는 한인 가게들이 있는 지역 사회의 개발과 범죄 예방에 연대의식을 가지고 협력하면서 문제를 해결해 나가는 성과가 있었다. 흑인 시장과 흑인 시의원, 흑인 지도자들과 한인 교회 지도자들과의 긴밀한 협조가 이루어질 수 있도록 필자는 한인 사회와 흑인 사회의 중재 역할을 함으로써 사회 정치적 문제가 원만하게 해결되는 결실이 나타난 것이다. 그 이후 계속해서 지역 사회 발전과 범죄 예방을 위해서 긴밀한 연대감을 가지고 힘을 모아가고 있다. 이렇게 해서 교회는 "이웃을 함께 섬기는 공동체"란 캠페인을 통해서 한·흑·백·히스패닉 간의 인종 화합 운동을 활발히 전개해 가고 있다.

미국 사회의 고질적 병폐인 인종 갈등은 이제 단순히 인종 간의 차별을 넘어서서 계층, 성별, 세대 간의 격차 등과 같은 복합적인 문제로 확대되고 있다. 그러므로 타 인종과의 관계를 선교 과제로 가진 한인 이민 교회가 타 인종 교회와의 연대 운동을 통해 정의로운 사회를 이루어 가는 일을 하는 것은, 이 땅에 정의로운 사회를 추구하는 기독교 신앙의 사회 선교적 사명일 뿐 아니라, 평화로운 사회 발전을 위한 시민의 책임과 의무를 감당하고자 하는 노력인 것이다.

그러므로 한인 교회는 대(對)사회 봉사라는 선교적 과제로서의 다인종 관계에 대한 이론 정립과 더불어 실제적인 전략을 수립해야 한다. 이를 위해서는, 먼저 성서적인 기독교 사회 윤리관에 입각해서 인종 차별에 대한 이해를 가지고 교육해야 한다. 그리고 흑인들의 수백 년에 걸친 인권 투쟁의 역사를 이해하고 배우면서 서로의 공감대를 형성해 가야 한다.

다음으로, 전략적 차원에서 공동 프로그램을 개발하면서 합동 사업을 통해서 양측의 이해와 협력으로 문제를 접근해 나가야 한다. 그러한 지속적인 노력이 더 나아가서는 다른 인종에까지도 발전되어, 지역 사회 평화를 위한 공동체적 일치가 점차 연대 운동으로 확산되어 가게 될 것이다(Theory→Program→Movement).

주예수교회의 '사랑과 정의를 위한 사회선교'라는 공동체적 사역은 이웃 교회와 함께, 더 나아가서 지역 사회 봉사 단체나 지역 개발 기구와 함께 지역 사회에 점차적으로 영향을 주는 운동으로 발전되어 가고 있다.

이러한 운동의 이론적 기초로서, 필자와 주예수교회는, 세계적인 기독교 사회 윤리학자로 미국 사회의 디트로이트 목회 경험을 바탕으로 유니언 신학교(New York)에서 이론을 집대성하고 '정치적 현실주의'(Political Realism)를 제창했던 기독교 사회 윤리학자 라인홀드 니버(Reinhold Niebuhr, 1892~1971)의 '사랑과 정의'에 대한 이해를 토대로 삼았다.

'평화의 사도'로 지칭되는 마틴 루터 킹 목사의 사상과 비폭력 인권 투쟁의 역사적 유산은, 미국뿐 아니라 전 인류에 전해지는 정신적 유산이다. 킹의 비폭력운동을 통한 사회 변화의 이론과 실제를 통해서 '사랑과 정의'를 구체적으로 실천하는 방법에 대한 지혜를 얻을 수 있었으므로, 그에 대한 필자의 오랜 학문적 연구와 더불어 교회 공동체 훈련에 목회적 자료가 되었다.

제4차 다문화 음악 축제 단체 사진
(유니언 신학교 총장 Dr. Week, 노회 총무 Rev. Rhyne, 흑인 교회 Rev. Clark, 히스패닉 교회 Rev. Guitzan, 백인 교회 Rev. Grant, 주 하원의원 Delegate Franklin P. Hall과 함께. 2006)

사잇글

디아스포라
목회 수상
(隨想)

● **디아스포라의 노래: 향수**

창립 7주년 기념 기념 행사로 시작된 제4회 다문화 음악 축제(Intercultural Music Festival)는 흑인, 백인, 히스패닉, 한인 등이 함께 모여 음악으로 서로의 문화를 교류함으로써 지역 사회의 인종 화합과 협력을 도모하였습니다. 각 인종별 교회 찬양 팀이나 연주 팀들이 고유의 문화를 음악으로 나누며 함께 친교했던 아름다운 행사였습니다. 우리 교회의 지역 사회 봉사 사역에 발전적 계기가 된 이날, 음악 축제는 지역 주민들과 교우들뿐만 아니라 제 자신에게도 새로운 도전을 가져다 준 기쁨이었습니다.

우리 교회 성가대가 부른 〈향수〉(鄕愁 정지용 사, 김희갑 곡)라는 합창곡은 뜻밖에 저를 감동시켰습니다. 처음 들어 보는 곡이요 처음 들은 가사였는데, 어찌나 가슴을 찡하게 하는지……. 아마 대부분의 나이든 교우들도 비슷한 감정을 느꼈을 것입니다. 그 후 제 마음을 읽은 어느 성가대원이 전해 준 CD를 얼마나 열심히 듣고 또 들었는지! 아마 수십 번도 더 들었을 것이고, 지금도 차 안에서, 집에서, 교회에서 자주 듣곤 합니다. 이 곡을 듣고 있으면 가사와 함께 전달되는 아름다운 선율이 마음을 향수에 젖게 할 뿐 아니라, 부드럽고 여유 있는 정감을 불러일으켜 참 좋았습니다. 뿐만 아니라 CD에 담긴 〈영광〉이라는 찬양곡도 함께 듣게 되니, 적절한 조화를 이루면서 감성을 자극하고, 가라앉히므로 얼마나 좋은지요. 여러 장을 복사해서 나누어 주기도 하고 세 곳에 두고 감상하니 너무나 좋았습니다. 더구나 성악가와 유행가 가수가 듀엣으로 부른 〈향수〉의 원곡과 힘있고 장엄한 합창을 노래한 〈영광〉송이, 함께 CD 안에 담겨 있어서 더할 나위 없이 좋았습니다.

신년 초부터 무슨 향수 타령인가 할지 모르지만, 단순히 '꿈엔들 잊을 리 없는 고향'을 그리는 마음에서만 하는 소리가 아닙니다. 저에게는 이 노래가 디아스포라의 노래로 들리기 때문에 그렇습니다. 언제나 그렇듯이, 성서적으로 생각할 때 역시 그 곡의 의미가 깊기 때문입니다.

오늘날 '디아스포라'라는 말이 사회 문화적으로 유행하고 있습니다. 정보의 유통, 자본의 흐름, 민족의 이동, 문화의 교류와 함께 지구촌 시대에 새로운 디아스포라의 시대가 도래하고 있습니다. 디아스포라라는 말은 성서적인 단어입니다. 유대인들이 그들의 정착지였던 팔레스타인 고향 땅을 떠나 여러 지역으로 흩어져 살면서도, 그들의 고유한 전통을 지키면서 민족의 뿌리를 중심으로 공동체를 형성한 사람들을 가리키는 말입니다. 우리말로는 민족 분산, 또는 민족 이산(離散)으로 번역하며, 교회에서는 '흩어진 하나님의 백성들'이라고 부릅니다.

팔레스타인을 떠난 유대인들에게만 적용하던 이 말이 이제는 다른 민족의 국제적인 이주나 민족 공동체 형성에 적용되고 있습니다. 정치·경제적 압박의 요인에 의해서 모국을 떠나서도 고유한 민족 문화의 정체성을 유지하면서 모국과의 유대 관계를 지키고자 노력한 동족 집단체입니다. 앗수르로 잡혀간 북이스라엘의 포로들(B.C. 722년)과 바벨론의 포로로 잡혀간 남유다(B.C. 586년)의 사람들이 디아스포라의 시작이 되었습니다. 1세기 말에 시리아, 이집트, 소아시아, 메소포타미아, 그리스, 이탈리아 등지에 유대인들이 흩어져 살게 되었고, 지중해 전역에 이민 500만 명의 유대인 디아스포라가 있었습니다.

로마 제국의 헬레니즘 문화권 도시에서 수공업과 무역에 종사하던 디아스포라 유대인들은 본국의 유대인보다 경제적으로 더 부유하였으며, 로마 시민권이 제국 여러 나라에 주어졌을 때는 어느 민족보다 우선적으로 특혜를 받았고, 로마 시내에서도 보호를 받을 수 있었던 때도 있었습니다. 특별히 지금은 팔레스타인 본토에 사는 유대인들보다 전 세계에 흩어진 유대인들의 숫자가 훨씬 더 많기 때문에, 유대인 디아스포라 공동체가 모국의 발전에 기여하는 공로나 영향은 엄청난 것입니다.

이민 100주년을 맞으면서 미국 연방 의회가 미주 한인의 날(2003년 1월 13일)을 선포한 이후로 미국 내에서 한인들이 차지하는 한인들의 위상이 달라지고 있습니다. 조국에서도 해외 동포들에 대한 시각이 이전보다 매우 긍정적으로 변하고 있습니다. 7,000만 민족의 10%인 700만 해외 동포가 175여 나라에서 세계 제2의 디아스포라로 살아가고 있는 한민족은 미래의 큰 자원입니다.

더구나 세계 제2의 선교 대국에 이르게 된 오늘날의 선교적 위치와 사명의 관점에서 보면, 그 역할은 더욱 중대합니다. 디아스포라의 삶을 살아가는 우리와 디아스포라의 공동체적 사명을 감당해 가는 교회들에게, 향수는 단순히 망향의 그리움만이 아닌 것입니다.

● 디아스포라의 신앙: 기도

디아스포라의 원조인 다니엘은 기도의 사람이었습니다. 사자굴 사건으로 유명한 다니엘은 기도가 습관화된 사람이었습니다. 사자굴에 잡혀 들어간 것도 기도 때문이었습니다. 그리고 사자굴에서 살아난 것도 그의 기도 생활에서 보여준 일편단심 하나님을 경외하는 삶 때문이었습니다. 기도 때문에 어려움을 겪고, 기도로 인해서 구원도 받았습니다. 평소 기도 습관이 생활화되어 있으면 어떤 위기의 순간에도 그 저력이 발휘됩니다. 마치 그동안 착실히 저금해 두었던 돈이 꼭 필요할 때 요긴하게 사용되는 것과 같습니다.

다니엘은 B.C. 605년 바벨론 느부갓네살의 제1차 침공 시, 젊은 나이에 바벨론으로 끌려간 유대인이었지만, 그의 전 생애에 걸쳐서 하나님을 섬기는 일에 있어서는 그 어떠한 타협도 하지 않는 순교자적 신앙으로 일관했기 때문에 하나님과 민족 앞에 영광스럽게 쓰임을 받았습니다.

다니엘은 뜻을 정하여 "자기를 더럽히지 않았고"(단 1:8), 중상모략을 알고서도 "전에 하던 대로 하루 세 번씩 무릎을 꿇고 기도하며 그의 하나님께 감사"(단 6:10)하였습니다. 다리오 임금조차 어쩔 수 없이 정치적인 결정을 했지만, "살아 계시는 하나님의 종 다니엘아 네가 항상 섬기는 네 하나님이 사자들에게서 능히 너를 구원하셨느냐"(단 6:20)라고 묻는 간절한 마음이었습니다. "살아 계시는 하나님"(단 6:26)은 기도의 사람 편이었습니다.

바벨론 포로 생활을 통하여 그동안 유대인들이 겪었던 종교·문화적 변화는 매우 큰 것이었습니다. 예루살렘 성전 제사를 대신해서 회당(synagogue) 예배가 발생되었습니다. 또한 이 시기에 아람어(Aramaic)를 제2의 통용어로 받아들였습니다. 유대인들은 바벨론에서 이미 국제적인 언어가 되었고 특히 상업 용어로 활발하게 쓰이고 있던 아람어를 히브리어와 함께 받아들였습니다. 이 아람어가 당시의 외교적 공용어가 되었기 때문이었습니다.

디아스포라는 이렇게 언어와 함께 새로운 문화를 받아들일 수밖에 없습니다. 생존을 위한 수단이요, 번영을 위한 전략이었습니다. 그러면서도 그들은 예루살렘 성전이 없는 그곳에서 회당 모임을 시작했습니다. 이 회당에서 고유한 모국어인 히브리어로 율법을 연구하고 가르치며 함께 모여 기도하면서 민족 문화의 전통을 계승하였습니다.

얼마 전 집에서 저도 모르게 절뚝거리며 걷다가, 아내와 딸이 그런 제 모습을 목격했습니다.

"여보, 왜 그래요?"

"아빠, 아파요?"

그동안 아무 말 하지 않고 숨기려고 했는데, 어쩔 수 없이 들켰습니다. 며칠 전에 성전에서 기도를 마치고 나오다 계단을 헛디뎌서 성전 중앙 통로에서 크게 넘어졌기 때문입니다. 다행히 중앙 통로에 넘어져서 한동안 그대로 누웠다가 다시 일어났습니다. 저린 다리가 완전히 펴지지 않은 채 강단을 내려오다 그만 헛디디고 만 것입니다. 발목을 잘못 젖혔기 때문에 불편했습니다. 완전히 가라앉히려고 몇 주 동안 약을 먹고 있습니다. 아무도 없는 예배당 중앙 통로에 누워, 저는 그래도 감사했습니다. 이리저리 조심히 만지는데 노래가 나왔습니다.

"일어나 걸어라 내가 너를 지키리."

주님께서 기록된 바 "네 집은 만인이 기도하는 집"(사 56:7; 마 21:13)이라고 하셨습니다. "두세 사람이 내 이름으로 모인 곳에는 나도 그들 중에 있느니라"(마 18:20)라고 하셨습니다. "너희 중의 두 사람이 땅에서 합심하여 무엇이든지 구하면 하늘에 계신 내 아버지께서 그들을 위하여 이루게 하시리라"(마 18:19) 하고 약속하셨습니다.

디아스포라의 신앙은 기도의 전통 위에 서 있습니다. 디아스포라의 공동체인 성전에서 함께 기도할 때, 그 마음과 소원이 하늘 아버지께 닿는다고 했습니다. "살아 계시는 하나님"께서 함께하십니다. 기도야말로 디아스포라의 신앙입니다.

● **디아스포라의 공동체: 교회**

20여 년 전, 베트남 갱단이 미 전역의 중소도시까지 휩쓸고 다닐 때였습니다. 미국의 이민 사회를 연구하던 사회학자들이 관심을 가지고 그 원인을 분석해 보았습니다. '왜 베트남 이민자들의 청소년들이 저렇게 무법천지처럼 휩쓸고 다니는데도 그들의 부모들은 속수무책인가?'

그들은 비교적 모범적인 소수 민족 사회로 성장하는 한인 사회와 비교하면서 흥미 있는 조사 결과를 발표하였습니다. 한인 이민 사회는 교회를 구심점으로 이민 사회가 움직여 나가기 때문에, 청소년들의 탈선과 불법이 어느 정도 통제되고 있다고 했습니다. 반면에 베트남 이민 사회는 사회의 정신적 구심적 역할을 하는 기능을 가진 조직체가 없거나 있어도 약하기 때문에, 청소년들의 문제에까지 사회적인 관심을 가질 여유와 자원이 없다는 결론이 나왔습니다.

미주 한인 이민 사회의 발전은 절대적으로 교회와 병행해 왔습니다. 이민 사회의 외형적 확장이 이민 교회의 수적 증가와 성장에 모판이 되었고, 동시에 이민 교회가 정신적·문화적 구심점의 역할을 하면서 이민 사회의 가치관 형성과 질적 성장에 크게 기여해 왔습니다.

지난 이틀 동안 리치먼드 지역 신문인 〈Richmond Times Dispatch〉에는 광역 리치먼드의 인구 변화와 사회·경제 발전 현상에 대한 분석을 특별하게 연속으로 다루었습니다. "Waxing Suburbs, Waning City"(January 24, 2007)라는 기사입니다. 이 기사에 의하면, 2000년부터 2006년까지 광역 리치먼드의 인구는 리치먼드 시 중심(Richmond: -5,758)과 인근 남쪽 피터스버그(Petersburg: -3,261)에서 각각 2.9%

와 10% 가까이 줄었습니다. 그러나 리치먼드 인근의 세 카운티들은 (Chesterfield: +32,588, Henrico: +24,542, Hanover: +9,989), 각각 12.5%, 9.4% 그리고 17.4%로 크게 증가했습니다.

지난 6년 동안 광역 리치먼드의 인구는 전체적으로 6만여 명이 증가했습니다. 전체 인구 비율로 보면 6% 가량 증가한 것입니다. 도시 중심부는 인구 유입이 없고 줄어든 반면, 도시 외곽 근교에는 인구가 급증하고 있으며, 개발이 계속되고 있습니다. 지난해 도시 우회도로인 I-288도로가 개통됨으로써 앞으로 교외 지역 개발은 더욱 박차를 가하게 될 것이 분명합니다.

또한 지역 상공회의소에서 내놓은 통계 자료를 근거로 해서, 경쟁적이며 비슷한 규모의 여러 도시들과 대비했습니다. 기사 제목은 "How We Stack Up"(January 25, 2007)입니다. 남부의 일곱 광역 도시들과 비교한 통계를 통해서 리치먼드의 경제, 사회 발전을 보여주며, 동시에 계속 성장을 유도하기 위한 전략적 자료들입니다(리치먼드: 1.13백만, 내슈빌: 1.38백만, 잭슨빌: 1.22백만, 랄리: 92만, 루이빌: 1.18백만, 버밍햄: 1.07백만, 샬럿: 1.49백만).

이 통계에 의하면, 일곱 도시들 중에서 극빈자 가정 수가 리치먼드가 제일 적고, 범죄율로는 두 번째로 낮으며, 실업률도 두 번째로 낮으면서, 모기지는 두 번째로 높고, 임대비도 두 번째로 높습니다. 교육 수준도 두 번째로 높습니다. 그리고 인종적·문화적 다양성은 최고입니다.

우리 교회는 광역 리치먼드 외곽의 중심 지역 중 하나인 Midlothian과 Robious가 만나는 곳에 있습니다. 여러 곳에서 근접하기 쉬우며, 교통이 편리할 뿐 아니라, 인근 지역 사회는 역사적으로 전통적인 주거 지역(Bon Air)과 발전하는 주거 지역(Salibsbury와 James River High

School)에 위치해 있습니다. 그러면서도 활발하게 발전하는 상업 지역 (Midlothian과 Huguenot)에 접해 있습니다. 지난 수년간 우리 교회 건물 증축과 교회 활동은 지역 사회 주민들에게 많은 호응을 받았습니다. 한인 이민 사회와 한인 이민 교회를 바라보는 매우 긍정적인 시각과 함께 호의적인 평가를 많이 받고 있습니다.

제1회 한국 음식 문화 축제의 날, 제4회 다문화 음악회(흑인, 백인, 히스패닉, 한인) 등은 지역 사회와 소수 민족 한인 사회와의 사이에 좋은 징검다리를 놓았습니다. 매주 화, 목요일 오전에는 체육관에서 Jazzercise 운동(백인 성인 여성)과 매주 목·금요일 오후의 지역 농구 팀(히스패닉 초등학생) 연습, 매주 월요일 지역 축구 팀(중학생) 연습, 봄·여름 토요일의 결혼 예식 (히스패닉, 흑인) 등은 우리 교회가 지역 사회에 교회 시설을 개방하는 아름다운 사회 봉사 사역입니다.

이민 교회는 디아스포라 공동체입니다. 우리 자신과 이웃이 함께 더불어 사는 디아스포라 교회입니다(주예수교회 주보 / 목회 서신, 2007. 1, 2, 3).

교회 운동장에서 축구하는 모습
(히스패닉 중고등학생)

체육관에서 Jazzercise 운동하는 모습(백인 여성들)

2부

사랑과 정의를 위한

사회 선교

6장

사랑의 목표와 정의의 방법으로

세계적 기독교 윤리학자 라인홀드 니버는, 예수 그리스도의 십자가 상에서 나타난 완전한 사랑인 아가페(agape)가 인간성의 궁극적인 규범이라고 주장한다. 윤리적 규범으로서의 아가페가 인간의 죄의 속성과 역사적 악순환으로 인해 그 한계를 드러내고 있음에도 불구하고 '불가능한 가능성'(impossible possibility)을 가지고 있다고 주장한다. 윤리적 규범인 아가페의 불가능한 가능성은 '정의'(justice)라고 하는 현실적이고 구체적인 '근사치적'(approximate) 접근 방법으로 실현된다고 니버는 해석한다(니버, 《Moral Man & Immoral Society》).

예수 그리스도의 십자가 상에서 나타난 완전한 사랑인 아가페가 사회 공동체의 궁극적인 목표요 행동 규범이 되어야 한다는 점에 있어서는 보편 타당한 인류애로서 모두가 공감한다. 예수 그리스도의 십자가 사건에서 나타난, 모든 이웃을 위하여 자신을 희생하는 고통받는 사랑이야말로 바로 윤리의 정점이므로, 그 사랑 안에서 인류가 공동체를 이루어 가야 한다는 점에서는 누구나 의견이 일치한다. 그러나 자신의 희생을 통하여 인류를 구원한 예수 그리스도의 희생적인 완전한 사랑은, 죄인으로서의 인간성을 가진 인간의 이기적 본질성 때문에 현실적인 실현 가능성 앞에서는 한계를 드러낸다.

더구나 개인적인 죄의 성향과 영향력보다 훨씬 더 부정적인 집단의 구조적 악 앞에서는 비현실적 이상일 뿐이라는 비판을 면치 못한다. 윤리적인 규범으로서 완전한 사랑이 사회 집단의 범죄와 대응하면서 현실적인 한계에 부딪칠 때에는 실제적인 무력함을 인정할 수밖에 없는 것이다.

기독교 현실 정치주의를 주장하는 니버에 의하면, 사랑의 역사적 불가능한 가능성(impossible possibility)을 해결해 줄 수 있는 가장 근사치적인(approximate) 방법은 정의(justice)이다. 정의는 사랑보다 훨씬 더 구체적이고 현실적이면서 사랑에 가장 근사한 현실 접근 방법이다. 정의가 가지는 사회적 특성과 역사적 당위성 그리고 사회 윤리의 보편성은 사랑의 실제적 한계성을 극복하게 해준다.

정의가 가진 스스로의 법칙과 원리는 아가페 사랑의 가장 근사치적 실현 방법으로서 사랑과 긍정적인 관계를 갖게 해준다. 정의는 첫째, 즉흥적 의무감으로부터 상호부조(相互扶助)의 확고한 원칙으로 확장하고, 둘째, 순수한 자신과 타인의 관계를 자신과 타인들과의 복잡한 관계로 확장하고, 셋째, 개인이 느낀 의무로부터 더욱 공평한 견지에서 공동체가 규정하는 좀 더 넓은 의미의 의무감으로 확장하기 때문에 사랑의 봉사자이며 도구이다.

이런 세 가지 방법으로 정의의 규칙과 법칙은 사랑의 법칙과 능동적인 관계에 있다. 그리하여 정의의 원칙이 인간의 의무감을 확장시키고 사랑의 규범에 필요한 체제를 제공한다. 그러나 정의는 한 사회의 여러 사람들을 이용하려 하고 다른 사람의 복지보다는 자기 자신의 복지에 더 관심을 갖는 경향이 있다는 점에서는 사랑의 근사치일 뿐이다. 그러므로 정의를 통한 조직은 사랑의 가장 가까운 방법이지만, 사랑 그 자체의 궁극적 목표에는 미달되는 근사치에 불과한 한계성이 있다. 그럼에도 불구하고, 정의의 원칙을 인류 역사 속에서 사랑에 가장 근사치적 방법으로 수용할 수밖에 없다는 것이다.

또한 정의는 평등(equality), 자유(freedom), 질서(order)라는 구성 원리를 가지고 있기 때문에 그 행동 결과가 사랑에 가장 근사치적으로 나타난다. 평등은 사랑으로부터 유래되는 원리이며, 만민의 동등한 가치를 시인하는 것이다. 평등은 삶과 삶이 부딪치는 세계에서 사랑의 이상을 가장 논리적으로 적용시키는 것이다. 그러므로 평등은 권력을 장악한 사람들에 의해서 조장될 수 있는 불평등과 사욕의 다양한 악을 지적해 낼 수 있는 비판의 원리가 될 수 있다.

한편 인간의 정의 실현은 남에게서 구애 받지 않고 스스로의 본질적 가능성을 발전시킬 수 있는 자유로운 행동 속에서 이루어질 때 사랑으로 접근할 수 있다. 자유 없는 평등은 인간의 사랑을 향한 본성을 무시하게 된다. 그러므로 자유와 평등은 서로 긴장되는 역설적 관계를 가지고 사랑의 근본 동기 안에서 균형을 이루어 가야 한다. 어떠한 개인이나 단체가 더 확고한 평등을 주장함으로써 그것을 성취하기 위해서 자유를 제한시킬 수도 있고, 반대로 더 많은 자유를 주장함으로써 오히려 불평등하게 만드는 결과를 빚기가 쉽기 때문이다.

더 나아가 자유와 평등 못지않게 질서도 정의의 구성 원리에 포함되어야 한다. 질서는 사회적 존재인 인간들의 평화로운 공동체를 위해서도, 그리고 정의 그 자체를 위해서도 필요하다. 집단적 권력의 위험성이 자유를 지나치게 강조한 나머지 질서를 잃기 쉽고, 개인적인 이기주의에 대한 지나친 염려가 질서 유지라는 목적으로 자유를 희생시켜 인권 유린마저 정당화하게 되므로 질서와 자유의 역설적인 관계에는 적절한 균형이 필요하다. 자유와 질서는 근본적으로 모순적이면서 상호 보완적이기 때문에 양자 사이의 완전한 해결이란 있을 수 없지만, 정의는 일종의 균형이기 때문에 사회에서 질서 없이는 정의를 성취할 수가 없다.

이처럼 윤리적 규범으로서의 궁극적 목표인 사랑이 개인적 죄성과 집단적인 죄악 앞에 실천적 한계성을 드러내기 때문에, 정의라고 하는 가장 근사치적인 실현 방법이 대두된다. 그러므로 사랑과 정의가 사회문제를 대하는 교회의 원리가 되어야 한다. 인종 차별의 개인적 죄와 구조적 악은 '사랑과 정의'(love and justice)의 상관관계 속에서 해결되어야 한다. 더 나아가 교회의 사회 선교적 기능에서 사랑과 정의는 "사랑의 목표가 정의를 필요로 하고 정의의 방법은 사랑을 목표로 해야 한다"라는 명제를 추구하는 이상(理想)이 되어야 한다.

이러한 니버의 기독교 윤리와 사회적인 현실적 과제를 가장 실제적으로 적용하려 했던 마틴 루터 킹의 비폭력 인권 운동을 통해서 역사적 교훈을 얻을 수 있다고 본다.

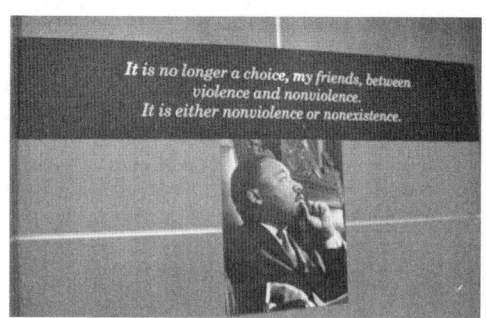

킹 센터 안에 있는 사진과 문구("폭력과 비폭력 중에서 하나를 선택하라는 것은 더 이상 무의미하다. 이것은 비폭력주의냐 아니면 완전한 파멸이냐의 문제다.")

킹 센터의 에벤에셀 구 예배당
(킹이 동사 목사로 시무하던 곳)

킹 센터의 에벤에셀 새 예배당(애틀랜타)

7장
킹 목사의 인권운동을 통한 역사적 교훈

● **사상의 뿌리: 아가페**

　가정 환경, 부친의 영향 그리고 당시의 시대적 분위기에 의해서 어렸을 때부터 인종 차별의 문제에 깊은 관심을 가지고, 니버로부터 이론적 도움을 받았던 마틴 루터 킹은, 목사의 길을 걷기 위해서 신학교에 입학한 이후부터 이론적인 문제와 실제 상황 사이에서 번민하기 시작했다.

　그의 종교적 신념이라 할 수 있는 기독교적 사랑인 아가페(agape)가 제도적·구조적인 사회 부정의인 인종 차별을 해결하는 데 미약한 한계가 있다는 갈등 속에서 헤어나오지 못하고 있을 때, 그에게 실제적인 방법론을 제시해 준 것은 인도의 간디였다. 간디에 대한 강연을 듣고 영감을 받아 간디에 관한 책들을 집중적으로 섭렵한 후, 킹은 아가페를 새롭게 이해함으로써 그의 비폭력주의의 뿌리로 삼게 되었다.

　간디는 영국의 식민지하에서 인도인들의 비폭력 정치적 저항의 힘으로서 '사치아크라하'(Satyagraha; 사랑의 힘, 영혼의 힘, 진리의 힘)를 바탕으로 삼았다. 이 원리는 원래 B.C. 6세기경 인도에서 발생한 자이나 교(Jainism)의 '아힘사'(Ahimsa)로부터 나왔다. 아힘사란 남에게 해를 끼치지 않으며 타인을 공격하지 않는 종교적 삶의 원리로서, 어떠한 내적 폭력마저도 배격하는 것이다. 이 아힘사를 간디는 사랑의 능동적 표현으로 보고 그의 사상적 근거로 삼아 '사치아크라하'라는 정치적 비폭력 저항의 원리를 주창한 것이다.

킹은 기독교의 아가페가, 간디의 비폭력 저항이라는 방법으로 활용함으로써 그의 인권운동이 실제적으로 개인적인 단계에서뿐만 아니라 사회적 영역으로까지도 확산될 수 있다는 가능성을 보았다. 그리하여 기독교적 입장에서 본 사랑인 아가페야말로 진리의 힘이요, 영혼의 힘으로 정의를 성취할 수 있는 힘으로 보았다. 킹은 아가페가 이기적인 동기를 전제로 하지 않는, 창조적이며 모든 인류를 위한 구원의 힘이라고 해석했다. 아가페는 희생적이며 완전한 것으로서, 다른 사람의 필요에 의해 또는 다른 사람의 안전을 위해 행동하는 진리로 보았다.

아가페는 가치 있는 사람과 무가치한 사람을 구별하지 않는 사랑으로 모든 인간을 이웃으로 대하도록 이끈다고 믿었기 때문에, 비폭력주의는 이 아가페의 창조적인 힘에 의해 나타날 수 있다고 믿었다.

● 사회 정의 실현 방법: 비폭력주의

킹의 비폭력주의를 통한 사회 변화 추구는 하나님의 사랑 안에서 우주 질서가 유지되며, 이 사랑을 근거로 해서 인류 역사가 인도된다는 신념에 근거하고 있다. 또한 그가 비폭력으로 사회 정의 성취를 추구하는 이유는 비폭력이라는 수단만이 서로의 마음 문을 열게 할 수 있으며, 부정의한 현상을 폭로하는 데 가장 적절한 정의로운 수단이라고 믿었기 때문이다. 킹은 비도덕적이고 실제적이지 못하다는 면에서

폭력을 강력히 거부했다. 폭력이란 사랑보다 증오가 앞서기 때문에 비도덕적이고, 또 다른 폭력을 유발시키기 때문에 끊임없는 악순환을 일으키며, 죄악을 증가시키기 때문에 절대로 배제해야 한다고 주장했다.

킹은 비폭력주의자라는 것이 단지 이론적인 탁상공론이나 이념만이 아니며, 사회 운동에 있어서 실제적인 효과를 가져올 수 있는 창조적인 힘이라고 보았기 때문에, 어떤 집단적 행동을 취하기 이전에 반드시 비폭력주의로 참가자들을 훈련시켰다. 훈련 과정에서 킹은 비폭력 운동이 효과를 가져오기 위해서 4단계의 실현 과정을 겪어야 한다고 주장했다.

첫째 단계로 부정의가 실재하고 있는지 정확한 사실을 조사하고 명확한 판단을 먼저 해야 하고, 둘째 단계로 부정의가 있는 것이 분명하다면 정의를 추구하기 위해서 일차적으로 협상을 벌여야 한다고 가르쳤다. 그다음 셋째 단계에 가서 그 협상이 원만치 못하거나 만족한 성과를 거둘 수 없을 때 이번에는 요구하는 이쪽에서 자기 주장을 스스로 정당화할 수 있도록 더욱 순수화한 다음, 마지막 넷째 단계에 가서 집단적인 행동을 해야 한다고 촉구한다. 그렇게 되면 결과적으로 이 집단 행동을 통해서 부정의를 행하던 상대방이 다시 새로운 단계의 협상을 위해서 문을 열어 놓기 때문에 그전보다는 더 발전적인 환경이 창조된다는 것이다.

킹의 비폭력 철학은 몽고메리(Montgomery) 버스 보이콧 운동을 기록한 그의 대표적 저서 《자유를 향한 행진》(Stride Toward Freedom)에서 여섯 가지 원리로써 명확하게 설명되고 있다.

첫째, 비폭력이란 상대를 두려워하는 비겁자의 행동이 아니다.
둘째, 비폭력을 통해 상대방의 이해와 우정을 얻고자 하는 것이지, 상대를 증오하거나 좌절시키고자 하는 것은 아니다.

셋째, 비폭력 저항이란 악의 구조에 반대하는 것이지, 사람 그 자체를 대항하는 것은 아니다.

넷째, 비폭력 저항이란 복수심을 품지 않고도 상대방이 주는 고통을 순수히 감수하는 것이다.

다섯째, 비폭력 저항이란 육체적 폭력뿐만 아니라 영적인 내적 폭력까지도 배제한다.

여섯째, 비폭력 저항운동은 우주는 결국 정의의 편에 서있다는 확신에 근거하고 있다.

이러한 킹의 비폭력주의 철학은 투쟁의 수단이나 전략만이 아닌, 정의 실현을 위한 삶 그 자체였다고 볼 수 있다. 그러므로 킹은 흑인들 스스로가 자기 연민이나 눌린 자의 비통함에서 오는 냉담한 반응과 침묵적인 수용과 좌절에서 먼저 해방될 것을 주장한 것이다. 비폭력 정신이란 숙명적인 체념에서 오는 비탄이나 눌린 자의 억울한 한풀이가 아니라, 오히려 적극적으로 인간애(人間愛)의 보편적 긍정성을 발휘하게 하는 힘이다.

이처럼 비폭력 정신을 통한 교육과 비폭력 저항을 통한 단체 행동과 법적인 소송을 활용함으로써 사회의 기존 체제 안에서 실제적인 정치적 해결을 도모하고자 한 것이 킹의 지론이다. 그것은 보편 타당한 인류애를 촉구하며 평화의 인류 공동체를 실현시키고자 하는 것이기 때문에, 백인들도 흑인들과 함께 더불어 승리하는 길이다. 이 길은 한편의 목표 달성을 위한 분리가 아니라 서로의 희망을 감내하는 사랑의 공동체를 추구하는 길이기 때문에 그 가치성이 영원한 것이다.

- ### 사회 정의 실현의 궁극적 목표: 사랑의 공동체

킹의 비폭력주의를 통한 인권운동의 궁극적 목표는 '사랑의 공동체'(Beloved Community)이다. 이것은 아가페의 정신에 의해 개인적으로 또는 사회적으로 관계를 맺고 사는 공동체를 말한다. 이 공동체 속에서의 개인은 각자의 행복뿐만 아니라 공동 사회의 선을 위해서도 자신을 희생할 의지가 있는 것을 말한다. 이는 자신과 모든 타인을 똑같이 하나님의 인격을 지닌 동등하고 소중한 가치로 대하는 것이다.

킹이 주장하는 완전한 아가페의 삶이란 "자신을 향한 사랑의 깊이", "이웃을 위한 사랑의 넓이", 그리고 "하나님에 대한 사랑의 높이"가 조화를 이룸으로써 사랑의 삼각형이 성립되는 것을 말한다. 그는 이 완전한 삶의 차원의 빛을 통해 자신에 대한 사랑의 깊이로부터 먼저 흑인들 스스로가 자신의 인격적 존엄성과 가치를 깨닫게 되기를 바랐다. 그리고 비인격적인 사회 부정의에 대항할 때, 이웃을 위한 넓이의 사랑을 가지고 비폭력의 수단으로서 이웃을 대하기를 유도했다. 그리하여 결국은 하나님을 향한 높은 사랑의 숭고한 정신으로 백인과의 형제애 실현을 촉구하였다.

킹은 인간이 선과 악에 대한 양면적 가능성을 다 가지고 있기 때문에 제한적인 어려움이 있지만, 아가페의 실현을 위한 인간의 가능성, 신적 존엄성을 부여 받은 인간의 특권 그리고 어떠한 상황에서도 인간을 최고의 가치화하려는 도덕적 의지가 우리로 하여금 '사랑의

킹이 태어나고 자란 생가

킹 센터(Center for Nonviolent Social Change Inc.)

공동체'를 만들어 갈 수 있게 한다고 믿었다. 그러므로 인종 차별의 편견이나 학대는 정의와 자유를 실현하고자 하는 '미국의 꿈'(American dream)을 통해 언젠가는 사라질 것으로 희망하였다.

결국 역사를 주관하시는 하나님의 힘에 의해서 인류는 보편 타당한 사랑의 공동체를 향해서 나아갈 수밖에 없다고 보았다. 그리하여 이 사랑의 공동체 속에서는 피부 색깔로 사람을 판단하지 않고 개성을 통해서 평가받을 수 있으며, 사람의 가치란 사회적 신분이나 계층이나 인종에 의해서 구별되는 것이 아니라 하나님에 대한 개인적 가치에 기인한다는 신뢰 속에서 더불어 살아가게 된다.

이러한 사회 속에서는 서로가 서로를 이용하는 일이 없으며, 자신의 권리는 자기 스스로의 의사 결정에 의해 성취될 수 있는 것이다. 인류 정신의 최고인 사랑이 다인종 사회 속에서 인종 차별이라는 고목에 접붙여질 때 태어나는 새로운 열매가 바로 이 '사랑의 공동체'이다.

킹이 시무했던 몽고메리의 Dexter Ave. Church

8장
사회 선교를 통한 지역 사회 변화

● 이웃 교회와 더불어

교회 발전과 지역 사회 관계에 함께해 온 Grant 목사와 함께 (Bon Air 교회)

주예수교회 사회 선교는 이러한 니버의 이론과 킹의 역사적 교훈을 토대로, 한인 이민 교회의 다인종 지역 사회 봉사 사역을 펼쳐 나가는 과정에서 지역 교회들과 지역 사회와 더불어 발전하여 감으로써, 사회 선교를 통한 지역 사회 변화를 추구하게 되었다.

24년 전(1995년) 필자가, 같은 노회(Presbytery)에 소속된 흑인 교회인 이스트민스터 교회(Eastminster Presbyterian Church, Littlepage St, Richmond, VA)의 담임목사인 섀디 클라크(Shady Clark Jr.) 목사를 찾아감으로써 지역 사회의 인종 화합 운동이 시작되었다. 한인 소규모 상점들이 많이 모여있던 리치먼드 시의 동쪽 지역인 처치힐(Church Hill) 언덕 위에 자리 잡은 그 교회는, 주변의 빈민 아파트 지역을 위한 사회 봉사 사역(헌옷 및 가구 수집 및 분배)을 힘들게 하고 있는 중이었다.

이스트민스터 장로교회(Eastminster Presbyterian Church)

각 교회 대표자들과 함께
(제7회 다문화 음악 축제, 2012)

4·29 폭동과 함께 이민 목회에 대한 새로운 자각을 하고 있던 필자는, 평소의 사회 윤리에 대한 학문적 배경과 목회 철학을 접목시켜 가는 사회 선교적 관점에서 그 교회의 문을 두드리게 된 것이다. 처음에는 매우 소극적이었던 반응이 점차 이해와 우호로 바뀌어 가는 과정에서 서로의 아픔과 사명을 공감하게 되었다. 거듭되는 만남과 교제, 연합 프로그램을 통해서 점점 교단 내 백인 교회들(Crestwood, Southminster Presbyterian Church)과의 연대 운동으로 퍼져 나가게 되었으며, 교파를 초월하여 인근 지역의 히스패닉 회중 교회(Living Water Pentecostal Church)와 다인종 회중 교회(Messiah Christian Church)로 그 공감대가 확대되었다.

그동안 히스패닉 교회와 백인 중심의 다인종 회중 교회는 시설 관계로 주예수교회의 본당과 다목적 홀을 연중 수차례(결혼식, 음악회, 파티, 송년회 등) 활용하고 있었으므로, 이러한 행사를 함께 함으로써 자연스럽게 인종 화합을 이루어 가는 관계로 발전되었던 것이다.

● 지역 사회와 더불어

리치먼드는 17세기에 영국의 식민 정책에서 시작된 오랜 역사적 전통을 자랑하는 남부의 관문(gate of south) 도시로서, 버지니아 주의 주도(capital city)이다. 1775년 "자유가 아니면 죽음을 달라"(Give me liberty, or give me death)라고 외치며 미국의 독립 운동에 앞장섰던 패트릭 헨리(Patrick Henry)의 숨결이 살아 있는, 리치먼드 시를 내려다보고 있는 성 요한 교회(St. John's Church)가 이 도시의 역사를 말해 준다.

도시 자체는 21만 명의 인구(204,214명, 2010년 현재)를 수용하고 있지만, 리치먼드 시를 포함한 광역 리치먼드 지역(Greater Richmond Region)의 인구는 127만 명(1,269,380명, 2012년 6월 현재)으로, 미 전역에서 43번째로 큰 도시이다. 위치상으로는, 워싱턴 D.C. 남쪽으로 약 173km 서쪽으로 버지니아 대학(University of Virginia)이 있는 블루리지(Blue Ridge) 산중턱의 샬러츠빌(Charlottesville)에서 약 114km 떨어져 있다.

그리고 미국의 경주라 할 수 있으며 학생들의 수학 여행 및 국내외 관광 지역으로 꼽히는, 식민지 초창기 수도였던 윌리엄스버그(Williamsburg, Jamestown과 함께)가 동쪽으로 약 86km 떨어져 있다. 자동차 거리로 1~2시간 안으로, 북쪽으로는 미국의 수도인 워싱턴 D.C., 서쪽으로는 교육 도시와 함께 산맥, 그리고 동쪽으로 역사적 유적지와 함께 군사 기지와 해안(Norfolk, Virginia Beach)이 있다. 미국 동서 관통 도로인 95번 고속도로(Interstate 95)와 동서 연결 도로인 64번 고속도로(I-64)가 시 중심을 관통하고 있다. 그리고 295번 고속도로(I-295)와 288번 외곽 순환 도로(Virginia State Route 288)가 도시 외곽을 우회하면서 교통을 원활히 해주고 있다.

1990년에 87만 명이었던 시 인구는, 2000년 110만, 2010년 126만 명으로 지난 20년 동안 47%나 증가되었으며, 앞으로도 점차 증가할 전망이다. 광역 리치먼드 지역의 중심 도시인 리치먼드 시를 둘러싸고 남쪽의 세 도시(Tri-cities: Petersburg, Hopewell, Colonial Heights)와, 주변의 여러 군(county, 한국의 구(區)에 해당)들(Charles City, Chesterfield, Henrico, New Kent, Powhatan, Prince George)이 자리하고 있다. 그 외에도 공식 통계상 광역 리치먼드 도시권 16~32km 안쪽으로 여러 개의 조그만 농촌 군(Amelia, Carolina, Cumberland, King and Queen, King William, Louisa, Sussex)이 포함되어 있다.

리치먼드 시

광역 리치먼드의 중심을 이루고 있는 리치먼드 시(City of Richmond)는 주(州) 정부 도시인 관계로 법률, 재정, 정부 기관 등이 도시 중심부(downtown)에 위치하고 있고, 미국의 13개 고등법원(United States County of Appeals) 중 하나가 이곳에 있으며, 전 미국 12개 지역의 연방 준비 은행(Federal Reserve Bank) 중의 하나인 정부 은행이 도시 중앙에 위치해 있다.

지금은 전국적으로 유명한 기업체가 된 자동차 판매상인 카맥스(Carmax)나 전기 공급업체 도미니언(Dominion Power)을 비롯해, Owens & Minor, Genworth Financial 그리고 Meadwestvaco, Altria Group(Phillip Morris) 같은 포춘 500(Fortune 500, 전국 500대 기업) 중 여섯 기업의 본부가 있는 곳이다. 과거 전통적인 담배 농사의 영향으로 담배 회사인 필립 모리스(Philp Morris)의 공장 중 가장 규모가 큰 공장이 이곳에 있으며, 최고의 금융 회사로 급부상한 캐피탈원(Capital One)의 출발지이기도 하다.

지역 대학에서 시작해서 전국적인 학교로 급부상하고 있는 버지니아 커먼웰스 대학교(Virginia Commonwealth University, State Public)와 리치먼드 대학교(University of Richmond, 사립), 흑인 중심이며 신학대학원이 있는 버지니아 유니언 대학교(Virginia Union University, 사립), 흑인 학생들이 대다수를 차지하는 주립대학인 버지니아 주립대학교(Virginia State University)가 광역권에 있다. 신학 교육 기관으로는, 역사적으로 전통 있는 기독교 교육 기관인 유니언 장로교 신학교(Union Presbyterian Seminary, 2012년이 설립 200주년), 최근에 설립된 침례신학교(Baptist Theological Seminary in Richmond) 등이 있으며, 이 외에 여러 초급 대학(Community College)과 기술 대학이 있다.

리치먼드 시와 경계해 있는 체스터필드 카운티(Chesterfield County)와 헨라이코 카운티(Henrico County)는 인구 30만 명을 넘어선 중형 외곽 도시로서 활발히 발전을 계속하고 있다. 헨라이코 카운티는 신흥 증산층 계층(2010년 median household income: $60,114)으로 이루어진 외곽 도시로서 교육 여건이 잘 갖추어져 있으며, 최근에 새로운 상권(Short Pump Shopping Center)과 함께 주변 개발에 촉진제가 된 거대한 사무실 단지(Innsbrook) 등으로 인해 한국인들의 이주가 계속되어, 수년 전 미주 한인 인구 증가에서 가장 앞섰던 지역으로 손꼽힌다(외국 태생 주민 10.6%, 전국 외국 태생 주민 12.7%).

헨라이코 카운티는 지역의 전 중고등학생들에게 애플 노트북(Apple ibooks)을 제공하면서까지 공립학교 교육에 치중하고 있다. 역시 시와 경계된 군으로서 최근에 가장 활발히 발전(인구 316,236명으로 헨라이코를 앞질러 현재 광역 리치먼드에서 가장 큰 도시)하고 있는 체스터필드는, 2004년 5월 미 전역에서 실시된 조사(American Business Journal)에서 17번째로 살기 좋은 지역으로 꼽혔다.

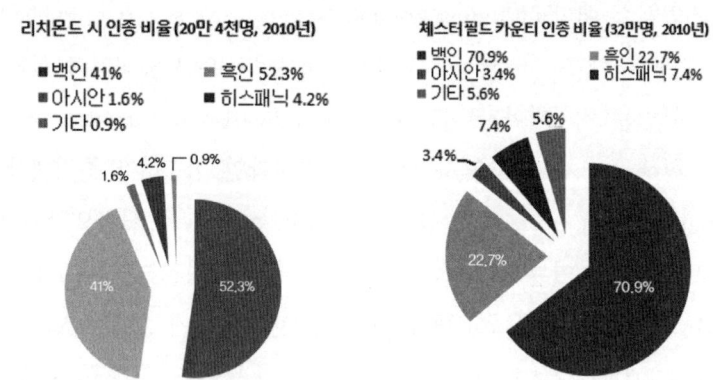

지난 10년간의 미국 인종 구성비의 변화(2010년 미국 인구 조사)

2010년 현재, 20만 4천 명의 리치먼드 시의 인종 비율은 백인 41%, 흑인 52.3%, 아시아인 1.6%, 히스패닉 4.2%으로 구성되어 있으며, 흑인이 가장 많은 수를 차지하고 있다. 도시 외곽인 헨라이코 카운티(31만 명)의 2010년 인종 비율은 백인 60.7%, 흑인 29.9%, 아시아인 6.8%, 히스패닉 5.1%, 기타 7.5% 등 전형적인 다인종 구성을 보이고 있다.

주예수교회가 소재하고 있는 체스터필드 카운티는 광역 리치먼드 지역 중 가장 인구가 많은 32만 명으로서, 백인 70.9%, 흑인 22.7%, 아시아인 3.4%, 히스패닉 7.4%, 기타 5.6%로 구성되어 있는 다인종 사회의 표상으로 볼 수 있다(2010년 센서스).

2010년 인구 센서스에서 체스터필드의 가구당 연간 수입(Median Household Income $112,404, Median Family Income $71,134)을 살펴볼 때, 이 도시는 중상층 이상의 안정적인 근교 도시로 볼 수 있다. 버지니아 전역과 전 미국 평균 가구당 연간 수입(전 미국 $51,914, 버지니아 $61,406)과 더불어 리치먼드 시 가구당 수입($38,266)과 비교해 볼 때 생활 여건, 경제 상황, 교육 및 문화 환경 등의 수준을 가늠해 볼 수 있다.

위의 통계를 통해 알 수 있듯이, 체스터필드의 백인 인구와 아시아인은 계속해서 증가하고 있고, 흑인 비율이 줄었으며, 히스패닉이 급증했음을 알 수 있다. 다인종 사회로 변화되어 가면서도 백인 인구의 증가 현상을 보인 것은 안정적인 주변 도시의 특성을 그대로 반영한다고 볼 수 있다. 전 국민 가족당 수입 평균($51,914)의 두 배가 넘는 수입으로 경제적 여건이 든든한 가정이 주를 이루고 있다. 외국 태생이 7.7%로 전 미국 평균 12.7%에 훨신 밑돌고, 집에서 영어 외의 다른 언어를 사용하는 비율(5세 이상)이 10%로(버지니아 주는 14.1%) 전 미국의 20.1%에 비하면 훨씬 더 미국화된 중상층 사회로 진단된다.

그러나 광역시 중심부인 리치먼드 시의 가구당 임금은 전 미국 평균에 비하면 훨씬 떨어지고($38,266), 인구 구성면에 있어서도 전국 평균치 의(12.6%) 4배 가까이 되는(52.3%) 흑인 중심의 타운이라고 볼 수 있다. 이 도시 중심 인근에 자리 잡고 있는 이스트민스터 교회와 더불어 한·흑 관계에서부터 다인종 화합을 시도했던 이유가 여기에 분명히 드러난다.

한인 교회에 출석하는 많은 한인들은 중산층 이상의 안정된 사회에 정착하고 있으나, 한인 상점의 고객의 다수를 차지하는 흑인들은 시 중심지에 거주하고 있다. 특히 리치먼드 시가 광역 도시의 꾸준한 발전과 주변의 급격한 성장에도 불구하고 '범죄의 도시'라는 오명을 가지고 있었기 때문에, 이러한 노력은 지역 사회 개발의 입장에서 절실히 요청되고 있었다.

리치먼드 시는 경제적 중심 도시로 발전할 수 있는 여러 가지 조건을 가지고 있지만 실제로 시민들의 경제 상황을 살펴보면, 이 중 25.3%가 빈곤한 생활을 하고 있는 것으로 조사되었다. 전국 평균 13%

에 비하여 대단히 높은 수치이며, 버지니아 주의 평균치인 10.3%에 비하면 빈곤 가정이 두 배 이상 많다.

리치먼드가 2006년 전국 도시 가운데 범죄율에서 6위를 기록했다는 것은(2006, Morgan Quitno Based upon the FBI, Uniform Crime Report) 이러한 경제 현상과 무관하지 않다고 할 수 있다. 1980년대와 1990년대 리치먼드는 살인 사건이 빈번하였으나(1999년 114건의 살인 사건으로 10만 명당 56명이 살해당하는 평균치), 다행히도 정부 관계자와 지역 사회의 지속적인 노력 가운데 점점 범죄율이 낮아져서 지금은 평균 도시 범죄율로 떨어졌으며, 외곽 도시 광역권은 아름답고 안정된 도시로 경제, 교육, 문화 등의 여건에서 선호하는 지역이 되었다(2004년 범죄율은 9위, 2006년 15위, 2008년 49위, 미국의 광역 대도시 범죄율).

주예수교회의 "사랑과 정의를 위한 사회 선교"(Social Mission for Love and Justice) 운동은 이러한 주변 사회 여건 속에서 지난 17년간 꾸준히 지역 사회와 함께 노력해 온 지역 교회의 사회 봉사 사역이다. 이는 디아스포라의 삶을 사는 교인들의 개인적 삶과 더불어 디아스포라 공동체인 이민 교회의 선교적 사명이 어우러져서, 지역 사회의 정의와 평화를 위하여 계속하고 있는 하나님 나라를 위한 공동체적 사역이다. 그러한 사역의 과정과 결실을 통해 지역 사회가 점점 다함께 어우러져 살아가는 정의로운 다인종 사회가 되기를 기대한다.

그동안의 섬김으로 지역 사회의 공감을 불러일으키고 평화롭고 정의로운 지역 사회 발전에 기여한 결과로 교단과 신학교의 격려를 받아, 아시아인 담임목사 최초로 주 의회 개원 기도, 시 의회 개최 기도, 2011년 한인 교회 최초로 미국 장로교(PCUSA) 사회 봉사상 수상(유니언 장로교 신학교 주관), 제6차 한인 세계 선교대회(2008. 7)에서의 선교 포럼 발표, 제7차 한인 세계 선교대회(2012. 7.)에서의 주강의(사회 선교)

및 포럼 인도(다인종 선교 전략), PGM 선교대회 등 여러 선교 세미나에서 사례 소개로 사명이 더욱 확대되고 있다.

사 잇 글
공동체 양육과 훈련

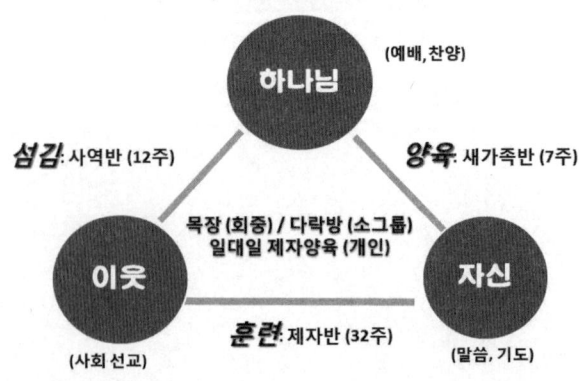

- 4기 섬김반 소감문(2008년)

　섬김반을 시작하기 전에 나는 여러 가지 문제와 고민 속에서 갈등하며 고통받고 있었다. 목사님의 진실된 간증과 경험 그리고 말씀 속에 자녀와의 문제, 고난에 임하는 자세, 인간 관계 등 이 모든 것에 답을 얻을 수 있어 감사를 드린다. 섬김반을 통해 너무나 많은 것을 알 수 있었고 문제 해결을 받았다. 지금은 가정에서 교회에서 편안한 마음으로 기쁘고 감사하며 생활한다. 그리고 《신정주의 교회를 회복하라》는 책을 읽고 신의 영역, 하나님이 기름 부으신 종 목사님의 위치를 다시 한 번 더 깊이 생각하게 되었다. 자신의 마음부터 시작하여 가정, 교회, 사회에까지 신정주의 삶이 이루어지길 다짐해 본다. 섬김반을 은혜롭게 잘 마치게 되어 하나님께 감사를 드리며 시간 시간 좋은 말씀으로 인도해 주신 목사님께 감사드린다. (○○○)

무엇보다 먼저 하나님께 감사드린다. 솔직히 말해서 처음 이 교육을 들으려고 했을 때는 두려움과 걱정이 많았다. 처음 주예수교회에 왔을 때 설레고 기쁨 마음으로 왔던 건 사실이었지만, 지난 몇 년 동안 나 자신을 돌이켜보았을 때 신앙적으로나 세상적으로 그리 순탄하게 지내지는 못했고, 많은 유혹과 방황 속에서 나도 모르게 하나님을 잊고 살았던 시간들이 너무나 길었다. 그래서 또다시 이런 생활들을 반복하지나 않을까 내심 불안했던 것이다.

하지만 얼마 전 새 교우 성경 공부를 통해 새로운 신앙관과 자아를 발견할 수 있었고, 어떻게 하면 하나님을 더욱더 가까이할 수 있을까 하는 고민도 해 봄으로써 나도 모르는 사이 하나님이 좋았고, 하루도 빼놓지 않고 성경을 읽고 기도를 하기 시작한 것이다. 지난 수년, 수십 년 동안 나름대로 신앙인(?)이라고 늘 자부해 왔었지만, 과연 내가 얼마만큼 하나님을 알고 하나님의 말씀과 뜻대로 새상을 살아왔었는지 자문해 보았다. 하지만 정말 창피할 정도로 스스로 대답도 못한 채 그저 주일날이면 교회만 왔다 갔다 한 액세서리 신앙에 불과했다는 것을 깨달을 수 있었다.

그 후 섬김반 성경 공부를 통해 앞으로 내가 가져야 할 신앙관이 무엇이며, 어떻게 하면 하나님의 뜻대로 사는 것인지 조금은 알 수 있었다. (○○○)

4기 섬김반을 모집한다고 했을 때에도 나 자신이 아직 준비가 덜

된 것 같아 많이 망설이던 차에, 사모님의 권유로 용기를 내어 등록하게 되었고, 등록 후에도 괜히 한 것 아닌가 하는 두려움과 후회도 많이 있었다. 나 자신이 아직 나의 신앙이 어린아이와 같은 기초 수준이라는 것을 누구보다 잘 알고 있기에, 자격 미달인 내가 들어감으로 인해서 섬김반 수련 자체에 누를 끼치는 것은 아닐까 하는 두려움이 컸다.

그러나 섬김반을 마친 지금의 생각은 아주 다르다. 신앙심이 깊은 장로님이나 교회에 나온 지 얼마 안 된 새신자나 모두에게 교훈과 깨달음을 주는, 각자의 그릇에 맞는 열매를 주는 좋은 훈련이라 느껴진다. 이 섬김반을 통해서 자신에 대한 반성도 많이 하게 되었고, 나의 어떤 점이 잘못된 것인지 막연히 생각만 하던 부분에 대한 해답을 찾을 수 있었으며, 다른 한편으로는 많은 위로와 힘이 되는 소중한 시간이었다. 혹시라도 나와 같은 이유로 아직 섬김반을 듣지 않은 교우들이 있다면 다음 기회에는 꼭 들을 것을 권해 드리고 싶고, 목사님의 말씀처럼 더 이상 어린아이같이 끝없이 달라고 요구만 하는 교인이 아닌, 진정한 신앙인으로서 자신을 낮추며 순종하는 그리스도인으로 거듭날 수 있도록 노력할 것이다. (○○○)

벌써 10주의 시간이 흐르다니, 무척 긴 시간인 줄 알았는데 마지막 시간이라고 하니 왠지 아쉬운 생각마저 든다. 맨 처음 섬김반을 할 때는 그냥 성경 공부 정도만 할 줄 알았는데, 그것이 아니라 그리스도인인 나를 정말 아름답게 좀 더 그리스도인다운 모습으로 살 수 있도록 만드는 귀한 시간이었던 것 같다. 그동안 알고는 있었지만 실천하지 못했던 것들, 또는 어설프게 대충 알았던 것들, 이런저런 여러 가지 말씀들이 나를 다시 한 번 돌아보게 했고, 앞으로 배운 말씀 대로 살아야겠다는 마음을 다진다.

이렇게 귀한 시간을 혼자서만 참여한 데 대해 10주 내내 남편의 얼굴이 떠오르며 아쉬웠다. 다음 섬김반은 꼭 우리 남편도 참여할 수 있도록 기도로 준비해야겠다. 나의 전도 대상 중 가장 큰 목표가 남편이었는데, 다행히 이제 전도는 했지만 어디까지 믿음인지, 정말 구원의 확신은 있는 건지 잘 모르겠다. 정말 남편이 믿음 안에서 변화되도록 내가 뒤에서 잘 이끌어야 하는데, 이번 섬김반을 통해 나의 자세가 아직 믿음이 없는 남편에게 많은 영향을 끼친다는 것을 깨닫고 기도하며 배운 것을 써 먹는 사람이 되도록 해야겠다.

어려서부터 교회를 다녔지만 학창 시절 이후에 이렇게 시간을 내어 교회에 와 말씀을 배운 것은 처음인 것 같다. 그동안 하나님을 조금은 멀리하고 말씀에 가까이하지 않은 삶을 살았다는 사실을 깨닫고 하나님께 회개한다. 정말 이 시간들이 다시 신앙생활을 잘할 수 있는 귀한 발판이 될 것 같다. (○○○)

10주간의 섬김반 공부를 마치려 하니 너무 짧다는 생각이 드네요. 하지만 처음 시작할 때는 얼마만큼 진지하게 나의 신앙생활에 도전을 받을까 하는 생각이 들었습니다.

첫 시간의 순종에 대한 말씀을 통해 내 자신의 말씀에 순종하며 믿음 생활을 해 왔는지 반성이 되었습니다. 부끄럽게도 20여 년 교회 생활을 쭉 해왔지만, 이렇게 주예수교회에 와서 목사님을 통하여 말씀을 공부한다는 사실 자체가 참으로 감사하며 귀한 시간으로 여겨질 뿐 아니라 앞으로 내 삶, 내 영적 신앙 성장에도 더 좋은 시간들이 되리라 믿습니다. (○○○)

한 사람의 신앙인으로 주예수교회와 인연을 맺은 지 벌써 4년째에 접어들고 있지만, 한 번도 진정으로 주님께 순종하고 있다고는 깊이 있게 생각해 본 적이 없는 것 같다. 하지만 이번 섬김반 교육을 통해 조금이나마 어떻게 하는 것이 순종이고, 순종하는 자세의 진실한 봉사가 무엇인지 깨닫게 되었다. 한 개인이 항상 말과 행동이 다르고, 거기에 나아가 주님 안에서 스스로를 얼마만큼 기만하고 거짓 행동을 할 수 있는가를 더욱 절실하게 생각하게 되었다.

이번 교육에서의 "축복은 공짜가 없다"라는 말씀은 더욱더 솔직한 말씀으로 다가온다. 온전히 주님께 순종하고 주님을 위해 봉사하며 주님을 좀 더 알기 위해, 영적으로 성숙하기 위해 얼마나 나 스스로 공부하고 노력을 해야 하는가를 깨달았다. 또한 마지막 과제로 읽은 《신정주의 교회를 회복하라》는 책을 통해 하나님의 말씀을 깨닫고 은혜와 성령에 힘입어 진정한 주님의 자녀가 되기 위해서는 얼마나 올바른 정신을 유지하기 위해 힘써야 하는지를 느꼈다.

지금까지는 다행히 주예수교회 안에서 우리 가족 모두 많은 사랑과 축복을 받았다. 이에 항상 주님과 주예수교회 공동체에 감사한 마음뿐이다. 앞으로 나아가서는 나 스스로가 더욱 노력하여 아직 부족한 내 영혼을 위해 애쓸 것이다. 마지막으로 교육을 지도하신 목사님께 감사드리며, 주님의 축복이 함께하심을 믿는다. (○○○)

● 3기 제자반 소감문 (2010년)

저는 언제나 제자 훈련을 하지 못한 것에 대하여 마음이 무거웠습니다. 어린 두 아이들, 사업을 하면서 시간을 쪼개야 한다는 것이 가장 힘들었고, 저의 바쁜 생활에 마음은 있었지만 행동으로는 실천하지 못하였습니다.

2010년이 시작되면서 제직자로 하나님의 일꾼으로 부르심을 받자, 저의 마음은 더욱더 무거워졌습니다. 제자 훈련이 저에게는 꼭 필요하다는 것을 깨닫고 나서는 남편의 허락도 없이 시작하였습니다. 1~2주도 아닌 32주라는 것을 알게 된 남편과 아이들에게 그리 해피하지 않게 시작된 제자 훈련이 어느덧 끝났다는 사실이 정말 하나님의 축복입니다.

그동안 예습, 복습을 하는 시간과 'Class Time'은 저와 하나님의 시간이 되어서 모든 것을 잊어 버릴 수 있었고, 단지 하나님의 말씀을 묵상할 수 있는 시간들이 제게는 정말 달콤하였습니다. 제가 제자 훈련을 받으면서 주예수교회와 교인들을 더욱 알게 되었고, 더욱 사랑하게 되었습니다. 그리고 주님의 성전을 위하여 많은 교인들이 수고하고 계심을 깨닫게 되었고, 모든 교인들에게 감사드리며, 저 또한 어떠한 일에도 적극적으로 함께 참여하는 일꾼이 되려 합니다. 제자 훈련이 끝이 났지만, 훈련을 통하여 습관된 성경 읽기, 묵상, 기도를 끊임없이 하나님과 만나는 시간으로 약속하며, 수고하신 목사님과 모든 분들께 감사를 드립니다. (김애란)

감사합니다. 하나님, 감사합니다. 또 끝까지 제자반을 마칠 수 있게 도와준 남편과 제자반 식구들의 넉넉히 봐줌에 감사합니다. 30대, 40대, 50대 등 골고루 가진 연령 대에 나와는 다른 생각, 내가 가지지 못하였던 여러 생각을 만나 더욱 즐거운 시간이었습니다(30대의 톡톡 튀는 생각과 50대의 차분함. 이민 1세대와 1.5세대의 차이의 나눔 시간 등).

특별히 지난해에는 어려운 일이 많아 제자반을 할 수 없을 것이라 생각하였는데(거의 포기 상태), 그때 당시 순장이셨던 김 집사님의 "왜 제자반 등록 안 해요" 하시는 물음에 용기를 내었고, 가벼운 마음으로 조금은 느긋하게 내 할 일 다 하면서 할 수 있겠다 싶었는데, 시작한 첫날, 가게에서도 조금 늦게 출발하였고, 하이웨이 교통사고로 꼼짝 못하는 상태에 전화기도 없는 상태에서 교회에 30분 늦게 도착하였습니다. 평소 넉넉하게 대답하여 주시던 목사님께서 잔잔하시면서도 단호하게 "미시즈 장, 앞으로 제자반을 할 수 있을지 없을지 확실히 하세요" 하고 말씀하셨습니다.

그 말씀에 제자반 훈련을 가볍게 생각했던 내 마음 때문에 쥐 구멍이라도 찾고 싶었습니다. 그러고는 하나님께서 내게 나의 마음을 다하고 정성을 다하라고 하시는구나 깨닫고, 곧바로 회개하였습니다. 32주 동안 때로는 손님들에게 일찍 간다고 욕을 먹기도 하고 지각도 많이 하였지만, 힘써 마음을 다하고 정성을 다하려고 노력하였습니다. 그리고 이제는 교회 공동체의 제자로서 제자답게 교회의 작은 일 하나에라도 나를 필요로하는 것이 무엇인가 찾아보고 마음을 다하고 정성을 다하리라는 다짐을 하게 되었습니다. (장영란)

제자반을 하는 동안 내 마음에 난 창을 새로 바꾸었습니다. 목사님이 짜 주신 창틀에 유리를 끼우는 것은 제 몫이었습니다. 새로 난 창문을 통해 보는 세상은 교회도 이웃도 달라 보였습니다. 내 마음의 헌 창은 항상 내 가족만 보였는데……. 내 마음의 그 헌 창은 주님도 교회도 멀게만 보였는데……. 그 헌 창은 날 위해 돌아가신 주님도 액세서리 같던 내 종교에 가려져 날 바라보는 순간에도 난 딴짓만 하고 있었던 거였습니다.

제자반에서 새로 만든 새 창으로 나의 아이들과 남편이 세상을 함께 보길 원합니다. 주님의 말씀으로 닦아 놓은 유리창, 목사님의 기도로 붙잡아 주신 그 창을 통해 이젠 우리 가족이 가야 할 길이 보인답니다. 길 끝에서 서서 기다리고 계신 우리 예수님께 뛰어가고 걸어가며 넘어져서 울더라도 그분만을 의지하고, 나 혼자 가는 게 아니라 주님이 아끼시는 많은 영혼들을 내 창을 통해 주님 앞으로 돌려 세우려고 합니다.

목사님, 정말 수고 많으셨고요. 엉뚱한 저희 부부 때문에 머리 아프시지 않았나 모르겠습니다. 처음 몇 주는 남편이 너무 힘들게 했는데 갈수록 긍정적으로 바뀌더니 제자반의 반을 지나면서 본인도 은근히 기다리는 눈치였습니다. 이젠 목사님과 교회에 대해서도 이해하는 거나 겉으로 말하는 것에도 다른 따뜻함을 느낄 수 있게 되었습니다. 큰애가 찬양 팀을 하고 싶다고 하는 데 대해서도 저렇게 허락을 할 줄은 상상도 못했으니까요. 제가 하는 교회 일에 대해서도 많이 협조적이고 넉넉하게 이해해 줘서 저희 가족에겐 이번 한 해가 의미가 아주 커졌습니다.

요즘은 아이들에게 가르칠 때도 목사님께서 하셨던 말씀들을 많이 인용하며 가르치는데요, 큰아이는 그 정보의 출처를 묻는 버릇이 있답니다. 그래서 신문에서 봤다든지, 부모 가이드북에서 읽었다든지, 목사님께 들었다든지 하며 출처를 밝히고 얘기를 합니다. 목사님께서 하신 여러 조언들이 정말 크게 도움이 되고 있습니다.

저는 저희 가정의 멘토를 목사님으로 설정해 놓았다고 아이들에게 얘기합니다. 가까이에서 저희 가정을 바른 곳으로 이끌어 주실 게 확실하니까요. 예수님만 의지하고 말씀에만 의지하고 살기 위해선 좋은 지도자가 필요하다고 생각됩니다. 하나님께서 저희를 우리 교회로 인도해 주시고 울타리 안에 묶어 주셔서 얼마나 감사한지……. (김유경)

먼저 제자반을 끝까지 잘 마치게 하신 주님께 감사를 드립니다. 사모님께서 제자반을 권유하셨을 때 선뜻 "하겠습니다" 대답을 드리지 못했습니다. 과연 내가 32주간의, 길다면 긴 시간이라 할 수 있는 과정에 끝까지 책임을 다할 수 있을까 하는 망설임이 가장 큰 이유였습니다. 제자반을 거쳐 가셨던 여러 교우 분들에게 그동안의 경험과 궁금한 점들에 관해 많이 여쭤 보면서 제자반 시작 1주일 전에 마음의 결정을 내렸습니다. 기왕 내가 주예수교회에서 신앙의 뿌리를 내리기로 마음먹었으면 당연히 거쳐야 할 과정이라 생각하였기 때문입니다. 제자반을 함으로써 나의 신앙이 성숙될 것을 분명히 믿었습니다.

제자반 첫 시간, 설렘과 두려운 마음을 가지고 출석하였습니다. 나를 포함해서 모두 10명의 교우분들이 등록을 하였습니다. 그동안 같은 교회에 출석하면서 잘 모르고 지냈던 낯선 얼굴도 있었습니다. 한 일원으로 한 공간에서 같이 교제를 나눔으로써 서로에 대해 조금씩 알게 되고, 그동안 목사님을 가까이에서 접할 기회가 별로 없었는데 제자반을 하면서 조금씩 가까워짐을 느낄 수 있었습니다. 또한 주예수교회가 정말 내가 사랑하고 신앙의 뿌리를 내릴 수 있는 교회라는 것을 시간이 갈수록 확실히 느끼면서, 매주 목요일이 기다려지고 미리 예습해 가는 습관도 생기게 되었습니다. 처음 시작할 때 목표를 삼았던 성경 통독과 무결석을 지키며 끝까지 유종의 미를 거둔 제가 스스로 대견하기도 합니다.

다시 한 번 저에게 신앙 성숙의 기회와 예수님의 제자가 되는 것이 어떤 것인가 알게 하시고 느낄 수 있게 해주신 하나님께 감사드리며, 제자반을 잘 인도해 주신 목사님께 감사의 마음을 표합니다. 제자반을 잘 마치신 교우분들 그동안 수고 많으셨습니다. (박찬경)

시간은 참 알 수 없는 것 같습니다. 시간이라는 흐름 안에 있을 때는 참 더디고 느리게 지나가는 듯한데, 지나고 나면 참으로 빠름을 늘 느끼게 됩니다. 어느덧 1년여의 제자 훈련이 끝났습니다.

지난 훈련의 시간을 통하여 참된 제자가 무엇인가 알게 되었고, 목사님을 좀 더 알게 되었으며, 교회의 여러분들을 알게 되었습니다. 주예수교회에 나온 지 2년이 지났건만 아직도 조금은 어색한 교우 관계들 속에서 제자 훈련을 맞이했습니다. 새로 산 신발이 처음에는 어색하듯, 주예수교회라는 새옷에 억지로 제 몸을 끼워 맞추는 듯한, 조금은 불편한 교회 생활이었고, 때로는 저에게 맞지 않는 옷인가 하는 생각도 해 보았습니다. 이러한 저의 느낌이 저 자신에게 문제가 있지 않은가 되돌아볼 때, 제 안에 성령님이 아닌 제 자신으로 가득 차 있는 제 모습을 발견했습니다.

때로는 하나님께서 나에게 하나님의 일을 맡기실 때 그 일을 통해 내 모습이 드러나길 원했고, 하나님께서 주신 나의 달란트를 통해 하나님께 영광을 돌려 드리길 원하면서도 한편으로는 다른 사람들의 눈에 비친 나의 모습을 의식하기도 했습니다. 내 안에 교만으로 가득 차 있어 내 그릇이 준비되지 않은 채 그저 하나님께 무엇인가를 늘 갈구했었던 것 같습니다. 이러한 기도가 즉각 응답되지 않음에 실망하며, 또한 응답의 기간이 길어짐에 따라 기도 자체를 소홀히 여기게 되는 생활이었습니다.

하지만 제자 훈련을 통해, 응답 없이 우리를 기다리게 만드시는 하나님의 이유를 배우게 되었습니다. 지금껏 기다림은 하나님께서 음성을 들려주실 때까지 가만히 기다리는 것으로만 알고 있었습니다. 막연히 아직은 그때가 되지 않았기에 응답을 내려 주시지 않는다고 생각하며 위안을 삼으며 말입니다.

하지만 하나님께서 주시는 기다림의 시간은 그냥 허비하는 시간이 아닌, 내가 아직 알지 못하는, 하나님께서 나를 위해 예비하시는 계획들을 준비하는 시간이라는 것을 깨닫게 되었습니다. 제 마음이 비어져 하나님께서 하나님의 말씀으로 채우실 수 있는 때를 기다리시는 것을 알게 되었습니다. 지금 내가 무심히 지나오는 순간순간들이 그저 헛된 시간이 되지 않고, 교만한 마음을 버리고 나의 비워진 마음을 채워 주실 하나님의 응답을 기다리며 제 자신을 훈련시켜 나가야겠습니다.

제자 훈련 과정을 통하여 주예수교회가 목사님 이하 여러 장로님들, 집사님들의 피나는 헌신과 노력으로 준비된 교회임을 깨달았고, 공부 시간 간간히 목사님께서 들려주시는 일화들을 통하여 주예수교회의 역사와 목사님의 목회 철학도 알 수 있었습니다. 사랑과 정의가 균형을 이루어야 하며, 이성과 감성이 조화를 이루어야 건강한 교회의 모습이라는 말씀을 통하여 목사님의 목회 철학을 어렴풋하게나마 알 수 있었습니다.

제가 주예수교회를 출석하며 가장 많이 들었던 말이 '지난 10년간'이란 문구일 것입니다. Vision 2020의 꿈을 이루기 위해서는 지나온 10년의 기간을 바탕으로 하여 앞으로의 10년을 생각하는 새로운 희생이 필요하지 않을까 생각합니다. 나의 생각과 다른 것(different)이 잘못된 것(wrong)이 아님을 인정하며, 순종함으로 봉사하여 주예수교회의 비전을 이루고, 또한 그 안에서 저의 신앙도 한층 성숙해 나가는 제자가 되기를 희망합니다.

조금을 알면 알수록, 앞으로 많은 것들을 배워야겠구나 하는 생각이 늘 듭니다. 지난 시간 동안 '늘 이 정도면 됐지' 하는 생각을 한 제 모습이 참으로 부끄럽습니다. 그리고 저의 이런 교만한 모습과 무지함을 채워 주시기 위해 열심히 일하시는 하나님께 감사드립니다. 그리고 이렇게 훈련하고 배워가는 가운데도 늘 다시금 무너지는 저를 붙잡아 주시고 일으켜 주시는 성령님을 기억하며, 매일매일 하나님의 지으신 목적대로 살기 위해 노력하고 훈련하는 제자가 되기를 다짐합니다. (강혁규)

제자 훈련을 마치며 또 주예수교회의 창립부터 지금까지 헌신하시며 봉사해 오신 여섯 분 장로님들의 봉사 간증을 들으며 깊은 감동과 도전을 받았다. 10년을 한결같이 목사님을 도와 헌신 봉사하신 그분들의 모습이 진정 겸손한 그리스도의 제자의 모습이 아닐까 생각해 본다. 또한 목사님의 철저한 교육과 거기에 많은 시간과 열정을 쏟으며 교육에 임하는 장로님, 집사님들의 모습을 보며 부족한 나 자신을 돌아보게 되었다. 그 모든 열정과 헌신들이 지금의 건강한 주예수교회의 모습이 되지 않았을까 하는 생각이 든다. 하나님 앞에서 다 내려놓을 수 있는 겸손한 마음, 어떤 상황 앞에서도 세상과 타협하지 않는 담대한 믿음, 그리고 세상적인 지위나 나이에 상관없이 직분자로서 겸손하고 낮아지는 모습으로 하나님이 기뻐하시는 삶을 살고자 낮아지는 훈련을 계속하신다는 장로님의 말씀에 큰 도전을 받았다.

그리고 교회의 부흥을 방해하는 요인이 나 자신이라는 걸 다시 한 번 깨달으며, 하나님의 뜻대로 산다고 말하면서 아직도 다 내려놓지 못하는 나 자신을 반성해 본다. 모든 일에 나의 의보다는 하나님의 의와 영광을 위해 인내와 순종으로 하나님을 기쁘시게 해드리는 삶을 살도록 노력해야겠다.

마지막으로 주예수교회에서 신앙생활하며 조금씩 성숙해지는 내 모습을 보며 하나님께 감사드린다. (이정주)

말씀을 듣고 난 후 많은 것을 다시 생각했습니다. 한 분 한 분 장로님들의 말씀을 들을 때마다 저의 마음은 뭉클해지면서 지나온 저의 신앙생활을 되돌아보았습니다. 교회를 여러 번 옮겨다니면서 교회 안에서의 참사랑은 발견 못하고 좋지 못한 모습들만 보아왔습니다. 교회는 다녔지만 제가 더 적극적으로 교회 생활에 충실하지 못한 점, 얼마나 부끄러운 신앙이었던가 반성해 보는 시간이 되었습니다. 제대로 체계적인 훈련을 받지 못한 저는 저한테 제자 교육을 받을 만한 자격이 있나 하는 마음으로 시작했는데, 끝까지 지도해 주시고 격려해 주신 목사님께 정말 깊은 감사를 드립니다.

주예수교회를 이렇게 나오고 보니 목사님의 체계적인 교육과 모든 훈련과 주예수교회는 말씀으로 양육 훈련 받은 디아스포라 공동체로서 하나님과 이웃을 섬긴다는 사명 선언문같이 하나님 중심의 주예수교회였습니다. 장로님들의 말씀을 듣고 나니 그동안 많은 핍박과 어려운 고난 속에서도 꿋꿋이 이겨 내신 교회의 많은 분들이 계셨기에 부흥하고 성장할 수 있었구나 생각됩니다.

장로님께서 말씀하신 목사님의 신본주의를 다시금 생각하면서 또한 봉사 정신에 필요한 분수, 질서, 협력을 되새기며 항상 목사님께서 말씀해 주시는 중심을 잃지 않는 진실한 주님의 자녀가 되도록 마음에 깊이 새겨 봅니다. 장로님들과 집사님들께 많은 사랑을 받았습니다. 받은 사랑을 작게나마 실천하는 삶을 살아가기를 소망합니다. 하나님께 쓰임 받는 자녀가 되기를 기도합니다. 저희 가족을 주예수교회까지 인도해 주신 하나님께 감사드립니다. (이근혜)

처음 시작할 때부터 저에게는 큰 도전이었습니다. 늘 믿음이 성장하지 않는 저 자신을 보며 깊은 신앙심을 가지신 분들이 부러웠고, 나도 빨리 믿음이 컸으면 하는 조바심이 생겼습니다. 첫발을 조심스럽게 내디디면서, 혼란스러웠던 내 신앙생활이 하루빨리 안정된 믿음 생활을 할 수 있기를 간절히 바라면서 시작된 제자반이었습니다.

목사님께서 강조하셨던 믿음은 용기라는 말을 되새기면서 유혹에 용기로 맞설 수 있었습니다. 어느 순간 제 마음에 저도 모르는 믿음의 싹이 자라는 걸 느끼며, 마음의 평안과 주님을 사랑하는 마음에, 가슴이 때로는 벅차올랐습니다. 이제 어둠의 긴 터널을 용기 있게 들어서서 믿음으로 주님의 빛을 따라 걸어갑니다. 아직은 그 길이 멀지만 결코 주님의 끈을 놓지 않고 끝까지 포기하지 않으며 앞으로도 더 많은 믿음의 도전을 경험해 보고 싶습니다.

함께해 주신 제자반 여러분들께 감사드리며, 구원의 길로 인도하시는 데 수고를 아끼지 않으시는 목사님께 진심으로 감사를 드립니다.
(김지현)

제자반을 마치며 안타까운 점과 기쁜 점이 있다. 안타까운 점은 이렇게 좋은 훈련을 이제 와서 할 수 있었다는 것이고, 기쁜 점은 늦었지만 이제라도 내가 제대로 된 신앙생활을 할 수 있게 됐다는 점이다.

매주 금요일 밤을 교회를 떠날 때에는 이것이 과연 생명의 말씀이라는 생각, 마치 메마른 땅에 단비가 내리는 느낌을 내 신앙생활 처음으로 느낄 수 있었다. 처음 제자반을 시작할 때는 매주 금요일마다 38주라는 기간을 시간을 투자해야 한다는 점이 큰 불만이었으나, 지금 내 자신의 모습을 보면 그 시간들이 얼마나 내 인생에 복되고 내 신앙생활에 큰 전환점이 되었는지를 느낄 수 있었다. 나는 내 자신의 신앙을 마치 겉무늬만 나무 같은 아주 싼 가구라고 생각해 왔으나, 이제는 나도 정말 겉무늬만 나무가 아닌 진짜 명품 가구 같은 신앙인이 될 수 있는 기회가 주어졌다고 생각된다. 마치 지구를 헛돌던 인공위성이 이제 제대로 된 궤도에 올라섰다고나 할까?

이제는 하루빨리 고장났던 인공위성을 고쳐 제대로 큰 일을 감당할 수 있는 인공위성이 되었으면 한다. 제자리걸음만 하고 있던 내 신앙을 제대로 잡아 준 제자 훈련과 담임목사님께 큰 감사를 드린다.
(박석민)

- 선교 학교(PGM) 소감문 / 평신도 선교 학교를 마치면서
  《막 쪄낸 찐빵》을 읽고, 2010년

성경 중심의 교회인 주예수교회. 권위 의식이 없으신 승화된 목사님. 각 다락방에서의 푸근한 마음으로 형제자매처럼 화기애애한 성경 공부. 성령 충만한 주일 아침 성경 공부. 성령의 인도하심 따라 2세 교육에 앞서가는 주예수교회. 지역 사회 봉사에 열심을 다하며, 때에 맞추어 PGM 선교 학교 개강을 통해 세계 복음화를 위해 선교와 전도의 동역자가 될 수 있도록 하나님의 인도하심에 감사드린다.

또한 어린이주일 행사에서 목사님의 자상한 예배 순서를 지켜보면서 하나님께 감사드리며, 은근히 어린아이들의 부모님들이 부러웠다. 이렇게 아름다운 교회에서 어린 새싹들이 즐거워하는 모습을 보면서 1981년도 당시의 교회 생활을 회상해 보면 지금의 우리 교우님들은 축복을 이미 크게 받은 것이라 생각된다.

이만재 씨의 100일 동안의 초신자로서의 신앙생활을 보면서, 우리가 새 교우들에게 세심한 배려와 매일매일 전화하여 초신자 동태 파악, 식사 대접, 성가 테이프 제공 등 윤형주 씨의 한 영혼을 붙들고 헌신하는 불굴의 정신을 나도 배워야겠다고 생각했다. 또한 목사님 설교 메모 등등, 삶 속에서의 꾸밈없는 믿음의 본을 보여주는 윤형주 씨

의 모습에 감동받은 이만재 씨의 믿음의 성숙에 하나님께 감사드린다.

우리들이 새 교우 앞에서 믿음의 본을 보이는 것이 정말 중요하다고 느낀다. 우리 주예수교회 교우님들 모두가 기도하며 성령님의 인도 따라 한 영혼을 붙드는 일에 전심전력을 다할 수 있도록 기도드리며, 세계 선교와 전도를 위해서 영적 거인이 많이 배출되는 주예수교회가 되기를 소원한다. (안명옥)

● 바나바 사역 팀 세미나(《세이비어 교회》를 읽고, 2011년)

미국을 움직이는 작은 공동체, 《세이비어 교회》를 읽으면서 우리 주예수교회 공동체에 대해 감사와 영광 그리고 더욱더 큰 자긍심을 갖게 되었다. 주예수교회는 오직 주만 바라보며 성령님의 인도 가운데 균형적인 목회 아래 말씀을 깨우치고, 섬김에 노력하고, 사역을 잘 감당하는 우리 공동체임을 이 책을 읽으면서 다시 한 번 확신하게 되었고, 이러한 역사를 이루어 오신 하나님께 무한한 영광을 드린다.

첫째, 우리 교회는 영성이 있는 곳이며, 건강한 교회, 말씀이 살아 움직이고 살아 계신 하나님의 영광스런 교회이며, 권능을 나타내며 하나님께서 역사하시는 교회라는 것을 이 책을 통해 더욱더 확신하게 되었고 그에 대해 감사드릴 수 있었다. 미국을 움직이는 세이비어 교회와 주예수교회의 공통점도 발견할 수 있었다. 또한 고든 코스비 목사님의 말씀과 담임 목사님의 말씀도 같은 점을 많이 느꼈다.

하지만 세이비어 교인과 우리 교인들의 모습은 같지 않았다. 성도들의 영성과 신앙과 성숙도는 다르게만 느껴졌다. 세이비어 교인 중 토기장이 집에서 사역하시는 '닷' 할머니가 계셨다. 확고한 사역 목적을 가진 교회에서 평생을 자신에게 맡겨진 일에 성실히 임하고 계신 할머니의 모습과 간증이었다. 반평생 넘도록 헌신을 다해 한 교회를 섬기는 닷 할머니의 모습에서 우리는 커다란 깨달음을 얻게 된다.

맡겨진 일에 성실히 최선을 다할 때 역사는 하나님이 이루신다는 것을 세이비어 교회의 지난 57년의 역사가 보여주었다. "딱다구리 한 마리가 열심히 나무를 쪼고 있었어요. 그날도 여느 날과 다름없이 딱다구리가 나무를 쪼고 있는데 갑자기 마른 벼락이 치더니 그 나무를 반으로 쪼개는 게 아니겠어요? 이것을 보고 놀란 다른 짐승들이 그 딱다구리에게 와서 물었습니다. '너에게 무슨 힘이 있어서 이 큰 나무를 쪼갤 수 있니?' 그러나 딱다구리는 이렇게 대답했지요. '난 단지 나에게 맡겨진 일을 매일 성실히 했을 뿐이야.'" 이 이야기는 닷 할머니가 우리에게 보여주는 교훈이기도 하다.

또한 우리에게 세이비어 교회의 사역의 결과를 보여주고 있다. 그 다음은 세이비어 교회와 주예수교회의 사역을 생각해 보게 되었다.

세이비어 교회의 주요 사역

1) 주택 사역
2) 어린이 사역
3) 취업 사역
4) 노숙자 병원 사역
5) 노인 복지 사역
6) 가정 사역 등

이 사역들은 안으로의 사역인 영성 사역을 기초로 이루어진다. 영성의 핵심으로 관상 기도를 중시하고 관상의 삶을 강조하는 공동체로서 행함 이전에 존재를 강조한 세이비어 교회는 이제 미국을 움직이는 교회가 되었다.

주예수교회의 사역의 종류

1) 지역 사회 선교(노숙자 접대, 독거 노인 및 장애인 집 보수, 산골 빈민 주택 보수)
2) 인종 화합 사역(다인종 합창제, 한국 음식 문화 축제)
3) 한인 사회 선교(무궁화 한국 학교, 무궁화 시니어 센터)
4) 단기 선교(국외)
5) 우간다 아동 구호(54명 입양)
6) 8명의 협력 선교사
7) 후원 기관(9개 기관)

우리 공동체의 사역에도 온 성도들이 합심 협력하여 앞으로 주어진 사명을 잘 감당하며 하나님을 높이고, 예수님을 나타내며, 성령님의 인도 가운데 기도하며, 사역에 임하면서 2020 비전을 바라본다. 우리 주예수 교회가 이 지역과 이 시대에 꼭 필요한 교회가 되고 더욱 발전하여, 우리 교회도 한국을 움직일 수 있고 전 세계를 변화시키는 공동체가 되길 기도한다. (○○○)

● **23기 새 교우반 소감문(2011년)**

오랫동안 신앙생활을 했지만 항상 낯선 지방에선 좋은 신앙의 공동체, 좋은 목사님, 좋은 교우가 절실했습니다. 지역 교회를 탐방하고 주예수교회를 선택하게 하심은 은혜의 결정이었습니다. 항상 비전을 갖고 교회의 사명을 손수 실천하시는 모습이 역동적이었으며, 교인의 활기찬 모습 속에 하나님의 은혜가 가득한(graceful) 모습들을 느낄 수 있었습니다.

새가족반을 참여하며 느낀 것은, 목사님의 목회 철학이 확고하시며, 이것이 지역 사회와 교회 안에서 뿌리내리고 있고, 항상 새로운 미션에 도전해 가시는 모습이라는 것입니다. 이제 내적 신앙 정진을 통하여 하나님과 이웃을 함께 섬기며 봉사할 수 있도록 노력하겠습니다. 제게 주신 하나님의 달란트(talent)가 무엇인지 되새겨 보고, 교회와 이웃을 섬기고 싶습니다. 수고하신 목사님께 감사드리며……. (박환규)

할렐루야! 주예수교회로 인도하여 주신 은혜 감사드리며, 새가족반을 목사님께서 직접 인도하심에 신선한 느낌을 받았습니다. 앞으로도 주님 은혜 안에서 교회의 구성원으로서 역할을 감당할 것을 약속드립니다. 교회의 사역에 작은 역할이라도 충성하는 새신자가 될 수 있도록 기도 부탁드립니다. 감사합니다. (오인택)

미국 생활이 무척이나 낯설게 느껴져 힘들었는데, 잠시나마 소그룹으로 목사님과 말씀 공부를 할 수 있어서 교회 적응하는 데 많은 도움이 된 것 같습니다. 바른 신앙 생활과 교회 생활에 대하여 다시 한 번 깨닫게 되었습니다. 미국 생활에 대하여 더 많이 알아가고 싶습니다. 따뜻하게 대해 주셔서 감사합니다. 간식도 감사합니다. (오석연)

- ● 4기 제자반 소감문(2012년)

그동안 시간적인 이유로 제자반을 계속 미루어 오다가, 제직으로서 한 번은 받아야겠다는 생각에 제4기 제자반에 등록을 했지만, 막상 매주 목요일마다 가게 문을 일찍 닫아야 한다는 것 때문에 고민도 많았습니다. 하지만 이제 무사히 제자반을 마치게 되어 얼마나 제 마음이 기쁘고 평온한지 모르겠습니다.

그동안 제자반을 통하여 목사님께 많은 것을 배웠습니다. 주예수교회에 오기 전까지의 제 신앙생활을 돌아보면, 정말 너무나 많은 시간을 낭비한 것 아닌가 하는 마음이 들어 제 자신이 부끄럽고 후회가 됩니다. 하나님의 교회를 너무나 사랑하시는 목사님 그리고 교회를 위한 목사님의 투철한 사명감, 주예수교회가 지금까지 이렇게 크게 성장·부흥할 수 있었던 것도 목사님의 피나는 노력의 결과가 아닌가 확신합니다. 때로는 힘들고 어려웠던 일도 많았을 것인데, 그럴 때마다 항상 곁에서 기도로 힘을 실어 주신 사모님, 목사님과 두 분을 진심으로 존경합니다.

앞으로도 목사님께 많은 가르침을 받으며 제직으로서 헌신·봉사하며 맡은 책임 충실히 감당하는 청지기가 될 것을 가슴 깊이 다짐하며, 끝까지 제자반 교육을 마칠 수 있도록 도와주신 하나님과 목사님께 진심으로 감사드립니다. (이광일)

32주 제자 훈련 교육을 거의 1년 만에 끝을 내며, 시원함보다는 섭섭하고 아쉬움이 더하다. 그간 정이 든 건가? 그리 재미있는 교육도 아니었는데. 사실 교육 초반에는 좀 불편했다. 초등학생이 중학생 교실에서 강의를 듣는 듯…….

하지만 한 주 한 주 거듭되면서 목사님께서 교육에 대한 열정이 참으로 대단함을 알았다. 감기 기운으로 힘들어 보이고 기운이 없어도 대충하시지 않고 항상 정성 들인 교육을, 그것도 매주 매주 내가 모르는 게 얼마나 안타까우면 저토록 가르쳐 주시려 하고 알려 주시려 하는지……. '이런 교육을 받았으면 난 지금 엄청나게 변해야 하는 거 아냐?' 하는 생각에 부담도 좀 느꼈다.

사실 난 그런 큰 변화는 없다. 그저 몇 가지 작은 변화만이 조금씩 느껴질 뿐이다. 첫째, 교육 중 성경 구절을 열심히 찾아서인지 이제는 제법 잘 찾는 변화, 성경 구절 찾는 시합 있으면 나갈 정도다. 둘째, 주일 못 지키거나 행사에 참석 못하면 마음이 무겁다. 내가 맘대로 할 때가 편했는데, 이젠 그렇지 못한 변화. 셋째, 법 잘 지키고 남에게 피해를 주지 않으면 죄인이 아니라고 생각하며 살았는데, 법을 떠난 죄가 많이 있고 그 죄를 내가 매일 짓고 있음을 아는 변화.

난 그저 이런 작은 변화만이 있을 뿐이다. 그래도 난 너무 감사하다. 이렇게 감사를 느끼는 것도 이번 제자 교육에서 받은 작은 변화다. (이계선)

● 목장 소감문 / 로마서 목장 성경 공부를 마치며(2012년)

로마서를 공부하면서 한 가지 강하게 남는 것이 있다. 사도 바울은 비록 억울하게 감옥에서 있었지만, 그는 끊임없이 선교의 열정과 성도들을 향한 그의 사랑을 보여주었다. 우리는 하나님의 일을 하려고 할 때, 현실의 상황과 시간 등 여러 가지 이유로 하나님의 일을 나 자신의 일보다 뒤로 미룰 때가 너무나도 많았음을 고백한다. (최수경)

1년여 동안 목사님께서 직접 강의해 주신 로마서를 통해 사도 바울의 신앙과 그의 일생을 통한 선교적 사명 감당을 위한 몸부림(헌신과 수고)을 다시 생각하고 정리할 수 있는 정말 중요한 시간들의 연속이었음을 고백한다. 신약의 정수라 할 수 있는 로마서를 체계적으로 공부할 수 있는 기회가 일생에 몇 번 있을지 모르겠으나, 이번 공부를 통해 나의 신앙생활을 재점검하고, 향후 신앙생활의 비전과 목표를 재설정하는 중요한 기회였던 것 같다.

예수님의 삶을 닮아 가는 제자의 삶 이전에 먼저 사도 바울과 같은 삶을 살아 갈 수 있기를 간절히 소망한다. 또한 다시 태어난다는 기분으로 나의 삶의 방향을 조정하는 은혜의 시간이었음을 감사하며, 열정으로 강의해 주신 담임목사님께 다시 한 번 감사드린다. (장순두)

로마서를 목사님께서 이해하기 쉽게 잘 강의해 주셨다. 각 과의 삶을 위한 생활 적용 말씀에서 많은 도전을 받았다. 과마다 로마서 강해 말씀에 도움이 되는 인용 말씀도 좋았다. 로마서를 이해하기가 굉장히 어려울 수 있었으나, 목사님의 강해를 듣는 우리는 목적이 분명했던 바울의 의도를 시원하게 들을 수 있어서 좋았다. 어려운 용어를 해설한 구절들도 그런 면에서 많은 도움이 되었다.

로마서 강해를 통해서 우리가 믿는 것(교리)들에 대한 재정리가 있었으며, 12장 이후로부터의 삶의 적용을 교회 안에서의 올바른 삶과 특히 선교의 목적 안에서 귀한 삶의 조언으로 결론을 내리신 것 또한 이 강해의 특징이라고 믿는다. 앞으로 많은 독자들과 교회들이 이러한 장점을 통해서 은혜 받기를 주 예수의 이름으로 기도한다. (노승환)

주일 아침 목장 그룹 성경 공부반(2006)

3부

인종 화합을 위하여

9장

다문화 음악 축제(Intercultural Music Festival)

● 한인 사회에서 주류 사회로

이민 초기부터 미주 한인 교회는 지역 사회의 한국인 이민자들을 위한 종교 기관과 사회 봉사 센터의 기능을 해왔다. 자발적으로 혹은 반 강제적으로 미국으로 건너와서 외로운 타향살이를 하는 한인들에게 한인 교회는 신앙인들에게는 영적인 공급처요, 비신앙인들에게는 함께 모여 이민자의 희로애락을 나누는 사회 모임의 장소였다. 이러한 역사적인 특성을 가진 한인 교회의 봉사 대상은 자연스럽게 한국인에게 맞추어지게 되었다. 이민 1세들에 의해 세워진 이민 교회가 세월이 흐르면서 2세, 3세 자녀들이 함께 공존하는 형태로 발전되었지만, 한인 교회는 어디까지나 1세든 2세든 한인들을 위한, 한인들에 의한, 한인들의 교회라고 인식되었다.

하지만 한인들을 위해 존재한다고 여겨지는 한인 교회의 지역 사회에서의 위치는 바다 가운데 홀로 떠 있는 섬의 모습이 아닌, 마치 복잡한 기계의 톱니바퀴처럼 주변 다른 사회 기관들과 밀접하게 연관되어 있다. 톱니바퀴 하나가 열심히 돌아간다고 해서 독립적으로 존재

한다고 생각하는 것은 착각이다. 내 옆의 톱니가 건강하게 잘 돌아가야 비로소 내게 맡겨진 역할을 수행할 수 있는 계기가 마련되는 것이다. 이 같은 주변 환경, 즉 한인 교회가 속해 있는 지역 사회의 건강은 그 교회가 가지고 있는 본연의 역할, 즉 한인들을 위한 서비스를 원활하게 제공하게 하는 전제 조건이 된다.

이런 점에서 볼 때, 지역 사회와 한인 교회가 공존하기 위해서는 상호 이해와 협력이 반드시 필요하다고 할 수 있다. 한인 교회 스스로 독립할 수 있을 만큼의 재정과 인적 자원 등이 있다 하더라도, 주변 지역 사회의 지원과 협력을 받지 못하면 이것은 마치 모래 위에 세운 집과 같다. 지난 1991년의 L.A. 폭동은 한 지역 사회에 존재하는 서로 다른 문화 간의 유혈 충돌이었다. 흑인과 백인, 아시아인과 흑인 간의 자기 우월 의식과 상대방에 대한 몰이해가 불러온 참극이었다. 한 보고서에 따르면 L.A.의 한인타운의 90%가 당시 사태로 파괴되었다고 한다. 모래 위에 쌓았기 때문에 무너진 집이다. 어쩌면 당연한 결과이다.

소수 민족으로서 전 미국 국민의 1%가 채 되지 않는 코리언 어메리칸에 대한 다른 문화권들의 사회 문화적 인지도는 아직도 매우 낮은 편이다. 반대로 다른 민족이나 주류 사회의 문화 흐름에 대해서 한인 사회는 적극적인 관심이나 교류가 미흡하다. 이러한 문화적인 패쇄성으로 인한 문화·인종간 갈등을 줄임으로써 한인 교회가 지역 사회 안에 더불어 살아가는 한인들에게 종교적 그리고 사회적인 서비스를 원활하게 제공한다는 궁극적인 목표를 달성하기 위해서 지역의 주류 사회 미국인들을 대상으로 한 인종 화합 사역은 필수적이라고 할 수 있다.

한국인 이민 사회에 대한 편견을 없애고 한인들이 주류 사회에서 존중을 받으려면 사회 봉사 활동을 통하여 우리들에 대한 고정관념을 점점 바꿔 놓아야 한다. 우리 자신만을 위해 이익을 추구하는 것이 아니라 지역 사회의 발전과 평화를 위하여 협력하고 공헌하는 사람이라는 인식을 심어 주어야 한다.

주예수교회가 2년에 한 번씩 주최하는 다문화 음악 축제는 그러한 의미에서 매우 중요한 대사회 봉사 사업이다. 같은 소수 민족의 입장으로써 함께 마음을 모으고, 그리스도 안에서 교제를 나누며, 어려운 형편에 있는 이들을 위해 장학금과 선교 후원금으로 기여해 오고 있다.

● 한·흑 친선 예배로부터 시작

다문화 음악 축제의 시작은 1995년 여름이었다. 1976년 이래 가장 무더운 6월의 마지막 주일, 주예수교회와 이스트민스터 장로교회가 지역에서 처음으로 한·흑 연합 예배를 드리게 된 것이다. 1992년의 L.A.폭동으로 인한 한인들과 흑인들 간의 앙금이 아직 채 가라앉기도 전에 두 인종의 교회가 서로 만나 함께 예배를 드리는 것은 매우 큰 도전이었다.

제4회 다문화 음악 축제에 참석한 5개 교회 담임목사들과 노회 대표, 주 하원의원의 공연 관람(2006)

흑인들은 "한인들이 이제 와서, 우리(흑인)에게 사랑을 보이려는 행동은 우리에게 죄책감을 느끼고 있음을 인정하는 것이 아니냐"라며 빈정거리기도 했고, 한인들 또한 흑인 지역에서 비즈니스를 하면서 그들의 겉모습이

지저분하고, 거짓말을 잘하며, 게으르다는 선입견을 가지고 있었다. 이와 같은 두 인종 사이에 놓인 깊은 간격을 좁히는 것은 사람의 의지적인 노력만으로는 매우 어려웠다.

각 교회를 소개하는 장면(제7회 다문화 축제, 2012)

하지만 오직 하나님의 사랑에 힘입어 빛도 없이 몸을 아끼지 않고 수고한 선교위원들의 사랑의 섬김, 이에 대한 서로의 감사의 반응이 한데 어우러지는 두 교회의 친선 예배를 통해 한인 교회와 흑인 교회, 한인 사회와 흑인 사회가 진정으로 하나

핸드벨 콰이어 연주(제4회 다문화 음악 축제, 2006)

되어 가며, 인종 간의 골이 좁혀지는 현상을 몸으로 체험하였다. 이러한 하나님의 사랑에 대한 공감대는, 피부색이 다르고 문화와 풍습이 아무리 다르다 해도 우리 모두가 천국에서 영원히 함께 살아갈 믿음의 백성이라는 공동체 의식을 갖게 해주었다.

● **다인종 화합의 장으로 발전**

17년 전에 시작된 두 번의 한·흑 예배는, 1997년 제3회 친선 예배에 두 백인 교회(Crestwood Presbyterian Church, BonAir Presbyterian Church)가 참여하면서 명실공히 한·흑·백인 교회가 하나 되는 인종 화합의 장으로 발전하게 되었다. 또한 그로부터 약 10년이 지난 2006

제5회 다문화
음악 축제 포스터

제7회 다문화 음악 축제 초청 카드

이스트민스터 교회가 찬양하는 모습(제7회)

년 제4회에 히스패닉 교회(Living Water Pentecostal Church)가 특유의 열정적인 찬양과 함께 동참함으로써, 말 그대로 서로 다른 네 인종, 네 문화가 만들어 내는 다문화 음악 축제가 되었다.

그리고 2년 후인 제5회(2008년)에는 두 개의 다인종 교회(BonAir United Methodist Church, Mt. Pisgah United Methodist Church)가 참여하면서 다인종·다문화에서 한 걸음 더 나아가, 다양한 교단(장로교, 순복음, 감리교)의 교회가 서로 간의 전통과 문화 그리고 신앙의 차이를 넘어서 리치먼드 지역 사회 안에 그리스도의 이름으로 화합과 평화를 기원하는 음악 축제가 되었다. 이후로 2년마다 개최되고 있는 다문화 음악 축제는 참여 교회 성가대와 교인들 그리고 지역 주민들 약 250명에서 450명이 참여하는 대규모 행사로 발전해 오고 있다.

지난 2012년 6월에 있었던 제7회 다문화 음악 축제에는 "Harmony in One Voice"(하나의 목소리에 화합을!)라는 주제 아래, 네 인종(한인,

흑인, 백인, 히스패닉), 총 5개 교회가 모여 함께 기도하고 찬양하면서 뜨거운 성령님의 임재를 체험하였다. 해를 거듭할수록 이 행사의 규모가 확대될 뿐 아니라 영적으로도 성숙해 가고 있음을, 행사 참석자들은 공통적으로 말하고 있다.

▲ 참여 후기: 다문화 음악 축제를 통한 일치

한 교회를 잘 섬길수록, 믿음의 생활이 곧을수록 다른 교회, 다른 민족의 교회를 엿볼 수 있는 기회가 더 적다. 왜냐하면 자기 직분에 충실하기도 하거니와 바쁜 이민 생활 속에서 대외적으로 교류할 시간도 없기 때문이다. 이러다 보니 교회의 역할과 신앙생활도 자칫 거시적인 하나님의 계획과 섭리를 간과할 우려도 없지 않은가 싶다.

나 자신을 돌이켜 보아도 신앙생활 35년간 많은 교회를 섬기며 살았지, 진정한 크리스천으로서의 삶을 살아왔다고 자부하기가 부끄럽다. 그래서 항상 좋은 교회, 좋은 교인, 좋은 목사님을 동경하며 찾아다니지 않나 싶다.

이민 온 지 10년 동안 4번째로 주예수교회를 만나게 되었다. 형제자매들이 부지런하다. 교회도 바쁘고 목사님께서도 바쁘신가 보다. 행사도 참 많고 공부도 열심, 모임도 부단하다. 와중에 카리타스 행사가 끝나자마자 또 다문화 음악 축제를 한단다. 팽팽 돌아간다. 교회 섬기는 집사님들, 교역자님들의 눈에 분주함이 엿보인다. 나는 성가대원으로서 편안하게 연습을 하고 임했지만 다들 긴장감이 엿보인다.

다섯 교회가 참여한 음악 축제가 과연 어떤 감동과 감흥을 일으킬까 기대 반, 우려 반으로 시간을 기다렸다. '피부 색깔이 다르고 관습이 다르고 언어와 많은 것이 다르건만, 이곳에서 동질감을 느낄 수 있을까'라는 의구심도 있었다. 하지만 이러한 이질감은 기우였다. 하나

참가 교회의 성가대와 찬양 팀이 연합 성가대를 이루어 찬양하는 모습

님 안에서 찬양은 하나의 목소리로 들으셨으리라. 우리는 모두 이스라엘의 이방인이다. 이곳에서 예수 그리스도로 인하여 하나가 되는 축제를 만들 수 있다니, 또한 이민 교회가 주동이 되어 찬양을 공유할 수 있다는 것 자체가 신선함이요 경이로움이다. 이를 준비하며 섬기는 주예수교회가 자랑스럽다. 이런 축제가 일파만파 되어 지역과 더불어 널리 퍼져 나가기를 기도한다. (박환규)

"하나님이여 민족들이 주를 찬송하게 하시며 모든 민족으로 주를 찬송하게 하소서"(시 67:5).

지난 2012년 6월 17일, 아버지날(Father's day)이기도 한 이날에, 주예수교회에서 개최한 다문화 음악 축제에는 다양한 인종의 사람들이 모였고, 모인 이들은 정말 다양한 모습으로 하나님을 찬양하였습니다. 작년 8월에 미국에 도착한 나에게 있어서 이번 행사는 정말 한국 땅에서는 경험할 수 없었던 색다른 문화적인 충격이었으며, 그날 감동의 현장을 짧은 내 필력으로 표현하기는 어렵겠지만 기억을 더듬어 옮겨 보면 다음과 같습니다.

제일 먼저 찬양을 올린 사우스민스터(Southminster) 장로교회 찬양대는 남녀 혼성으로 흰색 상의에 까만 하의를 입고 지휘자의 인도에 따라 찬양을 하였으며, 특히 악보를 쥔 손을 떨면서도 간절하게 찬양을 하는 백인 할아버지의 모습은 정말 인상적이었습니다. 이어 등

장한 이스트민스터 장로교회는 흑인들 특유의 소울적인 창법과 계속되는 돌림노래 형태로 열정적인 무대를 선보였는데, 마지막 가사인 "Forever reign"(영원히 다스리소서)을 정말 영원히 부를 기세로 찬양하였으며, 많은 이들의 박수갈채를 받았습니다.

한 백인 참여자가 마지막 연합 찬양곡을 함께 부르는 모습

또한 메시아 크리스천 교회(Messiah Christian Church)의 그룹 사운드와 같은 형태의 찬양에서도 색다른 감동을 받았으며, 히스패닉을 대표한 리빙워터 오순절 교회(Living Water Pentecostal Church)는 스페인어로 찬양을 불렀기 때문에 그 뜻을 잘 알 수는 없었지만 그 정열을 충분히 느낄 수 있었습니다.

피날레를 장식한 우리 교회의 찬양대는 고운 한복을 입고 우리 가락에 맞춘 찬양으로 모든 이에게 감동을 선사하였습니다. 특히 우리 학생들이 특별 공연한 사물놀이는 언제 들어도 기쁨 그 자체였으며, 이번 여름학교에 우리 막내도 참가하였으면 하는 바람도 가져 보았습니다.

"서로 다른 인종의 교회, 백인, 흑인, 히스패닉 그리고 한국 교회가 모여 서로의 문화를 표현하는 노래를 부르며, 지역 사회의 인종 화합을 위해 함께하는 음악 축제입니다"라고 교회 홈페이지에서 소개하는 것처럼, 이번 제7회 다문화 음악 축제는 정말 비록 피부의 색깔이 다르고 살아온 문화가 다를지라도 하나님을 찬양하는 모습에서 서로

9장_다문화 음악 축제(Intercultural Music Festival)

음악 축제 후 모든 참가자들이 다목적홀에서 한국 음식을 먹으며 친교

즐거워하며, 화합을 이룬 귀중한 자리였다고 생각해 봅니다.

끝으로, 이러한 귀중한 행사를 우리 주예수교회가 주최하였다는 사실에 교인으로서뿐만 아니라 한국인으로서 정말 뿌듯한 자긍심을 느낄 수 있었으며, 앞으로도 이 행사에 지역의 더 많은 교회가 참여하는 축제의 장으로 더욱 발전할 것이라 믿습니다. (오인택)

"Harmony in One Voice"를 주제로 열린 제7회 다문화 음악 축제는 4·29 폭동 이후 긴장된 한·흑 관계 완화를 위해 17년 전에 시작되었다. 서로 다른 인종끼리 모여 함께 찬양하며 교제함으로 피부와 언어가 다른 사람들의 독특한 문화들을 이해하고 존중하며 화합의 장을 열기 위함이었다. 그러나 이번 다문화 음악 축제는 다문화·다인종 사회화되는 리치먼드 지역에 화합과 평화의 장을 넘어 다 함께 모여 하나님께 드리는 진정한 찬양의 축제로 발전하는 것을 보게 되었다.

흑인, 백인, 황인, 히스패닉 등의 다인종이 함께 어우러져 찬양하는 모습
(Richmond Times Dispatch, 2012. 6. 17)

이스트민스터 장로교회(흑인 교회), 메시아 크리스천 교회(백인 교회), 사우스민스터 장로교회

(백인 교회), 리빙워터 오순절 교회(히스패닉), 주예수교회 등, 각각 다른 문화 배경을 가진 다섯 교회의 교우들 그리고 초청받은 내빈과 친지들이 한데 어울려 마음을 같이한 찬양 축제는 그 어느 때보다도 성령 안에서 하나 되어 찬양하며 교제하는 시간이었다.

 길거리에 만났으면 얼굴도 모른 체 지나쳤을 다른 인종의 사람들과 몸을 부대끼며 손을 들고 내가 섬기는 하나님을 같은 리듬, 같은 음정, 같은 가사로 찬양하는 것 자체가 놀라운 하나님의 기적이었다. 앞으로 영원토록 주님 앞에서 찬양하게 될 천국에서의 모습을 이 시간 이 현장 가운데 누리는 것이 하나님의 은혜임을 깨달으며 온몸으로 전율을 느끼며 체험하였다. 피부 색깔과 문화, 언어의 차이 때문에 흐트러진 관계가 그리스도 예수 안에서 하나임을 이 축제를 통해 다시금 깨달았다.

 주님께서 다시 오실 그때에 요한계시록에 기록된 것처럼 "각 나라와 족속과 백성과 방언에서 아무도 능히 셀 수 없는 큰 무리가 나와 흰 옷을 입고 손에 종려 가지를 들고 보좌 앞과 어린양 앞에 서서 큰 소리로 외쳐 이르되 구원하심이 보좌에 앉으신 우리 하나님과 어린 양에게 있도다"(계 7:9-12)라고 외치며, 하나님께 경배하기를 간절히 원한다. 주 안에서 우리 모두 다 형제자매이며 하나님의 자녀임을 기억하며 영광 받으시기에 합당하신 하나님께 함께 찬양하는 좋은 시간이었다. (김영훈 목사)

여러 인종의 참석자들이 참여 교회들의 소개를 유심히 듣는 모습

9장 _ 다문화 음악 축제(Intercultural Music Festival)

공연 전 각 교회 성가대, 찬양 팀, 담임목사들이 함께 모여
합창곡을 연습한 후 기념 촬영을 하는 모습
(제7회 다문화 음악 축제)

주예수교회에서 기쁜 오후 시간을 보낼 수 있게 해주셔서 감사합니다. 사우스민스터 교인 모두가 즐거운 시간을 보내고, 모든 것이 이렇게 자연스럽게 진행되는 것을 보면서 깊은 인상을 받았습니다. 회를 거듭할수록 음악 축제가 확실히 발전되는 것을 보게 됩니다. 여러분들의 정성 어린 섬김과 넉넉한 대접은 타의 추종을 불허합니다. 언젠가 우리 교회 주일 예배에서도 주예수교회 성가대가 찬양하는 것을 보고 싶습니다. 오늘 여러분들의 음악과 공연은 너무나 아름다웠습니다. 머지않은 미래에 꼭 한번 우리 교회를 방문해 주셨으면 좋겠습니다. 다시 한 번 초대해 주시고 아름다운 섬김을 보여주신 여러분께 감사의 말씀을 전합니다. (데비 멕니어, 사우스민스터 장로교회 음악 감독)

〈리치먼드 타임즈 디스패치〉(Richmond Times Dispatch) 신문은 2012년 6월 17일 날짜에 일요일이 미국에서 인종 차별(분리)이 가장 심한 시간이라고 보도했지만, 이스트민스터 교회는 지난 6월 17일 일요일에 진정한 교제와 찬양과 예배를 벗들과 함께 누렸다고 말하고 싶다. 다양한 민족이지만 한마음, 한목소리로 부르는 찬양대의 목소리(voice of praise choir)는 이날 천상의 목소리로서 하나님께 올려 드릴 수 있었다.

다문화 음악 축제는 우리들의 전통이 되었고, 또한 주예수교회와

함께 계속해서 이루어 나아가기를 소망한다. 우리 온 회중은 수년 전 우리 교회(이스트민스터 장로교회) 담임목사님과 주예수교회 담임목사님이 함께 모여 이 축제를 이루어 낸 그날을 여전히 기억한다. 그동안 많은 교인들과 함께 이 축제에 대해 이야기하며, 얼마나 많은 친구들을 얻고 알게 되었는지 자주 이야기한다. 이 축제의 모임이 천국에서 이루어질 찬양과 예배의 준비임을 믿어 의심치 않는다. "호흡이 있는 자마다 여호와를 찬양할지어다!" (베티 서더랜드, 이스트민스터 장로교회, 음악 감독)

제5회 다문화 음악 축제 단체 사진(성가대 및 각 교회, 지역 지도자들, 2008)

▲ 지역 매체가 보도한 다인종 음악 축제

미국에서 가장 차별이 심한 시간 중 하나는 주일 아침이다. 그 시간은 각기 다른 인종의 기독교인들이 저마다의 예배를 위해 흩어진다.

체스터필드 카운티의 로비우스 로드(Robious Road)에 있는 주예수 교회는 올해로 7회째 되는 다문화 음악 축제를 통해 다인종 교회들을 주일 오후에 한자리에 모이게 하였다. 서로 다른 문화 간에 다리를 놓기 위함이다. 아시아인, 백인, 흑인, 히스패닉 교회의 찬양 팀들이 함께 노래하고 찬양의 목소리를 높이는 시간이었다.

개회사에서 배현찬 목사는 "이 행사를 통해 우리는 광역 리치먼드 지역 안에 모든 인종의 사람들이 서로 조화롭게 평화와 정의를 이루며 사랑하며 사는 삶을 나누기를 원합니다"라고 말했다. 사회를 맡은 김영훈 목사는 "우리 모두는 함께 하늘에 계신 하나님을 찬양하게 될 것입니다"라고 운을 떼었다. 주예수교회, 헐스트리트(Hull street)의 사우스민스터 장로교회, 리치먼드 처치힐의 이스트민스터 장로교회, 휴고넛 로드(Huguenot road)의 메시아 크리스천 교회, 미들로티안(Midlothian)의 리빙워터 오순절 교회의 찬양 팀과 성가대들은 함께 어우러져 공연을 하였다.

사우스민스터 성가대의 오랫동안 사랑을 받아온 〈광대하신 주님〉의 새로운 편곡으로부터 메시아 크리스천 교회 찬양팀의 신나는 비트로 연주된 〈그가 다스리시네〉까지, 다양한 노래들이 회중의 어깨를 들썩이게 하였다. 주예수교회의 유소년 사물놀이 팀은 〈아리랑〉을 연주했다. 이 노래는 떠나가는 연인이 멀리 가지 않아 발병이 나서 다시 돌아오기를 바라는 마음을 그리며 웃음을 자아내는 한국의 전통 민요이다.

모든 참가자들이 함께 이룬 연합 찬양대는 축제 마지막에 〈위대하신 하나님〉과 〈주 하나님 지으신 모든 세계〉를 연이어 불렀다. 김 목사와 짝을 이루어 진행을 맡은 이스트민스터 장로교회의 토냐 존슨 장로는 "호흡 있는 모든 만물은 다 여호와를 찬양할지어다"라고 외쳤다.

— 〈리치먼드 타임즈 디스패치〉(Richmond Times Dispatch), 2012년 6월 18일자

"성령 안에 하나 되니 좋네요."

리치먼드 지역 교회들이 인종을 초월해 어울리는 다문화 음악 축제가 17일 주예수교회에서 열렸다.

주예수교회가 매년 주최하고 있는 음악 축제는 올해가 7회째. 금년에는 사우스민스터 장로교회, 이스트민스터 장로교회, 메시아 크리스천 교회, 히스패닉 순복음교회가 참여해 전통 성가, 소울풍의 찬양, CCM, 남미풍의 찬양, 한국 가락의 흥이 담긴 찬양 등, 다양한 장르로 성령 안에서 향연을 벌였다. 마지막에는 전 성가대가 함께 출연해 〈위대하신 주〉, 〈주님의 높고 위대하심〉을 부르며 지역 사회의 화합과 평화를 기원했다.

아버지 날이었던 이날 주예수교회가 2부 순서로 마련한 손님 맞이 행사는 정성이 더 극진했다. 학생들로 구성된 사물놀이 팀은 열정적인 공연으로 관객들을 놀라게 했고, 교육관에 마련된 만찬에서는 450여 명의 참석자들에게 푸짐한 한국 음식들이 제공됐다. 예상을 뛰어넘는 환대에 한 미국 성도는 감사 서한에서 "해마다 발전되는 모습을 보며 많은 감명을 받았다"며 "교회 간에 이 같은 나눔이 계속되길 바란다"고 밝혔다.

배현찬 목사는 "한인 이민 교회가 지역 주민들과 긴밀한 관계를 갖고 커뮤니티 발전을 함께 꾀하자는 취지로 다문화 축제를 열고 있다"며 "리치먼드에 인종을 초월한 아름다운 하모니가 만들어지기를 원한다"고 말했다. 〈한국일보〉 2012년 6월 20일자

9장 _ 다문화 음악 축제(Intercultural Music Festival)

"모두가 주님의 높으신 은혜일세 찬송과 존귀를 주님께 돌리세."

한복을 입은 한인뿐 아니라 백인, 흑인과 히스패닉이 하나가 되어 하나님을 찬양하는 목소리가 리치먼드에 울려 퍼졌다. 리치먼드 주예수교회(담임 배현찬 목사)에서 지난 17일 개최한 제7회 다문화 음악 축제에 리치먼드 지역의 다민족들이 한자리에 모여 각기 다른 음악을 선보이고 찬양하며 즐겼다.

백인 교회인 사우스민스터 장로교회 성가대, 메시아 크리스천 교회 성가대가 환상적인 찬양을, 흑인 교회인 이스트민스터 장로교회 성가대에서 흑인 영가를, 히스패닉 교회인 리빙워터 오순절 교회에서 열정적인 찬양을 했으며, 한인 교회인 주예수교회 성가대는 한복을 입고 찬양을 했다. 또한 주예수교회의 어린이들이 장구와 북, 징 등 한국 전통 악기로 특별 공연을 하고 〈아리랑〉을 선보여 박수갈채를 받았다. 각 교회의 공연을 마친 성가대는 다 함께 무대에 올라 아름다운 화합의 찬양을 했다. 배 목사는 이스트민스터 장로교회 조지 버틀러 주니어와 메시아 크리스천 교회 가브리엘 너새니얼 윈스턴에게 장학금을 수여했다.

주예수교회는 다문화 음악 축제 외에도 노인과 리치먼드의 노숙자들을 위한 봉사 활동을 하고, 한국 음식 문화 축제, 우간다 아동 구호 활동도 하고 있으며, 2011년 미국 장로교 사회 봉사상(유니언 장로교 신학교 주관)을 수상한 적이 있다.

배 목사는 "이웃을 함께 섬기는 공동체로서 모든 활동에 자녀들도 함께해 2세들이 정체성을 찾는 데 도움을 주고 있다"면서 "화요일과 목요일에는 주민들에게 체육관을 개방해 이용할 수 있도록 해 다문화 선교에도 힘쓰고 있다"고 말했다. 〈중앙일보〉 2012년 6월 20일자

이스트민스터 교회와 메시아 교회에 장학금 수여

10장
한국 음식 문화 축제(Korean Food Festival)

● 한국 음식 문화를 소개하면서

어느 국가나 민족의 문화를 알고 체험하는 가장 좋은 방법 중 하나가 음식을 접하는 것이다. 여행 중에 먹는 음식이나 손님 상 차리기를 통해서 그 나라나 가정의 문화를 짐작할 수 있다. 리치먼드에는 매년 가을이면 각 나라의 음식을 체험하며 문화를 알리는 행사가 다양하게 펼쳐진다. 그리스 음식 축제(Greek Food Festival), 인도 음식 축제(Indian Food Festival), 여러 종류의 아시아 음식(Asian Food Festival) 등 다양한 음식을 맛볼 수 있는 체험의 기회가 있다. 그만큼 다양한 문화가 한데 어우러져서 지역 사회를 형성해 가고 있는 다문화(multi-culture), 다인종(multi-race) 사회에 리치먼드가 속해 있다는 증거

수요 예배 후 온 교우들이
한국 음식 문화 축제를 위한 음식을 준비하는 모습

이다.

이러한 다문화 사회 속에서 서로 다른 각양의 문화와 가치 체계를 가진 여러 민족들이 함께 어울려 사는 것이 미국 사회의 특징이다. 때로는 서로 이해가 힘들고 수용하기 힘든 문화적인 갈등(cultural

유소년으로 구성된 사물놀이 팀이 음식 문화 축제에 참여한 700여 명의 참석자들에게 한국의 가락을 선보이는 장면(2011)

conflict)도 있지만, 동시에 다양한 문화를 접하는 흥미있는 즐거움도 있다. 어차피 세계는 점점 하나의 지구촌화(globalization)되어 가고 있기 때문에 다문화·다인종 사회로 나아갈 수밖에 없다.

미주 한인들은 이민자로서 이러한 현실을 몸소 체험하고 있다. 그러므로 서로에 대해서 열린 마음으로 서로에 대해 알아가면서 문화적인 교류를 넓혀 가야 한다. 그런 점에서, 음식을 통한 문화 교류야말로 가장 효과적이고 실제적이기 때문에 한국 음식 문화 축제가 의미가 있다.

2년마다 교회가 개최하는 한국 음식 문화 축제에는 1세와 2세가 어우러져 사는 교인들의 가족뿐만 아니라 지역 사회의 다양한 인종의 이웃들이 많이 찾아온다. 500~600여 명이 하루종일 드나들면서 한국 음식을 나누고 서로 교제하는 시끌벅적한 장터 같은 분위기와 더불어, 한복 체험도 하고 사물놀이 공연을 즐길 수 있는 이 축제는, 단순히 음식을 통한 한국 문화 소개의 목적만을 가지고 있지 않다.

다인종 사회에서 인종 갈등을 풀어가는 데 있어서, 이러한 음식 문화 축제는 쉽게 인종과 문화의 벽을 허물고 서로를 알아 가는 기회를

제4회 한국 음식 문화 축제 메뉴판

제공한다. 또한 이 축제에서 모금된 모든 비용은 주예수교회의 국내외 선교 사역에 전액 사용되기도 했다. 이러한 방식으로 축제에 참여하는 모든 사람들은 주예수교회가 실천하고 있는 다양한 지역 사회 선교에 직·간접적으로 참여한 셈이다.

● 전통 혼례식을 선보이다

2006년 10월 7일 제 1회 한국 음식 문화 축제는 이름 그대로 한국인만의 넉넉한 인심으로 정성스럽게 차린 상을 대접받으며 독특한 한국의 전통 혼례 의식을 경험할 수 있는 자리였다. 한인들과 더불어 살아가면서도 한국인과 한국 문화에 대해 거의 아는 내용이 없었던 미국인들에게 이 음식 문화 축제는 말 그대로 신선한 충격이었다. 새로운 음식을 접하는 것도 흥미로운 일이었지만, 한국의 전통 혼례 의식을 보는 것 또한 그들이 낯선 한국 문화를 이해하는 데 도움이 되었다.

한국인을 친구로 혹은 이웃으로 두었거나, 한국 어린아이를 입양하였거나, 아니면 한국인을 며느리나 사위로 맞는 등, 여러 경우로 한국인의 핏줄과 인연이 있는 사람들이 늘어가는 리치먼드 시 외곽 지역에 자리잡고 있는 주예수교회가 지역 사회를 위해 제공한 특별한 사회 선교 사업 중 하나인 한국 음식 문화 축제는

제1회 한국 음식 문화 축제에서
한국의 전통 혼례 의식을 선보이는 모습(2006. 10)

2012년 10월로 제5회를 맞이하게 된다. 첫 3회 축제까지는 초대장을 5달러에 판매하여 이웃들로 하여금 한국 음식을 맛볼 수 있게 했고, 이에 따르는 수익을 국내외 선교 사역에 사용하였다.

하지만 제4회부터는 무료로 입장할 수 있도록 하여 누구나 자유롭게 와서 한국 음식과 사물놀이 등의 문화 공연들을 즐기고 인종과 문화 간의 벽을 조금 더 낮출 수 있도록 하였다. 지역 사회에 꼭 필요한 교회가 되기 위한 노력의 일환으로 지역의 관공서(경찰서, 소방서, 카운티 사무소등)의 공무원들과 주변 지역의 카센터, 음식점 등을 직접 찾아가 무료 식사 초대권과 포스터를 나눠 주었다. 이는 더불어 사는 디아스포라 한인 교회가 지역 사회를 위해 나눌 수 있는 귀한 섬김의 사역이 되고 있다.

● 지역 매체가 보도한 한국 음식 문화 축제
"리치먼드, 한국의 맛에 반하다."
'주예수교회' 한국 음식 문화 축제……700여 명 참석 성황

제2회 한국 음식 문화 축제를 위하여 교우들이 함께 모여 만두를 빚는 모습(2007)

리치먼드 소재 주예수교회(담임 배현찬 목사)는 지난 2일 한국 음식 문화 축제를 열어 전통음식을 미 주류 사회에 알렸다. 올해로 3회째를 맞은 이번 행사에는 700여 명의 미국인들이 참석해 한국 음식의 맛과 독특한 문화를 만끽했다. 이날 정식 메뉴로는 불고기, 만두, 김밥, 빈대떡, 잡채, 김치, 밥이 제공되었으며, 장터 메뉴로 호떡, 떡볶이, 녹두 빈대떡 등이 소개되었다. 또 교회 정원의 감나무에 열린 한국 감과 인절미, 떡을 참가들에게 무료로 나눠 주기도 했다.

배현찬 목사는 "행사 1시간 전에 음식이 동이 날 정도로 호평을 받았다"며 "이번 축제는 이 지역에 한국의 고유한 문화와 맛있는 음식들을 알리기 위해 마련했다"고 말했다. 이번 축제 수익금 전액은 리치먼드 노숙자 선교, 애팔라치아 산맥 불우 이웃 돕기, 노인 복지 선교 등 지역 사회를 돕는 선교 활동에 사용된다.

주예수교회는 한국 음식 문화 축제 외에도 다문화 음악 축제를 통해 한국 교회와 지역의 백인, 흑인, 히스패닉 등이 함께 모여 성가와 찬양으로 서로의 특색 있는 음악 문화를 나누고 있다. 또 교회 체육관에서 매년 일주일씩 노숙자들에게 숙식을 제공하고 매주 화, 목요일에는 제저사이즈(Jazzercise, 일종의 에어로빅)를 할 수 있도록 교회 시설을 개방하는 등 지역 사회에 봉사하는 일에 앞장서고 있다. - 〈한국일보〉 2010년 10월 2일자

"한국 음식 문화 축제가 음식과 문화를 나누다"

2011년 10월 8일 미 장로교 주예수교회(담임 배현찬 목사)에서는 제5회 한국 음식 문화 축제가 열렸다. 이날 행사에 참여한 500여 명의 사람들은 입이 즐거운 유쾌한 시간을 보냈다.

김치, 불고기, 비빔밥, 호떡 등 한국의 다양한 음식들이 무료로 제공되었다. 축제에 참여한 모든 참석자들은 한국 음식을 맛보았을 뿐만 아니라 교인들의 특별한 섬김에 깊은 인상을 받았다. 유소년 아이들로 구성된 '사물놀이'라 불리는 한국 전통 악기 연주 시간도 있었다.

이번 한국 음식 문화 축제는, 지역을 섬기는 이들에게 전 교인이 감사를 표하고 리치먼드의 다문화 공동체가 서로 평화로운 사회를 이루며 한데 어울려 살기를 바라는 마음으로 준비하였다고 한다.

주예수교회는 창립부터 줄곧 "선교하는 모토"라는 모토를 지향해 왔다. 지난 12년 이상 지역 사회를 섬기며 지구촌 공동체로 선교와 섬김의 대상을 확장해 오고 있다. 주예수교회는 연례 혹은

제4회 한국 음식 문화 축제에 참석한 지역의 경찰관 가족을 한 교우가 환대하는 모습(2011)

제3회 한국 음식 문화 축제에 참가한 백인 여성이 다양한 한국의 음식을 보면서 놀라는 모습(2010)

10장 _ 한국 음식 문화 축제(Korean Food Festival)

월례 지역 사회 선교 프로젝트(카리타스, 리뉴 크루, 먼로 공원 노숙자들에게 점심 제공)를 통해 지역의 자선 단체들과 협력하여 우리 도시를 열심으로 섬기고 있다.

주예수교회는 멕시코에서부터 케냐에 이르기까지, 그리고 미주 지역의 여러 지역(웨스트버지니아, 보스턴, 필라델피아, 뉴욕, 뉴올리온스, 자메이카)와 전 세계로 도움의 손길이 필요한 곳에 그리스도의 사랑으로 섬기라고 하는 예수의 부름에 신실하게 순종하고 있다.

2011년 주예수교회는 유니언 장로교 신학교에서 수여하는 올해의 사회 봉사상, '엘리뇨 커리 상'을 수상하였다. 11,000여 미국 장로교 교회 가운데 한국 교회로는 최초의 수상이었다.

- 〈미들로티안 익스체인지〉 (*Midlothian Exchange*), 2011년 10월 13일자

"전통의 맛 지역 사회에 자랑"

세계적인 수준으로 발돋움한 한국 음식들을 지역 사회에 소개하는 행사가 지난 8일 리치먼드에서 열렸다. 주예수교회(배현찬 목사)가 이날 개최한 '한국 음식 문화 축제'에는 소방서, 경찰서 등 공공 기관 관계자 500여 명이 참석하여 비빔밥, 불고기, 김치, 호떡을 시식하고, 청소년들로 구성된 사물놀이 공연을 보며 즐거운 한때를 보냈다. CNN이 조사해 발표한 자료에 따르면, 세계 50

제3회 한국 음식 문화 축제에 참여한 한 백인 가족이 야외에 마련된 식탁에서 다정하게 식사하는 모습(2010)

대 음식에 김치가 12위, 불고기가 23위, 비빔밥이 40위에 올라 있다. 교회 관계자는 "다문화, 다인종 사회로 변해 가는 리치먼드 지역에 화합과 평화를 촉진하고 한국 음식과 문화를 소개하자는 취지로 매년 '한국 음식 문화축제'를 열고 있다"고 설명했다.

주예수교회는 이 밖에 인종 화합 합창제, 노숙자 선교, 독거 노인 및 장애인 집수리 봉사 등의 사역을 펼쳐 오면서, 한인 교회 최초로 지난 2011년 6월 유니언 장로회 신학교로부터 사회봉사상을 수상하기도 했다. - 〈한국일보〉 2011년 10월 12일자

사잇글

북소리 울려라

워싱턴 몰(Washington Mall), 링컨 기념관 앞에 F.D.R 기념물과 나란히 마틴 루터 킹의 기념물이 세워졌다. 오랜 세월 준비를 거쳐 지난해 개관된 이 웅장하고 단순한 기념 조형물의 전체적인 인상과 새겨진 문장에 대해서 말들이 많았다.

공개되자마자, 킹 목사의 입상 모형이 지나치게 경직되고 위압적이라는 비평이 먼저였다. 설계자가 중국의 지도자 모택동 입상을 많이 조각한 중국인이므로 킹의 이미지를 잘못 그렸다는 것이다. 킹의 카리스마 있는 모습을 강조하기만 했지, 그의 높은 이상과 열정을 담아내지는 못했다는 비평가들의 의견이 많았지만, 이미 늦었으니…….

문제는 두 번째의 지적이었다. 거대한 바위 덩어리 하나로 다듬어진 조형물 입상에 새겨진 문장이 정확하지 않다는 것이다. "나는 의와 평화와 정의를 위하여 북 치는 자였다"(I was a Drum Major for Justice, Peace and Righteousness)라는 문장이 원문과 다르다는 전문가들의 지적이었다.

　이 문장은 그가 암살 당하기 2개월 전, 그의 모 교회요 동사목사로 섬기고 있던 애틀랜타의 에벤에셀(Ebenezer) 교회에서 행한 설교문을 인용한 것이다. 자신을 평화와 정의를 위하여 북치는 자로 기억되기 원하는 고백적인 설교였는데, 마치 자기 과시를 하면서 남을 질책하는 듯한 뉘앙스를 풍길 수도 있다는 지적이다. 원문의 문장은 짧은 단문들이 점차적으로 고조되면서 각 주제를 부각시키고 있는데, 이것을 한 문장으로 간단하게 묶어 보려고 하다가 일으킨 실수였던 것이다.

　정부도 관계자와 협의를 거쳐서 과오를 인정하고 원문을 다시 새겨 넣기로 했다고 하니, 지워지기 전에 한 번쯤 찾아가 보는 것도 의미 있을 것이다. 왜냐하면 2월은 흑인들의 역사를 존중하고 기억하는 'Black History'의 달이기 때문이다. 1월 셋째 주 월요일, 킹의 생일 다음에 오는 2월은 어느 때보다 흑인들의 삶과 역사적 공헌을 부각시키고 있는 시기이다.

　미국의 역사적 유산으로 지켜지는 2월(Month of Black History)은 우드슨(Carter G. Woodson, 1875~1950)에 의해 제창되었다고 볼 수 있다. 노예에서 자유 농민으로 신분이 변화된 부모 밑에서 자라난 우드슨은 고향 버지니아를 떠나 시카고 대학교에서 공부를 마치고, 1912년 흑인으로는 두 번째로 하버드 대학교에서 박사 학위를 받았다(흑인으로서 하버드에서 첫 박사 학위를 받은 사람은 William Edward Burghardt Dubois (1868~1963)로서, 흑인들의 소수 정예화, Talented Tenth를 주창함).

　그는 1926년 학교와 공공 기관들이 2월의 한 주간 동안 흑인 역사를 되새기며 기념하도록 Negro History Week를 주창하였다. 1950년 그가 죽었을 때는 흑인과 백인 모두에게 흑인들의 문화와 삶이 미국 역사에 기여한 점을 기억하도록 일깨우게 되었다. 그리하여 1976년, 미국 건국 200주년 기념 해에 2월은 '흑인의 달'로 공포되었던 것이다.

킹 센터의 벽화

2003년, 한인 이민 역사 100주년을 맞으면서 하와이 첫 이민 발걸음이 시작된 1월 13일을 '미주 한인의 날'로 미 정부가 공포했다. 미주 한인 동포들의 인구가 200만에 육박하고 1세뿐 아니라 2세들의 진출이 각 분야에서 두드러지게 되면서, 새로워진 코리언-아메리칸 디아스포라에 대한 인식과 존중의 결과로 나타난 것이다.

이것은 킹의 인권운동을 통한 민권법(1964, 1965년)이 통과되면서, 유색 인종들이 얻게 되는 각양의 법적 혜택과 이민 문호의 개방에 의거한 것이다. 흑인들의 이러한 역사적 인권 투쟁과 그의 인권운동이 없었다면 이루어질 수 없었던 정책적 변화였다.

그의 북소리 때문에 이민의 나라 미국에서 우리들도 당당한 인권을 누릴 수 있게 된 것이다. '평화와 정의'를 위한 그 북소리는 우리들에게도 울려 퍼졌다. 킹은 그 북소리를 들은 모든 사람들이 함께 북을 치기 원한다. 우리도 그의 북소리에 따라 '정의와 평화'의 북소리를 함께 울려 나가야 하지 않을까? (2012. 1. 워싱턴 킹 조각물 완공 기념에 부쳐)

4부

노숙자들을
위하여

11장

지역 홈리스 사역 기관과 함께(CARITAS)

주예수교회는 "말씀으로 훈련 받은 디아스포라 공동체로서 하나님과 이웃을 섬긴다"라는 사명 아래 "의를 행하고, 사랑을 실천하며, 하나님과 겸손히 동행하는 교회로의 부름"에 충실하기 위한 실천의 하나로서, 카리타스(CARITAS)라는 숙식 제공 프로그램과 먼로 공원 식사 제공 프로그램을 통해 지역의 노숙자들을 위한 사회 봉사를 감당해 오고 있다.

● 리치먼드 노숙자 현황

광역 리치먼드 지역의 노숙자를 위한 봉사 기관인 홈워드(Homeward)의 조사에 의하면(http://www.homewardva.org), 리치먼드 지역의 노숙자는 2012년 1월 현재 1,040명으로 집계되고 있다. 이는 노숙자 수가 가장 많았던 2009년에 비하면 10% 정도 감소된 인원이다. 이중 성인은 909명이고 어린이도 무려 131명이나 되는데, 대부분의 노숙자들은 보호소에 머물거나 거리를 헤매고 있다.

노숙자 성인의 성별 분포를 살펴보면, 78.8%가 남성, 21.9%가 여성

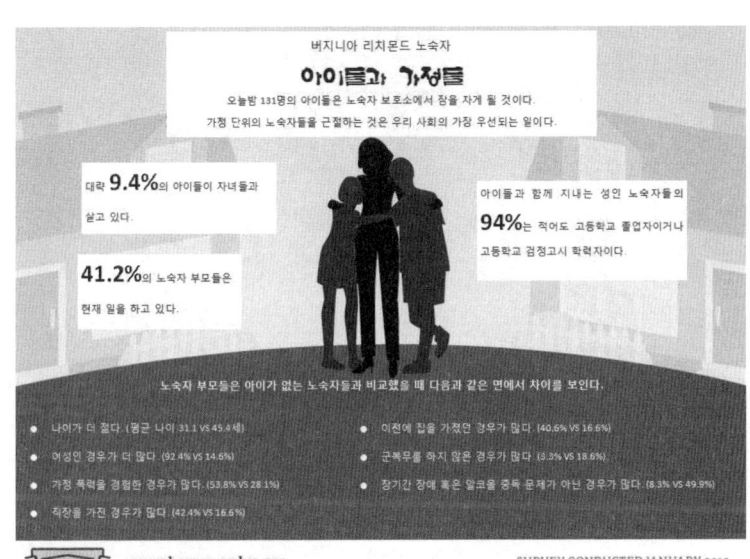

리치먼드 시의 아이들이 있는 가족 노숙자 현황(2012년 홈워드 자료)

	2007년	2008년	2009년	2010년	2011년	2012년
전체 인원	1,150	1,703	1,150	1,012	1,012	1,040
아이들 인원	139	153	136	131	159	131
보호소 미이용자	149	166	184	152	166	147

리치먼드 시의 연도별 노숙자 인구 및 보호소 미이용자 현황

이며, 이 중 미혼 혹은 독신이 60.8% 그리고 이혼, 사별, 혹은 별거 상태가 39.2%이다. 또한 아이들과 같이 사는 노숙자들은 9.4%이며, 인종별로는 흑인 61.1%, 백인 31.1%, 히스패닉 5.1% 등이다.

이들 노숙자들의 학력은 55.7%가 고졸 및 검정 고시자, 22.5%가 대학중퇴자, 7.7%가 대졸자인데, 이 중 대부분(80.9%)은 실업 상태이다. 또한 리치먼드 시 전체 노숙자 중 71.8%는 전과 경력을 가지고 있으며, 57.8%는 알코올 또는 마약 중독, 46.2%는 신체 장애 그리고 34.0%는 정신적인 문제를 가지고 있다고 조사되었다.

11장 _ 지역 홈리스 사역 기관과 함께(CARITAS)

리치먼드 시 노숙자 신원 현황(2012년 1월 현재, 홈워드 자료)

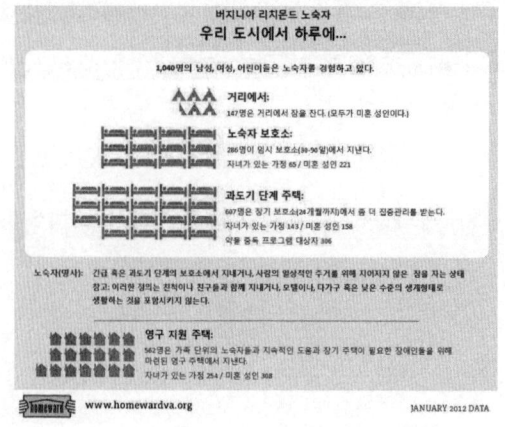

리치먼드 시 노숙자 보호소 이용 현황(2012, 홈워드 자료)

리치먼드 지역 안에 있는 1,040명의 노숙자들 중 147명(14.1%)은 거리를 헤매고 있으며, 나머지 893명(84.9%)는 비상 보호소(emergency shelter)와 임시 숙소(transitional housing)를 사용하고 있다. 현재 리치먼드 지역에는 286개의 비상 보호소와 607개의 임시 숙소를 운영하고 있다. 시는 2007년부터 2016년까지 10년 동안 모든 노숙자들이 자립할 수 있도록 계획을 세우고 있다.

● 카리타스(CARITAS) 사역

주예수교회는 지역 노숙자들을 좀 더 효과적으로 섬기기 위해 카리타스라고 하는 지역 홈리스 선교 기관과 연대하고 있다. 카리타스(Congregation Around Richmond Involved To Assure Shelter의 약자, http:// www.caritasva.org)는 1980년대 초반 경제 불황에 따른 마약 중독 및 정신 질환 환자의 급증 그리고 도심의 빈민 계층 증가 등의 사회 문제에 대한 기독교 신앙의 적극적인 반응으로서, 'Winter Cots'(겨울 간이침대)라는 이름으로 시작하였다.

"노숙자들의 삶은 하나의 삶의 방식(lifestyle)이 아닌 위급한(emergency) 상황이다"라는 전제를 가지고, 지난 30년간 카리타스는 수많은 위기에 처한 리치먼드의 노숙자들이 정상적인 삶으로 회복할 수 있도록 돕는 사역을 해오고 있다. 이 사역을 통하여 지금까지 성인 노숙자의 73%와 노숙자 가정 89%가 보금자리를 찾았고, 성인 노숙자 75%가 수입을 갖게 되었다. 이 카리타스 사역은 전국에서도 보기 드문, 리치먼드만의 모범적인 사역이다.

카리타스 사역은 크게 세 가지로 나뉘어진다. 첫째는 잠자리가 없

카리타스 사역 중 봉사자들이 노숙자들과 함께 기도하는 모습(다목적홀, 2006)

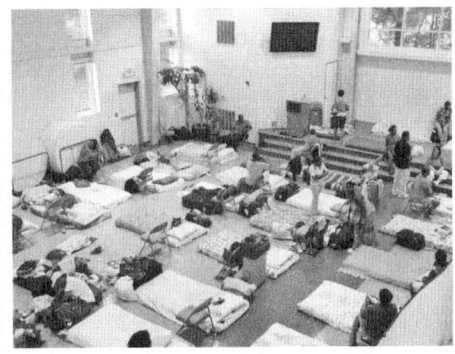

노숙자들의 숙박을 위한 침대 설치 (다목적홀, 2011)

는 노숙자들에게 잠자리를 제공해 주는 쉼터(shelter) 사역, 둘째는 가정을 꾸려 나가기 위해 지원과 도움이 필요한 이들에게 가구를 재활용하여 제공해 주는 가구 사역(furniture bank), 그리고 셋째로 일자리가 없는 이들에게 경제적 자립심을 심어 주는 일자리(works) 사역이 그것이다.

이 중에서 쉼터 사역은 약 1,400여 명의 노숙자들을 위해 리치먼드 내에 있는 약 150여 개의 교회와 자선 단체가 일주일씩 돌아가며 40~50여 명의 노숙자들을 초대해 그들에게 편안한 쉼터와 마음의 안식을 주고자 숙식을 제공하는 사역이다.

● 주예수교회의 카리타스 사역

주예수교회는 2004년 다목적홀을 완공한 후 그 이듬해인 2005년부터 카리타스 사역을 시작하였다. 그로부터 지난 8년간 일주일간의 짧은 기간 동안이지만 노숙자들에게 편안한 잠자리와 음식 그리고 휴식을 취할 수 있는 쉼터를 제공해 왔다. 주예수교회가 카리타스 사역을 하는 목적은, 여러 가지 어려운 형편 속에서 노숙자가 된 사람들을 돌보며, 그들에게 조금이나마 안정된 보금자리를 마련해 주고 음식을 대접하며 섬김으로써, 그들이 삶의 희망을 발견하고 앞으로 새로운 삶을 향해 갈 수 있도록 좋은 징검다리의 역할을 하는 것이다. 그리고 무엇보다도, 그들의 영혼 구혼과 새로운 삶을 위해 기도하고 섬기는 것이다.

매년 6월에 실시하는 카리타스 사역은 일주일 동안 저녁부터 아침까지 약 40~50명 정도의 남성 또는 여성 그리고 때로는 혼성의 노숙자들을 돌보는 것이다. 예년에는 모든 봉사를 제직 중심으로 감당했지만, 2년 전부터 각 연령별 선교회, 영어 목회부(EM), 청년부 그리

2012년 리치몬드 노숙자 선교 (CARITAS) 봉사
주관: 연령별 선교회

6월2일~8일	2일 (토)	3일 (주)	4일 (월)	5일 (화)	6일 (수)	7일 (목)	8일 (금)
식사 봉사 총담당: 친교팀 (4~7pm)	에덴선교회 임원택,임영남, 정성예,박수경, 김영복,장은호	아가페 선교회 김선정,박진순, 김유경,채행진, 박효권	작은예수 선교회 김지현,김해성, 최수경,박찬경	한빛 선교회 박정미,강진영, 김정민	실로암 선교회 주우현,주우라미, 최준혁,이상덕, 이경욱,천채임	임마누엘 선교회 이기욱,노기성 박금정	예드림 선교회 허유진,장진영, 이희라,이혜진
저녁 메뉴	불고기	Fried Chicken	Pork Barbecue	Spaghetti	Roast Chicken	Hamburger	불고기
취침 봉사 (남) (7pm ~ 6am)	1. 장은호 2. 최종현	1. 김동호 2. 김상일	1. 주종화 2. Nate Hallmark	1. 박석민 2. 강혁규	1. Nate Hallmark 2. 박광수	1. 노승환 2. 장순두	1. 이용양 2. 허유정
샤워 봉사 (7-9pm)			1.김해성 2.김성준 3.주종화 4.김지현	1.김대관 2.최경두 3.손나영 4.김수정		1.박태은 2.도종점 3.이종욱 4.장미경	1.이재욱 2.성인수 3.장진영 4.이혜진
세탁 봉사 담당: (7-9pm)	1. 한재윤 2. 임원택	1. 김종민 2. 고용준			1. 주우라미 2. 최준혁		
식사 참여	중고등부				KM & EM		

* 협조: 선교팀 (용품 준비)
  친교팀 (음식재료 준비, 주방관리- 매일 한사람씩 담당)
  김병숙집사 (이발: 주일, 화, 목 8pm)
  지이웅집사 (발마사지: 매일 8pm)
  청년부 (침구 설치: 6/2, 1:00pm) / EM (침구 정리: 6/9, 10:30am)

((참고 사항))
* 식사봉사: 저녁준비시 다음날 아침과 점심을 함께 준비
* 취침봉사: 카리타스관계자와 협력하고 아침에 청소 (화장실포함)
* 샤워봉사: 노숙자들의 모든 편의를 도움 (extra 비누, 타월 준비)
* 세탁봉사: 동전을 미리 준비하고 노숙자들이 이탈하지 않도록 도와줌

카리타스 사역을 위한 봉사자 편성표(2012)

고 중고등부까지 온 성도들이 함께 참여하여 섬김의 기쁨을 맛보고 있다.

다양한 봉사자가 사역을 효과적으로 하기 위해 요일별로 각 담당자와 팀을 구성해 봉사한다. 주방 봉사자들은 오후 4시에 먼저 모여서 저녁 식사 준비와 더불어 다음날 아침에 나눠 줄 점심(샌드위치)을 준비를 한다. 저녁 6~7시 사이에 노숙자들이 오면 교회 성도들과 교제하면서 저녁 식사를 맛있게 하고 오후 프로그램을 갖는다. 저녁 식사 이후 취침 전까지 각자의 필요에 따라 샤워 봉사, 세탁 봉사, 미용 봉사, 발 마사지, 영화 상영 그리고 취침 봉사 등 교회에서 제공하는 다양한 봉사를 받게 된다.

샤워 봉사는 인근에 있는 YMCA로 함께 이동해서 샤워를 돕는 사

역이며, 세탁 봉사 또한 인근에 빨래방에 가서 세탁할 수 있도록 도움을 주는 것이다. 미용실을 운영하거나 기술을 갖고 있는 봉사자들은 노숙자들의 머리를 잘라 주기도 하고, 발 마사지 전문가 봉사자들은 그들의 피로를 풀어 주며 마사지 봉사를 제공한다. 문화적인 편의를 제공하기 위해 영화 상영도 실시하고 있다. 저녁 10시쯤 소등을 하면 취침 봉사자들은 뒷정리를 하고 모든 시설을 점검한다. 그리고 새벽에 일찍 일어나 아침 식사를 준비해 주고 점심 샌드위치를 챙겨 주면 하루의 섬김이 마감된다.

매년 카리타스 사역을 하면서 발견하는 분명한 사실 한 가지는, 그들이 물질적인 필요와 경제적인 안정뿐만 아니라 마음 깊은 곳으로부터 영적인 갈급함과 평안에 대한 갈망을 갖고 있다는 것이다. 카리타스 사역 기간 동안 참석자들로부터 중보 기도 요청을 받고 이들을 위해 온 성도들이 함께 중보 기도 하는 봉사 또한 참으로 중요한데, 이들의 기도 제목들을 살펴보면 참으로 눈물겨운 사연들이 많다. 신체적·정신적·경제적인 불안정과 고통으로 인해 희망을 잃어버린 사람들, 그러한 절망 너머에 자리 잡고 있는 영적인 황폐함, 새로운 삶을 살고자 하는 의지와 소망 등, 이들이 가지고 있는 고통과 바람은 교회의 사회 선교의 목적과 의미를 다시금 돌아보게 하는 자극이 된다.

● 노숙자들의 기도 제목(*사생활 보호를 위해 가명을 사용함)

* 카리타스는 길거리에서 밤을 새우는 내 삶을 구원해 주었습니다. 언젠가 꼭 나만의 안식처와 직업을 갖고 싶습니다. —콘스탄스(Constance)

* 저는 불행한 어린 시절을 보냈습니다. 학대를 받아 정신 질환과 마약 문제를 갖게 되었습니다. 자라서는 무책임한 성인이 되었습니다.

하나님께서 내 삶을 다시 찾을 수 있도록 도와주시기를 간구합니다.
―팸(Pam)

　* 남편과 모두 풀타임 직장을 잃게 되어 살고 있는 집에서 나와야만 했습니다. 현재는 파트 타임으로 일하고 있지만 어서 빨리 저만의 보금자리를 갖고 싶습니다. ―필리스(Phyllis)

　* 내 딸과 언쟁을 했었고 집에서 저를 쫓아냈습니다. 먼 길을 왔지만 곧 내 집을 갖게 될 것입니다. ―테레사(Theresa)

　* 하나님께 구하는 소망과 축복은 내 남편과 오래도록 행복하게 사는 것입니다. 하나님께서 우리와 함께하시고 삶의 꿈을 이루어 주시기를 간구합니다. ―체리 가족(Cherry & Family)

　* 내 딸과 다시 함께 살 수 있도록 기도해 주세요. 아들 역시 안전하게 살고 있기를……. 하나님께서 우리 가정을 지켜 주시도록 기도해 주세요. ―리오(Rios)

　* 제 삶의 성공과 하나님과 더 친밀한 관계를 가질 수 있도록 기도해주세요. 그리고 제 가족과 저의 적들을 위해서도 기도해 주세요. ―앤젤라(Angela)

　* 저와 제 가정을 위해서 기도해 주시면 좋겠습니다. 이번에 취업하고자 하는 직장에서 6월 5일에 인터뷰가 있습니다. ―애니(Annie)

　* 저를 위해서 기도해 주세요. 화요일에 가슴 정밀 검사를 받습니다. 암이 아닌 작은 종양이기를 바랍니다. 또한 저는 요도 감염과 여러 가지 건강상 문제를 가지고 있습니다. 하나님께 기도해 주세요. ―수잔(Susan)

　* 누군가 나에게 시간에 따라 이래라 저래라 하는 것이 무척이나 힘이 듭니다. 규칙을 따라야 하는 것을 알지만 언제 밥을 먹고, 샤워를 하고, 담배를 피우고, 잠을 자러 가고, 커피를 마시고 하는 등, 내게

너무 당연한 자유가 박탈된 것 같은 느낌입니다. 물론 카리타스와 교회와 수고해 주시는 모든 자원봉사자들께 감사드립니다. 언젠가 다시 내 삶을 새로 시작할 수 있겠지만 지금 당장은 너무 멀리 온 것 같습니다. 지난 한 주간 너무 감사하고 내년에는 카리타스에서 나가면 좋겠습니다. ―브렌다(Brenda)

　＊ 이번에 새 직장과 거처할 곳을 얻게 되었습니다. 하나님의 뜻 가운데 모든 일이 진행될 수 있도록 기도해 주세요. 그리고 카리타스에 또다시 돌아오지 않도록 기도해 주세요. 하나님께 여러분 모두의 삶에 복 주시기를 기도합니다. ―엘라(Ella)

▲ 참여 후기: 카리타스 사역을 통한 섬김

지역 사회 봉사가 아름다운 교회

　23일부터 30일까지 한 주간 동안 CARITAS(Congregations Around Richmond Involved To Assure Shelter) 사역을 통한 지역 사회 봉사 활동이 있습니다. 리치몬드 지역의 약 1,500여 명 되는 홈리스(노숙자)들을 위한 카리타스 선교 사역은 올해로 5년째입니다.

　카리타스는 리치먼드에 있는 독특한 노숙자 선교 기구입니다. 일주간 40~50여 명의 노숙자들을 초대해서 그분들께 숙식을 제공함으로 평안한 쉼터와 마음의 안식을 주고자 하는 독특한 사회 봉사 사역입니다.

　광역 리치먼드 지역에 있는 약 70여 개의 교회와 자선 단체가 참여해서 매년 1주간씩 매주 2개의 단체가 그분들을 위한 봉사를 합니다. 이러한 프로그램을 통해서 많은 분들이 자립을 위한 정신적 안정과 경제적 준비를 하게 됩니다. 그리고 임시적으로나마 평안한 잠자리와 음식을 제공받고, 샤워를 하며 휴식을 취하게 됩니다. 그리고 길거리가 아닌 건물 안에서 여러 사람들이 한 공동체적 교제를 나누면서 외로움을 덜기도 합니다. 리치먼드 지역에서 교회들과 자선 기관들이 연합하여 실시하는 매우 효율적인 노숙자

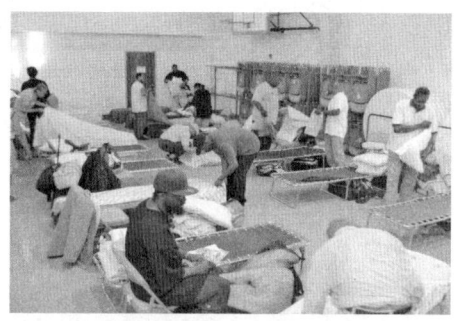

노숙자를 위한 간이 침대

사역입니다. 여건상 모든 기관이나 교회가 다 참여할 수 없고, 시설이 준비되어 있으면서 이러한 사역에 사명감을 가지고 헌신하는 분들이 있는 교회에서 동참하게 됩니다.

우리 교회는 다목적관을 완공·헌당한 다음해인 2005년부터 이 사역에 동참해 왔습니다. 우리 교회 시설은 이분들께 평안하고 편리한 시설로서, 완벽한 숙식을 할 수 있도록 잘 준비되어 있습니다. 그리고 한국 음식과 문화를 접하게 되는 색다른 기회가 된다고 합니다. 교육관 아래층에는 남성들이, 2층에는 여성들이 취침하므로 1주일간 교우 여러분의 친교와 청소년부 활동에 불편함이 있지만, 교우들 모두가 기꺼이 협력하고 있습니다.

식사, 샤워 봉사, 기본 물품 준비, 청소 및 함께 식사하거나 게임을 하는 친교 등 모든 교우들이 함께 동참하는 봉사 사역입니다. 하나님께서 주신 시설과 헌신의 손길을 통해서 어려운 이웃을 섬기는 지역 사회 봉사를 통해 아름다운 주예수교회 공동체 선교 사역에 모두 협력합시다. ―배현찬 담임목사(2009년 5월 17일자 주보)

● 다섯 번째 노숙자 선교(CARITAS) 봉사를 마치면서

우선 주예수교회를 통하여 리치먼드 노숙자 선교에 봉사하도록 불러 주신 하나님께 감사드립니다. 벌써 다섯 번째인 노숙자 선교를 준비하면서, 지난 네 번의 경험을 통하여 이번에는 좀 더 알차게 준비를 하려고 전 교인이 노력하였습니다.

카리타스 사역에서 영어 목회부 청년들의 한국 음식 배식

이번 선교는 지난 선교에 비해서 전 교인들의 더 많은 참여가 있었고, 전 교인들이 담임목사님의 금년 목회 방침을 잘 이해하여 더욱 헌신할 수 있게 되었습니다. 준비를 하는 과정에서 현재 미국 경제의 침체로 더 많은 노숙자들이 참여할 것으로 예상한 것과는 달리 예년보다 조금 줄어든 서른여섯 명의 노숙자들을 맞이하게 되었습니다. 그리고 노숙자 분들도 지난해에 비하여 표정들이 더 밝아서 우려했던 것보다 안심을 했습니다.

이번 노숙자 선교는 예년에 비해 더 많은 교인들이 적극적으로 참여하여 잘 짜여진 일정으로 노숙자들에게 편안한 쉼터를 제공하는 기회가 되었던 것 같습니다. 선교회 별로 구성된 식사 봉사자들의 적극적인 참여로 노숙자들이 맛있는 식사를 하게 되었고, 특히 한국 음식을 통한 선교를 하는 기회가 되었습니다. 많은 분들이 한국 음식을 좋아했고 즐겼습니다. 또한 메모리얼 데이(Memorial Day)를 맞이하여 특별히 준비한 꽃게 메뉴는 식사 중에서도 큰 기억거리가 되었습니다. 집사님들을 중심으로 구성된 취침 봉사와 이미 지난 네 번의 봉사를 통하여 많은 경험을 얻으신 장로님들의 샤워 봉사와 세탁 봉사는 해를 거듭하면서 더욱 체계적으로 이루어졌습니다. 이발 봉사와 오락 봉사를 통하여 참여자들에게 꼭 필요한 봉사를 제공하였고, 또한 힘든 하루를 즐거운 마음으로 마무리 지을 수 있는 기회를 갖게 되었습니다.

이번 노숙자 선교는 창립 10주년을 맞이하여 우리 주예수교회가 추진하고 있는, 살아 계시는 하나님의 영광스러운 교회로서의 선교 사역이 더욱더 발전되고 확장되는 기회를 갖게 된 것 같습니다. 열심히 기도하고 후원하여 주신 담임목사님과 부교역자님들의 적극적인 뒷받침으로 이번 노숙자 선교를 무사히 끝마칠 수 있게 되었음에 감사드립니다.

처음 2009년 리치먼드 노숙자 선교를 준비할 때 하나님께서 에스겔서 34장 26절의 말씀을 주셨습니다. "내가 그들에게 복을 내리고 내 산 사방에 복을 내리며 때를 따라 소낙비를 내리되 복된 소낙비를 내리리라." 이 하나님의 말씀대로, 카리타스 선교를 통하여 주예수교회에 하나님의 선교 사역을 감당하는 축복의 비가 내리기를 원합니다.

─선교 팀장 서철수(2009년 5월 31일)

● 사랑으로 섬기며……

주예수교회가 2005년부터 참여한 카리타스 사역은, 긴급한 위기에 처해 있는 노숙자들에게 음식과 잠자리를 마련해 주어 정상적인 삶으로 회복할 수 있도록 돕는 사역이다. 작년부터 주예수교회에 오는 카리타스 노숙자들은 여성들이다. 버스가 다른 노숙자들을 여러 곳에 먼저 태워 주고 가장 나중에 30명 남짓한 여성분들을 모시고 주예수교회에 도착한다. 예정된 시간은 7시지만 늘 7시 15분에서 30분에 도착한다. 그래서인지 그들은 오자마자 반갑게 봉사자들에게 환한 인사를 나누고 허겁지겁 자신들의 짐들을 내려놓고 허기진 배를 채우려고 저녁 테이블로 향한다. 부랴부랴 그들에게 정중히 인사를 다시 나누며 식사 기도를 드린다.

식사 기도를 마친 후 그들과 함께 웃으며 식사를 한다. 첫날 식사하는 도중 문득 이런 생각이 스쳐 지나갔다. 그들의 삶은 오늘 어떠했을까? 우리가 일반적으로 생각하는 것처럼 거리를 헤매며 구걸하고 다녔을까? 아니면 온종일 아무 생각 없이 빈둥거리며 시간을 보냈을까? 아니면 혹 지푸라기라도 잡는 심정으로 일자리를 찾으려고 부지런히 이곳저곳을 다녔을까? '설마 아니겠지' 하며 많은 생각이 오고갔지만, 그들에게 차마 물어 볼 수가 없었다.

그런데 노숙자 중 한 분으로부터 일자리를 알아보러 이곳저곳에서 인터뷰하느라 버스를 놓치고 말았다는 말을 들었을 때, 나의 편견은 송두리째 무너졌다. 노숙자들에게도 가족이 있고, 삶이 있다는 것을 우리는 늘 잊고 산다. 지나가는 길에 몇 푼 던져 주면 되겠지 하는 심정들이 우리의 한쪽 가슴에 존재한다.

카리타스를 통해 그들을 섬긴다고 하면서 진정으로 우리는 사랑으로 섬기는 것일까? 섬기는 즐거움보다 무거운 부담감이 있는 것은 나만의 걱정일까? 매일매일 나와 준비하고 점검하고 진행하면서, 사고 없이 하루하루를 보내야 한다는 것이 큰 짐이며 걱정이었다. 아무래도 사랑하

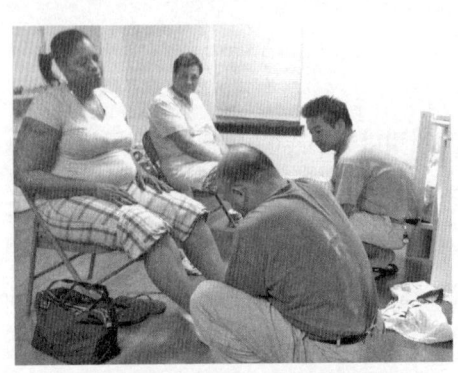

발 마사지 하는 모습

는 마음으로 즐거이 섬기는 것보다 어쩔 수 없이 한다는 의무감이 더 컸던 것 같다. 나부터 다시금 철저히 회개할 수밖에 없었다. 고린도전서 13장 3절에 이런 말씀이 있다. "내가 내게 있는 모든 것으로 구제하고 또 내 몸을 불사르게 내줄지라도 사랑이 없으면 내게 아무 유익이 없느니라."

화요일 저녁, 갑자기 소나기가 내리기 시작하더니 한동안 그칠 줄을 모른다. 혹 장대비 때문에 어느 한 사람이라도 버스를 놓쳐 오지 못하는 것은 아닌지 걱정이 앞섰다. 다행히도 30분 가량 마구 퍼붓더니 회색 구름도 지친 듯 조금씩 사라지고 푸른 하늘로 변하는 것을 보고 안도의 한숨을 쉬며 하나님께 감사의 기도를 드렸다. 1시간 가량 후에 버스가 오는 것을 보고 하나님께 다시금 기도한다. "하나님, 하나님의 사랑으로 그들을 진정으로 사랑하고 섬길 수 있게 해주세요."

카리타스 봉사자들의 손길들이 너무너무 감사하다. 아무 불평 없이 사랑으로 섬기는 것을 보고 많은 것들을 배웠다. 피곤한 몸을 이끌고 식재료를 구입하여 준비하고 또한 정성 들여 만들며, 나누고 청소하고, 샤워와 세탁 봉사로 수고하고, 머리를 예쁘게 잘라 주며, 손과 팔이 저리도록 아프지만 발 마사지를 하며, 취침 봉사까지 마다치 않는 봉사자들의 아름다운 사랑의 섬김이 너무나도 감사하다.

이 카리타스 사역이 그리고 주예수교회를 통해 앞으로도 계속 섬기게 될 사역들이 또 하나의 교회의 행사가 아닌, 진정한 하나님의 사랑으로 섬기는, 하나님께서 기뻐하시며 영광을 받으시는 그런 사역들이 계속되길 간절히 기도한다. −카리타스 담당 교역자 김영훈 목사 (2012년 6월 10일)

우리 교회가 하는 카리타스 사역에 깊이 참여할 수 있었던 것은 우리에게 은혜의 기회였습니다. 또한 지금까지 카리타스를 포함한 여러 선교 사역을 도왔던 많은 성도님들의 노력과 섬김의 마음이 얼마나 귀하고 아름다운지 느낄 수 있는 기회가 되었습니다. 나 살기도 바쁜 세상이기에 남을 위해 시간과 정성을 들여 봉사한다는 것은, 이런 기회가 아니면 힘들다는 것을 알고 있기에 더욱더 감사합니다.

이 사역을 통해 홈리스들에게 가졌던 선입견도 바뀌고 그들을 더욱 잘 이해하게 되었습니다.

다만 주일 예배를 함께 드리지 못하고 떠나 보내는 그들의 쓸쓸한 뒷모습이 안타깝기만 합니다. 샤워 봉사를 가면서 하나님을 알리려 노력한 분, YMCA 앞에서 카리타스 봉사를 해 본 미국인 가족과 대화한 분, 다음주 카리타스를 기다리는 교회 담당자 할머니께 부엌 준비외 우리의 숙련된 경험을 설명하며 뿌듯해지신 분, 봉사 당일 월요일 시간을 내기 위해 노력하신 분들, 그 어떤 선교회 모임보다도 뜻 깊고 의미 있는 시간들이었으며, 서로간의 사랑이 느껴지는 시간들이었습니다.

앞으로 리뉴크루(Renew Crew, 주택 보수 사역) 또한 아가페 선교회에서 나가봐도 좋을 듯합니다. 우리만의 복음이 아니며 우리에게만 주신 교회가 아니며 우리끼리만 마음을 나누라고 주신 선교회 모임이 아니란 것을 이번 봉사를 통해 다시금 깨달았습니다. 우리 교회가 하는 사역에 깊이 참여한 것은 저희들에게 은혜의 기회였습니다. -아가페 선교회(30대)

처음으로 카리타스 선교 봉사에 참여하여 음식을 준비하면서 다시 한 번 하나님께 참으로 감사드리고 싶었습니다. 과연 우리가 만든 한국 음식을 맛있게 드실까 하는 생각에 조금은 걱정이 되었지만, 정성껏 준비한 음식을 정말 맛있게 드시는 것을 보고 얼마나 기쁘고 감사했는지……. 또한 서로에게 주어진 세탁, 취침 등등 모든 일들이 순조롭게 잘 이루어져 참으로 뜻 깊고 은혜로운 선교 봉사의 체험이었음에 다시 한 번 하나님께 감사드립니다. -작은 예수 선교회(40대)

그들의 기도문을 보며, 예전에 가게 손님이었던 노숙자를 보고 그때 더 잘해 주지 못한 것을 후회하였으나, 그들이 떠날 때의 밝은 모습을 보고 그들을 위해 더욱 기도하리라고 다짐하였습니다. 우리가 봉사하기로 한 노숙자들도 하나님께서 우리들에게 주시는 크나큰 뜻으로 생각하고, 그 뜻을 이루시기 위해 우리 모두에게 사랑을 나누라는 하나님 아버지의 말씀을 실천하는 도구로 쓰시기 위한 시간이었던 것을 스스로 느끼며 하나님의 은혜와 사랑에 무한한 감사를 드립니다. -임마누엘 선교회(50대)

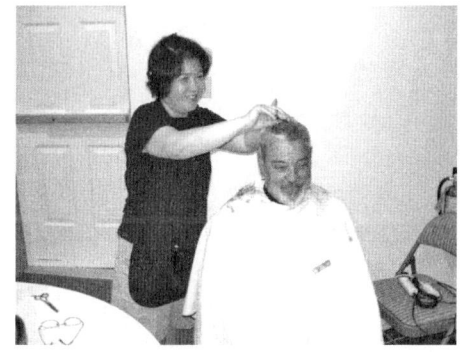

아름다운 모습으로(2006)

노숙자들의 도착(2007)

12장

먼로 공원 급식(Monroe Park Soup Kitchen)

● 먼로 공원 급식 사역

매주 토요일 오전이 되면, 먼로 공원에 머물고 있던 약 90여 명의 노숙자들은 하얀 교회 승합차가 오기를 기다린다. 공원 주변으로 난 길을 따라 교회 승합차가 들어오는 것을 보면, 이들은 그날의 일용할 양식과 따뜻한 환대를 기대하며 길게 줄을 늘어선다. 아침에 정성껏 지은 식사와 함께 예수 그리스도의 사랑을 노숙자 한 사람 한 사람에게 나누는 주예수교회 봉사자들의 손길은 언제나 행복해 보인다.

먼로 공원에서 노숙하는 이들

지난 2006년부터 매주 토요일마다 먼로 공원에서 이루어지고 있는 노숙자 급식 사역은 지역 사회의 소외된 이웃을 섬기는 주예수교회의 중요한 사역 중 하나이다. 노숙자 급식 사역이 이루어지고 있는 먼로 공원(620 W. Main St., Richmond, VA)은 1851년에 설립된, 리치먼드에서 가장 오래된 공원이다. 미국의 5대 대동령인 제임스 먼로(James Monroe, 1817~1825)의 이름을 따서 지어진 이 공원은 7.5에이커(Acres, 약 3만m²)의 넓이로, 버지니아 주 의사당(Virginia State Capitol)에서 북서쪽으로 1.6km 정도 떨어진 곳에 위치하고 있다.

먼로 공원은 공원 한가운데 주조로 만들어진 분수대를 중심으로 잔디와 나무들 사이에 산책길이 잘 조성되어 있다. 현재 먼로 공원은 버지니아 커먼웰스 대학교(Virginia Commonwealth University, VCU)의 캠퍼스에 둘러싸여 있지만, 활발한 캠퍼스의 분위기와는 대조적으로 이곳을 찾는 사람들의 대부분은 노숙자이다. 직장을 잃고 집을 잃은 이들이 하나 둘씩 이곳으로 모이기 시작하면서 먼로 공원은 더 이상 시민들의 휴식처가 아닌, 도시의 어려운 경제 상황과 노숙자들의 급증을 단면적으로 보여주는 장소가 되어 버렸다. 주예수교회가 노숙자 급식 사역을 시작하기 전에는 안전상의 이유로 이 공원을 찾는 이들이 거의 없었지만, 이 사역이 하나의 밀알이 되어 뿌려진 후로 지역 사회에 값진 열매들이 맺는 것을 발견할 수 있었다.

먼로 공원에서 샌드위치와 커피를
나누어 주는 모습(여름)

정성껏 준비한 따뜻한 스프와 샌드위치를
나누어 주는 봉사자들(겨울)

12장 _ 먼로 공원 급식(Monroe Park Soup Kitchen)

● 음식과 사랑을 나누는 사역

2006년 노숙자 급식 사역을 처음 시작할 당시에는 영어 목회부의 대학생들이 주축이 되어 매주 토요일 먼로 공원에서 100여 명의 노숙자들에게 점심을 제공하는 작은 섬김이었다. 언제부턴가 섬김의 기쁨에 동참하고픈 성도들이 모여, 이제는 교회 전체가 참여하는 섬김의 장이 되었다. 2011년까지는 교회 선교를 주관하는 선교 팀에서 맡아서 급식 사역을 해왔지만, 올해부터는 각 연령별 선교회가 한 달씩 급식 사역에 참여함으로써 많은 성도들이 섬김과 봉사에 참여하게 되었다.

추수감사주일 따뜻한 옷과 생활 필수품을 나누어 주는 모습

매주 토요일 외에 부활절, 추수감사절, 성탄절과 같은 특별한 절기에는 점심 식사 외에도 노숙자들에게 필요한 따뜻한 옷, 장갑, 모자, 속옷 등을 나누어 줄 뿐만 아니라, 노숙자들과 함께 찬양을 부르며 하나님께 영광을 돌리기도 하였다.

사역을 시작한 처음 몇 해 동안은 노숙자들에게 점심을 나누어 주는 팀이 적었지만, 지금은 많은 교회와 단체들이 점심 시간에 무료 급식 봉사에 동참하고 있다.

그런데 어느 순간부터 노숙자들의 점심 시간 한 끼 식사에 대한 수요보다 교회와 단체들의 공급이 많아졌다. 그런 이유로 주예수교회는 올해부터 무료 급식 시간을 점심 시간에서 아침 시간으로 옮겨 그들에게 따뜻한 아침 식사를 제공하고 있다. 아침 시간에 봉사하는 교회가 처음이어서 그런지 처음에는 약 30명이 모였지만 지금은 입소문이

나서 약 100~150여 명의 노숙자들이 찾아와 아침 식사를 하고 있다. 이러한 과정을 경험하면서, 지경을 넓혀 하나님의 선교 사역을 감당할 때 하나님께서는 모든 필요를 채워 주시고 그 일을 감당할 수 있는 힘과 용기를 주심을 새롭게 경험하고 있다.

▲ 참여 후기: 노숙자 급식 사역을 통한 기쁨과 감사

달리는 차 안에서 잔잔한 크리스마스 캐럴이 울려 퍼져 나오는 것을 들으니 다시금 한 해가 며칠 남지 않았음이 실감납니다. 지난 1년 동안 많은 우여곡절이 있었지만, 언제나 함께하신 주님의 보살핌으로 인해 지금 이 자리에 있게 하심을 감사하며, 한 해를 조용히 마무리하면서 반성의 시간을 갖게 됩니다.

언제나 많이 부족하고 나약한 아들을 사랑으로 가득한 주님의 따뜻한 손길로 많은 사역을 할 수 있도록 불러 주시고 사용하여 주심에 감사와 찬송을 올려 드립니다. 카리타스, 주택 보수, 한국 음식 문화 축제, 다인종 음악 축제, 해외 선교, 애팔래치아 선교, 선교사 후원, 우간다 어린이 돕기, 노숙자 급식 선교 등등 많은 사역들을 통하여 주예수 공동체에 부어 주신 그 넘치는 사랑을 이 지역 사회와 나눌 수 있게 하심을 감사드립니다. 한 해 동안 모든 사역에 여러 모양으로 동참하신 성도님들께 힘찬 격려의 박수를 보내며, 부족한 저희를 축복의 통로로 사용하신 하나님께 영광을 올려 드립니다.

지난 크리스마스 때 목사님과 함께 많은 성도님과 가족들이

크리스마스 이브 노숙자와 함께 캐럴을 부르는 모습

먼로 공원 노숙자 선교를 위해 함께한 시간은 저 개인적으로 성탄절의 의미를 되새기는 귀한 시간이었습니다. '과연 저들에게 없는 것이 무엇일까? 집일까? 한 끼 식사 아니면 돈일까?' 여러 가지 생각을 잠시 해보면서 느낀 점은, 지금 우리가 정성스럽게 준비한 음식과 선물, 무엇보다도 우리 안에 있는 예수님의 사랑을 전하는 것이 가장 귀하다는 것이었습니다. 그들에게 우리는 잠시 사랑의 손길을 전했지만, 이 겨울도 그들에게 주님께서 늘 함께하시길 기도드립니다.

지난 한 해 동안 주예수 공동체 가족들의 수고와 노고에 감사드리며, 현장에서 사랑의 체험을 몸소 실천한 우리의 자녀들에게 다시 한 번 감사의 박수를 보냅니다.

우리는 이제 내년부터 매주 토요일 먼로 공원 노숙자 선교를 선교회별로 나갑니다. 꼭 올해는 모든 성도님들이 한 분도 빠짐없이 그들에게 희망과 소망을 전하는 주님의 메신저로 함께하길 소망합니다. - 선교 팀장 한재윤(2011년 12월 24일)

선교회장님으로부터 "이번 달 먼로 공원 선교는 우리 예드림 선교회가 합니다"라는 소식을 들었을 때 가장 먼저 든 생각은 '왜 하필 추운 2월이 우리람? 날씨 좋은 봄도 있는데……'라는 생각이었습니다. 막상 간다고 말을 하고 나서도, 나가려니 귀찮기도 했고 위험하진 않을까 걱정도 되었습니다.

의무감으로 첫날 먼로 공원에 들어섰을 때 생각보다 꽤 많은 사람들이 있는 공원의 풍경은, 내가 생각한 것처럼 위험해 보이지도 낯설지도 않았습니다. 우리뿐 아니라 다른 교회들도 나와서 어울려 있는 모습은 흡사 우리네 시장과도 같은 모습이었습니다. 음식들을 꺼내고 준비를 마치자 하나 둘씩 모여드는 사람들 중에는 먼저 말을 걸며 다정스럽게 인사하는 분들도 있었습니다. 내가 상상했던 어둡고 무서운 노숙자들과는 사뭇 다른 느낌이었지요. 무섭게 생긴 분들도 겁먹을 필요 없는 우리와 같은 이웃이라는 생각이었습니다.

이번 먼로 공원 선교를 통해 내가 그들보다 많은 것을 가져서 그들에게 나눠 줄 수 있었기 때문에 감사한 것이 아니라, 사람을 대하는 나의 편견을 바꿔 주시고 그분들에게 한 걸음 더 다가설 수 있게 하심에 감사드립니다. – 성진영

'한 달간 주말이 아예 없는 거네……', '하필이면 이렇게 추운 날 매주 나가야 한다니……', ' 가정당 한 명만 나가면 되지 뭐……'. 봉사 전 제 마음속에 이러한 투정과 갈등이 있었음을 고백합니다.

기다리는 행렬 속에서 기대에 찬 그들의 눈빛, 샌드위치를 받아 들고 찬양에 한참을 귀 기울이던 모습……. 배식 후 추위에 쫓겨 서둘러 차를 타고 먼로 공원을 떠나면서, 여전히 추위 속에 남겨진 그들을 보며 마음 한구석이 불편함을 느낍니다. '저들이 잠시 추위를 녹일 곳은 없을까?' '달리 먹고 싶은 건 뭐가 있을까?' '아무도 오지 않는 주말이 있으면 안 될 텐데……' 선교회의 일원으로 할 몫은 다했다는 자위보다 '기꺼이 섬김'의 마음 자세를 더 크게 일깨워 주셨음에 감사드립니다. – 이재욱

낯선 먼로 공원에서 추운 날씨만큼 몸도 마음도 굳어 있던 나에게 유독 어린아이처럼 해맑게 웃어 주시던 노숙자 한 분이 잊혀지지 않는다. 주는 것은 우리이고 받는 것은 그분이었는데, 얼굴 표정으로만 보면 반대의 입장으로 보일 만큼 그분은 환하고 따뜻한 미소를 짓고 있었다. 그분의 환한 미소를 본 순간 굳이 무언가를 말하지 않아도

그 사람의 진심을 알게 되었고, 항상 미소라는 것이 그렇듯이 나 또한 그 미소에 전염되어 환하게 진심을 담은 미소로 답할 수 있었다. 작은 미소가 진심을 보여주듯이, 작은 손길이 하나님의 큰 사랑을 보여줄 수 있을 것이다. - 임연주

공원으로 향하는 차 안에서 문득 대학교 때 교생 실습을 나갔던 기억이 떠올랐다. 그동안 책과 강의로만 배웠던 이론을 직접 현장에서 실습해야 한다는 부담감과 긴장감, 한 번도 만난 적이 없는 나의 실습 대상들, 아이들을 만난다는 부푼 기대감. 오래전 그 기분 좋은 복잡한 심정을 나는 이번 사역을 통해 다시 느낄 수 있었다.

체계적이고 다양한 사회 선교 사역으로 '사회 봉사상'까지 수상한 교회를 2년 가까이 다니면서도 정작 나 자신은 한 번도 제대로 선교 사역에 동참해 본 적이 없었다. 먼로 공원 사역은 오랜 기간 동안 동참해 보고 싶은 마음은 있었지만 이 핑계 저 핑계로 한 번도 함께하지 못했었다. 선교회 별로 책임을 맡겨 타의 반, 자의 반으로 모든 교인들이 먼로 공원 사역을 경험하게 한 것은 올해 우리 교회 표어를 실현하는 아주 실질적이고 구체적인 방법이라고 생각한다. 항상 나와는 다른 분류의 사람들이라고만 생각했던 우리의 이웃을 직접 만났으며, 선교회 회원들이 모두 한마음이 되어 함께 섬길 수 있는 기회가 되었고, 교회의 공동체적 사명을 함께 감

먼로 공원의 노숙자들이
교회에서 정성껏 준비한 아침 식사를 하고 있다

당함으로써 공동체의 일원으로서 소속감을 느낄 수 있었다.

보통 100여 명에서 적게는 30여 명 가량의 노숙자들에게 매주 식사를 제공한 그 행위 자체가 중요한 게 아니라고 본다. 한 달 남짓 우리 차례를 기다리며 가졌던 기분 좋은 긴장감, 미리 스케줄을 조정하고 계획하면서 기다리는 준비된 마음, 황금 같은 토요일 아침에 그것도 세 번씩이나 교회에 나와 봉사하면서도 기쁨과 감사함으로 섬기던 우리 선교회 회원들의 환한 얼굴들, 보이지 않는 곳에서 늘 봉사하시는 선교 팀의 헌신, 매주 출발하기 전 가졌던 강인호 목사님과의 묵상의 시간……. 보이는 것보다 보이지 않는 것들로 인해 더 큰 은혜를 받고 풍성했던 3주였다. - 이희라

> 사잇글
>
> 새롭게
> 시작하는
> 목회

자유함과 열정 사이의 조화

"즐기면서 목회하는 비결을 얻을 수 있다면, 자유하면서 사명을 감당하는 여유를 누릴 수 있다면, 지난 세월의 아픔은 결코 헛된 것이 아닙니다."

얼마 전에 교단의 연례적인 회의에 갔다가 반갑게 만난 몇몇 분으로부터 재미있는 인사를 들었습니다. "그렇게 고생을 하고도 그 옛날 모습 그대로이군요." 격려의 말이기도 하고 위로의 말이기도 하지만 참 묘했습니다. 목회 현장을 통한 참회와 고백의 체험이 없는 목사가 어디 있겠습니까만, 왜 이 글을 이 시점에 써야 하는가를 곱씹어 보며, 이참에 저 스스로의 목회를 드러내 놓고 점검해 볼까 합니다.

저는 이 글을 쓰면서 처음으로 돋보기 안경을 쓰고 글을 쓰는 훈련을 하게 되었습니다. 이제 나이 오십 줄에 들어서면서, 이민 목회 20년의 세월을 보내고 나니 나도 별수없다는 현실감이 무겁게 다가옵니다. 소위 성공적인 이민 목회를 하던 20년의 세월 속에서 지난 2년간은 참으로 어두운 고난의 터널이었습니다. 처절한 고통과 참담한 고뇌 가운데서 생명의 빛으로 나오게 된 뼈저린 아픔의 기간이었습니다. 주님이 지신 십자가의 고난을 깊이깊이 되새기면서 위로를 받으며,

부활의 소망을 가슴에 안고 묵묵히 기다리고 참아 왔던, 생존을 위한 처절한 투쟁의 기간이었습니다.

지나간 2년의 폭풍을 되돌아볼 때, 마치 새로운 생명을 잉태하여 산고의 고통을 치르고 아기를 출산한 어머니가 된 것 같은 심정입니다. 심한 입덧, 출산의 고비를 잘 넘기고 이제 막 자신이 낳은 아기를 가슴에 안은 어머니의 마음 같다고 할 수 있을까요!

전혀 뜻밖에 주예수교회라는 새 생명을 잉태하게 되었을 때, 저는 목회자로서의 꿈을 꾸기보다는 답답하고 허탈한 가슴을 달래고 싶었습니다. 출산의 고통과 탄생의 환호 소리가 제게는 감격과 기쁨보다는 담담함과 착잡한 심정으로 메아리 울려 왔습니다. 우리 부부는 그렇게 해서 7년 동안 함께 신앙생활하던 사람들과 새로운 운명 공동체의 한 몸이 되었습니다.

Total Commitment(전적인 헌신)라는 목회 철학을 가지고 줄기차게 달려왔던 지난 세월의 이민 목회가 이러한 새 출발로 연결될 줄은 꿈에도 몰랐습니다. 아니, 전혀 기대하지도 계획하지도 않았기 때문에 오히려 난감했다고 하는 것이 더 솔직한 표현이겠지요. 20여 년간 쌓아 왔던 모든 노력과 수고의 열매들, 한 단계 한 단계 성실히 거치면서 벽돌 하나하나 쌓아 올려 가던 공든 탑이 하루아침에 다 무너지고 새 집을 짓는 기분이었습니다. 아니, 느낌이라기보다도 어쩌면 사실인 것 같기도 했습니다.

● 주인의 부름에 순종할 수밖에 더 있겠습니까?

그래서 그동안 줄기차게 달려왔던 이민 목회 현장에서 벗어나고 싶기도 했습니다. 목회가 싫어졌습니다. 거짓의 사람이 무서웠습니다. 목사직이 두려웠습니다. 자신이 없었습니다. 포기하고 싶었습니다. 당시

저 자신의 모습을 그대로 수용하고 싶었습니다. 그동안의 성취감에서든 초라한 패잔병의 심정에서든, 어쨌든 그만두고 싶었습니다. 그리고 새로운 단계를 준비하고 싶었습니다. 새 방향을 찾으려고 했습니다. 새 길을 가고 싶었습니다. 모든 것에서 벗어나고 싶었고 환경을 바꾸고 싶었습니다. 새로운 사명을 원했습니다.

그러나 역시 목회자는 제 마음대로 하는 것도 아니고 제 생각대로 되는 것도 아니라는 것을 다시 확인할 수밖에 없었습니다. 종이 주인의 부름밖에 무엇이 더 있겠습니까? 주인이신 하나님의 부르심에 종으로 응답할 수밖에 무엇이 더 있겠습니까? 하기야 그때 제가 책방에 들러서 우연히 손에 잡힌 책을 들고 왔는데, 집에 와서 자세히 읽어 보니 이미 그 안에 답이 있었습니다. 그 책은 심겨진 곳에서 성공하자는 목회 지침서였습니다(《목회자가 목회자에게: 심기운 곳에서 성장하고 번성하는 법에 대한 조언》, H. B. London & Neil B. Wiseman).

그 책을 읽은 다음 마음에 용기를 북돋우고 새로운 환경에 대한 도전을 수용하면서 삶의 꿈을 놓지 않으려고, 즐겨 듣던 킹 목사의 "나에게 꿈이 있다"(I have a Dream, Washington D.C. August 28, 1963)는 연설을 반복해서 들었습니다. 잠자는 나에 대한 하나님의 부르심을 다시 일깨우고, 내 자신의 가치를 스스로 재확인했습니다. 올 봄 Time Warner에서 발간한 《A Call to Conscience》(The Landmark of Speeches of Dr. Martin Luther King. JR. Edited by Clayborne Carson and Kris Shepard)와 그 책의 연설을 담은 CD를 구입해서 킹의 목소리를 들으며 다시금 단단히 자신을 붙잡았습니다.

목회 현장에서의 메시지와 교인들을 생각하면서, 그때 저는 헨리 나우웬의 책을 손에 잡았습니다(《상처 입은 치유자》). 저의 마음을 다스리고 저의 상처를 싸매면서, 교우들을 치유하며 용기와 소명을 주고 싶었기 때문이었습니다. 이들은 의욕도 없고 자신감도 없었으며, 꿈마저 날아가 버린 것 같던 저에게 큰 위로와 소망의 빛이 되어 준 안내자들이었습니다.

'주 예수보다 더 귀한 것은 없네'라는 모토를 걸고 창립된 주예수교회는 처음부터 그러한 저의 심정을 대변해 주고 있었습니다. '원로목사의 권리 주장도 없고, 창립 목사의 소유권도 없으며, 창립 교인들의 기득권도 없는, 그저 오직 예수뿐이다.' 그래서 창립과 함께 오묘한 섭리와 축복으로 예배당을 구입할 때부터 저는 교인들의 의사를 최대한 존중해서 따르기로 했습니다.

창립을 요청한 그들이니, 최적의 지역의 아름다운 동산에 아담한 성전을 허락하실 때도 교우들에게 모든 정보를 제공한 뒤 그들 스스로 결정한 대로 따르기로 했습니다. 이래도 하나님의 뜻이요 저래도 하나님의 뜻으로 받아들이기로 하니, 초조한 생각도 강요하고픈 마음도 없었습니다. 교인들 스스로 자유롭게 의논하여 결정한 대로 따를 마음이 준비되었습니다. 그 일이 저의 앞날과 교회의 미래에 결정적인 영향을 미칠 것이지만, 궁극적인 판단은 제가 하지 않기로 하였습니다. 하나님의 뜻 안에서 교인들이 정하도록 하였습니다. 그렇게 해서 창립과 함께 아름다운 성전을 봉헌할 수 있었던 하나님의 신비로운 역사가 있었습니다.

● 성령의 물결 따라 흘러가는 목회

본당을 증축하며 새 성전을 짓기로 한 것도 목사의 주장으로 된 것이 아닙니다. 창립 2주년이 되지 않아 새로운 하나님의 집을 증축하여 새 본당으로 봉헌하는 것 모두를 교인들 스스로 결정하도록 하였습니다. 이렇게 해서 저는 성령의 물결을 따라 흘러가는 목회의 새 단계에 들어서게 되었습니다.

남보다 먼저 부지런히 연구하고 시행하면서 이민 목회의 미래를 열어 가는 역사적인 목회를 한다고 자부하던 과거에서, 이제는 성령님이 인도하시는 대로 마음 편하게 온전히 목회를 맡기고 있습니다.

장기 계획의 실효성도 점점 사라져 가고, 전략적 계획이라는 개념이 새롭게 대두되는 변화의 시대에, 이러한 목회 자세가 설득력을 더하고 있음을 체험합니다. 정보의 홍수 속에서도 정작 갈증을 채워 줄 맑은 물을 구할 수 없는 아이러니 속에서, 온전히 자기화한 목회 철학을 새로 개발한 새로운 목회 정체성을 찾았다고나 할까요.

"눈물을 흘리며 씨를 뿌리는 자는 기쁨으로 거두리로다 울며 씨를 뿌리러 나가는 자는 반드시 기쁨으로 그 곡식 단을 가지고 돌아오리로다"(시 126:5-6).

시편 기자의 말씀이, 실패 같은 성공의 목회가 성서적인 신앙 고백이요 목회 사역임을 확인해 주고 있습니다. 그래서 성공 같은 실패의 목회보다 실패 같은 성공의 목회를 체험하기를 소망합니다.

이러한 지난 세월의 결과, 저는 목회의 자유함과 열정 사이의 조화를 이루는 지혜를 터득해 가고 있습니다. 양자 사이의 적당한 긴장을 통해서 긍정적인 조화를 이루어 감을 깨닫습니다. 목회의 자유함 속에서도 사명의 긴장을 놓치지 않는 여유로움을 얻게 된 것입니다. 자신의 삶과 목회 현장을 객관화시켜 가면서 느긋한 한가로움을 가질 수 있다면 좋지요.

또 한 가지 더불어 깨달은 바도 있습니다. 모든 시간의 주인이신 하나님께서 때를 주장하신다는 전도자의 지혜로운 말을 통해서 더욱 여유 있게 목회하게 되었습니다.

"범사에 기한이 있고 천하 만사가 다 때가 있나니 날 때가 있고 죽을 때가 있으며 심을 때가 있고 심은 것을 뽑을 때가 있으며"(전 3:1-2).

내가 급해도 하나님은 더디시고, 내가 더디려고 해도 하나님이 급히 움직이시면 우리는 별 수 없지 않습니까? 주인 하나님의 때에 맞추어 일해 가는 종이 되면 더 없이 좋지 않겠습니까?

줄다리기 하는 모습(체육대회, 2005)

실패와 좌절, 성공과 기쁨을 통해서 때의 징조를 깨달은 목회의 노하우가 은혜라면 은혜요, 자신이라면 자신이겠지요. 인생의 시간표를 점검하면서, 해야 할 일을 생각하면서도 현재를 즐길 수 있는 비결이 있다면 때를 아는 지혜가 아닐까요?

지난 20년을 척박한 이민 목회 현장에서 보낸 30대, 40대의 목회는 앞만 보고 달려온 것이었습니다. 이제는 뒤도 돌아보면서 앞을 보는 여유를 가지고 뿌린 씨의 열매를 맺어 가기를 바라는 심정입니다. 고난의 훈련이 헛되지 않게 하나님께서 이끄시는 대로 열매와 결실이 맺어지도록 기대하고 싶습니다. 즐기면서 목회하는 비결을 얻을 수 있다면, 자유하면서 사명을 감당하는 여유를 누릴 수 있다면, 지난 세월의 아픔이 헛되지 않으리! (《월간 목회》 2001. 10)

당신은 소명을 새로 받았습니다

얼마 전까지 아내가 나에게 자주 하던 말이다.
"당신은 소명을 새로 받았습니다."
그런가? 20여 년 동안이나 이민 목회를 해오고도 소명을 새로 받았다니……. 그동안의 목회는 소명을 받지 않은 목회였는가? 그동안의 내 목회는 소명 받지 못한 목회였던가? 사실 나는 그 말에 멋쩍어 하면서도 속으로는 '그렇소'라고 대답할 수밖에 없었다. 이제는 겉으로도 편안하게 응답한다. "그래요. 나는 소명을 새로 받았지!" 나는 내 마음속으로뿐만 아니라 교인들에게까지도 담담하게 그렇게 말했다.

주예수교회 개척 이전의 목회와 개척 이후의 목회는 무엇이 다를까? 무엇이 다르다고 스스로 생각하길래 그렇게 말할 수 있을까? 주예수교회 개척 이전의 18년 이민 목회와 주예수교회 개척 이후의 6년의 이민 목회는 무엇이 다른가? Before와 After의 차이는 무엇인가? 주예수교회의 표어가 해답이 될 것이다. "주 예수보다 더 귀한 것은 없네" (I'd rather have Jesus). 파스칼의 말처럼 "모든 것의 목적이 그리스도이고, 모든 것이 움직여 나가는 목표의 중심도 그리스도이다. 그리스도를 아는 사람은 모든 것의 원인을 안다."

그리스도 안에서 온전히 새로워졌다면, 그것이 새 소명으로 나타나겠지…… 나와 우리의 초점이 언제나 그리스도 쪽이 되었으니 소명이 새로워졌으리라……. 새로운 사명의 동기도, 목적도, 방법도, 교인과의 인간관계도, 새로운 소명으로 새로워질 수밖에……. 주예수교회는 나뿐만 아니라 고난과 역경을 함께 겪으면서, 훈련을 받아 성장해 온 우리 교인 모두에게 새로운 소명의 터이리라……. 어려움 속에서도 순수한 자세와 성실한 헌신으로 굳건히 믿음을 지켜온 교우들, 특히 고달

픈 과정에서도 지도자로 성숙해 가며 서로에 대한 신뢰를 더하게 된 장로님들, 그리고 꾸준히 새 교회로 전도를 받거나 이주해서 동고동락하게 된 새 교우들, 우리 모두가 분명 새 소명을 받았으니…….

어느덧 영적 뿌리가 굳건히 내려지고, 내외적인 구조와 조직이 잘 갖추어져 가면서 교인도 배 이상 증가되어 가고 있다. 확실히 성령의 인도하심따라 그때그때마다 하나님의 신묘막측한 역사로 발전되고 성장하는 신앙 공동체다. 시편 126편 5-6절은 우리 모두의 고백인 것이다.

나는 그뿐만 아니라 가족에 대해서도 확실히 새 소명을 받았다. 한참 정신을 못 차리고 나약해 있을 때 아내가 농담 반 진담 반으로 하던 말이 있다. "여보, 생명 보험 들어요." 가정의 모든 경제를 유일하게 책임지고 있는 나한테 무슨 일이 생기면, 모든 식구들은 앞으로 어떻게 될 것인가? 섭섭하고 어이없지만 사실인즉 그렇다. 그렇다고 내가 생명 보험을 따로 든 적은 없다. 우리 부부는 이민 목회 시작부터 결심한 것이 있는데, 그 결심은 지금도 변치 않고 시행하고 있다. 적든 많든 교회가 주는 대로 살지, 아내에게 다른 일을 시키지 않기로 한 것이다. 무슨 일이 있든 언제나 교회를 먼저 생각하고 결정하는 우선권이다. 그래도 지금까지 지켜 가면서 목회해 왔는데, 그 지경에 이르니 장래가 걱정인 모양이다. '생명 보험'은 나름대로 심각했던가 보다.

그동안 나는 가정을 귀히 여기기는 했지만, 아내와 자녀들에게 고마운 마음을 진심으로 깊이 가져 보지는 못했다. '열심히 목회하고 있는데, 당신들이 알아서 할 일이지……. 그리고 나를 도와야지…….' 그런 생각으로 때때로는 가족들을 섭섭하게 했을 것이 분명하다. 그런데 그러한 고난의 과정을 온 가족이 함께 겪어가게 되자, 나는 생각이 달라졌다. 아내와 자식들에게 너무 미안하고 죄스러웠다. 나를 공격하던 그들이 보낸 이메일을 받고 두 주간이나 대학교 기숙사에 틀어박혀 수업을 빼먹었던 딸아이가 지난 봄 프린스턴 신학교를 졸업하고 박사 과정 준비 중에 있다. 가장 가까운 친구들의 가족들에게 핍박과 고통을 겪는 아버지의 모습을 보면서도 자기들끼리는 오히려 문제의 초점을 알고 위로를 받던 아들은 청소년 때의 감수성, 예민하던 울분을 잘 참아 주었다. 대학에 입학하면서 아버지에 대한 긍지와 사랑이 더욱 넘치고 아버지의 목회를 자랑스러워하는 모습을 보면서 나는 큰 위로를 받는다.

언제나 차분하고, 누구에게나 따뜻하고 다정스럽게 대하는 아내가 없었다면 어떻게 이 역경을 이겨 낼 수 있었을까? 겁 많고 내성적이면서도 때로는 정의로운 의분으로 용감해질 때는 나보다 더 흔들림 없는 사모의 모습에서 나는 얼마나 큰 힘을 얻을 수 있었던가? 목회를 하면서 가족이 짐스러워지고 가정이 부담이 되었을 때를 뒤돌아보면 얼마나 어리석고 못난 가장이요, 아빠였던가? 돌이켜 보면 가족처럼 목회의 힘이 되는 것이 어디 있을까? 부끄럽고 감사하다.

교회 밖에서도 나는 새로운 소명감으로 사명을 감당해 가고 있다. 10년 전 창립이사로 참여하면서 꾸준히 섬겨 오던 '워싱턴 기독교윤리실천운동'에서 지난 3년 동안 이사장으로, 현재는 공동 대표로 "정직한 그리스도인이 되자"는 신앙의 생활 윤리화를 위해서도 애쓰고 있다. 이 일은 나뿐만 아니라 당회와 온 교우들이 함께 이 사명을 이민 사회를 위한 우리 교회의 시대적 사명으로 알고 감당해 나가고 있다.

또한 3년 전, 창립된 미주 기아대책기구의 창립 부이사장으로 섬기면서 국제기아대책기구(FHI: Food for Hungry International)를 통해서 세계적인 아동 구호와 지역 개발 사역에 전 교회적으로 선교회들을 통해 동참해 나가고 있다. 그 밖에도 1988년 시카고에서 처음 시작하여 매 4년마다 휘튼 칼리지(Wheaton College)에서 개최되는 한인 세계 선교 대회에 창립 멤버로 참가하여 후원하면서, 이 대회를 주최하는 한인세계선교협의회(KWMC) 부의장 및 서기로 10년째 봉사하며 북미주 한인 교회의 선교 발전을 위해 노력하고 있다.

교회 공동체를 위하여 기도할 때마다 온 교인들과 함께 간구하는 말이 있다. "하나님, 주예수교회가 이 지역 사회와 이민 교계에 꼭 필요한 교회가 되게 하여 주시옵소서." 교회를 개척한 후 끊이지 않게 묻고 다짐하면서 되새기는 새 사명이다.

지난해는 교회 주변에 여느 때보다 아름답게 물든 단풍과 더불어 가로수로 심어둔 감나무에서 수백 개의 감을 땄다. 장로님들이 딴 단감을 교우들도 맛보고 빨갛게 익어 가는 감과 아름답게 물들어 가는 감나무 잎에서 교우들과 함께 고향의 향수를 달래기도 한다. 무궁화 한국학교 체육대회 날, 학생들과 학부형들이 야외에서 도시락을 먹으며 호기심으로 단감을 따 먹고는 맛이 좋아 가져가는 모습을 지켜보는 내 마음의 흐뭇함을 하나님께서 보시고 계시리라……. 유난히도 단풍이 곱게 물든 창립 6주년 기념 주일 오후(2005년 11월 6일), 온 교우 공동체가 실내 체육관에서 농구 시합과 폐회식을, 야외 잔디밭에서 개회식, 피구, 축구, 줄다리기 등을 하였다.

하나님께서 주신 아름다운 동산에서 마음껏 어울려 나도 함께 즐거워하면서, 지나간 세월이 주마등처럼 떠오르고 미래와 사명이 더욱 선명하게 다가온다. 본당 정면에 아름답게 장식한 예수님의 모자이크 상으로 색색이 어울려 환하게 비춰 주는 성찬대에 펼쳐 놓은 성경 말씀을 오늘도 묵상하며 무릎을 꿇는다.

"의인은 종려나무같이 번성하며 레바논의 백향목같이 성장하리로

다 이는 여호와의 집에 심겼음이여 우리 하나님의 뜰 안에서 번성하리로다 그는 늙어도 여전히 결실하며 진액이 풍족하고 빛이 청청하니 여호와의 정직하심과 나의 바위 되심과 그에게는 불의가 없음이 선포되리로다"(시 92:12-15).

— 창립 7주년의 해를 맞으면서 담임목사실에서(2006년 2월)

목사 안수 25주년을 축하하며

목사 안수 25주년을 축하하는 기념예배를 드리게 된 것을 진심으로 축하드립니다. 25년이란 세월은 강산이 두 번 반 바뀌는, 4반세기에 해당하는 오랜 시간입니다. 요즘의 디지털적 관점에서 보면 매우 까마득한 시간인데, 그런 오랜 기간 동안 주님의 사자로서 쉽지 않은 이민 목회를 비교적 원만하게 수행하고 있는 매형께 경의와 존경을 표합니다.

제가 대학 1학년 때 신촌에서 처음 만났고, 해병대 소위로 임관해 광주 상무대와 제주 모슬포에서 만났던 예비 매형은 낭만과 패기를

당회원과 함께(안수 25주년)

루터 종교 개혁지 순례(안수 25주년)

가진 열혈청년이었습니다. 요즘 말로 '짱'이었죠. 그렇지만 컨퍼런스 때문에 간혹 미국에서 만난 매형은 뚜렷한 목회관을 가진 주님의 심부름꾼으로, 신앙 공동체의 구성원을 위해 헌신하는 목회자로, 그리고 건강한 교회를 만들기 위해 고민하고 노력하는 지도자로 저에게 다가왔습니다. 특히 'Korean Diaspora'의 구심체로서 이민 교회의 역할을 강조하는 매형의 선교 철학은 다문화와 세계화 시대에 살고 있는 오늘날의 관점에서 좋은 시도라고 생각됩니다.

매형이 지난 25주년 동안 이민 교회를 이끌고 있는 것은 주님이 부여하신 성스러운 사명이라고 봅니다. 그래서 주님의 은총에 한없이 감사해야겠지만, 특히 감사해야 할 것은 주예수교회의 구성원이라고 봅니다. 주예수교회 장로님을 비롯한 신앙 공동체 가족이 없었다면 매형이 소망하는 '주 예수가 주인이고, 이웃에게 사랑을 베푸는 교회, 주님의 지상 명령인 선교를 실천하는 교회'는 결단코 만들 수 없기 때문입니다. 주예수교회를 한인만의 교회가 아닌 리치먼드에 거주하는 모든 아메리칸의 교회로 만들기 위해 실시하는 지역 사회에 열린 교회 프로그램 또한 마찬가지라 봅니다. 그런 측면에서 매형은 무척 행복한 목회자라고 해도 틀리지 않을 것입니다.

매형은 복잡하고 어려운 이민 교회를 지난 25년 동안 잘 꾸려 오셨고, 현재의 주예수교회를 주님이 원하는 신앙 공동체로 잘 만들고 있다고 봅니다. '배 목사님이 이번 주일에는 무슨 설교를 했나?'라는 생각에 간혹 주예수교회 홈페이지를 보면서 그런 생각이 들기 때문이죠. 이 모든 것이 이영숙 사모의 말처럼 '주님의 뜻'이라고 봅니다. 그렇게 보면 매형은 지금까지의 25년보다 앞으로 더 많은 일을 해야 하고, 주예수교회 가족들 모두 그런 배 목사님을 원할 것이라고 생각됩니다.

특히 주예수교회의 가족들은 교회가 코리언 디아스포라의 정신적 지주이자 마음의 고향이 되는 공간, 진달래꽃으로 만발한 봄, 산처럼 건강한 신앙이 꽃피는 공동체, 그리고 건강한 신앙유산을 후속의 코리언 아메리칸(Korean American)에게 온전히 계승시키는 공동체가 되길 원하는 것 같습니다. 왜냐하면 주예수교회의 이상 선언문(vision statement)에 적시된 "교회 소유주의와 교권 정치주의를 배격하고, 진정한 그리스도의 몸으로서, 신앙 공동체를 세우기 위한 역사적 배경에서 태어난 교회"가 바로 그런 교회이기 때문입니다. 그리고 그런 신앙 공동체를 만드는 것이 배 목사님께 부여된 소명이 아닐까요.

매형! 끝으로 지난 25년 동안 힘든 이민 목회를 하는 남편을 뒤에서 묵묵히 내조한 사랑하는 나의 누님에게 박수를 보냅니다. 그리고 매형의 목사 안수 25주년을 축하하는 기념 예배를 베풀어 주신 주예수교회 장로님을 비롯한 신앙 공동체 가족 여러분께 진심으로 감사를 드리며, 그분들의 가정에 하나님의 은혜와 사랑이 충만하길 기도하겠습니다. 내내 건강하십시오. 할렐루야!

　　　　　- 2007년 10월 17일, 무등이 보이는 학교 연구실에서 이정록

담임목사 안수 25주년 기념(2007)

5부

지역 사회
개발을 위하여

13장
저소득 독거노인 및 장애인 주택 보수(Renew Crew)

주예수교회는 2012년 "이웃을 함께 섬기는 공동체"란 표어와 더불어 "말씀으로 양육·훈련 받은 디아스포라 공동체로서 하나님과 이웃을 섬긴다"는 사명을 가지고 어린이로부터 성인에 이르기까지 지역 사회를 섬기고 있다. 마태복음에 있는 산상 수훈(Sermon on the Mount)에서, 예수님께서는 "너희는 세상의 소금"(You are the salt of the earth)이며 "세상의 빛이라"(You are the light of the world)고 말씀하셨다(마 5:13-14).

이는 미래형으로 '너희는 세상의 소금과 빛이 될 것이다'(You will be) 혹은 명령형으로 '너희들은 세상의 소금과 빛이 되어라'(You are to be)로 기록되지 않았음을 기억할 필요가 있다. 그러므로 말씀으로 양육받은 신앙 공동체는 세상에서 소금과 빛이 되려고 노력하는 것이 아니라, 소금과 빛으로서 예수님의 은혜와 사랑을 입은 자들답게 그 구실을 해야 할 사명이 있다.

2009년에 주예수교회가 소재하고 있는 체스터필드 카운티(Chesterfield County)는 소외된 지역에서 경제적인 어려움을 겪고 있는 이들과 장애인들을 종교 기관들과 협력하여 돕는 방법을 물색하고 있었다. 그래서 백인 교회, 흑인 교회 그리고 한인 교회 등을 초청하여 적극적인 협력과 후원을 부탁했다. 당시 여러 교회들이 동참할 뜻을 보이고 함께 힘을 모았지만, 시간이 흐른 후 여러 가지 이유들로 인해서 대부분의 교회들이 중도 하차하였고, 소외된 이웃과 지역을 섬기고자 하는 뜻을 끝까지 유지한 교회는 주예수교회뿐이었다.

그래서 그 당시 프로그램 전체 담당(program director)이었던 가톨릭 신부님이 주예수교회를 방문하여 교인들에게 사역을 설명하는 시간을 가졌고, 이미 수년 전부터 이런 사역을 구상하고 있던 주예수교회 성도들은 지역 사회 개발기구인 리뉴크루(Renew Crew)와 협력을 통해서 지금까지 지역 사회를 섬기고 있다.

Project: HOMES와 Renew Crew

미국에서 최근 이루어진 한 조사에 의하면, 60세 이상 개인 주택을 소유하고 있는 노인들의 94%는 남은 생을 자신의 집에서 보내기를 희망한다고 한다. 그러나 불행하게도 배우자의 죽음 또는 건강의 악화나 경제적인 요소들이 노인들의 희망을 종종 깨뜨리기도 하고, 어떤 이들은 집을 잃고 노숙자가 되기도 한다. 그리고 어떤 이들은 사회에서 운영하는 노인을 위한 복지 시설에서 머물게 되기도 하지만, 정작 사회는 개인 주택에 머무는 노인들보다 시설에서 지내는 이들에게 경제적으로 더 많이 보조하는 것에 대한 부담을 느끼고 있다는 것이 이 조사에 의한 보고이다.

중고등부 학생들이 한 독거노인의 정원을 치우고 있는 모습

노인들을 위한 사회 기관인 Capital Area Agency on Aging (CAAA)은 노인들을 섬기고 그들의 희망을 돕기 위한 독립체의 필요성을 인식하고, 1992년 'project: HOMES'라는 비영리 기관을 설립했다. 'project: HOMES'는 현재 리치먼드와 그 주변 7개의 도시들(Charles City, Chesterfield, Goochland, Hanover, Henrico, New Kent, Powhatan)이 포함된 계획 지구 15(Planning District 15)의 주민들을 대상으로 봉사하고 있다. 'project: HOMES'는 노인들이 개인 주택(혹은 아파트)에서 저비용으로 편하고 안전하게 지내는 것을 도와주고 있는데, 특별히 노인들의 주택 마련과 생활 조건 개선을 위해 집 융자, 판매, 보수 공사, 그리고 노인 아파트 제공 등의 서비스를 감당하고 있다. 아파트에서 지내기를 원하는 이들을 위해 'project: HOMES'가 운영하는 다섯 지역(Ashland, Colonial Heights, Richmond, Henrico County)에서 노인 아파트를 제공하기도 한다.

예전에 'project: HOMES'는 그 전신이 'Elder Homes'라는 이름의 주택 봉사 프로그램이었지만, 현재는 크게 다섯 가지의 핵심 봉사(core services)를 제공하고 있다.

첫째, 내한구조화(weatherization) 프로그램은 주택 냉난방의 비용 절감과 가족의 건강과 안전을 위한 프로그램이다(누수 방지, 난방 시설 수실, 연기 탐지기 설치 등). 저소득 노인과 장애인, 그리고 자녀가 있는 가정들이 혜택을 입을 수 있다.

둘째, 재건축 및 복구(revitalization) 프로그램으로서 라이프타임 홈

(LifeTime Home)은 저렴한 가격으로 재건축을 하거나 보수하여 지역 사회를 향상시키는 사업이다. 역사적 건축물 보수나 황폐한 땅에 새로운 집을 짓기도 한다.

셋째, 에너지 유지 및 환경 보호(Energy Conservation)는 에너지 소비와 에너지 비용을 줄이고, 에너지 소비에 따른 환경 변화를 최소화하는 것을 목표로 한다. project: HOMES는 'Conservation Strategies'라는 친환경 제품을 만드는 회사를 소유하여 개인, 직장, 정부와 여러 조직체에게 친환경 제품을 제공하고 있고, 그 수익은 project: HOMES의 다른 프로그램 및 사역들을 돕는 데 사용한다.

넷째, 재건 사업(rehabilitation)은 주택의 주요 보수 공사나 출입구 관련 공사를 통해 주택을 개건하는 사업이다. 이를 위해 계약 건설 청부업자를 고용하고 감독 및 지시하는데, 이 개인 건설업체들은 대체로 지붕 보수 및 설치, 배관 공사, 냉난방 시스템 공사, 그리고 건물의 구조적 공사를 한다.

영어 목회부 청년들이 리뉴크루에서 장애인 전용 통로(wheelchair ramp)를 설치하는 모습

그리고 마지막으로, 주예수교회가 함께 협력하고 있는 리뉴크루는 주택 보수를 위한 특별한 자원봉사 프로그램이다. 리뉴크루는 본래 Elder Homes라는 프로그램으로 시작했는데, 현재는 약 900여 명 이상의 개인 자원봉사자들과 단체 그리고 약 30여 명의 뛰어난 건축 기술을 지닌 리뉴크루 전문팀(Renew Crew Team)으로 구성되어 몸이 불편한 장애인들, 연로한 노인들, 경제적 수난을 겪는 가정, 그 외 도움의 손길을 필요로 하는 개인 주택 소유자들을 돕고 있다.

리뉴크루 자원봉사자들은 주택 보수를 위한 여러 가지 작업을 하는데, 몸이 불편한 분들을 위해 욕실에 손잡이 등을 설치하기도 하고, 좌변기를 교체하기도 하며, 현관 및 마루 공사를 하기도 하며, 장애인 전용통로(wheelchair ramp)를 설치하기도 한다. 이러한 보수 작업들은 기부금, 기부 용품, 기부 재료, 그리고 자원봉사자들에 의해 이루어지고 있다.

리뉴크루 주요 사업

- 장애인 전용도로(wheelchair ramps) 설치
- 뒤뜰 조명, 창문, 자물쇠, 틈구멍 등의 주택 보안 장비 설치
- 페인팅, 벌초 작업, 난간 및 울타리 설치 등으로 집의 유지 및 외부 개선
- 배관 작업 및 각종 전기 보수

리뉴크루는 매년 약 250개의 건축 프로젝트를 이행하고 있는데, 지난 3년간 혜택을 받은 가정의 수는 두 배로 늘어났다. 그리고 리뉴크루의 도움을 요청하는 신청자가 계속 증가하여 대기자 명단도 두 배 이상 늘었다. 지금도 장애인 전용통로 설치 혜택을 받기 위해 약 115가구가 대기자 명단에 올라와 있다.

리뉴크루는 두 달에 한 번씩 안내 모임(orientation) 모임을 갖고, 처음 봉사하는 새로운 자원봉사자들에게 사역과 프로그램에 필요한 정보 및 기술 등을 제공한다(참고로 리치먼드 지역의 안내 모임은 리뉴크루 사무실, 88 Carnation Street, Richmond, VA 23225에서 열린다). 리뉴크루에 처음으로 지원하는 자원봉사자들이 이 안내 모임에 반드시 참석해야 하는 것은 아니다. 모임에 참여하지 않고도 리뉴크루 사역에 동참할 수 있지만, 이 모임을 통해 리뉴크루 단체 소개와 사역, 프로그램

등의 정보를 제공받을 수 있기 때문에 유익하다.

● 주예수교회와 리뉴크루

주예수교회는 중고등부에서부터 영어 목회부 그리고 청년과 장년에 이르기까지, 한 달에 한 번씩 돌아가면서 리뉴크루에 참여하며 지역 사회 선교에 동참하고 있다. 연초에 미리 자원봉사자들을 모집해서 적게는 6명에서 많게는 15명이 그때마다 주어지는 다양한 리뉴크루 사역을 감당하고 있다.

성인들과 영어 목회부, 청년부는 낡은 집에 살고 있는 독거노인들을 위해 보수 작업을 하는데, 주로 목공 기술이 요구되는 일들을 감당한다. 가령 현관에 손잡이와 난간을 만들어 주거나, 거동이 불편하여 휠체어로 다녀야 하는 이들을 위해 장애인 통로를 설치해 준다. 대체적으로 목공 기술이 부족한 중고등부는 경제적인 형편이 어려워 방치된 집 곳곳을 살피면서 페인트를 칠해 주고, 낡은 문을 교체해 주며, 짧은 장애인 전용통로를 설치하거나, 낙엽 청소 혹은 잔디를 깎아 주는 등의 사역을 해오고 있다. 그 외 몇몇 학생들은 노인들과 장애인들과의 대화를 통해 그들의 삶을 듣고 나누며 사회 봉사 및 선교를 하기도 한다.

2012년에는 "이웃을 함께 섬기는 공동체"라는 표어를 내세워 전 교인들이 함께 이웃과 지역을 섬기며 '함께(united) 행함'으로써 양육되고 있다. 이 행함을 통한 양육의 원리는, 다음에 나오는 고대 중국의 격언뿐만 아니라 현대 교육 심리학의 수많은 연구로 확증되고 있다.

"듣는다, 그리고 잊어버린다. 본다, 그리고 기억한다. 행한다, 그리고 이해한다."

심리학자들의 연구에 의하면, 사람은 듣는 것의 10%만 기억할 수

영어 목회 부원들이 난간을 보수하는 모습

있다고 말한다. 만일 듣기에 보기를 덧붙이면 기억력이 50%까지 상승한다. 만일 보기와 듣기에 행함이 더해진다면 기억력을 90%까지 상승시킨다고 말한다. 위 격언에 한 가지를 덧붙이자면, 행함의 결과는 이해하는 것 이상의 변화도 가져온다. 바꾸면 말하자면, 온 교우가 지역을 섬기는 일을 함께 행하고 실천할 때 선교를 이해하고, 지역 사회를 변화시키고, 믿음의 공동체로서 그리고 공동체의 일원으로서 자신들 또한 변화될 것이다.

지역 사회와 사회로부터 외면당하는 교회는 더 이상 교회로서 정상적인 기능을 할 수 없다. 또한 지역 사회로부터 외면 당하는 교회는 더 이상 성장을 기대할 수도 없다. 그리고 성장의 둔화는 자연히 세계 선교에 치명적이다. 이러한 견지에서 세계 선교에 대한 열정과 함께 우리가 지극한 정성을 쏟아야 할 부분이 있다면 그것이 곧 지역 복지 선교이다.

사회 봉사를 통하여 교회가 명실공히 지역 센터로 기능하게 된다면, 더 이상 남의 교회가 아닌 우리 지역 사회 교회라고 생각하게 될 것이다. 사실 지역 사회를 위하여 복지 선교를 담당하는 많은 교회들은 한결 같이 지역 사회의 센터로 자리매김하고 있다. 요즈음에 교회가 사회관을 건립하여 사회 안의 교회로 자리하려는 움직임은 대단히 바람직하다고 하겠다. 나눔과 섬김의 지역 선교는 교회의 최후의 보루라고 말할 수 있다. 상실된 공신력과 도덕성을 회복하는 지름길은 지역 선교이다. 교회는 영적·지적·사회적·윤리적 측면에서 골고루 균형 있게 성장하여야만 진정한 하나님의 교회라 할 수 있을 것이다.

초창기 한인 이민 교회들의 중요한 사명 가운데 하나는, 지역 한인 사회를 위해 봉사하는 것이었다. 타 지역에서 이사 오거나 한국에서 처음 미국에 온 분들을 위해서 교회가 여러모

중고등부 학생들이 한 가정의 낡은 창고를 페인트칠 하는 모습

로 도움을 주었다. 그러나 앞으로 다가오는 시대에 있어서 한인 이민 교회의 사회 봉사 대상은, 한인 사회에서 점차 주류 사회인 미국인을 대상으로 확장되어야 한다. 한인 교회가 한인들만을 위하는 신앙 공동체가 아니라 지역 사회에 공헌하고, 지역 사회와 긴밀한 협조 관계를 가짐으로써 교회의 사회 기능을 감당해야 할 때가 된 것이다. 이민 사회의 안정과 이민 교회의 성장과 더불어 미국인들 사회에 교회의 사회 봉사 활동으로 인해 우리의 존재 가치를 인정받아야 한다.

그런 점에서 주예수교회는 1세와 2세들이 함께 리뉴크루 사역에 동참하여 미국 주류 사회에 다리 역할(bridging)을 하는 사역을 감당하고 있다. 이 사역을 통하여 어렵고 소외된 노인, 장애인, 이웃들에게 그리스도의 희망과 사랑을 전하고 있으며, 공동체 일원들에겐 마틴 루터 킹 목사가 주장한 아가페의 삶, "자신을 향한 사랑의 깊이", "이웃을 향한 사랑의 넓이" 그리고 "하나님을 향한 사랑의 높이"의 조화를 이루어 가고 있다.

▲ 참여 후기: Renew Crew를 통하여

지난 토요일 주예수교회 영어 목회부의 성도들과 함께 피터스버그에서 리뉴크루의 자원봉사자로 섬기게 되었다. 오전 내내 그리고 이른 오후까지 영어 목회부 성도들과 함께 집 외부를 페인트로 칠하고, 창고를 고치고 새롭게 단장하며, 잘린 곁가지들을 치우며, 손실된 여러 유리창을 수리하였다. 맡겨진 일들이 쉽지는 않았지만 그 집에서 살고 있는 노인 부부를 위해 섬기며 도울 수 있다는 것이 우리에겐 기쁨이었다.

영어 목회부 청년들이
한 가정의 주택 지붕을 보수하는 모습

다른 봉사자들과 나누었듯이, 우리의 하루의 수고로 그 집 전체를 바꿀 수 없었던 것이 한 가지 아쉬움이었다. 우리가 열심히 일하며 고쳤지만, 워낙 집이 낡아 우리가 고친 부분을 통해 다른 곳들도 고쳐야 하는 것을 파악할 수 있었다. 그러나 노인 부부는 다른 견해로 우리에게 너무 고마워하며 감사하다는 말을 계속 해주었다. 우리의 섬김이 끝났지만 또 다른 봉사자들이 와서 그 집을 계속해서 고쳐 나감을 배웠다.

그리스도의 삶 또한 이런 것임을 오늘의 배움을 통해 다시 한 번 깨달을 수 있었다. 계속되는 섬김과 노력을 통해 개인과 공동체의 영적 성장이 가능하다는 것을 또한 몸소 체험할 수 있었다.

– 영어 목회부 Jungjae Lim

최근에 저는 교회에서 주관하는 리뉴크루 프로그램에 자원봉사를 가기로 결심했습니다. 그곳에 가는 것은, 이웃을 돕겠다는 목적보다는 VCU학교에서 듣고 있는 봉사 활동 수업의 학점을 받기 위한 목적이 더 컸습니다. 당시 제 마음이 옳지 못했다고 지금은 말할 수 있습니다. 그때의 계획은 단지 수업의 남은 수강 시간을 채우기 위한 것이었습니다. 저는 그곳에 가서 도움이 필요한 가족을 위해 집 수리 및 페인트칠을 하고 봉사 확인서를 받아오면 되겠다는 생각을 했습니다.

하지만 우리가 마침내 도착했을 때의 첫인상은, '정말 저 집은 우리의 도움이 필요하겠구나'라는 생각뿐이었습니다. 우리가 방문한 가족은 60대 정도로 보이는 노부부였고, 할머니는 거동이 불편해서 목발이 있어야 걸을 수 있었습니다. 우리를 친절히 맞아 주시는 그 가족을 보자 제 마음에 변화가 생기기 시작했습니다. 이 가족은 우리의 도움이 필요했지만 저는 슬프게도 페인트공, 목수, 사다리를 타고 일하는 전문가만큼 충분한 실력이 없었습니다.

그러나 저는 최선을 다해 우리가 맡은 임무를 끝내고 싶었습니다. 그 가족에게 우리가 어떻게 하나님의 뜻으로 왔는지 보여주고 싶었습니다. 비록 제가 이기적인 목적으로 오긴 했지만 사실은 하나님께서 그 계기로 저를 그곳으로 인도해 주셨다는 사실을……. 그렇게 생각하니 저에게 새로운 힘이 생겨 며칠 더 일할 수 있을 것만 같았습니다. 시간이 지나면서 몸은 점점 지쳐 갔지만, 하나님께서 주신 힘으로 우리는 창고를 짓고, 창문을 고치고, 부분적으로 페인트도 칠할 수 있었습니다.

여섯 시간 동안 그리 많은 일을 한 것 같아 보이진 않았지만, 그 가족들은 우리가 무척이나 많은 일을 한 것처럼 보였는지 저희의 작업들뿐만 아니라 수고하신 한 분 한 분 모두에게 감사해 하셨습니다. 저희는 그분들의 감사에 절로 고개가 숙여졌습니다. 하나님께서는 우리 안에서 확실히 일하셨고, 그 가족을 너무나 사랑하시고 축복하셨기에, 저 역시도 그 가족을 통해 축복을 받았음을 고백합니다. 저에게 이번 리뉴크루는 진정한 겸손이 무엇인지 깨닫게 해주는 경험이었습니다. 다음부터는 꼭 다른 사람들에게 우리의 이웃을 돕는 데 앞장서자고 권면하고 싶습니다. - 영어 목회부 Paul Pak

피터스버그의 어느 한 지역에서 살아가고 있는 이들은 보통 사람들과는 달리 가난, 실직 그리고 범죄라는 어렵고 힘든 고통의 나날을 일상생활처럼 보내고 있다. '어떻게 이런 일이 있을 수 있나요?'라고 물을 수도 있겠지만, 이 지역 사람들에게는 매일 일어나는 익숙한 현실이며 사실이다. 리뉴크루 작업 차량에는 다문화 봉사자들이 집을 수리하는 그림이 그려져 있다. 겉으로는 집을 복원시키는 모습을 보여주고 있지만, 내면에는 지역 사회 공동체의 복원의 중요성을 보여주고 있다.

영어 목회부 멤버들과 함께 교회에서 기도를 한 후, 우리는 Ms. Soso 씨와 그녀의 집을 보러 가기 위해 오전 8시에 출발하였다. 우리가 도착한 조그마한 집은 그녀의 모습처럼 온화해 보였다. 지붕 한쪽의 홈통은 타르와 널빤지가 지붕 무게 때문에 내려앉았고, 페인트는 현관부터 차양(비 가리개)까지 드문드문 칠해져 있었다. 뒤쪽에 있는 창고 한쪽에는 나무가 썩어 가고, 다른 한쪽은 여기저기 구멍 난 곳들과 버리는 가정용품들이 여기저기 쌓여져 있었다. 또한 집 주위 창문들은 두꺼운 청 테이프가 덕지덕지 붙어 있었다.

아침부터 시작한 일들은 조금씩 성과를 보이기 시작했다. 내려앉은 지붕의 홈통은 더 이상 떨어지지 않게 단단히 붙여 놓았고, 지붕의 비 가리개는 낡은 페인트를 긁어낸 후 페인트칠을 하고 수리를 해서 더 깨끗하고 단단하게 만들었다. 창고는 실용적으로 쓸 수 있게 새로 다시 지었고, 창문은 햇살이 집으로 잘 들어올 수 있도록 수리해 주었다. 우리가 작업을 하는 동안, 길 건너편에서는 나뭇잎을 한쪽으로 치우는 어린 소년뿐만 아니라 주변의 주민들이 관심을 보이며 우리의 수고를 지켜보았다.

서로 다른 곳에 사는 우리가 우리 자신의 유익과 자랑을 위해 또는 우월감이 아닌 단순히 은혜 받은 자의 겸손의 자세로 함께 섬겼을 때, 우리는 어느새 하나의 공동체가 되었음을 느낄 수 있었다. 주위 환경이나 인종, 신념에 상관없이 우리가 서로를 소중히 여기고 섬길 때 우리는 함께 섬기는 공동체임을 확인할 수 있었다. 또한 지역을 초월하는 공동체로 모두 한 형제자매임을 깨닫게 되었다. 이것이 리뉴크루가 하는 일이고 이것이 바로 리뉴크루이다.

— 영어 목회부 Nathaniel Hallmark

처음에는 아무 생각 없이 리뉴크루에 참여했습니다. 아무 생각 없다기보다는 떠밀려서 참여했다는 게 더 정확한 표현인 것 같습니다. 정말이지 저도 모르게 이곳에 오게 되었습니다. 처음에는 별 생각 없이 그냥 몸이 힘든 사람을 도와주는 일이라고 생각하고, 늦잠을 좋아하는 저의 몸을 일으켜서 아침부터 나섰습니다.

목적지에 도착해 보니 다른 한 분이 이미 도착하여 일을 시작하고 계셨습니다. 저희들은 그분을 거들어 일을 시작하였습니다. 처음에는 이것을 어느 세월에 다 마칠지 생각하니 막막하기 짝이 없었습니다. 하지만 같은 리뉴크루의 동료들과 힘을 합쳐 일을 조금씩 완성해 나가는 것을 보니 뿌듯함과 우리도 이런 일을 해낼 수 있다는 기쁨으로, 계속 끝까지 포기하지 않고 일에 집중해 왔습니다.

중고등부 학생들이
장애인 전용 통로를 설치하는 모습

많은 우여곡절 끝에 일을 마치고 우리가 지은 장애인 전용통로를 보니 말로 설명할 수 없을 정도의 기쁨을 느낄 수 있었습니다. 그제야 여기 오기를 잘했다는 생각과 함께, 뜻밖에 만난 한국인 주인 할아버지께 인사를 드리고 기쁜 마음으로 떠났습니다. 그렇게 보람차게 남을 도와줄 수 있다는 것을 새로 새삼스레 느낄 수 있었던 하루였습니다. - 중고등부 한성수

"오직 사랑 안에서 참된 것을 하여 범사에 그에게까지 자랄지라 그는 머리니 곧 그리스도라 그에게서 온몸이 각 마디를 통하여 도움을 받음으로 연결되고 결합되어 각 지체의 분량대로 역사하여 그 몸을 자라게 하며 사랑 안에서 스스로 세우느니라"(엡 4:15-16).

우리 교회 2012 표어는 '이웃을 함께 섬기는 공동체'입니다. 처음에 저는 이 의미를 그저 단어로 머리로만 받아들였고, 그것이 얼마나 중요한 의미였는지 하나님을 따르는 사람으로서 전혀 알 기회가 없었습니다. 그런데 하나님께서 그 기회를 토요일 아침에 주셨습니다. 교회 버스는 우리를 작은 마을로 데려다 주었지만, 저는 이 모든 것이 하나님께서 두 분(Mr. and Mrs. Pak)을 만나게 해주시기 위한 계획이라는 것을 알게 되었습니다.

여기저기 일할 장비들과 청소 도구가 널려 있어 뭘 해야 할지 몰라

우왕좌왕하던 도중에 저는 한 가지를 집어 들고 그걸 하기로 마음먹었습니다. 그러자 몇 사람씩 그룹을 지어 휠체어 전용 도로와 낙엽 치우는 조로 나누어서 일을 하기 시작했습니다. 작업량이 많았지만 일을 하다 보니 자신감도 생기고, 이곳에

성인들이 장애인 전용 통로를 설치하는 모습

계신 두 분에 대한 사랑 때문인지 5시간 동안 즐겁게 일을 할 수 있었습니다. 뒤돌아 생각해 보니 이 모든 것이 하나님의 은혜였습니다.

일을 다 마치고 저는 그곳에 사시는 할아버지와 이야기를 나누는 귀한 시간이 있었습니다. 할아버지께서는 예전에 한인들이 드물어 한인 사회가 원래 한 교회에서 시작하였지만, 시간이 지남에 따라 여러 교회들이 생기면서 여기저기 한인들이 늘어나기 시작하였다고 하셨습니다. 그러면서 다들 각각 다른 교회를 다니며 몸은 떨어져 있지만 우리는 그래도 하나의 공동체로서 서로를 섬기고 도와야 한다는 중요한 말씀을 해주셨습니다. 다른 교회에 다닌다고 해서 서로 다른 생각과 관점들이 중요한 것이 아니라, 우리는 영적으로 하나님 안에서 하나됨이 더 중요한 것이라는 말씀도 해주셨습니다.

저는 하나님 안에서 한 몸이어야 우리가 어떤 일이든 해낼 수 있으며, 그리스도의 사랑만이 우리를 떨어지지 않게 붙들어 주시고, 그 사랑으로 다른 사람들을 섬길 때 바로 '이웃을 함께 섬기는 공동체'가 된다고 생각합니다. - 중고등부 김채린

오늘도 하나님께서 좋은 날씨와 건강 주셔서, 이렇게 독거노인과 또

장애인들을 도울 수 있는 하루를 주신 것에 감사를 드립니다. 또 이렇게 매번 참석할 때마다 하나님께서 저에게 건강 주셨다는 것이 너무 감사했습니다. 주예수교회에서 이렇게 사회 선교를 함으로써, 참석하는 분들이 아침부터 이곳에 와서 이렇게 마음이 하나가 되고, 하나님을 사랑하는 마음이 더 생기는 것이 감사했습니다. 앞으로 계속해서 이런 일을 많이 해야겠다는 마음 가짐을 가지고, 오늘 하루 감사하고 행복하게 보냈습니다. 이곳에 나와서 참석하신 모든 분들이, 정말 이렇게 하나님이 기뻐하는 일을 하는 게 얼마나 보람되고 좋은 일인가를 다시 한번 깨닫고 은혜를 받는, 그런 오늘 하루였습니다. - 성인 팀 이정자

인터뷰

● "주님께서 당신과 함께하십니다"

스칼튼 씨 부부는 피터스버그에 살고 있는 기독교인들이다. 이들은 "Lord be with you"(주님께서 당신과 함께하십니다)로 인사를 나눌 정도로 신앙이 깊고, 밝은 사람들이다. 스칼튼 씨는 파킨슨 병이 있고, 몸이 갈수록 약해져서 처음엔 지팡이로, 그 후엔 두 팔로 움직이는 평범한 휠체어로, 그리고 지금은 리모컨이 달린 전기 휠체어로 거동한다. 그러나 장애인 도로가 출입문 주변에 설치되어 있지 않고, 가정의 어려운 경제적인 상황 때문에 장애인 통로를 설치할 수도 없었다. 주예수교회의 청년부가 리뉴크루를 통하여 이 집에 장애인 통로를 설치해 주었다.

스칼튼 씨는 말했다. "여러분들의 섬김은 저에겐 하나님이 주신 축복입니다. 이젠 불편함 없이 집을 출입할 수 있게 되었습니다. 너무 감

사합니다. 하나님께서 여러분 모두를 축복하실 겁니다."

스칼튼 씨는 이 인터뷰 중에도 중간중간 목이 메인다. 거동이 불편하고, 가정 형편이 좋지 못해도, 신앙으로 버티고 있었던 것 같다. 이를 보고 있던 스칼튼 씨 남편은 "여러분들이 제 부인의 영혼을 기쁘게 해주었습니다. 이렇게 오셔서 장애인 도로를 설치해 주시고……. 여러분들은 장애인 도로 하나 설치했다고 생각하실지 모르겠으나, 그녀와 저에겐 너무 큰 의미입니다. 하나님이 여러분들의 섬김을 축복하십니다. 주님께서 여러분 모두와 함께하십니다(Lord be with you all)".

● "주목할 만합니다"

스티브 드류는 리뉴크루의 피터스버그 지역의 담당자 및 프로젝트 책임자이다. 드류 씨는 처음 주예수교회가 리뉴크루에 참여할 때부터 같이한 사람이기도 하다. 드류는 주예수교회 봉사 팀을 이렇게 평가한다.

"주예수교회는 지난 2년 반 전부터 우리 리뉴크루 프로그램에 참여해 주셨습니다. 저는 운이 좋게도 중고등부 학생들, 대학생들, 성인들과 장애인 통로들을 만들어 보았습니다. 매번 함께 일할 때마다 느끼는 것이지만, 주예수교회의 참여는 훌륭하고 주목할 만합니다. 우리와

주택 보수 혜택을 받은 스칼튼 씨

장애인 전용 통로

피터스버그 지역 프로젝트 담당자
스티브 드류가 인터뷰하고 있는 모습

함께 일하는 많은 봉사 조직들 중에서도 한 달에 한 번, 매달 참여하는 그룹은 없습니다. 여러분은 피터스버그의 이웃들이 그들의 집에서 조금 더 편하게 살 수 있게 해주고, 여러분들의 섬김 없이는 리뉴크루가 피터스버그에서 한 많은 일들을 해낼 수 없었을 것입니다. 또한 매번 참여하실 때마다 참여하는 봉사자들, 학생들로부터 성인들, 모두 즐거이 섬기시는 모습이 좋습니다. 가슴 깊이 감사드리며, 계속해서 참여해 주시고 봉사해 주시길 바랍니다."

● "최고의 공동체입니다"

캐리 키스는 6개월 전부터 리뉴크루의 프로젝트 및 현장 디렉터이다. 그는 오랫동안 자원봉사를 해왔으며, 너무 즐겁고 보람을 느낀 나머지 리뉴크루를 직업으로 선택했다고 한다.

"저는 벌써 네 번이나 주예수교회 교인들과 일을 하였습니다. 성도들은 아주 열정적이고, 매달 다른 분들이 나오는 것을 보니, 아주 좋은 사람들로 모인 공동체인 것 같습니다. 오시는 분들은 매번 이웃을 섬기는 것을 좋아하는 모습들을 보여주시고, 실제로 일도 항상 맡겨진 양의 일을 다 해냅니다. 저는 중고등부 학생들과도 일을 해보았고, 청장

인터뷰하고 있는 현장 디렉터 캐리 키스

년들과도 성인 팀들과도 함께 일을 해보았습니다. 여러분들은 정말 우리가 일하는 여러 공동체들 중 가장 최고의 공동체입니다. 끊임없이 1년을 한결같이 열정적으로 섬기고, 도와주는 것을 좋아하시고……. 전 정말 진심으로 감사드립니다."

청년들이 장애인 전용통로를 설치하는 모습

14장

도시 생활 개선(Inner City Development)

● 사랑의 손길이 필요한 곳을 향하여

주예수교회는 중고등부, 청년부, 영어 목회부가 주축이 되어 해마다 여러 선교 단체와 함께 자연 재해로 인해 큰 피해를 입었거나 자원봉사의 손길이 필요한 여러 도시를 찾아가 섬기고 봉사하며 사랑을 전하는 일에 최선을 다하고 있다.

다른 많은 교회들이 여름과 겨울에 실시하고 있는 수련회 형태의 여름 행사보다는, 주변 지역들과 다른 도시들로 나아가 하나님의 사랑을 전하고 어려운 이웃들을 섬기는 것에서 더 큰 의미를 찾아가는 여름 사회 선교 프로그램이 주예수교회가 가지고 있는 특징이라고 할 수 있다. 처음에는 몇몇 학생들이 다른 교회들처럼 수련회를 갖지 못하는 것에 낯설어하고 불만이 조금 있었지만, 섬길 수 있는 것이 섬김을 받는 것보다 더 축복이고 그 섬김 속에서 하나님의 사랑과 은혜를 더욱 깊이 경험할 수 있음을 깨달은 후로는, 많은 이들이 이 도시 사회 선교 활동에 참여하기를 자원하고 있다.

주예수교회는 도시 사회 선교를 위해 여러 기관과 함께 협력하여 사역을 감당해 왔는데, 대표적인 사례를 살펴보면, 인종 화합과 빈민 퇴치를 전문으로 하는 크리스천 국제 NGO 평화 나눔 공동체(APPA Inner-City Mission)와 함께 워싱턴 D.C., 리치먼드 등에서 빈민 거리 청소, 거리 화단에 꽃 심기, 노숙자들에게 생수 나누어 주기, 노숙자 급식, 그리고 저소득층 아이들을 대상으로 하는 과외 봉사 등이다.

보스턴 도시 개발 단기 선교(2007)

또한 1960년에 설립되어 현재는 180개 국가에 1,000개 이상의 베이스에서 18,000명 이상의 자원봉사자들이 사역하고 있는 예수전도단(Youth With A Mission, www.ywam.org)과 1994년 미네소타의 한 목회자의 헌신으로 설립되어 2009년에는 미국의 69개의 다른 지역에서 3만 5천 명의 봉사자들이 사역하고 있는 초교파적 청년 선교 단체인 YouthWorks(www.youthworks.com)를 통해 다른 교회 형제자매들과 함께 보스턴(Boston), 필라델피아(Philadelphia) 등 여러 도시의 빈민 지역과 뉴욕 주(New York State)의 산간 지역을 방문하여 청소 사역을 하고 노숙자 급식을 돕고, 연세가 70세가 넘은 노인들의 집과 주변 공원 그리고 양로원에서 보수 공사를 하였다. 이러한 사회 봉사 선교는 지역을 뛰어넘어 그리스도의 몸으로서 연합하여 선을 행하고 사랑을 실

리치먼드 다운타운 거리에서 꽃을 심고 있는 청년부(2007)

천하는 좋은 예라 할 수 있다.

● 자연 재해로 신음하는 이웃들을 향하여(뉴올리언스 허리케인 카트리나)

지속적으로 도움의 손길을 필요로 하는 어려운 이웃들이 있는가 하면, 예기치 못한 자연 재해로 인해 큰 어려움을 겪게 되는 이웃들의 소식을 매년 듣게 된다. 대표적인 예로, 지난 2005년 8월 미국 뉴올리언스(New Orleans) 지역에 천문학적인 피해를 남긴 허리케인 카트리나(Katrina)는 경제적인 손실뿐만 아니라 그 지역의 많은 이들을 큰 실의에 빠지게 했다.

허리케인 카트리나로 도시 전체가 물에 잠긴 뉴올리언스의 처참한 모습(2005)

뉴올리언스는 플로리다 왼쪽에 위치한 루이지애나 주에 속한 가장 큰 도시로서, 본래 프랑스의 지배를 받다가 1803년, 나폴레옹이 미국 정부에 싼 값에 팔아 넘겨 '루이지애나 거래'(Louisiana purchase)라는 유명한 말을 남겼다는 역사가 있는 곳이다. 후일 이곳에서 석유가 나와 프랑스에서 땅을 치며 후회했다고 한다.

하지만 이 지역에 2005년 8월 말 허리케인이 강타하여 도시의 80%가 침수되고 주민의 90%가 이웃 도시로 대피한 이 사건은

허리케인으로 지역의 모든 집들이 무너진 광경

미국 역사상 최악의 재난 중 하나로 기억된다. 2005년 허리케인 카트리나로 인한 피해액은 200억 달러가 넘었다고 한다. 허리케인으로 인해 폰차트레인(Ponchatrain) 호수의 제방이 붕괴되면서 이 도시의 대부분의 지역에 물난리가 일어났는데, 뉴올리언스는 지역의 80% 이상이 해수면보다 지대가 낮아 그 당시 들어온 물이 빠지지 못하고 오랫동안 고여 있는 지역도 상당히 많았다.

이처럼 큰 재난으로 인해 실의에 빠져 있는 뉴올리언스 지역의 복구에 작은 보탬이 되기 위해 주예수교회는 영어 목회부 15명과 고등부 8명의 봉사 팀을 꾸려 파송하였다. 현지의 재해 복구 본부의 가이드라인을 따라 주예수교회 봉사 팀이 현지 복구 작업에 투입되었다. 교회의 봉사 팀은 그곳에서 안타까운 마음으로 물에 잠겼던 집들과 거리의 쓰레기들을 치우고, 피해를 입은 거리의 상점과 건물들을 수리했다. 무엇보다 안타까웠던 것은, 집을 잃고 심지

침수된 집을 청소하고 있는 영어 목회부 봉사자들

허리케인으로 반파된 주택을 복구하기 전 작업 지시를 듣는 봉사 팀

어느 가족의 생명까지도 빼앗긴 이 재난으로 인해 수많은 주민들이 겪고 있던 두려움과 슬픔과 고통을 지켜보는 일이었다. 주위를 둘러보아도 황폐한 흔적만 남아 어디에서부터 시작해야 할지 막막한 상황 가운데 있었지만, 우리 교회 봉사 팀을 포함한 수많은 자원봉사자들이 함께 복구에 참여하였기에 더디긴 했지만 도시는 조금씩 원래의 모습을 되찾아갔다.

한 번도 발을 내디딘 적이 없었던 낯선 곳에서 인종과 출신 배경에 상관없이 예수 그리스도의 손과 발이 되어 뼈아픈 고통과 상실로 인해 고통 받는 이웃들을 섬기는 것은 정의와 사랑을 실천하는 사회 봉사의 중요한 일부분이다. 사랑과 복음의 손길로 고통으로 신음하는 이웃들에게 다가갈 때 피부 색깔과 언어의 차이는 더 이상 서로를 가로막는 장벽이 되지 못한다. 그리고 사랑과 정의를 실천하는 사회 선교는 제도가 극복하지 못하는 사회적 편견과 우월주의도 모두 뛰어넘는 최선의 길이요 하나님 나라의 방도이다.

허리케인으로 아수라장이 된 거리를 청소하는 봉사자들

▲ 참여 후기: 지역 사회 개발을 통하여

방학이 시작하자 마자 쉴 시간도 없이 나는 필라델피아로 떠나기 위해 짐을 싸야 했다. 하나님께서 선교라는 이름으로 나를 어떻게 깨우쳐 주실까 하는 기대로 가득한 나의 첫 번째 선교 여행이 시작되었다. 부족한 것도 많고 재능도 없는 나에게 선교는 정말 하나님만 의지해야 하는 중요한 시간이었다.

첫째 날 오후에 아이들의 방과 후 학습을 돕는 시간을 가졌는데, 솔직히 나는 두려움이 없지 않았다. 내 인생에 흑인 아이들을 만나는 것이 처음이기 때문에 보이지 않는 두려움이 나에게 다가왔다. 하지만 아이들과 같이 숙제를 하고 같이 놀아 주면서 나는 정말 그 아이들이 나에게 익숙하고 친밀한 한국 아이들과 크게 다르지 않다는 사실을 알게 되었다. 아이들과 같이 동화책을 읽고, 코끼리를 만들고, 숙제를 같이 하면서, 정말 하나님께서는 어린아이들과 같은 마음을 품으라는 것을 나에게 일깨워 주신 듯하다.

필라델피아의 도시 안에 다른 두 면이 있음에 크게 놀라지 않을 수 없었다. 도시 중심부에 수백만 달러의 돈을 들여 다시 고치고 있는 시청 건물은 필라델피아를 대표하는 하나의 문화 유산과도 같았지만, 겨우 몇 블록만 떨어진 곳에서 쓰러져 가

필라델피아의 한 학교에서 어린이들에게 과외 봉사를 하고 있는 청년 봉사자(2008)

고 있는 집과 낡은 건물들을 보면서 나는 또다시 필라델피아의 참모습을 보게 되었다. 사람들은 왜 도시로 몰려들었을까? 돈을 벌기 위해서였을까? 더 좋은 환경에서 살고 싶어서였을까? 흑인들이 많은 것을 보면 아마도 남쪽에서 노예 생활의 탈출구로 이곳 필라델피아로 몰려들었는지도 모른다. 그러나 나의 눈에 그들의 삶은 아직도 노예 생활과 별반 다름없는 불쌍한 처지로 살고 있는 듯해 보였다. 그들에게는 어쩔 수 없는 현실과 아마도 필라델피아의 멋진 건물과 풍요로움의 겉모습이 그들을 유혹했을지도 모른다.

일자리가 없어서 도시 중앙의 공원에서 잠을 청하는 노숙자들, 엄마 아빠를 잃고 방황하는 아이들, 술과 담배에 빠져 헤어나오지 못하는 그들의 모습 또한 필라델피아의 모습이었다.

이것을 보면서 지금까지 내 자신의 풍요로움과 사치스러운 삶을 통해 내가 얼마나 교만하게 살아왔었는지를 깨달았다. 이 도시를 보면서 '공평하신 하나님'이라는 말이 무색하게 느껴질 때가 많았다. 그래서 더욱 기도해야 한다는 생각, 내가 할 수 있는 일이 아무것도 없고 오직 기도로 하나님께 의지해야겠다는 생각이 들었다. 아마 이 선교를 오지 않았더라면 결코 할 수 없었던 도시 선교의 기도 제목

뉴욕 산골에서 낡은 주택을 보수하고 있는 청소년부

뉴욕 주 산골에서
정원 봉사를 하고 있는 청소년부(2010)

들이 이 체험들을 통해서 구체적인 기도 제목으로 다가와서 내가 기도할 수 있는 마음을 더 가지게 해준 듯하다. 이번 필라델피아 도시 선교를 통해 나 자신의 잘못된 이기심을 일깨우시고, 이 도시를 위해 기도하게 하시며, 나를 더 성장케 하신 하나님께 영광을 돌린다. - 이지혜(영어 목회부, 필라델피아 선교 팀)

이번 선교를 통해 많은 것을 깨닫게 하시고 얻게 해주신 하나님께 감사를 드립니다. 이번 선교에서 힘들고 어려운 일도 있었지만 즐겁고 보람된 일도 많았음을 고백합니다. 많은 사람들을 만나고 함께 교제하며 섬길 수 있게 하심에 감사드립니다. 그리고 또한 하나님께서 이 선교를 통해 우리 중고등부가 하나임을 깨닫게 해주셔서 더욱더 감사드립니다. 하나님께서 저희들의 마음을 움직여 주셔서 서로 아끼며 사랑하며 다른 이들을 섬길 수 있도록 하여 주셔서 감사를 드립니다. - 정회진(중고등부, 뉴욕 산골 선교 팀)

뉴욕 산골 선교에서 지역 주민들을 위해 함께 기도하는 모습

- "그는 흥하여야 하겠고, 나는 쇠하여라 하리라"(요 3:30)

요한복음 3장 30절을 주제로 삼고, 'More Jesus' 'Less myself'란 구호를 외치며, 지난 6월 20일부터 25까지 17명의 중고등부 학생들과 4명의 리더들과 함께 아디론닥(Adirondack Mountain, NY)에서 예수전도단을 통해 중고등부 단기 선교를 다녀왔습니다.

현재 이곳에는 우리 중고등부 학생들과 다른 세 교회의 40명, 미국 학생 등 총 60여 명이 함께 협력하여, 6개 조로 나뉘어 섬기는 은혜로운 시간을 가지고 있습니다.

연세가 70세가 넘은 노인들의 집, 공원, 묘지를 청소하고, 양로원에서 낡은 페인트를 긁어낸 후 새로운 페인트를 칠하고, 수많은 나무들과 나뭇가지들을 잘라내고, 정원을 가꾸는 등의 일을 하고 있으며, 이곳 현지 분들과 서로 교제하는 등 소중한 시간들을 보내고 있습니다.

일은 힘들고 정말 어렵지만 너무 고마워하는 이들의 감사의 말들이 피곤하고 지친 우리의 몸과 마음을 달래 주고 있습니다. 작은 불꽃 하나가 큰 불을 일으키듯이, 저희들의 작은 섬김으로 인해 하나님의 사랑이 그동안 섬긴 모든 분들에게 전해지고 있는 줄로 믿습니다. 또한 아침과 저녁에 이어지는 프로그램들을 통해 하나님 말씀을 묵상하고 나누며, 찬양과 예배하는 귀한 시간들도 함께하고 있습니다. 이번 단기 선교를 통해 우리 학생들은 자신들이 하나님께 얼마나 축복받은 자녀인지 깨닫게 되었다고들 말합니다. 또한 늘 개인 생활에 익숙해 있던 우리 학생들이 이 단기 선교 기간의 단체 생활을 통해 서로 돕고, 양보하며 서로 힘이 되어 주는 좋은 시간을 가지고 있습니다. 이와 더불어 중고등부 학생들의 팀워크와 리더십이 더욱 성숙해짐을 볼 수 있었습니다.

중고등부의 단기 선교를 위해 열심히 도우시고, 끊임없이 기도해 주신 부모님들과 주예수교회 모든 분들께 감사를 드립니다. 중고등부를 통해 하나님께서 이루신 그리고 또 장차 이루어 가실 일들을 생각하며, 하나님께 영광과 찬송을 드립니다. - 중고등부 음광현 전도사(뉴욕 산골 선교 팀)

15장

산골 빈민 주택 보수
(ASP: Appalachian Service Project)

미국에서 경제적으로 가장 힘든 지역을 꼽는다면, 미국 중동부의 테네시(Tennessee), 켄터키(Kentucky), 버지니아 및 웨스트버지니아(West Virginia)를 관통하는 애팔래치아 산맥(Appalachian mountains) 중부에 흩어져 있는 마을들이다.

세계에서 가장 부유한 나라인 미국에서, 물도 나오지 않고 화장실과 난방 시설이 갖춰져 있지 않은 수많은 집들이 있다는 것을 상상하기란 쉽지 않다. 그러나 애팔래치아 산맥 중부에 위치한 여러 마을들은 실제로 그런 상황에 처해 있으며, 심지어는 집 주소조차 없는 집들도 상당수다. 이 지역에 거주하는 대부분

영어 목회부 애팔래치아 단기 선교 팀이
주택 보수 사역을 했던 한 주민의 판잣집

의 가정은 연 소득이 2만 달러 이하이며, 주민 4명당 1명이 빈곤층에 속하고, 무려 62,500가구가 빈곤층 이하에 속한다. 또한 19,000가구는 부엌이 부족하며, 21,000가구에 배관이 되어 있지 않을 만큼 생활 환경이 열악하다.

이러한 지역 현실을 배경으로, 지난 2010년부터 주예수교회는 영어목회부, 중고등부, 성인부를 중심으로 웨스트 버지니아의 산골에 사는 가난한 지역 주민들을 위한 단기 선교 사역을 해오고 있다. 이를 위해 애팔래치아 지역 선교 단체인 ASP(Appalachian Service Project)와 협력하고 있다. 이 지역은 리치먼드에서 자동차로 약 6시간 정도 떨어진 산골이며, ASP와 여러 기관이 연대하여 주민들의 집을 건축하고 보수하는 일 등을 하고 있다.

● 애팔래치아 지역 선교 사역(ASP)

1969년 감리교 목사 글렌 에반스(Glenn Evans)는 켄터키 주에 소재한 애팔래치아 지역 선교 기관인 핸더슨 복지관(Henderson Settlement)의 이사로 13년 동안 일하면서, 이 지역의 어려운 환경에 처해 있는 사람들을 보며 주택 복구 지원에 대한 절박함을 느꼈다. 그래서 50명의 청소년 및 성인 자원봉사자들과 함께 켄터키 주 바보빌(Barbourville)에 있는 집들을 수리하기 시작하였는데, 낮에는 주택을 보수하고, 저녁에는 함께 모여 예배를 드리기 시작하였다.

그들이 복구 지원을 시작한 첫 번째 여름이 끝날 무렵, 그들의 헌신으로 인해 그 지역의 네 가정은 겨울을 보낼 수 있는 안전하고 따뜻한 집을 가지게 되었으며, 이 사건으로 인해

ASP의 설립자 글렌 에반스 (Glenn Evans) 목사

50여 명의 인생 또한 바뀌게 되는 놀라운 일이 일어났다. 이 일을 계기로, 40년이 넘도록 이어지고 있는 애팔래치아 서비스 프로젝트(ASP) 사역이 시작된 것이다.

이후 1969년부터 현재까지 전국에서 26만 명 이상의 자원봉사자가 14,000가구의 주택을 수리하였으며, 매년 15,000명의 자원봉사자들의 헌신과 섬김은 애팔래치아 지역의 주민들이 따뜻하고 안전하게 지낼 수 있도록 주택을 보수하는 일에 힘쓰고 있다.

ASP의 궁극적인 비전은 하나님을 향한 믿음 안에서 애팔래치아 산맥 중부 지역에 있는 가정들로 하여금 빈곤에서 벗어날 수 있도록 도우며, ASP와 함께한 모든 사람이 변화되는 것이다. 이를 위해 자원봉사자들에게 자신의 필요와 욕심을 버리고 자신의 재능과 사랑과 관심을 애팔래치아 주민들과 공유하도록 권면하고 있다.

이는 집을 고칠 수 있는 얼마나 뛰어난 기술을 가지고 있는가보다는, 어떻게 하면 애팔래치아 사람들을 더욱 사랑하고 따뜻한 마음과 관심으로 섬기는지를 더 중요시하는 그들의 정신에서 잘 드러난다. 그렇기에 ASP 사역은 주택 수리 프로그램 그 이상이며, 애팔래치아 주민들과 봉사자 간의 문화적·사회적·경제적 장벽을 낮추고 상호 관계를

ASP 선교 사역에 참가한 주예수교회 성인 팀과 다른 교회 봉사 팀(2010)

ASP 선교 사역에 참가한 주예수교회 청소년부와 ASP 일꾼들(2010)

구축하여 믿음의 갱신과 타인의 섬김에 초점을 맞추고 있다. 봄, 가을, 겨울에는 장년과 청년 프로그램이 진행되며, 여름에는 청소년 프로그램이 진행되는데, 1년 내내 약 27개 지역에서 학교와 커뮤니티 센터를 임대하여 이 사역을 감당하고 있다.

● 사랑을 베풀며, 갑절의 감사를 누리며

사실 사회 봉사나 해외 선교에 참여해 보면, 뜻밖에도 도움을 주고자 했던 나 자신에게 더 큰 유익이 되돌아올 때가 많다. 우리 자신의 안락하고 부유한 삶을 되돌아보면서 하나님께 더욱 감사하게 되며, 우리들의 가정과 교회를 통해서 베푸시는 하나님의 사랑을 다시금 되새기며 겸손하게 된다. 어떤 때는 내 자신의 삶의 가치와 의미를 재발견함으로써 인생관이 바뀌기도 한다. 섬김은 봉사를 받는 사람에게도 유익이 있지만, 섬기는 봉사자가 오히려 더 많은 도전을 받게 되는 경우가 많다.

ASP 주택 보수 사역에 참여하는 주예수교회 봉사자들도 이와 동일한 고백을 하고 있다. 내가 가진 것을 베풀고 섬기기 위해서 산간 오지로 찾아갔지만, 오히려 더 많은 것을 배우고 얻었음을 고백한다. 물과 얼음이 자동으로 나오는 냉장고가 없어서 불편하다고 아우성 피우던 것도, 부모님이 큰 부자가 아니라 집이 작다고 불평하던 것도 모두 사라지고, 집과 부엌과 수세식 화장실이 있다는 것 자체가 감사의 이유가 되었다.

2년 전 주예수교회 영어 목회부 주택 보수 팀이 섬겼던 스티비와 미스티 가정은 몇 년 전부터 살 곳이 없어서 직접 집을 짓기 시작했다고 했다. 이곳저곳에서 얻어온 나무와 못들을 가지고 집을 짓기 시작했지만, 지붕도 없이 추운 겨울을 이겨내야 했고, 선풍기도 없이 무더운

주택 보수 사역을 마치고 스티비 가정과 함께

여름을 지내야 했다.

하지만 봉사 팀의 손길을 통해 집이 좀 더 모양을 갖추게 되고 다른 가정들을 위한 집도 하나하나 개선되어 가는 것을 본 이 가정은 감동에 겨워 눈물을 감추지 못했다. 동네 사람들을 불러모아 놓고 리치먼드에 거주하는 한국 사람들이 와서 자신들의 집을 고치고 있다고 자랑을 늘어놓기도 하고, 우리에게 그 이웃들을 한 명씩 소개하면서 그들을 위해 기도해 달라고 부탁하기도 하였다. 봉사 팀은 그들을 위해 하나님께 간절히 기도했던 시간들을 아직도 잊지 못하고 있다.

장년 팀이 섬겼던 또 한 가족(조지아 가족)은, 예전에는 믿음의 가정이었지만 여러 가지 이유로 교회에서 상처를 받아 더 이상 신앙생활을 하지 않고 있었다. 봉사 첫날에는 봉사 팀을 대하는 것이 서먹서먹하게 느껴졌지만, 이들의 성실함과 부지런함에 그 가족의 마음이 열리고 서로 대화하고 교제하던 중 그들이 더 이상 교회에 출석하지 않고 예배를 드리지 않는다는 사실을 알게 되었다. 그래서 낮에는 그 가족의 집을 열심히 보수하고 섬겼으며, 저녁에는 그들을 위해 집중적으로 기도하였다.

봉사 기간 동안 계속해서 그들과 교제하고 섬겼을 때 그들이 놀랍게도 교회에 다시 출석하겠다고 다짐을 했고, 봉사 팀은 그 소식에 너무나도 기쁘고 감격했다. 그리고 실제로 봉사 팀이 떠난 후 첫 번째 주일에 교회에 나가 예배를 드렸다는 놀라운 소식까지 들을 수 있었다. 그 가족이 교회로 보낸 편지 가운데 성경책이 없다는 내용을 발견하고는 곧바로 그곳으로 성경책들도 보냈다.

결국 하나님께서는 이 지역 선교를 통해 주택 보수뿐만 아니라 복음과 사랑을 전할 수 있는 길을 열어 주셨으며, 사역은 단지 우리가 가진 기술을 활용하는 것 이상으로 기도와 사랑과 정성으로 감당할 때 참된 열매를 맺게 된다는 것을 발견하게 되었다.

- ● ASP 사역자와 현지인들로부터 온 편지

주예수교회 봉사자 여러분! 이곳 애팔래치아로 방문하여 ASP와 함께 섬겨 주셨던 여러분 모두에게 감사를 드립니다. 힘들고 어려운 섬김을 잘 감당한 여러분께 감사를 드립니다. 여러분의 헌신과 섬김이 스티비와 미스티에게 너무 소중하고 귀중하였습니다. 스티비와 미스티가 여러분과 너무나 소중한 시간을 보냈다고 고백하며 감사하고 있습니다. 그들은 여러분과 함께한 기도 시간들을 결코 잊지 못한다고 합니다. 주예수교회 중고등부 또한 여름 프로그램에 좋은 시간을 보냈으면 합니다. - 리베카, ASP 사역자

안녕하세요, 주예수교회 봉사 팀 여러분! 저희는 여러분이 저희들에게 베푼 섬김과 사랑에 대해 너무나도 감사히 여기고 있습니다. 지

영어 목회부 봉사자와 ASP 사역자들과 함께

선교를 마치고 조지아 가족과 함께

금도 다른 분들이 와서 섬기고 있으며, 여러분들의 섬김으로 인해 이번 겨울은 따뜻하게 보내고 있습니다. 진심으로 감사를 드립니다. 하나님의 축복이 넘치기를 바라며. - 조지아 가족 보냄

▲ 참여 후기: 산골 주택 보수 사역을 통해서

로마서 12장 4-5절에는 이런 말씀이 있습니다. "우리가 한 몸에 많은 지체를 가졌으나 모든 지체가 같은 기능을 가진 것이 아니니 이와 같이 우리 많은 사람이 그리스도 안에서 한 몸이 되어 서로 지체가 되었느니라."

지난주에 중고등부 담당 전도사님과 영어 목회부의 형제와 11명의 중고등부 봉사자들과 함께 웨스트 버지니아에서 ASP 선교 단체와 함께 가난한 지역 주민들의 집들을 수리하러 갔습니다. 일주일 내내 무더웠고, 수많은 벌레들과 싸우고, 힘든 일을 해야 했으며, 한국 음식도 없었지만 참 은혜로운 일주일이었습니다.

매일 함께 기도하고, 예배하며, 식사하며, 자고, 대화하며, 함께 걸을 때마다 로마서 12장을 묵상할 수 있었으며, 그리스도의 한 몸과 하나됨을 깨달을 수 있었습니다. 민족, 교단, 문화, 생각이 모두 다 달랐지만 저희들은 ASP 봉사자들과 그리고 다른 봉사자들과도 함께 어울리며 예배드리며 섬길 수 있었습니다. 마지막 날 ASP 봉사자들과 주민들과 함께 식사하며 교제할 때 우리는 그리스도 안에서 한 몸이며 한 가족임을 다시금 그리스도 사랑 안에서 깨달

중고등부 봉사 팀이 주택 수리를 돕는 모습

을 수 있었습니다.

이번 선교는 저에게 큰 영향을 주었습니다. 하나님과 나의 관계, 그리고 다른 사람들과 나의 관계가 발전되는 큰 의미 있는 선교였습니다. 또한 그리스도 안에서 우리는 하나이며, 하나님께서 우리를 통해 일하심을 배

사역을 모두 마치고 주택 보수를 요청했던 한 가정과 함께

웠습니다. 이번 선교는 다른 사람들을 도왔을 뿐 아니라 저의 생각과 마음의 눈을 열어 주었습니다. 하나님의 끝없는 사랑과 은혜를 감사하며……. – 중고등부 김채린

주예수교회 공동체가 한마음으로 교회 설립 10주년을 감사드리며, 심은 '에벤에셀' 기념비를 바라보고 지난 일주일 동안 가택 개축 사역으로 섬기고 온, 웨스트 버지니아 산골 마을에서 어렵게 삶을 이어가는 조지아 가정을 떠올립니다. 우리 일행들의 매일 반복되는 고된 육체 노동과 밤마다 이어지는 숙소에서의 모기, 벼룩과의 치열한 싸움은 내적 인내와 외적 박해를 결국은 이겨 내는 모든 인생들의 신앙 여정의 축소판과 같았습니다.

아침과 저녁으로 드린 경건의 시간을 통해 새 힘을 얻으며, 그 힘을 바탕으로 정성과 흘리는 땀 속에서 새로운 모습으로 드

성인 봉사자들이 한 주택의 난간을 보수하는 모습 (2010)

15장 _ 산골 빈민 주택 보수(ASP: Appalachian Service Project)

성인 봉사자들이 계단을 보수하는 모습

주택 하단부를 보수하는 모습

러나는 가택과 그로 인해 기쁨을 감추지 못하며, 우리에게 음료수를 제공하며 밤송이를 가져다 주는 그 손길들은 서로서로를 배려하며 감사하는 아름다운 섬김의 마당이었습니다.

더욱 감사드리는 것은, 우리들의 짧은 사역으로 말미암아 여러 해를 하나님의 품을 떠나 방황하며 적개심까지 품은 조지아 가정의 부부가 치유를 받아온 가정이 다시 교회로 발걸음을 향하게 하심으로써, 즉각적인 하나님의 임재를 보여주시며 선교의 주체이심을 드러내신 놀라운 은혜의 체험이었습니다. 하나님께 모든 영광을 돌리며 이러한 섬김의 기회를 주신 주예수교회와 배현찬 담임목사님 그리고 우리 일행을 인솔하며 우리 성인들까지도 섬겨 주신 영어 목회부의 김영훈 목사님께 감사드립니다. – 성인 팀 박태은

사잇글

교회 브랜드 만들기
(Brand Making)

● 예배가 은혜롭고(Brand Making #1)

지난 제5회 가족 수양회에서는 그룹별로 나누어서 교회 '브랜드 메이킹'(Brand Making)에 관한 토의를 하였습니다. 우리 교회 공동체의 강점을-예배가 은혜롭고, 2세 교육에 앞서가며, 사회 봉사가 아름다운 교회-통해서 교회 이미지를 특징화하는 일이었습니다. '예배가 은혜롭고'에 관해서는 여러분들의 의견을 종합해서 다음과 같은 사항을 시행하기로 하였습니다.

1) 주일 예배에 찬양을 도입
2) 목요 찬양 집회 개최
3) 설교 보급을 위한 CD 복사기 구입
4) 주보에 설교 노트 메모지 삽입
5) 주일 예배를 위한 경건한 태도 및 준비 기도 강조

당회는, 주일 공동체 예배(3부:11시)에 찬양 순서를 더 추가하는 것과 주중 특별 찬양 집회(목요 찬양)을 개회하는 것에 대해서, 그동안의 연구와 준비 과정을 점검하면서 이번 기회에 더 적극적으로 추진하기로 결정하였습니다. 주일 오전 3부 공동체 예배와 목요 찬양 집회를

위한 성인 찬양 팀을 구성하였으며, 찬양 팀을 중심으로 한 찬양 집회를 위해서 음향 및 영상 설비를 하기로 했습니다. 목요 찬양은 교육관 다목적홀에서 개최되므로, 거기에 따른 새로운 시설들을 설치하기로 하였습니다. 그리고 주일 예배 시의 찬양을 위해서는 찬양 팀과 함께 찬양대가 적극 협력하기로 하였습니다.

특별히 수요예배가 제자반 훈련으로 대체되기 때문에, 목요 찬양 집회는 주중에 모든 교인이 함께 모여 열린 찬양 예배로 드리는 회중 집회가 됩니다. 그동안 열심히 수요 예배에서 크로스웨이를 공부하신 참석자들과 찬양을 좋아하는 대학생들, 젊은 청장년들, 그밖에 찬양을 드리기 원하는 분들이 모두 함께 모이는 집회입니다. 누구나 와서 함께할 수 있는 열린 찬양 예배이므로, 교우 여러분들뿐만 아니라 아무나 자유롭게 부담 없이 참여할 수 있습니다. 찬양의 물결이 우리의 가슴과 공동체 속에 흐름으로써, 성령의 충만한 임재의 역사가 우리의 삶과 사명 속에 넘쳐 흐르기를 바랍니다.

당회는 이러한 사역에 필요한 제반 설비를 충당하기 위해서 온 교우들이 동참하는 특별 헌금을 하기로 하였습니다. 교우 여러분들의 각 가정에서 조그만 정성이라도 함께 참여해서 이 사역에 모두 동참하는 기쁨이 있기를 바랍니다. 우리에게 때맞추어 이러한 사역을 허락하시고 원하시는 성령의 인도하심 따라…….

● 2세 교육에 앞서가며(Brand Making #2)

지역 사회뿐 아니라 미국 어느 곳에 내놓아도 자랑할 만한 우리 교회의 여름 문화 학교 프로그램이 있습니다. 지난 여름 방학 동안 제 7회 여름 문화 학교에는 70여 명의 학생이 등록한 가운데, 즐겁고 알찬 교육 프로그램을 진행하였습니다. 이어 계속되는 학기 중의 가을 무궁화 학교에도 50여 명의 학생이 등록하였습니다. 선생님들이 만전의 준비를 하고 학생들을 지도하기 위하여 최선을 다하고 있습니다. 한글과 민족 문화와 얼을 가르치고 심어 주는 2세 문화 교육이 점점 더 알차고 풍성해져 가는 현상을 봅니다. 앞서가는 우리 교회 2세 교육에 대한 책임에 더욱 사명감을 가지게 됩니다.

지난 가족 수양회에서는 교회 이미지 창조(Brand Making)의 두 번째 항목인, 2세 교육에 앞서가는 교회에 대한 자부심과 열정이 열매를 맺어 가고 있는 가운데, 더욱더 지속적으로 발전하기를 바라면서, 몇 가지 시행 사항들을 논의했습니다.

1) 여름 문화 학교, 무궁화 학교, SAT 반 적극 홍보 및 지속적 발전
2) 부모님들의 관심과 협력 체계화 및 발전
3) 디아스포라 교육 강조
4) 가정 예배를 위한 도움 개발
5) 장학 기금 설립

현재 진행 중인 여름 문화 학교, 무궁화 학교, SAT반을 계속적으로 홍보하고 지속적으로 발전시켜야 할 뿐 아니라, 2세들의 영적 성장과 문화 교육에 부모들의 적극적인 참여와 협력을 도모하도록 교육 체계를 더 조직화하고 발전시켜 갈 예정입니다.

성인들에게 강조해 온 디아스포라(Diaspora) 정체성을 2세들에게 적극 적용하여, 크리스천 한민족 이민의 가문을 형성해 가는 데 있어서 분명한 정체성을 가지도록 격려해야 할 것입니다. 신앙인으로서뿐만 아니라 코리언 아메리칸으로서의 자기 정체성(identity)을 확실히 확립하여, 자신의 앞날을 더욱 긍정적이고 적극적으로 설계할 수 있도

록 도와주는 것이 우리의 교육 철학입니다.

자신의 뿌리에 근거한 이중 언어와 이중 문화에 익숙할수록 사회에서 더 인정받는 유능한 사람이 될 수 있습니다. 시대적으로 갈수록 최소한 이중 언어를 할 수 있고 다양한 문화를 이해하면서 적응할 수 있어야 지도자로 성장할 수 있습니다. 다문화 사회(Multi-Cultural Society)의 긍정적 기능에 열려 있어야만 세계화에 뒤쳐지지 않고 오히려 시대를 앞서가는 인물이 될 수 있습니다. 그러므로 2세 교육에 있어서 영적 성장과 민족 언어와 문화를 계승하는 일에 더욱 열심히 노력해야 합니다. 한국어나 영어가 자녀들에게 모두 익숙해지면 그만큼 유리한 조건을 가지게 되며, 더 열린 시각을 갖게 될 것입니다.

더불어 자녀들과 함께 가정 예배를 드릴 수 있도록 교재를 개발하거나 참고 교재를 활용하는 것에 대해서 연구하도록 할 것이며, 2세들을 위한 장학 기금을 설립하는 과제도 장기적으로 연구해야 되리라고 봅니다. 자녀들의 대학 학업을 돕는 일이나 신학 교육이나 선교 사역 참여 등을 위한 기금이 별도로 준비되어 있으면, 2세들에게 더욱 고무적인 일이 되리라고 봅니다.

교육을 위하여 후원하는 영적·물질적 노력은 가장 중요하고 확실한 투자입니다. 우리 교회의 다목적 교육관이 본당(예배당) 건물보다 더 큰 것은 2세 교육에 대한 이러한 사명감을 가장 확실하게 나타내고 있습니다. 하나님의 기업이요, 우리들의 기업인 2세들의 교육에 앞서가는 교회가 됩시다.

● 사회 봉사가 아름다운(Image Making #3)

"너희는 세상의 소금이니……너희는 세상의 빛이라……너희 착한 행실을 보고 하늘에 계신 너희 아버지께 영광을 돌리게 하라"(마 5:13-

16)고 하신 예수님의 말씀은, 교회가 산 위에 있지 않고 사회 가운데 존재하고 있음을 시사합니다. 구원의 방주로서 교회의 직접적인 전도와 간접적인 선교 사역은 사회 봉사의 손길로써 전파되게 됩니다.

우리 교회의 Brand Making #3은, 이러한 관점에서 "사회 봉사가 아름다운" 교회에 있습니다. 우리 교회는 창립 이후부터 사회 봉사가 특징인 교회로 평판이 나 있습니다. 그것은 하루아침에 갑자기 이루어진 사역이나 업적 때문이 아니라, 담임목사의 목회 철학과 함께 교회 지도자들과 회중들이 꾸준히 노력한 결과입니다. 제 자신의 목회적인 관심과 전공 영역과 더불어, 교우들의 공감대가 함께 어우러져 만들어 가는 특징입니다.

이민 교회로서 주예수교회는 지역 사회의 요청과 필요에 언제나 민감하며, 지역 주민에게 항상 열려 있으며, 더 나아가서 지역과 더불어 살고자 하는 공동체적 사명에 늘 충실하려고 합니다. 그러므로 우리 교회는 이제 지역 한인 사회뿐 아니라 인근의 미국인들에게도 잘 알려져 있습니다. 매주 화·목요일이면 인근 미국인들도 열심히 운동(Jazzercise)을 하기 위해 우리 교회로 옵니다.

사회 봉사가 교회의 자연스런 특징적 사역으로 드러나기까지 계속되어 온 사역들을 더 발전시키면서, 새로운 사역을 더 개발하도록 다음과 같이 중점적으로 사회 봉사 사역에 노력하기로 하였습니다.

1) 노숙자(홈리스) 선교를 계속 발전시키며 전 교인적인 참여 독려
2) 단기 선교 팀 참여 확대(자비량 중심)
3) 타 인종 및 한인 봉사 사역 확대(인종 화합, 지역 기관, 이민 사회)
4) 노인 사역 개발(계절별 프로그램)
5) 사회 봉사 사역을 위한 전담 구조(장기적)

매년 여름 1주일씩 섬기는 카리타스 사역은 한인 교회로서 유일하게 대표하는, 우리 교회뿐만 아니라 인근의 수많은 미국 교회들과도 연대하여 지역 사회 홈리스를 돌보는 것으로서, 미국 전역에서도 리치먼드에서만 있는 유일한 프로그램입니다. 어려운 역경과 외로움 속에 버려진 그들을 위로하고 자립하도록 돕는 이 사역을 통하여 교회는 선한 사마리아인의 봉사를 실천하게 됩니다.

올해 파라과이 의료 선교, 대학부의 한국 오창대교회 영어 캠프 인도, 중고등부와 대학부의 보스턴, 필라델피아 도시 선교 사역들은 모두 1주일 단위로 봉사한 단기 선교 사역들이었습니다. 모든 참가자들이 스스로 항공비나 교통비를 각자 부담했으며, 교회에서는 기타 약품, 체재비, 프로그램 비품 구입 등의 실비를 후원한 자비량 중심의 선교였습니다. 청소년들로부터 성인에 이르기까지 여름 방학 기간을 이용한 이러한 단기 선교 사역은 앞으로도 더 발전적으로 지속될 것입니다.

지난해 처음 개최했던 다인종 음악회(Intercultural Music Festival)은, 여러 인종의 교회들과 지역 사회 지도자들이 모여서, 무지갯빛과 소리로 마음을 함께한 아름다운 시간이었습니다. 행사의 준비와 효과를 위해서 격년으로 개최됨으로써 올해는 이 행사를 하지 않지만, 내년에는 2차 음악회를 더 확대해서 개최할 것입니다. 다양한 지역 사회의 호응과 참여뿐 아니라, 교우들에게도 무척 감동적인 시간이었습니다.

매년 개최될 한국 음식 문화의 날은 올해로 2회째를 맞으면서, 지난해의 알찬 성과보다 더 큰 성과를 기대하면서 열심히 준비하고 있습니다. 한국 음식과 전통 문화를 소개할 뿐 아니라 이웃과의 친교도 다지면서 인종 간의 문화 교류를 하는 이 잔치는, 선교 기금 목적이라는 깊은 뜻도 있으므로 교우 여러분들의 더 많은 협조와 관심을 부탁

드립니다.

우리 교회의 연로하신 노인 분들을 위한 사역을 현재의 봄, 가을 경로 관광의 단계를 더 발전시켜서, 계절적인 프로그램으로 확대하도록 점차적으로 시행할 것입니다. 장기적으로는 이러한 사회 봉사 사역을 위해 교회의 구조적인 전담 기구를 두고 발전시켜 나가는 일에 대해서 연구 개발할 예정입니다.

지역 사회 봉사가 아름다운 주예수교회와 교우들을 통하여 이 지역과 세계 곳곳에 복음의 빛이 확산되고 소금의 효력이 나타나도록 성령의 인도하심 따라 나아갑시다.

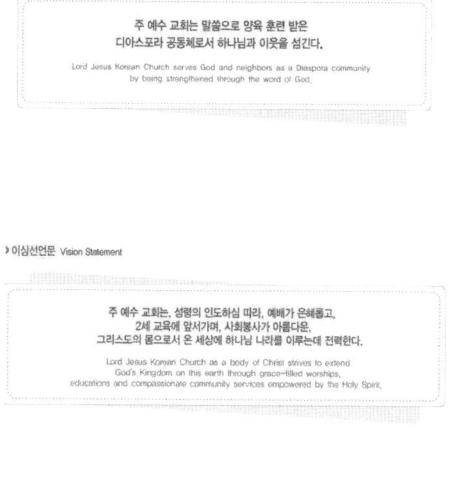

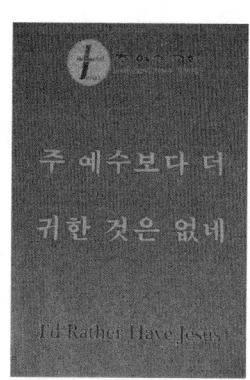

교회 표어

주예수교회 로고

교회 표어

사잇글 _ 교회 브랜드 만들기(Brand Making)

6부

지역 한인
사회를 위하여

16장

2세를 위한 민족의 얼과 뿌리를 찾아서
(무궁화 한국 학교, 여름 문화 학교)

주예수교회 정원에 활짝 핀 무궁화

주예수교회 정원에는 무궁화가 심겨져 있는데, 이는 뿌리 교육을 통해 미국 땅에서 자라는 한인 2세들에게 코리언 아메리칸이라는 긍지와 민족의 얼을 심어 주기 위한 담임목사의 의지로부터 비롯되었다.

담임목사가 처음 미국에서 목회를 시작했던 30년 전만 해도, 상당수의 한국 부모들은 2세들이 미국 사회에서 미국인으로 살아가도록 하기 위해 한국어와 한국 문화에 대해 가르치지 않았다. 그로 인해 많은 2세들이 자신의 뿌리를 거부하며 미국인으로서 살아가거나, 소수 민족으로서 미국 사회에서 적응하지 못하는 경우가 많았다. 또한 부모와 자녀 간의 의사 소통 및 신앙적·문화적 괴리로 인한 가정 문제가 야기되기도 하였다.

이러한 한인 사회의 문제를 직시한 담임목사는 신앙의 기초 위에 이루어지는 2세 뿌리 교육의 중요성을 깨닫고, 미국에서 처음 목회를 시작했던 30년 전부터 건물을 빌려서 한국 학교를 함께 개교하였으며, 현재 주예수교회의 무궁화 한국 학교에 이르는 30년간 한 번도 쉬지 않고 한국 학교를 운영해오고 있다.

● 설립 취지 및 역사

주예수교회는 2세 교육에 앞서간다는 이상 선언문(Vision Statement)에 따라, 2세를 위한 뿌리 교육의 일환으로 토요 학교인 무궁화 한국 학교(Moo-Gung-Hwa Korean School)와 여름방학 특별 프로그램인 여름 문화 학교(Summer Culture School)를 운영하고 있다. 무궁화 한국 학교와 여름 문화 학교는 주예수교회 설립 3대 목표인 양육, 훈련, 섬김에 따라 교인 자녀 및 지역 사회 한인 2세들에게 한국어와 문화를 전수하고, 부모와 공유하는 민족적 자긍심과 얼을 심어 주며, 복음을 통해 인격을 함양시키려는 취지에서 설립되었다.

1999년 11월 7일에 창립 예배를 드린 주예수교회는 이듬해 2000년 6월 26일에 "우리는 여기서 미래를 꿈꾼다"라는 표어로 제1회 여름 문화 학교를 개교하였다. 첫해에 4개반 학생 32명으로 시작한 이래 올해로 12회째를 맞이하고 있는 여름 문화 학교는, 2012년 현재 학생 110여 명과 9개의 한글 교실을 운영하고 있으며, 지역 사회의 방학 프로그램 중에서 가장 영향력 있는 한국어 및 문화 교육 프로그램으로 평가되고 있다.

여름 문화 학교가 성황리에 진행됨에 따라 방학뿐만 아니라 학기 중에도 2세들을 위한 한국 학교 설립과 교실 확보의 필요성을 절감하게 되었다. 이를 위해 온 교인이 합심하여 기도하던 중에, 하나님의 인도하심에 따라 2004년 6월 27일 다목적 교육관을 헌당하게 되어 많은 교실이 마련되었고, 이를 계기로 1년간의 준비 끝에 2005년 9월 10일에 무궁화 한글 학교를 개교할 수 있었다.

처음 가을 학기(14주), 봄 학기(14주) 학기제로 운영하던 무궁화 한글 학교는 이름을 '주예수 무궁화 한국 학교'로 개명하고, 한글뿐만 아니라 한국의 문화와 얼을 전수하기 위해 2010년부터 가을봄학기의 1년(28주) 학제로 매주 토요일 오전에 수업을 진행하고 있다. 무궁화 한국 학교는 재미 한국 학교 수도권 지역 협의회(CAKS-Capital area Association of Korean Schools)의 소속 학교이며, 첫 해에 4학급, 30여 명의 학생으로 시작했던 학교가 해마다 성장하여, 현재는 약 70여 명의 학생들이 미국 초등학교 입학 전(Pre-Kindergarten) 2학급, 초등학교(Kindergarten, 5학년) 3학급, 중·고등학교(Youth) 2학급으로 나뉘어 각자의 연령과 수준에 따른 교육을 받고 있다.

무궁화 한국 학교

삼일절 기념 예배

● 교사의 조직 및 업무

무궁화 한국 학교는 이사장, 교장, 유급 교사인 교감과 교무,

서무와 서기, 한글 및 특별 활동 교사와 무급 보조 교사인 고등학생 자원봉사자(Volunteer)의 교사 조직을 가지고 있으며, 학부모회 (PTA-Parent Teacher Association)가 조직되어 학교 전반적인 업무를 돕고 있다.

4주간 진행하는 여름 문화 학교는 무궁화 학교에 비해 보다 많은 교사와 차량 운행과 식사 담당 등의 특별한 업무가 필요하다. 이에 따라 교장, 책임 교역자(Director), 교감, 서기, 회계의 임원 교사와 한글 및 ESL 교사, 특별 활동 교사, PTA, 식사 담당 집사회 및 고등학생 무급 자원봉사자, 차량을 운행하는 협력 교역자가 여름 문화 학교를 섬긴다.

담임목사는 무궁화 한국 학교와 여름 문화 학교의 이사장으로서 한국 학교를 위해 필요한 교회의 영적·물적 지원을 하고, 당회원인 교장은, 내적으로는 교사를 수급하고 재정을 확보하는 역할을 하고 외적으로는 재미 한국 학교

앞에서부터 2012년 여름 문화 학교를 섬기는 담임교사/특별 활동 교사/자원봉사자/지원 교역자

수도권 지역 협의회 소속 회원으로 외부 행정 업무를 담당한다. 여름 문화 학교 때는 학기 중에 교장이 담당했던 교회 내 업무 및 전체 총괄 책임 업무를 책임 교역자가 담당한다. 집사회 소속 교감과 교무는 한국 학교 및 여름 문화 학교 전반적인 행정 및 관리, 교과 과정 정비 등의 업무를 하고, 서무는 학생 관리, 서기는 문서 관리를 하고 교사들은 학생들의 수준에 따라 수업 계획을 세우고 진행하며, 학생들을 평가한다. 고등학생 무료 자원봉사자들은 교사와 한국 학교 또는 여름 문화 학교를 돕는 보조 업무를 담당한다.

무궁화 한국 학교 및 여름 문화 학교의 모든 교사는 연초에 세례 교인 이상의 주예수교회 성도들 중에 선별 모집하는데, 이를 통해 한국 학교를 통해 학생들에게 한국어와 문화를 전수하는 것뿐만 아니라, 학생들이 신앙 안에서 바른 뿌리를 내릴 수 있도록 한다는 주예수교회의 더 큰 비전을 엿볼 수 있다. 교사들은 기도회 및 말씀 묵상을 통해 한국 학교와 여름 문화 학교를 위한 영적인 기초를 다지고, 내부적인 교사 커리큘럼 모임과 재미 한국 학교 수도권 지역 협의회에서 주관하는 봄, 가을 교사 교육에 참석하면서 전문성을 기른다.

하루 140인 분의 식사를 준비하는 여름 문화 학교 주방 봉사 팀

● 홍보 및 학생 모집

무궁화 한국 학교와 여름 문화 학교 홍보를 위해서 대내적으로는 이사장 배현찬 담임 목사가 예배 시간에 신앙의 기초 위에서 이뤄지는 2세를 위한 뿌리 교육의 중요성에 대해 교인들에게 알리고, 교사들

지역 신문 광고 및 상가 등지에 붙는 홍보 포스터

은 지난 학기에 등록한 학생들의 가정에 한국 학교와 여름 문화 학교에 대한 프로그램 안내와 참가 신청서를 우편으로 발송한다. 또한 대외적으로는 포스터를 제작하여 인근 지역의 한인 식당과 가게 등에 붙이고 지역 한인 신문 및 교회 홈페이지에 광고를 실어 지역 한인 사회에 한국 학교와 여름 문화 학교에 대해 알린다.

- 무궁화 한국 학교(매주 토요일)와 여름 문화 학교(6-7월 / 4주 간)의 일과 운영

무궁화 한국 학교는 아침에 교육관에 함께 모여 국민 체조를 하고 한글 수업 2시간과 특별 활동 1시간의 수업을 진행한 후에, 다시 교육관에 모여 애국가를 부른 후에 종례를 한다.

여름 문화 학교에서는 학생들과 교사들이 오전에 교육관에 함께 모여 매일 예배를 드리고, 오전에는 한글 및 영어 수업 2시간을 하고, 점심 식사를 한다. 오후에는 선택 특별 활동 1시간과 필수 특별 활동 1시간을 진행한 뒤 교육관에서 종례를 하고 마친다.

〈무궁화 학교 하루 일과〉	
시간	일정
9:00 - 9:30	교사 기도회 및 준비
9:30 - 9:40	아침 체조
9:40 - 10:25	한글 수업 1
10:25 - 10:35	휴식
10:35 - 11:20	한글 수업 2
11:20 - 11:35	간식
11:35 - 12:20	특별 활동
12:20 - 12:30	종례 및 귀가
12:30 - 1:30	교실 정리 및 교사 모임

〈여름 문화 학교 하루 일과〉	
시간	일정
9:00 - 9:30	교사 기도회 및 준비
9:30 - 9:50	예배
9:50 - 10:00	휴식
10:00 - 10:50	한글/ESL 수업 1
10:50 - 11:00	휴식
11:00 - 11:50	한글/ESL 수업 2
11:50 - 12:40	점심 식사
12:40 - 1:40	특별 활동 1
1:40 - 1:50	휴식
1:50 - 2:50	특별 활동 2
2:50 - 3:00	종례 및 귀가
3:00 - 4:00	교실 정리 및 교사 모임

무궁화 한국 학교 일정(왼쪽)과 여름 문화 학교의 일정표(오른쪽)

● 한글반 운영 및 커리큘럼 운영

무궁화 한국 학교는 매주 토요일 오전 2시간의 한글 수업을 진행하는데, 배치 고사를 통해 학생들의 연령과 수준을 고려하여 미국 공립 학교 입학 전(Pre-Kindergarten) 2학급과 초등학생(Kindergarten-5학년) 3학급, 중고등학생(6학년-고등학생) 2학급으로 각각 반 편성을 한다. 2년 전부터는 어린 학생들뿐만 아니라 한국어와 한국 문화에 대해 배우고자 하는 성인들의 요청에 따라 성인반을 개설하여 운영하고 있다.

무궁화 한국 학교의 성인반 발표

여름 문화 학교도 배치 고사

를 통해 학생들의 연령과 수준을 고려해서 반 편성을 하는데, 여름 방학이라는 특성상 한국어를 처음 접해 보는 영어권 학생들이 많이 오는 관계로, 초등학교 저학년 영어권 학생들을 위한 기초반 1반, 초등학교 고학년 이상 학생들을 위한 기

여름 문화 학교 교사(2003)

초반 1반을 별도로 운영하고 있으며, 3년 전부터는 한국에서 영어와 미국 문화를 체험하기 위해 미국을 방문하는 학생들의 요청에 따라 ESL(English as Second Language) 반을 운영하고 있다.

무궁화 한국 학교에서는 주로 교육인적자원부에서 재외 동포를 위해 제작한 한국어 교재와 각 반 담임 교사가 학생들의 수준에 따라 직접 제작한 교구 및 교재, 한국어 문학 작품 및 보조 자료 등을 활용한 말하기, 듣기, 쓰기, 읽기의 통합 수업이 이루어진다. 또한 학생들의 수준에 따라 재미 한국 학교 워싱턴 지부 주최로 이루어지는 한국어 능력 시험 및 낱말 경시 대회 준비, 시 낭송 및 나의 꿈 말하기 대회를

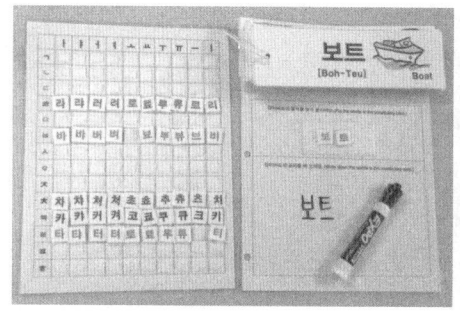 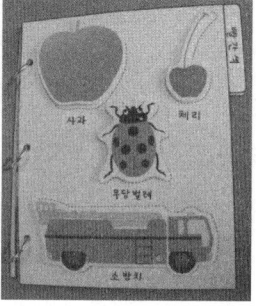

무궁화 한국 학교에서 자체 제작한 한글 교육 자료들

준비하면서 학생들의 한국어 능력을 향상시킨다.

여름 문화 학교에서는 4주간의 집중 수업이 이루어지기 때문에 하나의 교재를 택하기보다는 교사들이 직접 학생들의 수준에 따라 제작한 교재를 활용하여 한국어 말하기, 듣기, 쓰기, 읽기 수업을 진행한다.

● 특별 활동 및 야외 학습

무궁화 한국 학교에서는 2시간의 한글 수업 이후 1시간의 특별 활동을 진행하는데, 미술반, 축구반, 태권도반, 검도반, 부채춤반 등의 한국 문화와 관련된 특별 활동이 주로 진행된다. 2년 전부터는 한국 문화를 배우고자 하는 성인반을 위해 '한백즐'(한국 문화 백배 즐기기)이라는 특별 활동반을 개설하여 고학년 학생들과 성인들을 대상으로 한국의 영화, 드라마, 음악 등 한류와 관련된 수업을 진행하고, 한국 요리를 직접 만들어 보는 시간을 통해 성인들에게도 한국 문화를 알리고 있다. 특별 활동 시간에 배운 것들은 종강식 전시회나 발표회를 통해 교인들과 부모들에게 알린다.

여름 문화 학교에서는 점심 시간 이후 2시간 특별 활동을 진행하는

무궁화 한국 학교의 특별 활동(좌: 축구반, 우: 검도반)

무궁화 학교와 여름 문화 학교의 특별 활동
(위로부터 시계 방향으로: 사물놀이반 발표, 여름 문화 학교 요리 수업, 미술반 전시회)

데, 첫째 시간은 선택 특별 활동 시간으로, 주로 태권도, 축구, 사물놀이, 한국 무용, 부채춤, 미술, 북아트(Book Art), 한류 밴드 등의 특별 수업이 진행된다.

두 번째 특별 활동 시간은 모두가 함께 참여하는 시간으로 학생들은 이 시간을 통해 주로 한국의 민속 놀이와 요리, 역사 등을 배운다. 3~4세 반의 경우에는 아이들의 연령을 고려하여 각 반에서 별도로 특별 활동을 진행한다.

특별히 여름 문화 학교에서는 매주 금요일마다 한국의 대표 대동 놀이인 운동회, 수영장 방문, 1박 2일 캠프 등의 야외 수업을 진행한다. 1박 2일 캠프 때는 교회의 잔디 구장에 텐트를 설치하고 다양한 게임과 캠프파이어를 한 후 각자 준비해 온 침낭(sleeping bag)을 가지

여름 문화 학교 물놀이 수영장

여름 문화 학교의 1박 2일 캠프 중
교회 잔디 구장에서 캠프파이어를 하는 모습

고 교육관의 각 교실에서 잠을 잔다.

또한 여름 문화 학교 마지막 날에는 특별한 순서들을 진행하는데, 오전에는 학생들과 교사들이 한복을 입고 와서 예절 교육을 하고, 저녁에는 부모들과 교인들을 초청하여 그동안 여름 문화 학교에서 배웠던 것들을 전시하거나 발표한다.

▲ 참여 후기: 무궁화 한국 학교와 여름 문화 학교를 통해서

나는 오랫동안 주예수교회 한국 학교의 일원이었다. 지금으로부터 몇 년 전, 내가 중학생 때 나는 주예수교회 여름 문화 학교의 학생이었다. 그때 사실 나는 내가 한글과 한국 문화에 대해 배우는 것에 대해 감사하지 못했고 여름 문화 학교에 대한 소속감을 느끼지도 못했기 때문에 여름 문화 학교를 떠나고 싶었다. 그러나 실제로 여름 문화 학교를 떠나지 못했고, 이런 생각은 단지 내 마음속에만 자리하고 있었다.

몇 년 후 여름문화학교에서 학교를 도와줄 자원봉사자를 모집한다는 광고를 냈고, 나는 고등학교 졸업을 위해 자원봉사 시간이 필요했기 때문에 자원봉사를 하기로 했고, 그 이후 4년 동안 자원봉사자로서 여름 문화 학교를 도왔다. 그 저 자원봉사 시간을 채우겠다는 처음 나의 마음과는 달리, 나는 자원봉사를 하면서 학생들과 함께 보내는 모든 순간들을 좋아하게 되었고, 특별히 학생들의 배움과 성장을 지켜보면서 큰 보람을 느꼈다. 자원봉사자로서 여

여름문화학교 발표회 중 부채춤 공연

름 문화 학교를 섬기면서 느꼈던 좋은 느낌들은 여름 문화 학교를 위해 더 많은 부분들을 돕고 싶다는 의지를 갖게 하였다.

고등학교를 졸업 한 이후 나는 여름 문화 학교 정교사가 될 수 있는 기회를 얻었다. 내가 처음 자원봉사자가 아닌 교사로서 여름 문화 학교를 섬기라는 전화를 받은 후에 나는 거의 정신이 없었다. 나는 교사로서의 경험은 처음이었기 때문에 반을 어떻게 운영할지, 학생들을 어떤 방법으로 가르칠지를 생각하고 또 생각했다. 나는 학생들과 함께 수업을 즐길 수 있길 바라면서, 마치 학생이 된 것처럼 열심히 한글 수업을 준비하고 주변의 다른 선생님들에게 조언을 구하고 자료를 얻고 공유하면서 용기를 얻게 되었다.

이번 여름 문화 학교에서 내가 맡은 반은 한국어를 거의 못하는 영어권 학생들의 기초 한글 수업과 역사 수업이었는데, 첫 번째 주는 엄청나게 빨리 지나갔다. 처음에 나는 혼란스러웠지만 우리 반에 배정된 고등학생 자원봉사자들의 도움으로 수업을 무사히 마칠 수 있었다. 여러 사람들의 도움을 받으면서 여름 문화 학교의 교역자, 교사와 자원봉사자들이 힘든 일이 있을 때 서로 도울 수 있다는 것에 감사하게 되었고, 여름 문화 학교가 혼자 힘이 아니라 여러 사람의 협력으로

16장_2세를 위한 민족의 얼과 뿌리를 찾아서(무궁화 한국 학교, 여름 문화 학교)

여름 문화 학교의 운동회 중 학생들이 줄다리기를 하고 있다

진행될 수 있음을 다시 한 번 깨닫게 되었다.

나는 여름 문화 학교를 통해 만났던 많은 학생들이 한국 문화를 배울 뿐만 아니라 그리스도 안에서 자라면서 자랑스러운 한국인으로 미국 땅에서 커 가는 것을 지켜보게 되었다. 이러한 학생들을 보면서 내가 어렸을 때 조금 더 한국 문화에 대해 관심을 가졌었으면 좋았으리라는 생각을 했고, 내가 만난 학생들이 너무 자랑스러웠으며, 때로는 교사로 학생들을 가르치는 것이 힘들 때도 있었지만, 학생들의 성장은 나에게 크나큰 보람이었다. 나는 이 학생들이 자랐을 때 그들이 여름 문화 학교를 통해 배운 신앙과 한국 문화에 대한 전통을 그들의 자녀들에게 전수하길 소망한다.

처음 학생으로 시작하여 자원봉사자로 또 정식 교사가 되어 여름 문화 학교를 섬길 수 있었던 일을 떠올려 보면서, 나는 내가 리치먼드로 처음 이사를 왔을 때부터 내 삶의 거의 대부분을 여름 문화 학교에서 보냈다는 사실을 알게 되었다. 나는 여름 문화 학교를 통해 나 자신이 많이 성장했다고 생각하고, 이러한 기회를 주신 하나님과 주 예수교회에 감사 드린다. - 여름 문화 학교 교사 김연실

나의 어릴 적 꿈은 선생님이 되는 것이었다. 내가 상상했던 선생님은 모든 것을 다 아는 박사였고, 아름다운 미소와 모든 학생들을 품어주는 부드럽고 상냥한 마음을 가진 분이었고, 나는 나도 그런 훌륭하고 존경을 받는 선생님이 되길 고대했다.

어른이 된 나는 미술학원 강사가 되었고 몇 년 동안 아이들을 가르칠 수 있었다. 아이들을 가르치면서 나는 '아! 선생님은 아무나 할 수 있는 일이 아니구나! 아이들의 꿈과 재능을 찾아 주고 이끌어 주며, 잘 계발해 나갈 수 있도록 이끌어 주기 위해서는 인내와 노력이 필요하고, 책임감과 사명감이 투철한 사람만이 할 수 있는 것이구나!'라는 것을 느끼게 되었다.

이후 나는 미국으로 이민을 왔고, 두 아이를 키우면서 어떻게 하면 아이들을 건강한 마음과 육체, 맑은 영성을 가진 아이로 잘 기를 수 있을까 하는 생각을 하며, 어릴 적 나를 사랑으로 기르셨던 부모님의 모습을 떠올리기도 하고 여러 사람들에게 조언도 구하면서 내 자녀들을 바르게 양육하기 위해 나름의 노력을 하였다. 한국 학교에서 교감으로 섬기고 있는 나 자신을 돌아볼 때, 하나님께서 이러한 고민들을 통해 나름대로 아이들과 눈높이를 맞추고 재미있는 공부 방법을 찾으며, 미래의 한국 학교 교사가 될 준비를 시키셨다는 생각이 들어서 하나님께 감사와 영광을 돌린다.

한국 학교 교사로 부르심을 받아 많은 한국인 2세들을 가르치면서, 나는 특별히 한국인 2세 자녀를 둔 엄마로서 아이들을 교회 안에서 양육한다는 것이 가장 큰 축복이라는 생각이 들었다. 또한 한국 학교 교사로서 내가 만났던 혹은 만날 아이들이 신앙 안에서 인생의 의미를 발견하고 선명한 비전과 목표를 가질 수 있도록 도와서 2세들이 바른 정체성을 형성하여, 미국 땅에서 한국인 2세로서 건강하게 성장해 나갈 수 있도록 돕는 역할을 감당하고 싶다.

참으로 부족하지만 한국 학교 교사로 불러 주시고, 교사로서의 소명감을 주시고, 교사의 사명을 감당할 수 있도록 인도하시고 도우시는 하나님께 모든 영광을 돌린다. 돌이켜 보면 힘들고 어려운 일도 많았지만 "먼저 그의 나라와 그의 의를 구하라"는 말씀이 나를 붙들어 주었고, 이민 사회에서 자라는 한국인 2세들에게 그들의 뿌리인 한국어와 문화, 역사를 가르쳐야 하는 한국 학교의 사명을 매 순간 다시 깨달으면서 나는 한국 학교의 교사를 계속할 수 있었다. 한국 학교를 통해 바른 정체성과 신앙을 가지고 자라나는 2세들을 바라보면서 개인적으로 삶의 보람과 기쁨을 느끼게 되었고, 앞으로 우리 2세들이 한국 학교에서 더 큰 미래를 꿈꿀 수 있기를 소망한다. 이 모든 것을 허락하신 하나님 아버지! 너무너무 사랑해요.

– 무궁화 한국 학교 & 여름 문화 학교 교감 도은희

여름 문화 학교를 섬긴 지 4년째다. 그리 길지도 짧지도 않은 시간이었다. 매번 '힘들어!' 하며 주저앉고 싶을 때도 있었지만 한 번도 이 일을 그만두어야겠다는 생각은 해보지 않았다. 여름 문화 학교라는 공동체 안에서 역사하시는 하나님의 손길을 느꼈기 때문이다.

다양한 사람들이 모여 일할 때는 항상 갈등이 있게 마련이다. 목소리가 커질 때도 있다. 좌절과 두려움으로 뒷걸음칠 때도 있다. 너무 힘들어 울 때도 있다. 하지만 이 모든 것들을 이겨 낼 수 있는 힘은 결국 하나님의 사랑과 은혜임을 고백하지 않을 수 없었다.

강인호 목사님께서 한 번은 이런 말씀을 하셨다. 나에게 주어진 사명보다 더 중요한 것은 하나님의 사랑과 은혜를 깨닫고 그 안에 거하는 것이라고 했다. 이 말씀에 나는 잠시 멈칫했다. 그리고 이제껏 나의 섬김의 모습을 떠올려 보았다. 그 순간 낭떠러지를 향해 전속력으로 달려가는 모습이 그려졌다. 첫사랑을 잃어버린 것이다. 여름 문화 학교는 하나님을 향한 나의 이런 모습들을 발견하며 또다시 나를 향한 하나님의 사랑을 깨닫게 해주는 곳이다.

여름 문화 학교에서 나는 창조주로서의 하나님의 신비한 역사하심을 깨달았다. 각기 다른 은사와 성격, 생각들을 가진 사람들이 모여 일할 때, 결국은 일을 조화롭게 이뤄 가시는 이는 하나님임을 고백하지 않을 수 없었다. 마치 오케스트라의 지휘자처럼 모든 연주자들을 적절히 때에 맞춰 사용하셔서 하나의 아름다운 음악을 만들어 가신다. 우리는 이 곳에서 자신의 소리를 낮추며, 상대방의 소리에 귀 기울여 듣는 법을 배우고, 서로 협력하며 위로하고 사랑하는 법을 배운다. 여름 문화 학교에 오는 모든 아이들이 지식보다는 이런 것들을 배워 가길 바란다. 이 공동체 안에서 하나님의 따뜻한 사랑을 느끼며 자라길 바란다.

하나님께서 주신 생명의 소중함을 깨닫고 그 은혜와 사랑을 나누는 것이 우리에게 주신 사명이 아닐까 싶다. 끝으로 여름 문화 학교를 섬기는 교역자, 교사, 주방 봉사자, 기도 협력자 등 모든 분들께 감사드리고 싶다. 그리고 여름 문화 학교 가운데 역사하시는 하나님을 찬양합니다. – 무궁화 한국 학교 & 여름 문화 학교 교사 나미진

먼저, 무궁화 한국 학교에서 수고하시는 여러 선생님들께 감사를 드리고 싶다. 우리 가정이 이곳으로 이사 온 후 민수가 한국 학교에 다닌 지 벌써 3년째 된다. 열성적인 선생님들의 지도로 민수의 한글 실력이 상당히 향상되었는데, 이는 한국 학교의 교사와 프로그램이 좋았기 때문이라고 생각한다. 수업을 통해 선생님이 가정에서 한글을 사용하라고 격려해 주셨고, 우리 가정에서는 민수와 거의 한국말로 대화를 하며, 볼 만한 한국 드라마나 영화를 온 가족이 함께 시청을 하고, 가정에서도 한국말을 하고 한글을 아는 것이 한국인의 뿌리를 가진 우리에게 아주 중요하다는 것을 지속적으로 알려 주셨기 때

제11회 여름 문화 학교 발표회(2011)

문이라고 생각한다. 그리고 한국어를 위해 네 살 때부터 한국 학교를 다녔던 민수였지만 한국어는 배우지 않으면 못한다는 것을 가정에서도 강조하였고, 한국 학교에서 선생님에게 배우기도 하였다. 특별히 매번 시행되는 한글 대회에도 참가하고 여름 문화 학교에도 참가한 것이 민수가 한글과 좀 더 가까이 지내게 된 계기가 되었다고 생각한다.

학교 공부로 바쁜 학기 중에 한글 대회(동화 구연 대회나 한국어 능력 시험, 낱말 경시 대회)를 준비하는 것이 쉬운 일은 아니었다. 지난 번 낱말 경시 대회 때는 민수가 일주일 전에 예상 문제를 받아와서 걱정을 하며 4일 동안 공부하고, 나에게 테스트를 해달라고 요청했었다. 민수는 조금 스트레스를 받았는지 준비 기간이 너무 짧다고 투정도 부렸지만 열심히 연습을 한 결과 좋은 성과를 얻을 수 있었다.

또한 민수는 한국 학교에 가는 것을 즐거워했고, 선생님들의 칭찬으로 큰 힘을 얻곤 했다. 특별히 민수는 축구 시간을 너무 좋아했고, 여름 문화 학교도 무척 재미있어 했다. 올해에는 한국 여행 계획이 있어서 여름 문화 학교에 한 주 정도밖에 참여를 못한다고 했더니, 일주일이라도 갈 수 있어서 다행이라고 했다. 무궁화 한국 학교와 여름 문화 학교를 통해 우리 민수가 자기의 뿌리인 한국에 대해 더 많이 알아가고 한국어 실력도 날로 늘어가는 것을 보면서 선생님들께 감사드린다. - 무궁화 한국 학교 신민수 어머니

지난 7월 22일 금요일 저녁 8시, 리치먼드 주예수교회(배현찬 담임목사)에서는 올해로 11년째를 맞이한 여름 문화 학교 종강식 및 발표회를 성황리에 마쳤다. "한국의 사계절"이라는 주제를 가지고 지난 한 달 간(6월 27일부터 7월 22일까지) 진행되어 온 이번 여름 문화 학교에는 71명의 학생과 9명의 담임 교사, 12명의 보조 교사, 학부모님들과 여러 자원봉사자들이 참여하여 미주 한인 2세들에게 한국의 언어, 전통 문화 그리고 역사 유산을 심어 주는 뜻 깊은 시간이 되었다.

지역 사회의 한인 2세들이 주로 참여한 이번 여름 학교에는 타 주와 심지어는 한국에서 이 프로그램에 참여하기 위해 온 학생들도 있어 눈길을 끌었다. 3세부터 중학생에 이르는 다양한 연령대의 학생들이 오전에는 각자 수준에 맞게 편성된 반에서 한국어와 영어(한어권 학생들 대상)를 배우고, 오후에는 한국 무용, 북아트, 과학반, 축구 클럽, 한국 민속놀이 등 다양한 특별 활동을 통해 사회성과 창의성과 더불어 민족적인 자긍심을 고취시키는 시간이 되었다. 또한 매주 금요일에는 운동회, 물놀이, 1박 2일 캠프를 통해 2세 자녀들에게 독립심과 협동심을 키워 주기도 하였다.

학교 마지막 날 오전에는 아이들이 모두 한복을 차려 입고 한국의 인사 예절, 식사 예절, 언어 예절을 배우는 시간을 가졌고, 저녁 발표회에는 아이들이 준비한 노래 및 율동, 난타, 발레, 한국 무용 그리고 패션쇼 등을 선보여, 참여한 200여 명의 부모님들과 지역 사회 주민들에게 유쾌한 웃음을 선사하며 즐거운 시간을 가졌다.

이번 문화 학교를 담당한 강인호 전도사는 "소수 인종(Minority)으로 학창 시절 대부분을 보내는

제11회 여름문화학교 발표회 후(2011)

한인 2세들에게 한민족 고유의 언어와 문화를 가르쳐 민족적 뿌리에 대한 자긍심을 고취시켜 주고, 1세 부모와 공유하는 전통 문화를 갖게 하여, 이를 통해 건강한 정체성을 가진 코리언 아메리칸으로 자신 있게 자라나길 바란다"고 말했다. - 〈두레신문〉 (2011년 7월 23일자)

생애 처음 준희를 미국에 보냈습니다. 친구를 통해 익히 듣기는 했지만 주예수교회의 4주간의 여름 문화 학교와 1주간의 여름 성경 학교 프로그램에 준희가 잘 적응할 수 있을지 걱정을 많이 한 것이 사실입니다. 프로그램이 시작된 후 매일 연락을 하며 어떤 하루를 보냈는지 이야기를 들었습니다. 그리고 참으로 잘 보냈다는 생각을 몇 번이나 했습니다. 재미있고 유익한 각종 프로그램들(특히 VBS 프로그램을 할 때면 매일 들떠 있었습니다), 미국에서 경험하는 한국 전통의 아름다움, 여러 목사님과 외국 친구들과의 유대 관계, 무엇보다 아이 스스로 경험하고 있는 새로운 세계에 대한 경이로움이 엄마인 저에게까지 전해졌습니다.

40년을 넘게 살아오면서 이렇게 많은 감사를 한 적이 있었나 싶을 정도였습니다. 준희가 아직 어리기는 하지만 한국에 온 후 정서적으로 많이 성숙해졌음을 알 수 있습니다. 주예수교회 목사님과 성도들의 사랑이 이렇게 먼 한국에까지 전해지는 것은 그 사랑이 깊고 넓기 때문이라 생각합니다. 평생 기억될 좋은 추억을 만들어 주셔서 진심으로 감사드립니다. - 준희 엄마(2011년)

나는 처음에는 설레고 긴장되고 즐겁고 미국에 꼭 가고 싶었다. 그렇지만 미국에 갈 날이 다가오니 너무 불안하고 초조하고 걱정이 되었다. 하지만 막상 미국에 도착하니 한국에서 느껴졌던 감정들이 잊혀질 만큼 미국이 편안했다. 미국과 한국은 다른 점이 참 많은 것 같다. 미국은 한국보다 별도 많고 공기도 좋았다. 그리고 밤이 되면 미국은 고요하다. 한국처럼 가로등도 많이 없어서 나는 미국의 이런 면이 좋았다.

그리고 문화 학교가 시작할 때쯤 나는 너무 긴장되었다. 왜냐하면 그 문화 학교에서 같이 공부하는 아이들은 어떤 아이들일까 궁금했기 때문이다. 하지만 문화 학교에 가 보니 지금까지 내가 생각해 왔던 아이들과는 너무 달랐다. 왜냐하면 한국말도 잘하고 한국에 대해서도 잘 알기 때문이었다. 나는 '문화 학교 아이들이 전부 다 외국인이면 어떡하지?'라는 생각을 했다. 하지만 나는 한국처럼 편안하게 지낼 수 있었다.

주일 예배를 드릴 때는 목사님 설교 말씀이 재미있어서 더 편안하고 재미있었다. 그리고 주예수교회에서 여러 가지 활동을 하면서 친구들도 많이 사귀었다. 여름 성경 학교 할 때는 그 일주

제12회 여름 문화 학교 발표회(2012)

제12회 여름 문화 학교 1박 2일 캠프(2012)

16장_2세를 위한 민족의 얼과 뿌리를 찾아서(무궁화 한국 학교, 여름 문화 학교)

제12회 여름 문화 학교 단체사진(2012)

일이 정말 빨리 지나갔다. 여름 성경 학교를 하면서 문화 학교에서 사귀었던 친구들도 만났고, 새로운 친구들도 많이 만났다. 그리고 여름 성경 학교에서는 간식도 재미있게 만들어서 맛있게 먹었다. 미국에서 한국으로 가기 바로 전날에 난 '아~ 정말 재미있었는데, 아쉽다, 다음에 또 오고 싶다' 이런 생각들을 많이 했다. 그리고 미국에서 만났던 사람들도 절대 잊지 못할 것이다. - 김시은(2011년)

17장

노년들을 위한 섬김(무궁화 시니어 센터)

2011년 3월 3일에 개교한 무궁화 시니어 센터는 주예수교회에서 가장 최근에 시작한 사역이면서, 동시에 지역의 필요를 잘 반영한 사회 봉사 프로그램 중 하나이다. 무궁화 시니어 센터가 시작된 2011년 당시 리치먼드 지역에는 한인 노년 인구가 해마다 점진적으로 증가하고 있었고, 은퇴와 퇴직, 자녀들의 결혼과 육신의 노쇠함으로 인해 상실감을 느끼고 있는 지역 사회의 많은 노인들로부터 배움과 교제의 장에 대한 요청이 점차 시급해지고 있었다. 다양한 연령층의 이러한 요구에 대한 프로그램이 몇몇 대도시에 있는 한인 사회에서는 제공되고 있었지만, 리치먼드와 같이 한인들이 상대적으로 적은 중소도시에서는 이러한 필요를 충족시키는 일이 쉽지 않은 일이었다. 주예수교회는 지역을 섬기는 사회 봉사 선교의 일환으로서 이러한 필

무궁화 시니어 센터 종강식에서(2012. 5)

무궁화 시니어 센터의 재저사이즈 시간

요에 응답할 사명을 갖게 되었다.

사람의 인생 주기를 살펴보면, 노년은 자녀를 낳아 기르고 사회적으로 왕성하게 활동하던 생산성(generativity)의 시기를 지나 신체적·정신적·사회적으로 쇠퇴를 경험하게 되는 때이다. 사회 심리학자 에릭 에릭슨(Erik Erikson)은 이러한 노년의 발달 과제를 '자아 통합'(integrity)이라고 주장했다. 이전에 누리던 신체·사회적 왕성함이 은퇴와 퇴직, 자녀들의 결혼, 질병 등의 변화로 인해 자칫 절망(despair)으로 바뀔 수 있다. 그러나 자신의 인생을 돌아보고 인생 후반을 좀 더 아름답게 가꾸어 가는 자아 통합의 기회가 신앙을 통해 주어질 때 그 노년은 복된 시기가 될 수 있다.

사도 바울이 그의 말년에 "나는 선한 싸움을 싸우고 나의 달려갈 길을 마치고 믿음을 지켰으니 이제 후로는 나를 위하여 의의 면류관이 예비되었으므로 주 곧 의로우신 재판장이 그날에 내게 주실 것이며 내게만 아니라 주의 나타나심을 사모하는 모든 자에게도니라"(딤후 4:7-8)라고 고백하듯이, 노년을 신앙 안에서 회고하고 여생을 참 소망으로 채워 가는 것은 하나님께서 인생을 창조하신 목적과 부합한다.

이런 배경 속에서 주예수교회 무궁화 시니어 센터는 "은퇴와 퇴직, 자녀들의 결혼, 육신의 노쇠함으로 새롭게 바뀐 환경 속에서 서로 함께 나누고 새로운 것에 도전하며, 복음 중심으로 신앙생활을 할 수 있도록 섬기는 것"을 목적으로 설립되었다.

리치먼드 지역에 사는 60세 이상의 성인을 대상으로 2011년 3월부터 시작한 무궁화 시니어 센터는 무료로 개방하여 제공되고 있다. 그 이유는 시니어 센터의 첫 번째 목적이 영리가 아닌 사회 봉사 선교이기 때문이다. 예수 그리스도의 몸으로서 지역 사회를 섬기는 시니어 센터는 경제적 여건에 상관없이 누구든

무궁화 시니어 센터 벚꽃놀이(워싱턴 D.C.)

지 참여할 수 있도록 문을 열어 놓았다. 또한 종교에 상관없이 참여할 수 있도록 하였기 때문에, 참여자의 절반 가까이는 주예수교회에 참석하지 않는 다른 교회 성도이거나 종교가 없는 이들이다. 하지만 시니어 센터를 통해 교회에 대해서, 기독교 신앙에 대해서 관심을 갖는 이들이 점차 증가하고 있으며, 장기적으로 선교의 활성화에 기여하고 있다.

● 운영 방식

무궁화 시니어 센터는 학기당 14주로 연중 2학기제로 운영되고 있으며, 담당 교역자 1인과 차량 운행을 담당하는 협력 교역자 2인, 총무와 당회원인 운영 위원 장로 1인, 예배 및 설교 담당 초빙 목사 1인, 특별 활동 지도 교사, 주방 담당 자원봉사자들이 무궁화 시니어 센터를 섬기고 있다. 매주마다 아침 체조로 시작한 후 함께 예배를 드리는데, 이 예배는 기독교인이든지 비기독교인이든지 함

시간	프로그램
10:30 - 10:35	아침 체조
10:35 - 11:10	예배
11:10 - 12:00	체조, 특강, 빙고
12:00 - 13:00	점심 식사
13:00 - 14:00	선택 과목(노래 교실, 사군자, 영어 회화, 컴퓨터, 영화 감상)

무궁화 시니어 센터의 일과표

순발력과 기억력을 돕는 빙고 게임 시간

교회 잔디밭에서 맛있는 점심 식사를 즐기는
무궁화 시니어 센터 회원들

께 참여할 수 있도록 쉽고 복음적인 찬양을 선곡하고 누구든지 이해할 수 있도록 설교를 준비한다. 예배에 참석하는 많은 비기독교인 참가자들은 쉽지만 복음적인 설교를 듣고 난 후 성경과 교회에 대해 관심을 갖고 더 많이 알고 싶어하는 것을 발견하게 된다.

예배에 이어서 노년에 유익한 특별한 시간이 진행되는데 이때에는 체조와 특강, 빙고 게임이 진행된다. 체조, 특강, 빙고 등의 프로그램은 급격한 노화를 방지하고 기억력, 판단력, 순발력 등의 증진을 돕는다는 면에서 참가자들에게 좋은 반응을 얻고 있다.

무궁화 시니어 센터에서 참여자들이 가장 좋아하면서 동시에 감동을 받는 시간은 점심 시간이다. 매주 잔치를 연상시킬 만큼 풍성한 음식을 준비하는 교회 자원봉사자들의 손길은 참석자들의 마음을 감동시키고도 남는다. 이렇게 센터에서 점심 식사를 정성스럽게 준비하는 이유는, 무엇보다도 한 끼 식사를 통해서 교회가 예수님의 손과 발이 되어 섬김을 실천하기 위함에 있다. 예수님의 사랑이 얼마나 크고 놀라운지 말과 프로그램을 통해서 전할 수도 있지만 정성껏 차려진 식사를 통해서도 그 사랑을 전하는 것이 충분히 가능하다.

점심 식사 후에는 선택 과목이 제공되는데, 2012년 상반기에는 사군자, 컴퓨터, 영어 회화, 노래 교실, 영화 감상반 등이 개설되어 각 분야에 전문성을 가지고 있는 봉사자들이 이 선택 과목을 가르치고 있다. 각 과목의 선정은 참석자들의 문화적이고 현실적인 필요를 따라 개설되고 있다.

가령, 이민 사회에 발을 내디딘 지 얼마 되지 않은 이들이나 오랫동안 미국에서 지내고 있지만 영어가 서툰 이들을 위해서 개설된 기초 영어 회화 교실은 현실적인 필요를 충족시키는 데 중요한 역할을 감당하고 있다. 이를 위해 영어와 한국어가 능숙한 1.5세 봉사자가 참가자들의 눈높이에 맞게 기초 영어 회화를 가르치는데, 그 반응이 상당히 좋은 편이다. 컴퓨터 과목은 인터넷 사회로 접어들면서 컴퓨터와 인터넷 사용에 대한 필요를 가지고 있는 참가자들을 위해 개설되었는데, 과거 이민 사회라는 현실에 답답함을 느꼈던 이들에게 고국 소식을 접할 수 있도록 인터넷 사용법을 안내해 주고 이메일을 쓸 수 있도록 돕고 있다. 이외에도 사군자, 노래 교실과 같이 여가를 즐겁게 지낼 수 있도록 안내하는 여러 가지 프로그램은 참가자들의 배움의 열정을 더하고 있다.

이 외에도 각 학기마다 야외 나들이가 1~2회 제공되고 있는데, 각 계절의 여건에 맞게 워싱턴 D.C.에 벚꽃놀이를 가거나, 가을이 되면 사과 농장을 방문해서 직접 사과도 따고 자연을 즐기는 등의 시간을 갖게 된다.

기초 영어 회화 시간

▲ 참여 후기: 무궁화 시니어 센터를 통하여

평소에도 '컴퓨터가 꼭 필요한데, 교육을 받아야 하지 않나?' 생각하고 있던 중에 우연히 본 교회(주예수교회)의 교인을 만나게 되었습니다. 그분의 주선으로 이곳에 와서 교육을 받게 되었습니다. 교육을 받던 도중에 제가 느끼고 보고 배운 것이 많이 있습니다.

첫째로, 배현찬 목사님의 과묵하시고 인자한 모습을 제가 보았고, 사진과 함께 성경 말씀을 자세히 풀어 주신 김동식 목사님의 설교 말씀도 잘 들었습니다. 참 훌륭하십니다. 또한 모든 교육 과정을 위해 목사님, 전도사님과 모든 섬기시는 분들이 한마음으로 한결같이 시니어 센터를 이끌어 가는 것을 보며 많은 것을 배우고 느꼈습니다.

그리고 점심 시간에 대접받는 음식이 참으로 훌륭하다고 느꼈습니다. 너무나 맛있었습니다. 그래서 식사 도중에 옆에 계시는 한 집사님께 여쭤 보았습니다. "저 주방에서 수고하시는 분들이 요리사냐? 혹시 레스토랑을 하시는 분이 아니냐?"고 했더니, 아니라고 하시더라고요. 제가 느끼기에 한 20~30년 만에 처음 한국의 전통 음식을 맛본, 그런 기분이었습니다. 음식을 만드신 그분들에게 감사를 표하는 바입니다.

한번은 교육관 밖에서 식사할 기회가 있었습니다. 그때 한 여성 교우 분께서 저에게 오셔서 "아버님, 이 음식을 드십시오" 하고서 음식을 주시더라고요. 그때 제 마음이 뭉클해졌어요. 두근거렸습니다. 왜냐하면 제가 현재까지 살아오면서, 지내오면서, '아빠, 아버지' 소리는 듣고 살아왔어요. 근데 '아버님' 소리는 처음 들었습니다.

무궁화 시니어 센터 컴퓨터 교실

자식들이 아직 결혼한 바도 없고, 어디 가서 자주 왕래하는 성격도 아니라서 그런지 그런 아버님이라고 불러 주는 말에 참 흐뭇했어요. 아버님이라고 불러 주신 그분에게 고마운 말씀을 드립니다.

주예수교회 내부에서 모든 프로그램 실행하는 것을 보면서, 또한 대대적으로 지역 사회에 공헌하는 훌륭한 일을 하는 것을 알았습니다. 이런 것을 볼 적에 주예수교회는 이 지역에서 꼭 필요한 훌륭한 교회로 성장할 것이라 생각이 듭니다. 끝으로, 이러한 좋은 기회를 저에게 주신 교회와 담임목사님께 진심으로 감사드립니다. 앞으로 저에게 좋은 여건이 허락이 되면 여러분과 같이 찬송을 할 날이 오게 되지 않을까 기대가 됩니다. 감사합니다. - 차종경

무궁화 시니어 센터는 지난 3월 3일(개강)부터 5월 26일(종강)까지 약 세 달간의 일정(매주 목요일)을 무사히 마쳤습니다. 4명의 교역자, 운영위원회, 임원, 반주자, 매주 3~4명씩 도와주시는 주방 팀, 그리고 약 40명의 어르신들이 참여한 무궁화 시니어 센터는 체조, 예배, 건강 강의 및 재저사이즈(Jazzercise), 맛있고 푸짐한 점심 식사, 컴퓨터 교실과 음악 교실, 그리고 빙고 게임과 야유회 등 다양한 프로그램으로 지역 사회 어르신들을 맞이했습니다. 은퇴와 퇴직, 자녀들의 결혼, 육신의 노쇠함으로 새롭게 바꾸고 환경 속에 계신 어르신들께 서로 친밀한 교제를 함께 나누고 새로운 환경에 도전할 수 있도록 배움의 장을 마련해 드리는 표면적인 목적 외에, 참여하는 모든 어르신들에게 그리스도의 사랑 안에서 복음 중심으로 신앙생활을 하실 수 있도록 섬기려고 노력하였습니다.

처음에는 '어떻게 준비해야 하나?', '얼마나 많이 오실까?', '잘할 수 있을까?' 등등 많은 고민과 걱정이 앞섰지만, 준비 모임과 목사님의 말

무궁화 시니어 센터 회원들이 사군자반 활동에 참여하고 있다

씀을 통해서 하나님께서는 무릎 꿇게 하시고 '여호와 이레'의 하나님을 믿고 바라보게 하셨습니다. 무궁화 시니어 센터도 하나님께서 주예수교회에 주신 귀한 비전임을 깨닫게 하셨던 것입니다. 지금 생각해 보면 정말 모든 일을 하나님께서 하셨습니다. 필요한 곳곳에 좋은 사람들을 보내 주시고, 앞이 캄캄할 때는 지혜를 주시고, 마음이 힘들고 어려울 때는 평안을 주신 분은 바로 주님이셨습니다.

참으로 부끄러웠습니다. 정말 아무것도 한 일이 없는데 어르신들은 손자뻘 되는 스태프들에게 고맙다고 계속해서 인사하시고, 악수해 주시고, 때론 자신들의 손자들이 생각나신다며 눈시울을 적시며 안아 주셨습니다. 하나님께서는 지역 사회의 어르신들을 섬기는 무궁화 시니어 센터를 통해서 섬김의 기쁨이 얼마나 크고 귀한 것인지 깨닫게 하셨습니다.

때론 힘들고 지칠 때도 있었지만 섬김의 기쁨을 맛보았기에 가을학기가 기다려집니다. 모든 어르신들을 건강한 모습으로 다시 뵙기를 간절히 바라며, 마지막으로 보이지 않게 차량 운행으로, 주방 봉사로, 꽃꽂이로, 기도로 계속해서 후원해 주신 모든 성도님께 감사드립니다.

– 시니어 센터 담당 교역자 송광진 전도사

제가 처음 컴퓨터 교실을 담당하게 되었을 때 노인들에게 이메일을 사용할 수 있게 하고, 자기가 좋아하는 한국 뉴스나 드라마, 영화 등을 다운 받아서 직접 볼 수 있게 하려는 작은 목표를 갖고 있었습니다. 그러나 담임목사님의 설교와 준비 모임을 통해 '나는 단순한 교사가 아니라 우리 주예수교회를 대표하는 선교사다'라는 하나님의 뜻을 깨닫게 되었습니다. 그래서 나의 행동, 말투 하나하나까지도 신경을 쓰며 하나님을 먼저 믿은 사람으로서 어긋남이 없도록 하려고 노력했습니다.

그러던 중에 노인 중 한 분과 친해졌고, 마침 교회에 다니지 않던 그분을 저희 집으로 초대하여 식사도 함께 나누고 신앙적인 이야기도 나누었습니다. 그때마다 '하나님! 이분을 주예수교회로 인도해야 하겠습니다. 이 사람의 마음의 문을 열어 주십시오'라는 기도를 늘 마음속으로 드렸습니다. 드디어 하나님께서 그분의 마음의 문을 열어 주셔서 그분을 주예수교회로 인도할 수 있었습니다. 시니어 센터를 통해 귀한 생명을 주님 앞에 인도할 수 있게 하신 하나님께 감사드립니다.
- 컴퓨터반 교사 지이몽

빠르게 변하는 인간사 중 사회가 미처 대비치 못하고 맞이하는 것 중 하나가 100세 장수의 노령 사회임을 알 수 있다. 다행히도 주예수교회는 무궁화 시니어 센터의 운영으로 시니어들의 어려움에 보탬이 되는 귀한 사회 봉사의 역할을 감당해 오고 있다고 본다.

특별히 무궁화 시니어 센터는 모든 예산을 교회에서 감당하여 시니어들에게 재정적 부담을 주지 않는 형태로 운영을 함으로써 우리 교회만의 전적인 헌신을 보여준다고 할 수 있다.

이번 무궁화 시니어 센터는 교육 내용이 다양할 뿐만 아니라 말씀을 통한 영의 활력과 운동을 통한 육적인 강건을 얻게 함으로써 참여자들에게 기쁨을 줄 수 있는 좋은 시간이 되었다고 생각한다.

또한 열성적인 교사들의 헌신과 음식 제공을 위한 자원봉사자들의 아름다운 예수님 사랑 실천은 교회의 본래의 모습을 보여주는 귀한 섬김이었다.

바람이 있다면, 더욱 많은 교육 프로그램 개발과 다양한 전문인의 초청으로 아직 미흡한 부분을 보강함으로써, 무궁화 시니어 센터가 미래를 향해 앞서가는 더욱 알찬 시니어 센터로 자리매김했으면 한다.

– 운영위원 팀 정호영

▲ 지역 매체가 보도한 무궁화 시니어 센터

리치먼드 지역에 거주하시는 한인 어르신들을 섬기기 위해 시작한 무궁화 시니어 센터(주예수교회: 배현찬 목사)가 17일 가을 학기 종강식을 가졌다.

지난 9월 1일부터 시작하여 총 12주 과정으로 진행된 시니어 센터 가을 학기 종강식에는 비가 오는 궂은 날씨에도 불구하고, 평균 출석 인원인 40여 명의 어르신들과 자원봉사자들이 참석하였다. 종강 예배와 시상식에 이어 가진 소감 발표 시간에, 컴퓨터 교실을 수강했던 차종경 어르신께서는 "평소에 꼭 필요하다고 생각했던 컴퓨터를 기초부터 배울 수 있게 해주신 것에 감사합니다. 나에게 '아버님'이라고 부르며 전문 요리사 같은 솜씨로 매주 정성껏 준비해 주신 점심 식사는 20여 년 만에 처음 먹어 보는 한국 전통 요리였습니다. 시니어 센터 외에도 다양한 지

무궁화 시니어 센터 개강식 단체 사진

역 사회 봉사로 수고하시는 주예수교회가 지역 사회에 꼭 필요한 교회로 더욱 발전할 것입니다"라고 지난 12주간의 시니어 센터 참석 소감을 밝혔다.

어르신의 말씀대로 이날 가을 학기 마지막을 장식한 점심 시간에는 삼색 김밥, 광어회 및 LA갈비 등 푸짐한 잔칫상이 차려져 다음 학기를 기다려야 하는 아쉬움을 더욱 크게 하였다.

지난 3월 봄 학기 첫 개강 이후 두 번째 학기를 마친 무궁화 시니어 센터는 라인댄스, 재저사이즈, 빙고, 건강 강좌, 노인 사회 복지 강좌, 야유회 등의 전체 프로그램과 기초 영어 회화, 사군자, 합창, 컴퓨터 등의 선택 과목을 개설하여 지역의 어르신들에게 많은 호평을 받고 있다. 특히 부모님을 대하는 마음으로 정성껏 준비하는 푸짐하고 맛있는 점심 식사는 매주 목요일이 기다려지게 할 만큼 인기가 좋다. 또한 등록비는 전액 무료이다.

2012년 정규 봄 학기는 3월부터 시작하며, 올 겨울 방학 기간 동안 특별 강좌(라인댄스, 기초 컴퓨터반)가 12월 1일부터 2월 9일까지 8주간 진행될 예정이다. – 〈두레신문〉(2011년 12월 5일자)

사잇글

한인들 정직성 회복해야

● 기독교윤리실천운동 주최, 이민 사회 조명 포럼

이민 사회의 윤리적 현주소와 과제를 조명하는 포럼이 '기독교윤리실천운동' 주최로 지난 27일 '기쁜소리방송' 공개홀에서 열렸다.

포럼에서는 조영진 목사(워싱톤 한인 교회)와 배현찬 목사(주예수교회)가 주제 발표자로 나서, 미주 한인들의 도덕적·윤리적 문제를 진단하고 해결책을 제시하며, 질의 응답을 통해 한인 사회가 나갈 방향을 모색했다.

조 목사는 "한인 언론에 보도된 한인 가정의 실제 평균 소득과 센서스 통계가 보여주는 한인들의 소득 괴리는 한인들의 정직성 문제를 단편적으로 보여주는 실례"라고 지적한 뒤, "불법 체류, 기업 간의 비윤리적 경쟁, 수입에 상관없는 소비 행태, 가정 내 불화, 타 민족과의 갈등 등 수많은 문제들이 한인 사회에 팽배해 있다"고 말했다.

조 목사는 "결국 이런 문제들은 삶의 현장에서 정직성을 어떻게 회복하느냐에 달려 있다"면서 "하나님 앞에서의 윤리라는 자각이 반드시 필요하다"고 역설했다.

배현찬 목사는 "자본주의 사회의 원리는 '트러스트(신뢰)'에 기초하지 않으면 안 된다"고 강조하면서, "개인과 교회, 사회 구조적인 면에서 사랑과 정의가 실현돼야 한다"고 말했다. 배 목사는 또 "새로운 이민 세대를 맞으면서 윤리적으로 건강한 이민 사회를 창달하기 위해서는 우리 스스로 정직한 사회 인식을 가져야 한다"며 "다인종으로 이뤄진 미국 사회에 공헌하고 활력을 주는 민족이 돼야 할 때"라고 덧붙였다(2004, 〈워싱턴 한국일보〉).

● 들어가는 말: 원리 설정

《성공하는 사람들의 일곱 가지 습관》(The Seven Habits of Highly Effective People)을 쓴 스티븐 코비(Steven Covey)는 '삶의 원칙'을 성공의 한 요소로서 강조하고 있다. 원칙(principle)이란, 가치 기준은 아니지만 어떤 형태이든지 간에 존재하는 것이기 때문에, 올바른 가치 기준으로서의 행동 지침인 원칙을 설정하는 것이 바람직하다는 것이다. 윤리는 올바른 습관에 근거를 둔 인간 행동의 사회적 원칙을 말한다. 인간이 개인적으로든지 사회적으로든지 마땅히 지켜야 할 가치 체계(value system)로서의 원칙이다.

● 제1장 이론 도입

1. 사회과학으로서의 윤리

사회적 존재로서 인간에 대한 행동 과학인 윤리는 '규범'(norm), '사회'(community) 그리고 '도덕적 자아'(moral self)라고 하는 세 가지 요건으로 구성된다. 이민 교회의 측면에서 본 윤리적 요건은 '기독교'라는 규범, '이민 사회'라고 하는 사회 그리고 '그리스도인'이라고 하는 도덕적 자아라고 볼 수 있다. 이 세 가지 조건을 기본 요소로 해서 사회적 행동 원리를 추론해 가는 것이 이민 교회의 측면에서 본 기독교 윤리 실천 운동이라고 할 수 있겠다.

서양의 윤리는 일반적으로 '목적론적 윤리', '의무론적 윤리' 그리고 '책임적 윤리'의 세 범주로 구별할 수 있다. 추구하는 목표를 향한 자기 실현을 목적으로 삼아 가치 체계를 설정하는 아리스토텔레스의 목적론적 윤리, 행동의 결과보다는 행위자의 동기와 의무를 강조하는 임마누엘 칸트의 의무론적 윤리, 서로의 관계에 있어서 올바르게 응답할 것을 강조하는 라인홀드 니버의 책임론적 윤리로 구분한다. 기독교 윤리 실천 운동은 니버(Reinhold Niebuhr)가 주장하는 책임론적 윤리를 강조한다고 볼 수 있다. 물론 니버의 기독교 사회 윤리는 그의 인간 이해에 대한 기독교적 해석을 기초로 하고 있기 때문이기도 하다. 어쨌든 기독교 윤리 실천 운동이란 '책임적 자아'(responsible self)로서의 기독교인들의 사회 윤리적 사명을 인식하는 데서부터 시작한다고 보아야 할 것이다.

2. 기독교 윤리

기독교 윤리란, "인간 행동의 관습을 검토 비판하여 그리스도인으로 하여금 사랑의 공동체 안에서 올바른 행동을 실천케 하도록 추구하는 학문"이다.

이 윤리의 특징은, 인간이 하나님의 형상으로 창조되었으며(image of God), 인간의 행동 기준으로 보편적인 우주적 공동체성(universal community)을 염두에 두고 있다. 그러므로 기독교 윤리의 과제는, 윤리적 사고를 통한 책임적 자아로서 하나님의 왕국을 추구하는 공동체적 사명이라고 설명할 수 있다(responsible self + community of kingdom of God).

3. 기독교 윤리 실천 방안

기독교 윤리의 규범은 '사랑'(agape)이다. 이 사랑은 성서에 나타난 예수 그리스도가 십자가에서 보여준 희생적인 사랑이다. 이 완전한 사랑은 사회 속에서 "자신을 향한 사랑의 깊이", "이웃을 향한 사랑의 넓이" 그리고 "하나님에 대한 사랑의 높이"가 조화된 모습이다.

그런데 이러한 사랑의 온전한 모형은 인류 역사상 단 한 번 실현된 십자가 사건에서 나타난다. 십자가의 희생, 순종 그리고 부활에서만 완전히 성취된 사랑이다. 그러므로 현실적으로 이 사랑은 규범은 있지만 완전한 실천은 불가능하다. 그것은 인간의 원죄 이후로부터의 죄악성과 그 죄악성으로 인한 사회의 더 포악한 죄의 만연 때문이다. 개인적으로는 어느 정도 가능하다고 해도, 구조적인 사회학 속에서는 실천적인 힘이 없다. 그래서 니버는 이 아가페의 사랑을 '불가능한 가능성'(impossible possibility)이라고 했다. 악에 대한 인간의 본성뿐만 아니라 사회의 구조악의 모순은, 윤리적 가치 규범으로서의 아가페적 사랑을 실천하는 데 한계에 도달하게 한다.

그러므로 실현 가능한 근사치적(approximate)인 실천 방안을 찾아야 한다. 니버는 '정의'(justice)가 바로 그 해답이라고 했다. 정의는 '자유'(freedom), '평등'(equality) 그리고 '질서'(order)의 원리를 수용하고 있기 때문이다. 이러한 정의야말로 사랑에 가장 가까운 실천 방안이므로, 사랑의 동기를 정의의 방법으로 실현할 수 있다고 본다.

● 제2장 문제 제기: 이민 교회의 윤리적 현주소와 과제

〈월간 목회〉 2002년 5월호에서 한국기독교윤리실천운동 본부의 지도자인 손봉호 교수는, "그리스도적 윤리 실천의 현장을 본다"는 글에서, 기독교인들의 윤리적 의식이 위험 수위를 넘어섰다고 진단하였다.

1993년과 1995년 한국 갤럽 조사 연구소는 시민들의 '직업인 윤리 수준 평가'를 조사하였는데, 두 번 모두 한국에서 가장 존경받는 직업을 천주교 신부라 하였고, 3위가 승려였으며, 목사는 1993년에는 5위 안에도 들지 못하였고, 1995년에는 겨우 5위였다고 한다. 2001년 한 해 동안 인하대학교 교육대학원장 김한규 교수가 대학생 714명을 대상으로 벌인 '43개 직업에 대한 존경도 조사'에서는 소방공무원이 가장 청렴한 것으로 나타났고, 대학 교수가 2위, 신부가 3위로 그 뒤를 이었고, 목사는 신문에 보도될 정도의 등수를 얻지 못했다고 한다.

이민 사회에서 바라보는 교회 지도자들에 대한 존경도는 어떠할까? 아직 구체적으로 통계 조사한 발표가 없었기 때문에 확인할 수가 없지만 자신이 없다고 말할 수밖에 없다. 이원론적인 신학과 기복적인 신앙으로 인해서 도덕 불감증에 걸린 기독교인들에 대한 책임은 마땅히 교회 지도자들에 있다고 보아야 한다. 이민 사회 지도자들을 배출하고 이민 사회의 지도력 구성과 문화 형성에 막대한 영향을 주고 있는 교회의 책임성은 아무리 강조해도 부족할 것이다. 기독교 지도자인 목사와 장로들이 윤리적 기본 규범인 '정직'을 잊어버리고 부정의하고 거짓된 방법으로 교회 공동체를 이끌어 가고 있다면, 참으로 문제인 것이다.

손 교수는 다음과 같이 말한다. "교회의 타락을 고치는 것은 지극히 어렵다. 신앙적 확신을 가지고 타락하기 때문이다. 더 이상 더 나빠질 수 없을 정도로 타락해야 개혁 운동이 일어나는 것이다."

● 제3장 문제 적용: 이민 교회 공동체의 윤리적 과제

교회 공동체가 스스로의 윤리적 존재로서 자아 정립이 되지 않고서는 교회의 윤리적 사명을 사회적으로 실천할 수 없기 때문에, 먼저

교회 공동체의 윤리적 과제를 말하지 않을 수 없다.

교회 공동체는 무엇보다도 성서에 근거한 윤리적 기분을 확실히 해야 한다. "하나님을 먼저 사랑하고", "나 자신을 바로 사랑하면서", "내 이웃을 사랑하는" 사랑의 공동체적 기준(마 22:37-40)을 분명히 해야 한다.

그리고 목회자는 목회관을 윤리적 규준에 맞추어서 설정해야 한다. 수단과 방법에 우선하는 원칙인 "하나님을 두려워 하는"(출 1:15-22) 윤리적 기분이 있어야 한다. 평신도 지도자들은 윤리적 규준에서 뽑고 양육해야 한다. "하나님을 두려워하며", "진실 무망하며", "불의한 이를 미워하는"(출 18:13-27) 지도자의 윤리 덕목을 갖추도록 훈련해야 할 것이다. 교인들은 신앙생활을 할 때, 윤리적으로 성서에서 말하는 규준을 올바로 설정해 놓고 거기에 맞추어 살도록 애써야 할 것이다. "하나님에 대한 신뢰", "하나님의 공의에 대한 확신" 그리고 "하나님의 때에 대한 기다림의 인내"(합 2:2-4)로 사는 믿음의 생활화를 위해 부단히 노력해야 한다.

한마디로 감상적이고 이기적인 사랑의 개인주의화가 아닌, 의지적이고 공공적인 정의의 공동체화를 강조하고 실천하도록 애써야 한다. 그럼으로써 사랑과 정의가 균형 잡힌 교회 공동체와 교인들의 삶이 되도록 끊임없는 노력을 해야 한다.

● 맺는말: 방향 제시

이민 교회를 통한 기독교윤리실천운동은 교회의 가장 큰 책임을 맡고 있는 목회자의 목회관과 윤리적 가치 체계와 밀접한 관계를 맺고 있다. 상황적인 세속화에 휩쓸리지 않고, 성서적 목회 원칙을 토대로 한 윤리적 가치관을 실천하는 목사가 되도록 해야 한다. 그러한 목회자의 영향력으로 인해서 평신도 지도자들과 교인들이 성서 윤리적 측면에서 어긋나지 않는 교회 공동체를 세워가게 될 것이다. 그렇게 할 때, 교회 공동체는 문화를 변혁하는 그리스도인으로서 영향력을 발휘할 수 있기 때문에(Christ as Transformer of Culture), 사회 속에서 격리된 교회가 아니라(Church as Enclave Community in the Society) 오히려 사회에 바른 윤리적 영향을 주는 교회가 될 것이다.

이러한 사명을 실천해 가는 데 있어서 그 영향력을 효율화하기 위해서는 이론적으로 발전적인 단계의 과정을 거쳐야 한다고 본다. 무조건 운동을 확산시키기 이전에 우선 이론적인 정립을 하고, 그 이론을 바탕으로 한 프로그램을 개발한 후 운동으로 발전시킬 때 점점 문화가 형성되어 갈 수 있다(Theory→Program→Movement→Culture). 인류의 평화 공동체를 위하여 인권 투쟁을 벌였던 마틴 루터 킹 목사는 인권 투쟁의 네 단계의 발전 과정을 설정해 놓고 민중들을 교육하면서 참여시켜서 운동을 일으켰다.

그는 문제가 있는 곳에 첫째, 그것이 부정의한 것이 사실인지 조사했으며, 둘째, 사실이면 정의를 추구하기 위한 협상을 벌였고, 셋째, 단계로 협상이 만족하게 이루어지지 않아서 정의가 달성될 수 없을 때는 스스로를 먼저 정의를 추구할 수 있는 정당한 자격을 갖추도록 준비한 다음, 넷째, 마지막 단계로 집단 행동을 하였다. 이러한 네 단계의 과정을 되풀이하면서 문제가 조금씩 해결되며, 점점 더 정의를 성취해 갈 수 있도록 하였다.

이민 사회는 한국인의 고유한 심성과 소수 민족의 소외된 사회 현상 가운데서 형성되어 가는 독특한 문화를 만들어 가고 있다. 그 과정 속에서 때로는 매우 긍정적인 역동성도 있으며, 동시에 때로는 수치스러운 비윤리적인 병폐가 관습화되어 가기도 한다. 이민 사회의 중심에 선 교회는 더 이상 묵과할 수 없는 병폐적인 비윤리적 현상을 외면하지 말아야 한다. 그러기 위해서 교회 스스로가 윤리적인 공동체로서의 정체성을 회복해야 한다. 초기 교회 정착기를 벗어난, 오늘날의 이민 100주년의 시대에 교회는 과연 어떠한 가치 체계를 이민 사회에 심어 주었던가를 되돌아보고, 교회 지도자들부터 먼저 윤리적 자아로서의 사명을 재인식해야 할 것이다. 이것은 기독교윤리실천운동을 하고자 하는 우리 스스로가 먼저 묻고 실천하는 데서부터 시작된다고 본다. –2002년 5월 워싱턴 기독교윤리실천운동 본부 이사회 수련회, 워싱턴 기독교윤리실천운동 본부 이사장 배현찬

● 정의로운 사회를 구현하자

정의롭고 평화로운 시민 사회 구현을 사명으로 활동하고 있는 워싱턴 기독교윤리실천운동(공동대표 배현찬 목사, 강창제 장로)의 창립 10주년 기념 예배가 워싱턴중앙장로교회에서 열렸다. 이날 행사는 17명의 기윤실 회원들이 동포 언론에 기고했던 칼럼들을 모은 《워싱톤의 디아스포라》 출판 기념회도 겸했다.

배현찬 목사의 사회로 진행된 예배에서 이원상 목사(기윤실 초대 실무 책임자)는 '정직한 그리스도인'이란 제목으로 설교했으며, 노영찬 교수(조지메이슨대 종교학과), 노창수 목사(워싱턴중앙장로교회)가 축사를, 백 순 장로(연방 노동부 연구원)가 축시 낭독을 했다. 엠마오 중창단과 임내리 집사의 특별 찬양, 노승환 장로와 신동수 목사의 기도 순서

도 있었다. 한편 김재동 목사는 《워싱톤의 디아스포라》 서평에서 "개선의 여지가 있기는 하지만 성경에 바탕을 두면서도 유익한 정보가 많아 독자들에게 큰 도움을 주고 있다"고 말했다.

1995년 40여 명의 목회자 및 평신도들을 발기인으로 창립된 기윤실은 특강 등 한인 사회 의식 개혁을 위한 다양한 행사를 주최해 왔으며, 본보에 기윤실 칼럼을 장기간 연재하기도 했다. 또 2004년에는 "이민 사회의 윤리적 현주소와 과제"를 주제로 세미나를 하였고, 작년에는 특별 신학 강좌를 마련, 국내외 석학 10여 명의 진단을 들었다(기독교윤리실천운동 창립 10주년 기념집 《워싱톤의 디아스포라》 출간, 2006. 6. 7.〈한국일보〉).

기윤실 공개 포럼(2006)

기윤실 공개 포럼

순 서

주 제: 한인 이민사회의 퇴폐 문화에 대한 자성과 대책

사회: 배현찬 목사

기도 --- 사 회 자

포럼 취지 및 진행 소개 ----------------------------- 사 회 자

발제 강연

    퇴폐 문화에 대한 윤리적 진단 -------------------- 정종훈 교수

    이민 사회의 퇴폐 문화에 대한 자성----- --------- 백 순 장로

    이민 사회의 퇴폐 문화에 대한 대책---- --------- 박에스더 총무

    이민법적 관점에서 본 퇴폐 문화 근절 방안 --- ------- 박상근 장로

질의응답

    (발제 강연에 대하여 질문이 있으신 분은 순서지에 삽입된 질문서에 질문 내용과 이름을 적으셔서 제출하시면 사회자가 모아서 대신 질문하여 주실 것입니다.)

※ 오늘 포럼 실황은 중계방송을 하고 있습니다.

폐회 기도 ---------------------------------------

알리는 말씀

1. 오늘 저녁 기윤실 공개 포럼에 참석하여 주신 여러분을 주님의 이름으로 환영합니다.

2. 바쁘신 가운데서도 우리 사회에 불거진 매춘, 인신매매, 불법 이민 등 퇴폐 문화에 대한 윤리적 자성과 그 근본 대책을 강구해 보고자 교포 여러분을 모시고 포럼을 개최할 수 있게 해 주신 하나님께 감사드리며 이 문제의 심각성에 공감하여 여러 가지로 이 포럼을 지원하여 주신 기쁜소리방송국을 비롯한 여러 기관에게 심심한 감사를 드립니다.

3. 오늘 이 포럼에서 귀한 발제 강연을 하여 주신 정종훈 박사님(연합신학대학원 교수/기독교윤리학)과 박에스더 총무님(워싱톤한인봉사센터/사회복지학 박사) 그리고 백 순 장로님(연방 노동성 선임경제연구관, 기윤실 건강가정위원, 경제학 박사)과 박상근 장로님(인권 및 이민 변호사, 기윤실 건강사회위원) 그리고 사회자 배현찬 목사님(기윤실 공동대표/주예수교회 담임/기독교윤리학 박사)께 진심으로 감사드립니다.

4. 포럼장 입구의 안내석에 비치된 기윤실 10주년 기념 컬럼집으로 출판된 '워싱톤의 디아스포라'를 한 권씩 드립니다. 그리고 기윤실 안내 유인물도 가져가시기 바랍니다.

5. 기윤실 웹사이트 *www.cemusa.org*를 많이 이용하여 주시기 바랍니다. 건강한 가정과 교회 그리고 사회를 위한 많은 유익한 정보들을 얻으실 수 있을 것입니다.

6. 기윤실 운동에 동참하실 자원 봉사자를 구합니다. 많이 동참하셔서 우리 한인 사회를 정직한 그리스도인 사회로 만드는 과업에 일조하시지 않으시렵니까? 웹사이트 혹은 전화 (703)876-6172를 이용하여 주십시오.

7부

지구촌 곳곳을 위하여

18장

의료 및 교육
(Russia, Dominica, Mexico, Korea, Paraguay, Jamaica)

주예수교회는 비전 선언문(Vision Statement)에서 "그리스도의 몸으로서 온 세상에 하나님 나라를 이루는 데 전력한다"라고 밝히고 있다. 이는 사회 봉사의 범위를 지역 사회를 넘어서 지구촌으로 확대하여 사회 봉사를 실천하는 것을 말하며, 이를 위해 구체적으로 해외 의료 선교 및 교육 사업과 선교사 후원 그리고 아동 기아 구호를 통해

청년부 멕시코 단기 선교 팀 주택 보수(2008)

노승환 장로(외과의)가 도미니카에서 의료 선교 팀을 이끌고 진료 중(도미니카 의료 선교, 2003)

실천해 오고 있다.

지구촌 사회 봉사의 일환으로, 주예수교회는 개척 초기부터 현재까지 중미와 아프리카 여러 나라에서 선교 사역을 감당해 오고 있으며, 선교사를 파송하고 끊임없이 선교 후원 및 중보 기도 사역을 감당하고 있다. 마태복음 9장 35절("예수께서 모든 도시와 마을에 두루 다니사 그들의 회당에서 가르치시며 천국 복음을 전파하시며 모든 병과 모든 약한 것을 고치시니라")에 나타나는 예수님의 전도, 교육, 치유 사역을 본받아 각 선교지에서 복음 전도, 의료, 교육 등 다양한 은사를 통한 지구촌 사회 봉사를 꾸준히 실천해 오고 있다.

인도네시아 자카르타 선교지 방문(김종국 선교사)

구체적인 실천으로서 교회 개척 4주년이 되던 2003년 7월 21일부터 25일까지 도미니카 공화국 단기 선교를 시작으로, 2007년에는 파라과이 의료 선교, 2008년에는 멕시코 주택 건축 선교, 2010년에는 캐나다 원주민 선교 및 선교사 가정 지원, 그리고 2011년에는 자메이카 선교를 이어오고 있다.

가장 최근에 파송했던 자메이카 선교는 주예수교회가 실천하고 있는 지구촌 사회 봉사의 특징을 가장 잘 보여주는 예라 할 수 있다. 선교 전 두 달 동안 선교 팀에 지원한 이들은 매주 수요일 저녁 함께 모여 말씀을 묵상하고 영적으로 준비하는 시간을 가졌다. 19명의 지원자는 성인, 영어 목회부 그리고 한국어 청년부로 이루어졌다.

여기서 디아스포라 한인 교회가 가지고 있는 과제 한 가지를 짚고 넘어갈 필요가 있는데, 그것은 교회 내에 존재하는 언어와 세대의 장벽을 넘어서는 일이다. 한국에서 미국으로 건너와 정착한 부모님 세대, 어린 시절에 미국으로 건너왔거나 이곳에서 태어난 1.5세 그리고 2세 사이에 존재하는 언어와 세대의 문화적·신앙적 간격은 목회적 단절로 이어지기도 한다. 선교 팀이 두 달 동안 함께 모여 기도로 성령의 인도하심을 따라 하나가 되고 하나의 선교 공동체를 이루어 가는 과정은 이러한 언어적·문화적 장벽을 넘어 하나님의 사역 공동체로 세워져 가는 좋은 예라 할 수 있을 것이다.

자메이카 의료 선교 팀이 현지인들을 진료하는 모습(2011)

자메이카 선교 팀의 유치원 보수 사역(2011)

19명으로 이루어진 자메이카 선교 팀은 의료 팀과 교육 팀으로 나누어 선교 사역을 준비하였다. 의료 팀은 의사 출신의 지원자들을 중심으로 구성되었는데, 현지에서 가장 필요한 약품을 마련하고 현지인들의 검진과 치료를 담당하는 쪽으로 사역을 감당하였다. 매일 50~60명의 환자들을 진료하고 필요한 약품을 처방하였는데, 진료를 받은 많은 환자들은 대부분 현지에서 의료 혜택을 제대로 받지 못하고 있는 나이 든 성인들이었다. 이 중 많은 이들이 고혈압, 당뇨 등으로 고생하고 있었기 때문에 장기적인 치료가 필요했지만, 기도와 복음 증거를 통해 이들에게 진료를 제공하는 일은 영적·육체적 필요를 채워 가는 중요한 계기가 되었다.

교육 팀은 현지 어린이들을 대상으로 여름 성경 학교(VBS)를 진행하였다. 킹스턴(Kingston)에서 진행된 여름 성경 학교에는 그 지역에 거주하고 있는 150여 명의 어린이들이 참여하였는데, 성령 하나님의 도우심을 통해 은혜롭고 많은 열매가 맺는 성경 학교로 진행되었다. 이를 위해 미국 Group Publishing에서 개발한 〈예수님의 고향 나사렛〉(Hometown Nazareth)이라는 교재를 활용하여 복음을 전하고 가르치는 사역을 하였다. 이 사역에는 주로 영어권과 한어권에 속한 청년들이 참여하였다.

자메이카는 영어를 공용어로 사용하고 있기 때문에 언어에 있어서 큰 불편함은 없었지만, 나이가 어리고 아직 복음을 접하지 못한 어린이들에게 복음을 좀 더 알기 쉽게 전하기 위해서 스킷(skit)과 워십 댄스를 준비하였다. 이렇게 어린이들에게 복음을 전하는 과정에서 부모들에게도 다가가 하나님의 사랑과 복음을 전하는 귀한 기회를 가질 수 있었다.

이와 더불어, 자메이카 선교 팀은 현지 유치원을 보수하는 목공 사역을 감당하였다. 현지 선교사를 통해 유치원 건물의 보수가 필요하다는 소식은 들었지만 막상 현장에 도착했을 때에는 생각했던 것보다 건물의 상태가 썩 좋지 못했다.

하지만 짧은 기간 동안 성공적으로 유치원을 보수하는 일이 가능했던 이유는, 자메이카 선교 사역이 일회적인 선교 활동을 위해 준비된 것이 아니라 항상 교회에서 해오던 사회 봉사와 지역 선교 활동의

파라과이 의료 선교단 2010년(임한곤 선교사)

연장 선상에서 이루어졌기 때문이다. 지난 수년 동안 리뉴크루와 협력해 오던 주택 수리 봉사를 통해 이미 지역 선교에 대한 노하우가 누적되었기 때문에 자메이카 선교 팀이 목공 사역과 집수리 사역을 감당할 때에도 그 노하우가 자연스럽게 열매를 맺을 수 있었다. 이는 해외 선교가 일상적인 사회 봉사와 분리된 활동이 아니라 일상 속에서 이미 준비되고 실천되고 있으며 밀접한 관계를 맺고 있음을 보여주는 대목이라 하겠다.

● 선교 비전을 공유하기

한 가지 분명히 기억해야 할 사실은, 앞으로의 선교 운동은 지역 교회에 뿌리를 내리는 '교회 중심의 선교 운동'이 되어야 한다는 점이다. 목회자, 평신도, 다음 세대가 함께 선교에 대한 비전을 가지고 풀뿌리 선교 운동을 해가는 것이 앞으로의 미래를 위한 하나님 나라 선교 전략이 되는 것이다. 이를 위해 교회가 이미 실천하고 있으며 다른 선교 지향적 교회들과 공유하고 싶은 두 가지 과제가 있다.

첫째, 선교적 교회의 사명을 온 교우가 함께 감당하기 위해서 선교 비전을 항상 함께 공유하고 기도하는 일이다. 이를 위해서 교회가 후원하는 선교사들이 보내 오는 소식은 게시판에 붙여 놓고 언제든지 누구나 회람할 수 있도록 해놓을 뿐만 아니라, 주보를 통해 현지 상황을 소개한다. 선교 사역이 선교 활동에 참여하는 사람들을 통해서만 이루어지는 것이 아니라 온 교우가 함께 기도하고 후원할 때 가능하다는 '선교적 교회'의 비전을 가질 때 비로소 선교 사역이 열매를 맺을 수 있음을 기억해야 한다.

둘째, 현지인 선교사를 길러 내는 일을 위해 기도하고 후원하는 것이 중요하다. 디아스포라 한인 교회들은 현지에서 사역자를 길러 내는 것이 얼마나 중요한지를 경험으로 체득해 알고 있다. 마찬가지로 교회에서 매년 지구촌 사회 봉사에 직접 참여하는 것도 중요하지만, 선교

한국 오창대교회 영어 성경 학교 캠프
(2006년, 2007년 충청북도 오창)

현장에서 직접 선교사가 양육을 받고 배출될 수 있도록 후원할 때 더 많은 결실을 맺게 될 것이다.

일례로 창립된 지 만 1주년이 지난 2001년 1월, 교회는 도미니카 공화국에 최정희 선교사와 러시아에 김진은 선교사를 파송하였다. 2002년 러시아 선교지 방문을 시작으로, 3년 뒤인 2003년에는 도미니카 공화국에 단기 선교 팀이 파송되어 협력 선교를 하였고, 그 후로 매년 단기 선교 팀이 각 부별 혹은 연합 팀으로 세계 곳곳에 파송되었다(중국, 한국, 멕시코, 파라과이, 케냐, 캐나다, 자메이카).

● 러시아에서 온 편지

주예수교회 당회장, 당회원, 성도 여러분!

18장 _ 의료 및 교육(Russia, Dominica, Mexico, Korea, Paraguay, Jamaica)

우리 주 예수 그리스도의 이름으로 문안드리오며, 하나님의 특별하신 사랑과 은혜와 축복이 여러분의 가정과 교회와 삶의 모든 영역에 있어 더욱 충만하시기를 기원합니다. 어느덧 2007년 절반이 지났습니다. 지난 6월 12일로 저의 러시아 선교 만 14년이 넘었습니다. 그간 러시아 선교 현장에서 놀라우신 하나님의 역사를 여러모로 체험하였습니다만 특별히 지난 6개월은 참으로 꿈과 같은 시간을 보냈습니다.

하나님께서 러시아 선교에 대하여 고민하게 하셨고 재조명하게 하시며, 새로운 비전과 도전의 계기를 마련해 주셨습니다. 이제 러시아 선교를 위하여 기도와 귀한 헌금으로 후원하여 주신 여러분과 저의 건강을 지켜 주시고 새롭게 도약할 수 있는 용기와 역동적인 힘을 주신 하나님께 감사드리고, 하나님께서 베풀어 주신 은혜를 여러분과 함께 나누고자 합니다.

1. 신학교 사역

이곳 가나안 신학교에서, 예전과 같이 1학년에 '교육심리학'을, 그리고 3학년에 '교회 개척과 성장' 과목을 강의하였습니다. 그간 신학교 운영상의 문제가 있었습니다만 한 학기를 잘 마무리하였고, 5월 말에 졸업식을 거행하였습니다. 앞으로 운영 체제가 어떻게 바뀌게 될지 관망하고 있습니다. 모든 것이 정상적으로 정규적인 신학교로 발전할 수 있도록 기도해 주시기를 바랍니다.

2. 그리스도 및 교회 사역

현지인 목사 미하일 발루바야리노프와 함께 사역하고 있습니다. 본 교회는 독일계의 '루터 교회'의 건물을 빌려 매주 오후 3시에 주일 예배를 드리고, 수요 기도회, 토요 성경 공부의 모임을 갖고, 특별히 성가대와 청소년 그룹의 사역에 치중하고 있습니다. 교회의 양적 성장보다는 성도들 한 사람 한 사람의 영적인 성숙과 청소년의 지도력 개발에 특별한 관심을 가지고 목회하고 있습니다. 이를 위해 기도하여 주시면 더욱 감사하겠습니다.

3. 미국 장로교(PCUSA) 총회, 유럽과 러시아 담당 직원 내방

지역 담당 존 채프만 목사와 게리 페이턴 장로가 상트페테르부르크(St. Petersburg)를 방문하여 파트너로 일하고 있는 가나안 신학교의 운영 실태와 앞으로의 진로에 대하여 의견을 나누었으며, 좋은 교제의 시간을 가졌고 큰 위로와 격려를 받았습니다.

4. 금산제일장로교회 100주년 기념 감사 예배 참석

1945년 8·15 해방과 더불어 처음으로 유년 주일학교를 다녔던 모교회를 오랜만에 방문하게 되었습니다. 100주년 기념 예배(2007년 3월 11일 주일)에 특별히 초청하여 주셔서 "본 교회 유년 주일학교 어린이가 러시아의 선교사가 되다"라는 제목으로 말씀을 전하였고, 지금까지 살아오면서 받은 바 많은 은혜를 교인들과 함께 나누었습니다.

5. 제14차 CIS 한인 선교사 대회 참석(6월 5~8일, 모스크바에서 개최)

CIS선교의 "평가와 전망"이라는 주제로 열린 이번 대회에서, "러시아 선교의 재조명"이라는 원고를 작성하여 '브로슈어'에 개제하였으며, 러시아에 필요한 선교 과제로서 "전략적으로 고차원적인 선교; 지역적으로 시베리아 개척을 위한 선교 및 미전도 종족 선교; 인종적으로 소수 민족으로서의 고려인 선교; 성경적으로 유대인들의 귀환과 한민족 재외 동포를 위한 선교; 원칙적으로 선교사 중심의 선교에서 현지인

중심의 선교로" 이 다섯 가지를 제시하였습니다.

그리고 폐회 예배 설교(행 8:28-31)를 통하여, "하나님의 권능과 뜻대로 이루려고 예정하신" 선교의 도약을 위하여 담대함과 초자연적인 능력을 간구하고, 특별히 한인 선교사로서 "한민족 재외 동포 선교"에 지대한 관심을 가지고 전 세계에 흩어져 살고 있는 700만 한민족 재외 동포를 통한 세계 선교에 기여할 것을 강조하였습니다.

6. 재미 '153 국악 예술 선교단' 초청 공연

이곳 워싱턴에서 활동하고 있는 본 선교단(단장: 조형주, 원장: 서순희)을 초청하여, 상트페테르부르크에서 1,300명을 수용하는 뮤직홀(6월 29일)과 우리 교회(7월 1일)에서 두 차례에 걸쳐 사물놀이, 북춤, 부채춤 등 다채로운 국악 무용과 "살아 계신 주", "놀라운 주 은혜", "백만 송이 장미" 등 화려한 찬양 무용을 공연하였습니다. 고려인들뿐만 아니라 러시아인에게 한국의 전통 음악과 무용을 소개하고 한국 문화 예술을 통하여 선교하는 일에 새로운 이정표를 세우는 놀라운 성과를 거두었습니다.

이 공연을 위해서 호산나감리교회 정일남 목사님과 단기 선교 팀이

러시아 목회자 세미나 강의(2003)

김진은 선교사와 함께(러시아 선교)

기도와 헌금으로 후원하여 주시고, 2만 달러에 가까운 총 경비를 지원하였습니다. 특별히 감사를 드립니다. 그리고 '한민족 재외 동포 선교'에 비전을 같이하는 다른 두 분의 선교사(성락인, 문인숙)와 함께 금년 초부터 이 행사를 준비하고 마무리하는 과정에서 여러 가지로 어려움과 시련이 있었습니다만, 이 일의 출발부터 하나님의 예정하신 뜻과 세미한 일에까지 관여하시는 하나님의 손길과 놀라운 은혜를 체험하였습니다. 비록 일은 우리가 하였다 할지라도 아름답게 성공적으로 이루시는 분은 역시 하나님이시라는 사실을 재삼 확인하였습니다.

7. 앞으로의 과제

러시아에 있어서 고려인 선교에 특별한 관심을 가지고 고려인 교회의 자립과 성장을 도우며, 고려인을 통한 현지인 선교에 박차를 가하도록 해야겠습니다. 한 걸음 더 나가서 '한민족 재외 동포 선교회'(Korean Diaspora Mission Society)를 조직하여 '교회와 선교사에 의한 선교'의 벽을 넘어서, 교육, 문화 예술, 비즈니스, 의료 봉사 등을 통한 선교의 '연합 전선'을 구축하고, 전 세계 각국에 흩어져 살고 있는 700만 재외 동포의 복음화와 선교 자원화에 기여하고자 합니다. 한민족을 통하여 열방을 구원하시고자 하는 하나님의 뜻이 이루어지도록 기도해 주시고 더욱 후원하여 주시기 바랍니다.

(*본 교회가 파송했던 김진은 선교사는 2009년 지병으로 워싱턴 자택에서 소천하였다. 워싱턴 시온장로교회에서 장례식을 거행, 본 교회 대표들과 담임목사가 장례식을 집례하였다.)

- **"해외 선교 씨앗, 열매 맺었다"**
  (도미니카 중앙세계선교신학교 원주민 졸업생 9명 배출)

한인 해외 선교사가 땀과 정성으로 뿌린 복음의 씨앗이 결실을 맺고 있다. 리치먼드 소재 주예수교회(배현찬 목사)에서 파송한 최정희 선교사가 세운 도미니카 중앙세계선교신학교는 지난달 24일 졸업식을 갖고 9명의 신학사와 1명의 신학 석사를 배출했다. 또 도미니카 복음교단 총회장 주관으로 목사 안수식이 거행되어, 졸업생 중 목사고시를 통과한 세 명은 이날 목회로의 첫 부름을 받았다. 개혁장로회신학교를 졸업하고 10여 년 전부터 도미니카 바니에서 홀몸으로 빈민 선교와 신학 교육 사역에 삶을 바쳐 온 최정희 선교사는 1996년 도미니카 중앙선교회를 인가받은 후 신학교를 설립, 목회자 양성에 주력해 왔다.

최 선교사를 파송한 주예수교회는 현지 교단의 요청에 따라 지속적인 선교 후원을 할 계획이며, 빈민 지역에 있는 산따로사 교회와 베자메 교회 건축도 협력하기로 했다. 산따로사 교회와 베자메 교회는 이날 목사 안수를 받은 길마 목사와 에만 목사가 담임하게 된다. 이 밖에 주예수교회는 선교 센터 건립도 적극적으로 추진할 계획이다. 주예수교회는 최 선교사 외에 러시아 김진은 선교사를 파송하고 있다(《한국일보》, 2003년 8월 8일자).

도미니카 중앙세계선교신학교 졸업식

▲ 참여 후기: 해외 의료 및 교육 선교를 통하여

2010년 캐나다 던칸 원주민 선교(청년부)

저희 청년부 단기 선교 팀 15명은 주일 저녁 8시에 비행기에 탑승하여 다시 자동차 그리고 배를 타고 월요일 아침 무사히 캐나다 던칸(Duncan) 원주민 교회에 도착하였습니다. City of Totem(동물 우상의 도시)이라는 아름다운 던칸 지역에 들어서며, 가장 먼저 눈에 띄었던 것은 거리 곳곳마다 세워진 동물 형상의 우상들이었습니다. 비포장 도로를 따라서 들어가는 원주민 보호 구역은 GNM(은혜 원주민 선교팀) 소속 선교사님의 동행 아래에서만 출입이 가능하였고, 사진 촬영도 금지된 지역이었습니다. 복음화율이 1%도 채 되지 않는 던칸 원주민 보호 구역에서는 리치먼드에서 쉽게 볼 수 있던 교회 건물들을 찾아볼 수 없었습니다.

적게는 4만 명, 많게는 23만 명이라는 인류 역사상 가장 많은 대량 학살을 기록한 북미 원주민 대량 학살의 상처는 이 땅 던칸 지역에도 고스란히 남아 있어, 지금도 대부분의 원주민들은 태어나면서부터 죽는 날까지 백인들과 그들의 존재를 저주하며 살아가고 있습니다. 그렇기에 백인들이 칼과 정복의 파워와 함께 전했던 복음은 철저히 왜곡되어 있습니다.

캐나다 던칸(Duncan) 지역의 토템

예수님에 대하여, 평생 처음 복음을 들어 보았다고 말하던 켈리(Kelly)라는 원주민 소년의 고백은 그 던칸 땅에 얼마나 오랫동안 복음의 문이 닫혀 있었는지 알게 하였으며, 지금도 하나님의 복음 안에서 새로운 소망을 찾고자 하는 하나님의 백성들이 있음을 보게 합니다.

우리는 선교 사역 첫 이틀 동안 원주민 보호 구역을 돌아보며 이 땅을 향한 하나님의 눈물을 느낄 수 있었고, 또한 거룩한 회복에 대한 꿈을 함께 꿀 수 있었습니다. 셋째 날과 넷째 날 가졌던 선교사님 자녀들을 위한 여름 성경 학교는 선교사님들의 자녀들을 격려하고 축복하시는 하나님의 마음을 함께 누리는 귀한 시간이었습니다. 또한 매일 저녁마다 있었던 선교사님 가정들과 함께한 가정 예배는 하나님의 마음을 품고 그 땅에서 함께 복음을 전하며 살아가는 그들을 격려하시는 하나님의 위로를 느끼는 시간이었습니다.

특히 마지막 날 저녁에 있었던 원주민 청소년 초청 집회는 모든 팀원들이 각자 자신의 간증으로 원주민 청소년들에게 복음을 전하는 기회를 가졌고, 준비한 스킷(skit), 바디 워십(body worship) 그리고 사물놀이를 통하여 하나님의 사랑과 기다리심을 전하는 진정한 축복의 통로가 되는 시간을 가질 수 있었습니다.

일주일 간의 시간 동안 던칸 땅과 그 땅 안의 하나님의 백성들을 향한 마음과 사랑을 함께 느끼게 하시고, 그들과 함께 살며 그들을 섬기도록 인도하신 하나님께 감사드리며, 이 땅 위에 거룩한 회복의 사역을 쉬지 않고 행하시는 하나님께 모든 영광을 올려드립니다. - 캐나다 원주민 선교 담당 신형섭 목사

2011년 자메이카 선교

선교는 값으로 따질 수 없다. 한 영혼이 천하보다 귀하기 때문이다. 준비하는 오랜 시간, 가지고 가는 많은 도구, 오랜 비행 시간과 공항에서 대기하는 시간, 까다로운 출입국 절차, 많은 비용 그리고 무더운 날씨에 일하고 음식도 다른 것을 먹으며 수고하는 모든 것이 한 영혼이 천하보다 귀하기 때문이다. 태어나 처음으로 밟아 본 새로운 땅, 앞으로의 일정들과 모든 것들이 설렘과 기대로 가득 찬 선교가 시작되었다.

이번 선교 여행은 19명의 하모니로 이루어진 아름다운 선율과도 같았다. 13명의 VBS 팀은 그야말로 젊은 학생들로 이루어진 아침이슬과도 같은 보배였다. 젊은 청년들의 하나같이 밝은 그들의 모습 자체가 너무 아름다웠다. 거친 킹스턴(Kingston)의 어린아이들을 안아 주고 그들과 같이 놀아 주는 모습은 너무나 귀중한 섬김이었다. 그뿐 아니라 에어컨이 없는 곳에서 짜증 한 번 내지 않고 서로 이해하고 작은 물건, 작은 사건을 가지고도 오락의 도구, 자료로 삼아 그렇게도 즐겁게 놀던 젊은 청년들의 밝은 모습이 아직도 눈에 선하다.

KAFHI 파송 조미선 선교사 사역지

3명의 의료 팀은 노련한 경험으로 찾아오는 어린이들의 부모님들에게 섬김의 본을 보이셨다. 2명의 목공 팀은 책상, 책꽂이, 페인트 칠하기 사역이 있었지만 조미선 선교사님이 가장 기뻐하신 것은 전등을

자메이카 교육 선교 팀의
어린이 성경 공부 인도(2011)

달고 환풍기(fan)를 달아 주는 전기 사역이었다. 예배당의 창문이 깨어져 하나도 남아 있지 않은 모습을 바라보고도 어쩔 수 없는 현실을 뒤로하며 아쉬움을 남기고 돌아와야 했다.

조미선 선교사님의 평을 들어 보면, 주예수교회 선교 팀은 조미선 선교사님이 준비해 오라고 한 것을 가장 잘 준비해 온 교회라는 평가였다. 일반적으로 다른 선교 팀은 자기들의 형편에, 자기들의 생각에 필요한 것을 준비해 오는데, 주예수교회는 선교사님이 원하는 것에 집중했고 현지에서도 모든 것을 선교사님의 지시에 따라 행동했다.

이번 단기 선교가 이렇게 참으로 아름다운 하모니를 이룰 수 있었던 것은 교회에서의 작은 섬김 하나하나가 모여, 특히 카리타스, 주택 보수와 같은 지역 사회 선교를 통해 쌓여진 노하우가 있었기에 가능했다고 생각한다. 마지막으로 감사한 것은, 경험이 많은 목사님과 장로님이 동행해서 얼마나 든든했는지 모른다. 또한 하나님께서 날씨를 주장하신 것, 출입국 절차를 도와주신 것, 모든 것이 하나님의 도우심이었다. – 장은호

이번 선교는 많은 단기 선교 팀원들이 말하는 것처럼, 준 것보다 받은 것이 더 많은 선교였습니다. 저는 중고등부 때 갔던 선교처럼 이틀에 한 번, 그것도 아침 6시 30분에 일어나지 못하면 YMCA에 가서 샤워를 하지 못하고, 매 끼니마다 우리가 미국 인스턴트 음식을 조리해

야 했던 그 상황보다 더 열악한 환경을 기대했습니다.

하지만 받은 것이 많다는 이야기는 그런 열악했던 환경에 비해 나았다거나 이전의 단기 선교보다 더 많은 음식을 먹고, 더 많은 곳을 돌아다니며, 그 나라의 문화를 느꼈다는 의미가 아닙니다. 청년들이 주가 되어 참여했던 여름 성경 학교(VBS)를 통해 저희는 아이들에게 지극히 물질적인 것을 주었지만, 저희가 받은 것은 하나님의 역사하심과 자메이카 땅에서도 동일하신 사랑 그리고 아이들의 순수한 사랑임을 더 많이 깨달았기 때문입니다.

현지의 문화에 대해 많이 알지 못하고 간 첫째 날, 선생님보다는 보모(nanny)가 되었던 것 같은 경험 때문에, 둘째 날은 정신을 바짝 차리고 갔습니다. 나는 아이들에게 하나님에 대해 이야기를 하게 되었습니다. 그리고 하나님께 원하는 한 가지를 돌아가면서 말하기로 했습니다. 어린 몇몇 아이들은 멍하니 언니 오빠들만 쳐다보고 있었습니다. 질문을 알아듣지 못하는 것 같아서, 함께했던 교사가 먼저 자신은 하나님께 차 한 대를 구할 것이라고 말했습니다. 나는 맛있는 음식을 먹고 싶다고 말했습니다.

그런데 한 아홉 살짜리 남자아이가 하나님께 사랑을 달라고 할 것이라고 말하는 순간, 우리는 한 대 얻어 맞은 듯한 충격으로 서로를 가만히 바라볼 수밖에 없었습니다. 뒤이어 그 옆에 있던 열한 살짜리 여자 아이가 하나님께 용서를 구할 것이라고 말하였고, 쭈뼛쭈뼛 주님을 너무 너무 사랑한다고 말하고 싶다고

자메이카 어린이들에게 복음을 들려주는
교육선교 팀(2011)

18장 _ 의료 및 교육(Russia, Dominica, Mexico, Korea, Paraguay, Jamaica)

하는 예닐곱 살짜리 아이들을 보는 순간, 말을 이을 수가 없었습니다.

겨우 정신을 차리고, 마태복음 몇 장 몇 절을 아냐고 물었을 때 성경 구절을 숨 한 번 쉬지 않고 외우던 그 아이들을 보면서, 하나님께서 우리를 자메이카 땅으로 부르신 목적을 깨달았습니다. 그 아이들을 가르치라고 자메이카로 부르신 것이 아니었습니다. 아직 많은 이들에게 복음 전파가 되지 않은 그곳에서, 아이들의 순수한 하나님 사랑을 알게 하심이었습니다. 나중에 알고 보니, 그 아이들은 매주 주일학교에 나오는 크리스천인데 하나님을 더 알고 싶어서 여름 성경 학교에 참여한 것이었습니다.

전날 작은 아이들을 이리저리 몰고 괴롭히던 아이들과 다르게, 다른 동생들을 챙기고 안아 주는 그 아이들은 하나님의 자녀로 벌써 구별된 삶을 사는 아이들이었습니다. 우리는 미국에서 살면서 비기독교인들과 얼마나 구별되게 살았을까요? 저희 안에 예수님의 모습이 얼마나 보였을까요? 크리스천이라면서, 단순히 성품이 좋은 비기독교인들과 무엇이 달랐을까요? 아직 감정 조절이 미숙한 14~18살짜리 어린 엄마 아빠들이 아이들의 음식을 빼앗고, 또 맘에 들지 않으면 때리는 그 상황에서, 그 아이들이 주님의 사랑을 얼마나 알까요? 어떻게 기독교인으로서 구별된 사람이 되기로 마음 먹었을까요? 그들이 주님을 사랑한다고 말하는 고백 안에는, 우리가 단순히 하나님을 사랑한다고 말하는 것보다 더 큰 힘듦과 아픔과 상처가 있음을 알게 되었습니다.

나중에 첫날 속 썩이던 아이와 이야기를 나누었습니다. 맘속으로는 정말 말 안 듣는 아이라고 생각해서 미워하고 더 챙겨 주지 못했는데, 그 아이는 "난 지금 하나님을 알지 못하지만 나중에 하나님을 알게 될 것"이라고 말했습니다. 지금 자기 환경이 너무나 위험하고 힘들지만 하나님을 알고 싶다고 했습니다. 정말 단 한 번의 복음의 기회일 지도 모르는 그 아이를 사랑으로 감싸 주지 못한 인간적인 제 마음이 너무 부끄러웠습니다. 그렇게 3일간 속 썩이며 왔지만 "사랑해, 사랑해"라고 한국말로 이야기해 주고, 그러한 저희를 꼭 안아 주는 그 아이들에게서 그 어느 것보다 순수한 아이들의 사랑을 느꼈습니다. 지붕 하나 제대로 있지 않은 장소에서 여름 성경 학교 3일 내내 비가 오지 않는 시원한 날씨를 주신 하나님, 저희가 보기에는 몇 퍼센트의 아이들을 바꿔 놓았을까 생각하지만, 저희 안에 착한 일을 시작하신 이가 그리스도 예수의 날까지 이루실 줄을 우리가 확신합니다(빌 1:6). 아멘. — 임희정

자메이카 선교를 통해 하나님께서 주시는 여러 가지 은혜를 체험하면서, 선교는 나의 준비로 되는 것이 아니라 부르심에 순종하면 하나님께서 그 길을 열어 주시며 함께하신다는 것을 깨닫게 되었다. 때를 얻든지 못 얻든지 열심히 하리라 다짐해 본다. — 정준기

많은 교인이 선교를 떠나고 싶어하지만, 저희가 선택됨을 감사합니다. 환경과 형편이 주어짐을 감사합니다. 주예수교회 성도의 기도와 함께하는 마음으로 이번 선교를 안전하고 은혜롭게 마쳤습니다. 진정한 선교란 짧은 며칠간의 선교보다, 매일의 삶 속에서 선교사님과 선교 지역을 위해 기도와 물질로 헌신하는 것임을 깨달았습니다.

— 한위석

19장

어린이 구호(Uganda)

주예수교회는 지구촌 사회 봉사를 실천하기 위해 2005년부터 아프리카의 우간다 아동 구호 선교 사역을 감당해 오고 있다. 우간다 아동 구호 선교 사역은 이사야 58장 6-7절의 "내가 기뻐하는 금식은……주린 자에게 네 양식을 나누어 주며 유리하는 빈민을 집에 들이며 헐벗은 자를 보면 입히며 또 네 골육을 피하여 스스로 숨지 아니하는 것이 아니겠느냐"라는 말씀과 마태복음 25장 37-40절의 "주여 우리가 어느 때에 주께서 주리신 것을 보고 음식을 대접하였으며 목마르신 것을 보고 마시게 하였나이까……내가 진실로 너희에게 이르노니 너희가 여기 내 형제 중에 지극히 작은 자 하나에게 한 것이 곧 내게 한 것이니라"라고 하신 말씀을 기초로 한다.

이는 복음을 전하는 일과 어려운 이들을 구제하는 것은 별개의 것이 아니라 하나임을 우리에게 가르치고 있다.

● KAFHI와 연대 사업

우간다 아동 구호 선교 사역은 2005년 10월에 45명의 어린이를 후원하는 것으로부터 시작되었다. 우간다는 중앙아프리카의 동부에 위치한 나라로서 과거 영국의 식민지였다가 1961년에 독립하였다. 경제적으로 가난할 뿐만 아니라 의료와 복지 수준이 낮고 기아 문제가 심각하다. 이러한 현실을 교인들에게 알리고 빵과 복음을 함께 전달하고자 기도로 준비하고 후원자를 모집하기 시작하였다.

우간다 아동 구호 선교 사역은 국제기아대책 미주 한인 본부(KAFHI)와 협력 사업으로 이루어졌다. KAFHI(Korean-American For Hunger International)는 국제적인 아동 후원 단체로, '떡과 복음'을 나누는 전 세계적인 기아 후원 기구이다. 한국에서는 NGO 단체 가운데 가장 큰 기관 중 하나이며, 전 세계 여러 나라를 돕는 대외 구호 기관 가운데 중요한 몫을 차지하고 있는 국제적인 기독교 NGO 기구이다. 각 나라별로 운동 본부를 두고 있으며, 미국에는 피닉스(Phoenix)에 미주 본부를 두고 있다. 10년 전에는 미주 한인 사회를 대상으로 국가 단위로 인정받은 미주 운동 본부가 창립되었으며, 이는 미주 한인 이민 교회들을 주축으로 조직되었다.

그 당시 워싱턴 중앙장로교회를 담임하던 이원상 목사(현 원로목사)와 볼티모어 베델교회를 담임하던 이순근 목사(현 한국 다애교회), 김형균 목사(시카고 펠로십 교회), 서창권 목사(시카고 한인 교회) 그리고 배현찬 목사(주예수교회) 등, 20여 명의 목회자들과 평신도 지도자들이 국제 본부 총재와 한국 본부 이사장과 대표의 지도로 출발했다. 현재 이원상 목사는 명예 이사장으로 은퇴하고 김형균 목사가 회장,

배현찬 목사가 이사장으로, 그리고 미 전역의 30여 명의 이사진과 650여 명의 개인 후원자들로 구성되어 있다. 미국에서 건강 식품으로 유명한 기독교 사업체인 영신제약(Y.S. Health 대표이사: 최훈석 집사, 부이사장)의 시카고 본사 건물에 사무실을 두고 있으며, 전임 사무국장으로 정승호 목사와 선교훈련원장인 백신종 선교사 그리고 간사들이 업무를 보고 있다.

우간다 아동 구호는 어린이 개발 프로그램(Children Development Program, CDP)으로 알려져 있는 KAFHI의 아동 구호 프로그램의 일원으로, 후원자와 제3세계의 가난한 어린이를 일대일로 결연하여 어린이에게 복음을 전하고 보다 나은 교육 환경과 의료 혜택을 지원하는 방법이다. 현재는 전 세계 10개국에(우간다, 페루, 캄보디아, 케냐, 에티오피아, 자메이카 등) 2,000여 명의 어린아이들을 돕고 있으며, 파송 선교사 여섯 가정을 후원하고 있다.

이와 더불어 KAFHI 산하의 선교 훈련원은 아프리카 케냐의 아프리카 센터(이종도 선교사)에서 지역 개발학과를 개설하고 성경적 세계관을 가지고 지역 사회 공동체 변혁을 꿈꾸는 현지 지도자들을 양성하고 있다. 때때로 세계적인 재난 지역을 위한 특별 구호나 현지 활동을 위해서(일본 쓰나미, 아이티 지진 구호 등) 식량이나 의료진, 건축 팀 등을 보내기도 한다. 앞으로 케냐와 자메이카에서 도시 빈민촌을 위해서 유치원을 개설하고 어린아이들을 교육하는 선교 사역에 더 집중할 계획 가운데 있다.

선교 지역 정보

● 우간다

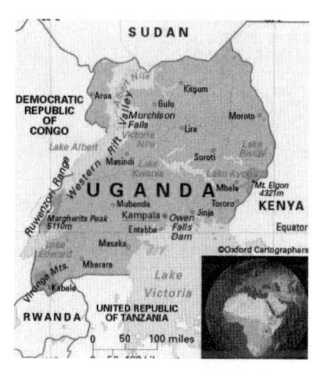

우간다는 동부 아프리카 빅토리아 호수 바로 위에 자리하고 있는 내륙 국가다. 부간다, 부노료 등 몇몇 부족 국가로 오랫동안 있다가, 이후 영국의 식민지를 지나 1961년 독립하였다. 70여 개 부족이 섞여 살고 있는 다민족 국가이다. 우간다는 국민 소득이 300달러도 채 되지 않는 가난한 나라이며, 대통령 중심제의 공화국으로 현재는 무세베니 대통령이 20년 장기 집권을 하고 있다. 인구는 2,600만에 남한의 2.3배의 면적을 가지고 있다. 사회 간접 자본이 너무나 취약하여 인구의 8%만이 전기를 사용하고 있으며 안전한 식수를 마시는 사람이 전체 인구의 절반도 안 된다는 통계다. 출생아 1,000명 중 83명이 사망하여 유아 사망률도 상당히 높은 편이다.

우간다 기아대책기구는 이 나라에 1988년 내전의 와중에 구호 활동을 시작하여 여러 곳에서 사역을 하였으며, 현재 9개 district에서 CDP, HIV/AIDS, Food Security/ Water & Sanitation, Child Mother center, Go-Ed 프로그램들을 하고 있다(KAFHI 웹사이트에서 인용).

● 주예수교회의 아동 구호 선교

처음에는 교우 전체가 함께 관심을 갖고 후원을 독려하기 위하여 각 선교회와 교회학교가 참여토록 하였다. 그리하여 8개 선교회, 중고등부, 아동부 등 총 10개 기관이 우간다와 45명의 우간다 어린이들

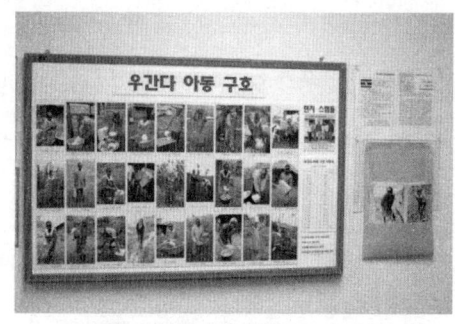

교회 게시판에 특별하게 게시된 우간다 아동 구호 현황과 후원하는 어린이들의 사진 및 기도 제목

을 위해 기도하고 후원하기 시작하였다. 후원은 각 어린이 1명당 매월 $25씩 이루어졌으며, 연간 총 $13,500(한화 약 14,500,000원)가 45명의 어린이들에게 지원되었다.

2010년부터는 선교회가 연령별 다락방으로 재편됨에 따라, 개인별로 후원금을 모금하게 되었고, 2012년 현재 54명의 어린이들에게 매월 $30씩, 연간 총 $19,440(한화 약 22,000,000원)를 후원하고 있다. 이와 별도로 2011년부터 유아부가 사순절과 대강절 기간 동안(연 2회) 우간다 아동 구호를 위한 저금통을 각 어린이의 가정에 나누어주고 우간다 아동 구호 선교에 함께 참여하도록 하고 있다. 이를 통해 어린이부터 성인에 이르기까지 교회가 지향하는 지구촌 사회 봉사에 한마음으로 참여하여 하나님 나라를 위한 선교 사명을 감당하고 있다.

교회에서 이루어지고 있는 다양한 선교 사역에 동참할 수 있도록 돕는 일은 선교적 교회를 세워 감에 있어서 참으로 중요하다. 이를 위해서 가장 우선적으로 해야 할 일은, 교회가 힘을 합하여 각 선교지를 위한 중보 기도에 힘을 쏟는 일이다. 많은 기관들이 가난한 나라의 의료 및 복지 증진을 위해 힘쓰고 있지만 영적인 회복과 복음의 중재가 없이는 통전적인 선교 사역이 될 수 없기 때문이다. 이를 위해 주예수교회는 우간다 아동 구호 선교 사역을 비롯한 다양한 선교 활동을 위해 끊임없이 중보 기도에 힘쓰고 있으며, 선교지의 상황을 알리는 데도 힘쓰고 있다.

우간다 아동 구호와 현지의 상황을 알리기 위한 하나의 방법으로서 교회 게시판을 통해 각 후원자가 후원하고 있는 어린이들의 사진, 이름, 후원 현황 등을 연중 게시하고 있다. 우간다의 만 5세에서 15세의 어린이들이 5년에서 10년 동안 후원을 받게 되는데, 후원자들은 매년 한 번씩 어린이 연간 성장 보고서를 통해 후원 아동의 발달 상황과 한 해 동안 성장한 사진과 감사 편지를 받게 된다. 주예수교회의 경우는 후원금을 각 후원자로부터 받되 후원하는 어린이들의 사진과 현황을 담당부서에서 관리하고 있다. 따라서 교회를 통해 후원하는 모든 어린이들의 사진과 현황을 모든 교우들이 한눈에 볼 수 있도록 게시판에 게시하고 있으며, 어린이들로부터 오는 감사 카드도 회람할 수 있도록 해놓았다.

한 번도 본 적이 없는 지구 반대편에 있는 어린이들이지만 마태복음 18장 5절에서 예수님께서 "누구든지 내 이름으로 어린아이 하나를 영접하면 곧 나를 영접하는 것"이라고 하신 말씀을 가슴에 품고 실천할 때, 그곳에서 영혼과 육신을 함께 살리는 온전한 복음의 열매가 아름답게 맺히게 될 것이다.

- **우간다 어린이들에게서 온 감사 편지**

"안녕하세요, 저는 제 교육비를 후원 받게 되어 참으로 행복합니다. 그리고 저는 저를 후원해 주시는 분도 잘 지내고 있다는 소식을 듣고 참으로 기쁩니다. 얼마 전 본 시험에서 좋은 결과를 얻어서 상급반으로 진급하게 되었습니다. 즐거운 성탄과 행복한 새해 맞이하시길 바랍니다" – 앤드류(Andrew)

"주예수교회 선교 팀 여러분, 그간 잘 지내셨는지요? 저는 보내 주신 후원금으로 잘 지내고 있습니다. 저를 여러분의 자녀처럼 잘 보살

펴 주셔서 감사드려요. 하나님께서 기쁜 성탄절에 사랑으로 여러분 위에 밝게 비춰 주시길 바랍니다. 평안하세요." - 에이론(Aaron)

"주님의 이름으로 문안드립니다. 저와 저의 가족 그리고 지역 공동체를 도와주셔서 참으로 감사드려요. 하나님께서 이 모든 것에 보상해 주실 줄로 믿습니다." - 엘리(Ellie)

"여러분의 도움이 없이는 지금의 제 자신이 있을 수 없었어요. 너무나 감사드려요. 전능하신 아버지께서 여러분에게 축복해 주시길 빕니다." - 대니얼(Daniel)

교회에서 후원하는 한 우간다 어린이가 직접 만들어 보낸 성탄 카드

우간다 어린이들이 보내준 민속 성탄 카드

20장

협력 선교 기구와 신학 교육 기관 후원
(KWMC, Union Presbyterian Seminary)

주예수교회는 세계 선교와 구제를 위해 여러 기관과 협력하고 있다. 개교회, 지역 중심의 선교를 넘어서서 전 세계에 영적으로 육체적으로 신음하고 있는 이들의 목소리에 귀 기울이는 사역은, 선교 기구와의 협력 선교 및 목회자 양성을 위한 신학 교육 기관을 후원하는 일을 통해 확산되어 가고 있다. 이 일들을 위해서는 대표적인 두 기관, 기독교한인세계선교협의회(KWMC)와 미국 장로교단(PC USA)의 유니언 장로교신학교가 협력 후원하고 있다.

● 기독교한인세계선교협의회(Korean World Mission Conference)
기독교한인세계선교협의회는 미국에 있는 한인 교회들이 초교파적으로 모여 세계 선교를 위해 연합하여 조직한, 한인 디아스포라의 대표적인 선교 협의체이다. 1988년 당시 미국에는 약 1,500여 개의 한인 교회들이 있었지만, 대다수의 많은 교회들이 자체 성전을 갖지 못할 정도로 교세가 약했을 뿐만 아니라, 세계 선교를 위해서 함께 연합하고 선교사들을 후원하기에는 역부족이었다. 그러나 하나님의 섭리에 따라 1988년 한국 올림픽이 열렸던 시기와 발맞추어, 세계 선교의 비전 아래 미주 한인 교회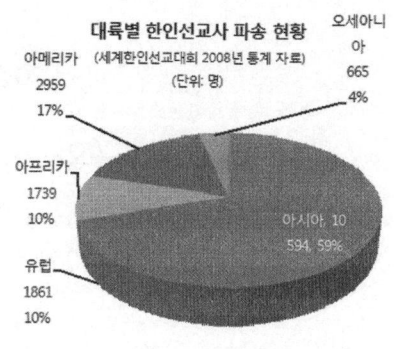
대표들이 교파를 초월해서 함께 모여 선교 협의회를 결성하는 역사적인 거보를 내딛게 되었다.

4년마다 열리는 한인세계선교대회는 협의회의 가장 중요한 사역 중의 하나이다. 1988년 세계 한인 선교사들, 세계 선교 지도자들, 미주 한인 교회 목회자들 및 평신도들이 모여서 제1차 대회를 시작함으로, 매 4년마다 '한국 선교의 올림픽'이라고 불리는 이 대회가 계속되고 있다.

빌리 그레이엄(Billy Graham)의 적극적인 후원으로 시작된 이 대회는, 처음 기획될 때부터 지금까지, 선교사들이 미국에 입국해서 행사에 참여할 수 있도록 빌리 그레이엄 센터가 적극적으로 협조해 오고 있다.

1988년 1차 당시 세계에 파송된 전체 한인 선교사는 불과 600여 명이었고, 한국은 세계 53번째 파송국에 불과했다. 1차 대회에는 선교사 126명을 포함하여 한국과 미국의 선교 지도자 그리고 미주 한인 교회 교인 등 약 2,000여 명이 선교 대회에 참여하여 2000년 1만 명 선교사 파송을 위해서 기도했다.

20년이 지난 2008년, 휘튼 칼리지(Wheaton College) 빌리 그레이엄 센터에서 열렸던 제6차 대회에는 세계 168개국의 한인 선교사 18,000여 명 중 1,000여 명을 비롯하여 한인 목회자, 평신도 등 약 3,000여 명과 차세대 선교 대회의 영어권 2,000여 명 등 총 5,000여 명이 참석하여 하나님의 놀라운 은혜를 체험하는 시간을 가졌다.

지난 2012년 7월, 7차 대회 당시 전 세계 169개국에 23,300여 명의 선교사를 파송한 한국은 세계 제2위의 선교사 파송국이 되었다. 하나님께서 한인 교회를 세계 선교의 도구로 귀하게 사용하고 계심을 보여준다.

한국 및 디아스포라 교회에서 파송한 선교사들의 증가와 함께 4,100여 미주 한인 교회와 720만 디아스포라 한인들의 결집체라고 할 수 있는 KWMC의 선교 운동은, 한민족 선교 올림픽이라고 할 수 있는 선교 대회를 역사적인 휘튼 칼리지에서 4년마다 개최했다. 이제 이 대회

제7차 한인 세계 선교 대회(2012)

는 한국 교회뿐 아니라 세계 선교 역사에서도 그 의미와 중요성을 인정하는 세계적인 선교 대회가 되었다. 이 대회를 위하여 1988년 조직된 KWMC를 시발로 해서 한국에서 1993년 KWMA(한국세계선교협의회)가 초교파적으로 구성되었으며, 이 대회를 발판으로 세계 한인선교사협의회(KWMF)가 탄생되어 한국 선교의 세 중심축이 세워지게 되었다.

필자는 1987년 대회 준비 과정에서부터 관계하여, 1988년 제1회 한인세계선교대회가 개최된 이후부터 대회에 참가하며 점점 긴밀한 관계를 맺어 왔다. 1996년부터 15년 동안 부의장 및 서기로 총회 실무를 감당해 오면서 한·흑 선교 협력 위원장을 맡아 인종 화합을 위한 노력을 해왔다. 더불어 매년 선교사들을 초청하고 총회를 후원하는 일뿐만 아니라, 매회 선교 대회에 많은 교인들이 참여토록 하였다. 이를 통하여 선교 현장의 소리를 듣고 경험하면서, 교회 공동체의 선교적 사명에 활력을 더함으로써 선교 사명을 새롭게 각성하는 계기로 삼고 있다.

2010년 이후 공동의장 및 다인종 선교 협력 기구장으로 섬기고 있으며, 매 대회마다 세미나와 선교 포럼 및 주제 강의(2012년) 등을 맡아 수고하고 있다(2012년 현 명예 회장: 차현회, 공동의장: 김남수, 김만우, 나광삼, 배현찬, 서삼정, 이상남, 이상진, 이승제, 이승종, 임현수, 장영춘, 한기홍, 사무총장: 고석희).

한인세계선교협의회가 기치로 내건 "교회 중심의 선교 운동"은 주예수교회가 디아스포

KWMC, KWMA, GKYM 사무총장들의 선언문 발표

라 한인 교회로서 추구하는 선교 방향과 일맥상통하고 있으며 특히, 다인종 선교를 위한 협의와 연합 사역을 통해 하나님 나라의 비전이 미주 지역과 세계 선교에 실현될 수 있는 방안을 함께 모색해 오고 있다.

2012년 7월에 개최된 제7차 선교대회에서는 정복적 선교와 단절하고자 하는 휘튼 선언을 발표하였다. KWMC의 향후 4년간의 선교 방향성을 정하는 "2012 한인세계선교대회 휘튼 공약"은 이민 교회 선교의 핵심축을 이루고 있는 KWMC, KWMF, GKYM 3개 단체가 참여해 선언했다는 점에서 주목된다. 1세대 선교사들과 2세 한인들이 참여한 가운데 채택된 이 공약은 2012년 KWMC가 소집한 제7회 한인세계선교대회에 참석한 6,000여 명의 한인 선교 지도자들의 하나님 나라 선교를 위한 공약이다. 이 선언은 20세기 후반부터 21세기 초에 이르는 현대 선교가 계속해서 성경적 기초를 상실하고 사도적 선교 원리를 저버리는 것에 대해서 회복할 것을 촉구하였다.

● 제7차 한인세계선교대회
Wheaton College, Billy Graham Center(July 23~27, 2012)

선교대회 일정표

	7/23(월)	7/24(화)	7/25(수)	7/26(목)	7/27(금)
07:00-08:00	전시장 오픈 09:00	새벽기도회			
		나광삼 가족지킵시다 이필섭/군선교	고기홍 예수님의 유언 서준석/도미니카	호성기 평신도전문인선교동력화 박헌남/필리핀	조예환 너는 생각하라 정태권/이스라엘
08:00-09:00		아침식사 / 전시장		(목) 북한을 위한 금식	
09:00-09:20	등록 10:00	경배와 찬양 아틀란타제일장로교회 찬양팀			
09:20-10:00		성경강해			
		오정현 복음의 야성회복의 교회관	한기홍 주님께서 원하시는 선교적 교회모델	정인수 사도행전에 나타난 선교적 리더십	이여백 여성과 선교
10:00-10:40		주제강연 I			
		더그 버드살 제3차 로잔대회와 세계복음화의 미래	타드 존슨 전세계 기독교 동향	마크 앤더슨 Call2All을 통한 선교운동	이승종 사람 세우는 선교
10:40-11:20		주제강연 II			폐회/파송예배
		폴 애쉴맨 미완성과업 미전도종족선교	김남수 4/14 Window운동과 선교패러다임 전환	조동진 사도적 DNA를 회복하라!	KWMC/GKYM연합 설교 장영춘 성찬집례 방지일
11:20-12:00		주제강연 III			
	식사 4:30-07:30	김혜택 선교의 미완성과업과 한국교회의 선교적 개신	임현수 한반도 통일전망과 북한선교전략	배현찬 디아스포라 한인교회의 사회봉사	
12:00-01:40		점심식사 / 전시장			
01:40-02:20	개회예배 06:00-07:30 사회 고석희 개회선언 김만우 선교사환영사 차원희 선교사답례사 최광규 차세대MK격려사 이승종 차세대답례사 이동열 MK답례사 강은혜	주제강연 IV			
		한정국 한국선교의 어제오늘내일 그리고 한국형선교모델	황성주 킹덤드림 - 변혁선교 (Transform Mission)	최웅섭 비즈니스선교에 목숨을 걸었다	
02:20-03:00		주제강연 V	선교전략 패널토의	주제강연 V	
		장도원 평신도선교참여전략	KWMF 현장성 중심 선교 아젠다	강승삼 급변하는 상황에서의 한국세계선교의 미래	
03:00-03:30	축사 존 파이퍼	휴식 / 전시장			
03:30-04:30	방지일 조동진	선택강좌 I			
04:30-05:00	강승삼 설교 론 앨리슨	휴식 / 전시장			
05:00-06:00		선택강좌 II			
06:00-07:30	7:00-7:30 휴식	저녁식사 / 전시장			
07:30-08:00	경배와 찬양 아틀란타제일장로교회 찬양팀				
08:00-10:00	저녁선교대회				
	오정현 한민족선교를 위한 여호와 이레 정순영/캄보디아 오선택/키르기즈스탄 이시온/캄보디아 허귀호/GMS	존 파이퍼 I Have Other Sheep that Are Not Part of This Fold 이요한/T국 이태현/가나 김영섭/요르단 정희수/UMC	서삼정 부흥의 날 Revival Fire 허영희/프랑스 장종일/우크라이나 정훈재/호주 김재규/대신	로렌 커닝햄 나를 보내소서! 박명하/온두라스 정금태/파라과이 이사라/멕시코 여성삼/기성	

7부 _ 지구촌 곳곳을 위하여

"한인 미국화 제일 뒤떨어져, 한인 교회 책임 있나?"

주예수교회 담임이자 KWMC 공동의장인 배현찬 목사가 27일 (목) 오후 11시 30분 '디아스포라 한인 교회의 사회 봉사'라는 주제로 강연했다. 한인 교회의 사회 책임 문제를 다루며 배 목사는 "다인종을 섬길 사명이 한인 교회에 있다"는 자각을 심어 주었다.

배 목사는 "한인 교회는 뿌리를 가지고 신앙 공동체를 이뤄 간다고 하면서도, 주류 사회와 단절된 소외된 공동체를 이루고 갈 때가 있다"면서 "타 인종에게 관심과 섬김의 눈을 돌리지 않으면, 우리 자신의 교회 선교 모임과 성경 공부는 오히려 게토화될 수 있는 위험성을 갖고 있다. 지역 섬김을 통해 이런 한계를 극복하는 선교적인 공동체를 추구해 가야 한다"고 말했다. 배 목사는 "최근 자료에 따르면 아시안 민족 중에서도 한인이 가장 미국화가 이뤄지지 않는다는 평가가 나왔다"며, "아직도 한인 24%는 미국에서 인종 차별이 가장 심각한 문제라고 말할 정도로, 4·29 폭동 이후 20년간 목회적 인종 섬김 노력이 지속되고 있지만 여전히 현실은 만만치 않다"고 설명했다.

인종 차별을 겪는 피해자에게는 편견에 의한 좌절감과 공격적 행동, 속죄양 찾기라는 결과로 이어진다고도 덧붙였다. 그는 "하나님은 언제나 자기 중심적인 우리를 회개시켜 존재 가치를 고취시켜 주셨다. 한인 교회가 이제는 눈을 돌려 지역 사회를 섬겨야 한다"고 덧붙여 다인종 사역의 절실성을 호소했다.

배현찬 목사가 시무하는 주예수교회는 인종 화합 합창제, 노숙자 섬김, 독거노인 및 장애인 주택 보수, 산골 지역 빈민 주택 수리를 통해 지역 사회 봉사에 앞장서고 있으며, 이 같은 사역의 결과 유니언 장로회신학교에서 수여하는 '2011년 지역 사회봉사상'을 한인 교회 최초로 수상하기도 했다(미주 〈기독일보〉, 권나라 기자).

▲ 참여 후기: 제7차 한인세계선교대회를 마치며

'격동하는 지구촌 긴박한 땅 끝 선교'를 주제로 한 제7차 한인세계선교대회에 담임목사님과 사모님을 비롯한 40명의 성인, 2세들, 교역자님들은 비행기로, 2대의 교회 Van으로, 승용차로 숙소인 Hyatt Hotel에 여장을 풀고 지난 4차 대회와 6차 대회에서 받았던 감격을 기억하며 대회 개회예배 장소로 향했습니다.

교정을 오가며 본, 가로등에 걸린 표어들 가운데 "가든지 보내든지, 아니면 불순종하든지"라는 문구가 눈에 아직 삼삼합니다. 선교적 야성이 그대로 풍겨나는 표현이었지요. 여러 경로로 많이 들은 이야기지만 그 끝에 적힌 '아니면 불순종하든지'는 이곳에서야 직접 가슴에 와닿는 듯한, 복음을 접하지 못한 뭇 영혼들의 처절한 절규가 가득 배어 있는 섬뜩한 도전이었습니다.

KWMC 지도자 차현회 목사, 최찬영 목사와 함께

'Diaspora 한인 교회의 사회 봉사'라는 본 교회 배현찬 담임 목사님의 주제 강연은 이번 7차 대회에서 과거에 찾아볼 수 없었던 독창적인 신선한 외침이었습니다. 모든 주제 강연이 선교의 본질, 동향, 전략 등이 주를 이루었는데 '주예수교회 공동체'가 추구하는 선교 사역은 그 모든 이론적 요소를 바탕으로 우리 이민자들의 삶의 현장에서 교회를 모체로 바로 접목할 수 있는 선교의 실행 사역들을 제시하고 있습니다. 제7차 대회의 공동의장으로 섬기신 우리 담임목사님의 주제 강연이 '한인세계선교대회'가 세계 선교의 선두주자로서 앞으로 지향해야 할 새로운 푯대라고 확신합니다. – 박태은

● **신학 교육 후원**(Union Presbyterian Seminary, PCUSA)

주예수교회는 미래의 지도자를 양성하고 지역의 신학 계속 교육과 리치먼드 지역의 한인 교회를 후원하는 일을 감당하기 위해 개척 초기부터 신학교 후원에 힘써오고 있다. 이를 위해 미국 장로교(PCUSA) 산하의 신학교인 유니언 장로교 신학교(Union Presbyterian Seminary, 전 Union-PSCE)를 후원하는 사역을 감당하고 있다. 이는 단지 물질적인 후원만이 아니라 학문과 현장, 신학과 목회, 신학교와 교회가 긴밀한 관계를 맺고 하나님 나라 사역을 감당하도록 전폭적으로 후원하는 것을 의미한다. 신학교 후원은 교회 개척 초기부터 지역과 교단과 이민 사회를 위한 선교적 사명이 되어야 함을 강조하던 것의 연장선에 있다.

특별히 15년 전부터 유니언 장로교 신학교 산하의 아시안 선교 센터(Asian

평생동역자 사모와 함께

장준호, 최형규 부목사 안수식 (유니온 신학교 졸업생) 유니온 신학교 후원 교회들 사진 앞에서 (유일한 한인 교회)

American Ministry Center)의 설립을 주도하여 재정적 후원과 함께 신학생들(유학생과 1.5세, 2세)의 목회 인턴, 교회 봉사 그리고 목사 안수까지의 과정을 도와줌으로 선교적 지원과 더불어 목회자 및 평신도 지도력 개발에 힘써 오고 있다.

유니언 신학교에서 여러 과정을 공부하면서 본 교회에서 인턴 과정을 밟으며 교역자로 섬기거나(16명), 목사 안수를 받고 전임 사역자로 봉사한 경우도 5명이나 된다.

● 주예수교회 봉사를 마치면서: 좋은 교회를 넘어서 위대한 교회가 된 주예수교회

당회원이 하나가 되어 담임목사님의 목회를 전적으로 신뢰하고 동역하는 교회, 수많은 이민 목회자들이 모델 삼고 싶어 하는 교회, 탁월한 사랑과 섬김의 사역으로 미국 장로교(PCUSA)에 속한 한인 교회 중에 유일하게 사회 봉사상을 받은 교회, 투철한 한민족 디아스포라 정신으로 다음 세대를 세워가며 교회 교육의 탁월한 소문이 난 교회, 예배가 은혜롭고 철저히 복음에 근거한 성경 공부로 든든한 교회…….

이것이 지난 7년 반 동안 예배 목사, 청년부 목사로서 섬기며 몸으

로 느끼고, 머리로 이해하고, 가슴으로 경험했던 주예수교회의 모습이다. 유니언 장로교 신학교 (Union Presbyterian Seminary)에서 석사와 박사 과정을 공부하면서도 영적 풍성함과 사회를 향한 하나님 나라의 비전을 늘 놓치지 않을 수 있었던 이유는, 그러한 영성과 사회 선교에 대한

주예수교회 방문 유니온 신학교 총창(Dr. Blount), 아시안센터 원장(이승만 목사), 담임목사와 유니온 신학교 졸업 교역자

비전으로 가득 차 있는 주예수교회를 섬기고 그곳에서 배울 수 있었기 때문이다.

그러나 현재 한국에 돌아와 한 교회의 교육 총괄 목사로 섬기며, 신학대학교의 외래 교수로 강의를 하는 목회자요 기독교 교육학자로서 이 주예수교회를 한국 교회 앞에 소개하고 싶은 이유는, 이러한 외적으로 평가되는 칭찬받을 만한 모습을 넘어서 다른 것이 있기 때문이다. 그것은 5세기 전 1천 년간의 중세 교회를 복음으로 무너뜨린 마르틴 루터(Martin Luther)의 외침, "오직 믿음, 오직 은혜, 오직 말씀"을 가지고 하나님 앞에서 끊임없이 교회를 개혁하기를 멈추지 않는 배현찬 담임목사님의 복음적 몸부림이다.

나는 이 복음적 몸부림이야말로 이민 교회를 넘어서 한국 교회에 있는 많은 교회가 주목하고 보아야 하는 주예수교회만의 목회 본질이라고 본다. 배현찬 목사님의 복음적 몸부림은 언제나 거룩한 병렬(holy pastoral juxtaposition)이라고 부르고 싶은 목회적 안정감을 제공한다. 한 교회의 목회자로서 교인들의 삶을 향한 하나님의 말씀에 집중하면서, 동시에 시대 앞에 책임감 있는 기독교 윤리학자로서 사회

안에서 교회가 어떠한 복음적 메시지를 선포해야 하는지를 함께 외친다. 타협하지 않는 말씀의 복음성을 유지하면서도, 변화하는 시대 앞에 하나님의 상황적 계시의 음성을 언제나 듣고자 노력한다. 이러한 균형과 안정감은 교회 안의 모든 목회의 구석구석에 배여, 성장하는 교회가 화석화되지 아니하고 언제나 신선하게, 그러나 안정감을 갖고 자라나게 한다.

반복되기 쉬운 절기 예배도 단순히 반복됨을 그냥 넘기지 아니하고, 하나님의 창조의 손길 안에서 새로운 예배를 위해서 연구하고 토의한다. 모두가 칭찬하고 본받기 원하는 다문화 음악 축제도 사람들의 칭찬을 넘어선 하나님 앞에서의 위대한 사역을 감당하고자 또 한 번의 회의를 격려하고 모이게 한다. 이제는 중형 교회를 넘어서는 성장을 하고 있는 과정에서도 숫자보다는 성숙을, 속도보다는 방향을 재차 확인하는 겸손함은 주예수교회에서 배현찬 목사님의 지도 아래에서 하나님께서 구별하여 주신 은혜요 목회적 자산이라고 생각한다.

배현찬 목사님의 거룩한 목회적 병렬은 주예수교회를 좋은 교회를 넘어서 위대한 교회로 이끄시는 하나님의 거룩한 통로임을 나는 확신한다. 그리고 이 위대한 걸음을 배현찬 목사님과 함께 신뢰와 순종으로 함께 걸어오셨고, 앞으로 계속 정진하실 당회 장로님들을 비롯한 모든 주예수교회 집사님, 성도님, 교역자님들께 축하와 격려의 박수를 보낸다—신형섭 목사(유니언 신학교 Ph. D. 기독교 교육 / 2004~2011년 주예수교회 예배 목사 / 현 서울 충신교회 교육 총괄 목사, 장로회신학대학원 교수)

찬양 팀 (신형섭 목사 인도)

지구촌 곳곳으로(선교 여행)

중국(베이징, 상해, 남경, 심양, 교회들)

페루(아마존 / 황윤일 선교사)

러시아(상트페테르부르크 / 김진은 선교사)

도미니카(바니 / 최정희 선교사)

브라질(기아대책 선교지)

태국(기아대책 국제이사회)

20장 _ 협력 선교 기구와 신학 교육 기관 후원(KWMC, Union Presbyterian Seminary)

독일(루터의 종교 개혁지 순례)

터키(제1회 세계 여성 선교 대회)

싱가포르(동남아시아, 중국 목회자 수련회)

인도네시아(발리 / 김희명 선교사)

인도네시아(자카르타 / 김종국 선교사)

영국(존 스토트의 All Soul Church 연구소)

사잇글

다음 세대와 더불어 하는 사회 선교

팀 사역(Team ministry)과 이민 교회 사회 선교

1970년대부터 뿌리를 내려온 이민 교회가, 한 세대를 지나면서 정착의 단계를 지나 새로운 세대와 새로운 시대에 직면하는 새로운 교회 사역의 도전을 받고 있다. 1세 중심의 목회 사역의 방향이 점점 2세대에 대한 관심과 배려로 흘러가고 있는 것은 당연한 추세라고 할 수 있다. 더욱이 21세기를 맞이하면서 전통적인 사고가치와 체제 규범이 변화되어 가고 있는 시대적인 상황과 맞물려서, 새로운 교회 사역이라는 과제는 점점 더 실감 있게 대두되고 있다.

변화의 속도와 추세가 과거와는 비교할 수 없을 만큼 거세기 때문에, 변화에 대비하지 않고서는 결코 살아남을 수 없을 만큼 주변 환경이 가혹하다. 역사적인 종교인 기독교가 교회사의 교훈을 통해서뿐만 아니라 이러한 시대적인 요청에 대해서도 진지하게 준비하지 못함으로 일어나는 결과를 예측해 볼 때, 결코 새로운 교회 사역을 위해서 대비하지 않을 수 없으리라고 본다.

● 새로운 목회 도전

현재 미주 한인 교회 내에 나타나고 있는 1세 교회와 2세 교회의 관계는 대략 세 가지 형태로 요약할 수 있다.

첫째, 1세 교회 구조 속에서 2세 교육이라는 한 부서로서 활동하고 있는 일반적인 현상이다.

둘째, 2세 교회 목회를 위한 2세 목회자를 중심으로 하나의 독립된 회중과 치리 조직을 갖춘 상태에서 1세 교회 안에서 공존하는 형태이다.

셋째, 2세 목회자를 중심으로 하나의 독립된 공동체를 구성하여 완전한 자립체로서의 교회를 조직하여 활동하는 것이다. 캠퍼스 타운이나 대도시 지역에서 일어나고 있는 현상으로, 성공적인 경우뿐만 아니라 실패한 경우도 있다.

최근에는 지역과 교세, 개교회의 정책에 따라 각양의 형태로 유지되고 있던 1세 회중과 2세 회중이 독립된 형태로 한 신앙 공동체의 테두리 속에서 공존하는 이민 교회 사역으로 제시되고 있다. 특별히 2세 목회자의 건전한 목회 철학과 2세 교인들의 자생력이 2세 교회 목회자와 회중들과 균형 있는 조화로 나타날 때, 이러한 교회 사역은 매우 바람직한 형태로 대두될 것이다. 일본인들이나 중국인들의 경우를 통해서 얻은 교훈을 놓고 볼 때, 이러한 사역은 미래를 위해서 바람직한 새로운 발전의 단계로 받아들여지고 있는 현실이다.

● 새로운 팀 사역

2세를 위한 사역이 새로운 발전의 단계로 들어가기 위해서는 팀 사역(Team Ministry)에 관한 바른 이해와 상호 협력이 필요하다. 팀 사역에 관한 개념이 이민 목회 현장에서는 아직 정확히 이해되고 있지 못하는 실정이다. 팀 사역에 대한 목회 철학이 1세 목회자와 2세 목회자 모두에게 확고히 정립된 다음에야 바람직한 팀 사역이 이루어질 수 있다. 1세는 당장의 목회 과제들이 더 중요하기 때문에, 2세는 자신들에 대한 배려만 요구하기 때문에, 팀 사역에 대한 상호 협력이 용이하지 못하다. 더구나 1세 목회자와 2세 목회자의 목회 철학과 문화적 관습이 상이한 경우에는 더욱 팀 사역이 원활하게 이루어지지 않는다. 무엇보다도 팀 사역에 있어서 양자 모두에게 적용되는 원리를 명확히 주지시키지 못하면서 조화롭게 공존한다는 것은 어려운 일이다.

팀 사역을 위해서는 팀 사역에 대한 기본적인 상호 이해가 선행되어야 한다. 팀 사역은 장기 목회를 함께하는 자세 가운데서 이루어질 수 있다. 팀 사역은 서로를 신뢰할 수 있어야 한다. 팀 사역은 서로를 존중해야 한다. 팀 사역은 자신의 맡은 업무에 대한 책임이 분명해야 한다. 팀 사역은 전체 교회 공동체에 대한 일체감을 가져야 한다.

목회 팀 사역은 사회 기업 경영의 효율 극대화 이론을 도입하여 교회 사역에 적용하고 개발한 것이므로, 이민 목회 현장의 특수한 상황이 전제되어지지 않고서는 실효성을 거둘 수 없다고 본다. 특히 개교회가 처한 독특한 목회 환경에 대한 공감과 협력 없이 1세와 2세 회중들을 중점으로 한 팀 사역은 오래 가지 않아 갈등을 일으킬 것이다. 이러한 팀 사역은 전체 교회 공동체 사역에 대한 공통적인 비전과 분명한 선교 정책이 목표로 설정된 다음에야 효과적일 수 있다.

● 새로운 관계 정립

새로운 목회 환경 속에서 1세 목회자와 2세 목회자, 1세 회중과 2세 회중이 바라는 기대도 새로워져야 바람직하다. 기존의 문화적 고정된 관념과 문화적 틀로 상대를 바라보고 요구한다면 새로운 틀을 맞추고도 옛날의 양식을 그대로 고집하는 모순을 범하게 될 것이다. 1세 목회자는 2세 목회자를 대할 때 지나친 상하 관계나 경직된 종속 관계에서 탈피해서 점점 상호 보완적인 동사 목사(Co-Pastor)의 협력 관계로 발전시켜야 할 것이다. 2세 목회자는 1세 목회자에 대해서 지나친 고정관념과 문화적 선입관을 버리고 개방적이고 수용적인 자세로 이해하고 배우고자 하는 태도를 가져야 할 것이다.

오늘날 새로이 대두되고 있는 도제 훈련(Mentoring) 방식의 목회 훈련을 개인적 성장이라는 좋은 기회로 잘 활용할 수 있으면 사역 발전에 크게 도움이 되리라고 본다. 목회 현장을 통해서 신학교에서 배운 이론을 실제화하고 목회자로서의 자기 발전과 정체성 정립을 위해서는 팀 사역을 통해서 '통합적인 목회'(Total Ministry)를 익혀야 할 것이다.

신학생들을 지도해 본 필자는 유니언 신학교(Union Seminary, Richmond, VA) 학생들을 지도할 때마다 'Total Ministry'를 강조하고 있다. 자신의 전문성을 극대화시키기 전에 먼저 목회에 대한 전반적인 바른 이해와 교회 사역에 대한 올바른 자세 정립이 우선되어야 한다. 기술과 재능은 경험을 통해서 개발할 수 있지만, 원칙(principle)은 때를 놓치면 영영히 세울 수 없기 때문이다. 성공하는 사람들의 특성은 먼저 원칙을 확고히 정립하고 그 원칙에 의거하여 자신의 기술과 능력을 개발시켰다.

● 새로운 모형 개발

새로운 시대에, 새로운 세대를 위한, 새로운 교회 사역을 위해서, 새로운 모형을 개발해야 하는 것이 오늘날 이민 교회의 당면 과제이다. 어떠한 새로운 모형도 근본 이치와 기본 논리에 있어서는 변함이 없다. 교회 사역에 있어서 변하지 않는 진리를 어떻게 문화적인 변형으로 적용하느냐일 뿐이다.

1세 목회자나 2세 목회자 모두 이민 목회자로서의 독특한 상황을 공감해야 하며, 1세 회중이나 2세 회중 모두 교회 공동체의 성서적 기초 작업에 먼저 충실해야 함은 변함없는 명제다. 그리고 새로운 시대와 세대가 요구하는 언어·문화적 차이에서 오는 방법론을 서로가 존중하고 수용해야 한다. 또한 1세는 2세의 합리성과 정직성을, 2세는 1세의 헌신과 희생을 각각 장점으로 수용하여 상호 보완할 때, 바람직한 새로운 목회 유형이 개발될 수 있을 것이다.

개교회가 처한 목회 환경, 개교회의 목회자가 지닌 목회 철학이 각각 존중되고 개발되어야 하기 때문에, 어떠한 한 모형을 지나치게 모델로 대두시킬 필요는 없다고 본다. 다만 1세 목회와 2세 목회가 각각 독립된 회중으로 한 교회 공동체 속에서 공존하는 틀 속에서, 다양한 목회 행정 체계와 치리 기구를 개발시킬 수 있다고 본다. 더구나 개교회가 속한 교단의 교회 정치 구조와 교회의 선교 정책이 있으므로, 이런 것들을 활용하여 교회 공동체의 일체감 속에서 새로운 교회 사역을 발전시켜야 하리라고 본다. 교회가 공동체적이어야 함은 교회의 성서적 기초이기 때문이다.

● 다음 세대와 함께하는 사회 선교를 위하여

이민 교회가 처한 상황은 그 교회의 연륜과 지역 사회 여건, 그리고 교세의 규모에 따라 큰 차이가 있다. 1세나 2세 목회자들이나 교인들이 자신들의 환경과 여건을 충분히 고려하지 않고 시대 상황과 흐름에 급급해서 어색한 모방을 하지 않도록 조심해야 할 것이다. 역사 발전의 과정 속에서는 어차피 선구자로서 개척의 길을 걸어가는 역할을 맡는 사람이 있고, 그 후에 닦여진 길을 따라 안전하고 편안하게 전진할 사람도 있게 마련이다. 모두 다 창조자가 될 수도 없으며, 모두가 다 추종자가 되어서도 바람직하지 않다. 특별히 교회 공동체의 발전에 가장 큰 책임을 진 목회자는 지나친 욕심과 성급함 혹은 억지를 부리면서까지 시대를 거스르는 고집을 피우는 어리석은 지도자가 되지 않도록 해야 할 것이다. 하나님의 선교 사역은 영원하지만, 시대적으로 새로이 변하고 발전되어 가고 있다는 것을 명심해야 하리라고 본다(《새로운 목회 사역 / 팀 사역 시리즈》, 미주 〈크리스천 신문〉).

1세대와 오는 2세대가 함께 사역하는 공동체

교역자(2006)

교역자(2012)

8부

선교적 교회
목회 리더십

21장

선교적 교회 사역 원리와 리더십

선교적 교회는 교회의 본질을 회복하고 교회가 처한 문화적 환경과 지역 사회를 중시하는 관점에서 거론되었다. 지역 사회의 문화를 선교적 상황으로 수용하는 태도로서, 그 교회의 상황에서 독특한 사명과 비전을 발견하는 과정을 선교적으로 적용하는 것이다. 에드 스테처(Ed Stezer)의 해석에 의하면, "잃은 자를 주목하는 교회 성장(Church Growth), 통전적(Holistic) 구조를 강조하는 건강한 교회(Church Healthy)와는 다른 패러다임을 보여주는 것으로써, 자신의 상황에서 자신의 교회에 적합한 하나님의 독특한 비전을 발견해야 한다는 것이 선교적 교회(Missional Church)의 핵심"(Ed Stezer and David Puturan, *Breaking the Missional Code; your church can become a missionary in your community*, p.48)이라고 해석한다.

선교적 교회의 학문적 논의와 발전은, 1998년 북미 신학자들과 목회자들이 GOCN(Gospel and Our Culture Network)를 이론적으로 종합한 〈Missional Church: A Vision for the Sending of the Church in North America〉가 시발점이다. 레슬리 뉴비긴(Lesslie Newbigin)이 평

생을 인도 선교사로 사역한 후 선교 파송국인 영국으로 귀국하여 맞닥뜨린, 영국과 유럽을 중심으로 한 서구 기독교의 선교 현장에 대한 인식 변화에서부터 시작되었다. 선교적 교회론의 주도적인 선교 신학자인 대럴 구더(Darrell L. Guder)는 선교적 교회의 본질과 특성을 성서적(Biblical), 역사적(Historical), 현장적(Contextual), 종말론적(Eschatological), 실천적(Practical)으로 설명한다(Darrel L. Guder ed., *Missional Church: Vision for the Sending of Church in North America*, pp.25-45). 이러한 선교적 교회가 되기 위해서는, 하나님의 사랑에 대한 친밀성(예배를 통한 성령의 내적 소통)과 공적 영성(이웃 사랑)이 함께 뿌리와 줄기같이 연결되어야 한다고 이학준 교수는 주장한다.

> 선교적이기 위해서는 하나님 안에서 많은 감사와 승리의 경험들이 이어져야 한다. 선교적 교회론은 궁극적으로 은혜를 입고 감사할 줄 아는 교회가 감당할 수 있는 교회론이다.(이학준, "한국 교회의 새로운 패러다임의 핵심, 공적 영성"〈목회와 신학〉 2013년, 3월 pp.73-74)

한국 교회가 소유한 장점인 예배와 기도가 '공적 영성'으로 나타날 때 선교적 교회의 모습으로 드러난다고 보는 것이다. 우리는 북미주에서 선교적 교회 현상이 드러난 20여 교회를 중심으로 사역 특징을 종합하여서 선교적 교회를 실제적으로 이해하는 데 도움을 얻을 수 있다.

1) 분명한 선교적 소명을 발견한다.(Missional Vocation)
2) 선교에 대한 성서적 기초와 제자도가 세워져야 한다.(Biblical

Foundation and Discipleship)

3) 대조 사회로서의 위험을 감수한다.(Taking Risk as a Contrast Community)

4) 세상을 위한 하나님의 의도를 실현하는 구체적 실천이 있다.(Practices that Demonstrates God's Intent for the World)

5) 공적 증거로서 살아있는 예배를 드린다.(Worship as Public Witness)

6) 성령에 대한 의존적 사역을 한다.(Dependence on the Holy Spirit)

7) 하나님의 통치를 향한 지향점을 가지고 있다.(Pointing Toward the Reign of God)

8) 선교적 권위(Missional Authority)

(이상훈, "북미 교회 갱신운동의 흐름에서 본 선교적 교회와 사역원리", 〈목회와 신학〉, 2016. 12)

이와 같은 선교적 교회에 대한 요소와 특징들을 종합해 볼 때, 선교적 교회는 굳건한 성서적 전통(Biblical Tradition)을 바탕으로 상황적인 문화 수용(Cultural Context)을 통해서, 지역 사회 봉사(Community Service)에 집중한다고 요약할 수 있다고 본다.

북미 선교적 교회 운동을 지향하고 100여 개 교회를 방문하여 그 가운데 22개 교회를 중심으로 분석한 이상훈 교수는 선교적 교회 사역을 세 가지로 종합한다.

첫째, 선교적 교회는 하나님 나라의 관점에서 자기 존재와 부르심에 대한 분명한 인식을 기반으로 세워진다. 둘째, 선교적 교회는 신앙 공동체로서의 내적 사역이 이뤄질 때 가능하다. 셋째, 선교적 존재로서 자기 정체성을 확립하고 성령께서 이끄시는 공동체가 세워진 교회는 자연스럽게 세상에 나아가 하나님의 선교 사역에 동참하게 된다.(Ibid.)

그는, 선교적 교회로 갱신한 거의 모든 교회들이 규모와 상관없이 매우 역동적인 신앙 공동체를 형성하고 있으며 계속 성장하고 있다고 관찰하였다. 매우 특이한 현상은, 대다수의 선교적 교회가 현재 담임 목사에 의해서 개척되었고, 회중의 평균 연령이 20~30대로 젊다는 것이다. 이 점은 다음 세대를 위한 젊은 사역자들에게 매우 고무적인 현상이라고 볼 수 있다. 변화된 새로운 시대 문화를 이해하면서, 다음 세대를 품고 사역할 수 있는 사역 철학과 목회 패러다임이 개발되어 가야 한다는 것이다. 북미의 이상훈 교수는, 탐방 조사를 통해서 확인된 선교적 교회는 하나의 획일적 모델이나 패턴으로 정형화될 수 없다고 보았다.

선교적 교회는 무엇보다도 자신이 놓여 있는 지역 사회에서 앞서 행하고 계시는 하나님의 선교를 식별하고 그 사역에 동참하는 것을 최우선적 과제로 여긴다. 즉, 선교적 교회는 하나의 탁월한 사역을 모델로 삼아 흉내내는 것이 아니라, 교회 공동체가 있는 지역 위치와 성도들의 특징과 은사, 부르심에 대한 확인을 통해 자신에게 부여된 고유한 사명을 찾고 그것에 헌신하는 특성을 가진다. 이것이 교회마다 각기 다른 모습으로 선교적 교회를 표현하고

있는 이유이다.(Ibid., 143)

전통적인 패러다임에서 신앙생활하는 구성원들을 어떻게 하나님의 선교적 백성 공동체로 변혁(Transforming)시킬 수 있는가? 변화(Changing)시키기 위해 요청되는 중요한 요인은 무엇인가? 그것이 바로 선교적 리더십이다.("한국 선교 신학회 편, 선교적 교회론과 한국 교회", 전석재, 《선교적 교회의 리더십》, p.289)라고 해석한다.

찰스 밴 앵겐 (Charles Van Engen)은 선교적 교회 리더십을 이렇게 설명하고 있다.

> 리더십은 하나의 연합적(Corporate Event) 사건이다. 하나님의 백성들이 하나님의 소명과 뜻에 따라 비전을 가지고 세상을 향하여 나가 선교하는 삶을 살아가며, 세상과 그들이 선교하는 삶의 현장에서 행하시는 하나님의 사역에 성령으로 감동되어 동참하도록 그들을 독려하는 지도자들이 영향력을 행사하여 가는 연합된 사건이다.(Charles Van Engen 지음, 임윤택 역, *God's Missionary People*, 《하나님의 선교적 교회》, pp.278-279)

선교적 교회 리더십은 믿음의 공동체가 몇몇 사람의 영향력 있는 지도자를 세우고, 그 리더들이 공동체 안에서 하나님의 백성들이 받은 영적 은사를 잘 발휘할 수 있도록 할 때 일어나는 '연합적 사건'이라는 것이다. 이런 리더는 하나님의 백성들이 세상을 선교하러 나아가게 하기 위해서 창의적이고, 비전이 있고, 적극적이며, 긍정적으로 미래를 바라 볼 수 있는 안목을 가져야 한다고 강조한다(Ibid., p.279). 이 리더십은 '성육신적 리더십'(Incarnational Leadership) 과 '섬김의 리더십'(Servant Leadership)으로 특징지어진다(전석재, 《선교적 교회 리더십》, pp.290-291). 이러한 리더십은 십자가 사건을 통해서 나타났으며, 세상으로 보냄받은 사도적 임무를 수행하는 리더십으로 해석된다. 교회 공동체로 하여금 선교적 상상력을 발휘하고 이를 세상으로 방출할 수 있는 환경을 조성하고 이루어 가는 영향력이다. 이런 리더십으로 인해서 교회 구성원들이 교회를 자신들의 만족과 서비스를 제공받기 위한 종교적 상품 판매처로 만들지 않고, 제자로서 개인적으로 선교적인 삶을 구현하며 공동체적으로 선교적인 사명을 통해 교회 본질을 추구하게 되어 간다고 본다.

선교적 교회 리더십에서 록스버그(Alan J. Roxburgh)는 "하나님의 백성을 선교를 위해 준비시키는 것"으로 정의한다. 선교적 공동체를 형성하는 비결은 선교적 리더십에 달려 있다고 보며, 이 리더십은 성령에 의해서 공급되고 인도된다고 주장한다. 그는 사도행전 10장과 11장의 베드로와 고넬료의 만남에서 이루어진 선교적 현상을 선교적 교회로 해석하고, 결단한 예루살렘 교회의 모습에 주목하라고 한다. 또한 에베소서 4장 11-13절에서 사도 바울이 디모데에게 가르치는 목회 지도력의 목표와 기능을 그대로 수용하면서, 선교적 리더십을 자연스럽게 적용한다. 그러면서 에베소서 4장이 말하는 다양한 은사들과 기능들을 표현한 리더십 팀을 제안한다(록스버그, "선교적 리더십", 《선교적 교회: 북미교회 파송을 위한 비전》, pp.272-319).

그는 이러한 관점에서 선교공동체로서의 교회 공동체적 방향과 리더십의 역할에 대해서 전통적인 목회 리더십에서 사도적 리더십으로 전환해야 한다고 주장한다. 동시에, 과거 전통적인 교파 중심의 교단 리더십과 비상황적인 신학 교육의 한계성을 지적하고 있다. 사도적 정체성을 가진 삶의 방식을 가르쳐야 한다고 강조하고 있다.

22장

선교적 교회 목회 리더십 과제

한국에서 선교적 교회의 실체 속에서 드러난 선교적 교회 리더십을 조사한 한국일 교수는 선교적 목회에 적합한 리더십을 강조하고 있다.

> 한국 교회는 지역 사회로부터 분리된 개교회 중심의 교회론을 지향하였으며, 지역 사회에 전도는 하지만 지역 사회에 관심은 없는 '친교 없는 전도와 선교' 활동을 해왔다. 이런 자기 중심적 교회는, 성장 시기, 즉 교회가 지역 사회와 주민들로부터 신뢰를 받던 시기에는 문제가 되지 않았고, 문제로 노출되지 않았다. 그러나 저성장 시대로 들어가면서 지역 사회로부터 개교회가 분리되는 현상이 나타났다.(한국일, 《선교적 교회의 이론과 실제》, p.314)

그는 목회자가 교회 영역을 넘어서 지역 사회로 나가 주민들을 만나게 되는 활동을 '선교적 목회'라고 보면서, "선교적 교회를 실천하기 위해서는 선교적 교회론의 이해를 통해서 목회 활동의 영역을 확장하고 제도권으로부터 운동성을 회복하는 선교적 목회 리더십을 형성해야 한다"고 강조한다(Ibid., p.317).

그는 지난 13년 이상 동안, 한국 교회의 선교적 교회 실제 사례를 탐구하기 위하여 전국의 교회들을 탐방하고 연구한 후 현장에서 확인된 선교적 목회 리더십의 특징을 다음과 같이 설명한다.

첫째, 영성에 기초한 진정한 리더십이다.

오늘날과 같은 불신과 저성장 시대에 진정성의 리더십은 교회의 변화를 가져오고, 그 변화가 지역 사회까지 미치는 목회자의 역량이라는 사실을 발견하였다. 진정성은 한마디로 목회자가 가진 '교회와 세상, 사람에 대한 진실한 열정'이다. 목회자의 진실함과 열정으로 이루어진 진정한 리더십은 그의 목회관을 형성해 온 일관성 있는 목회 소신과도 깊은 연관을 갖는다. 오랫동안 고민하면서 형성되어 온 목회자의 목회 철학과 소신이 그의 목회를 일관되게 이끌어 간다. 이러한 선교적 목회 리더십의 기초로 영성에 기초한 진정성을 가장 우선적으로 정하고 싶다.

둘째, 개척정신의 리더십이다.

선교적 리더십은 전혀 기반이 없는 선교 현장에서 시작하는 것과 같이 선교운동을 일으키는 도전정신과 개척정신이 필요하다. 김용기 장로의 사례, 양평 국수교회, 부천 새롬교회, 안성 율현교회처럼, 도전정신과 개척정신을 가진 목회자는 기존의 제도에 안주하지 않고 지역 사회의 필요성에 따라 매우 창의적으로 접근하면서 다양한 선교적 목회 형태를 만들어 내고 있다.

셋째, 소통과 동행(협력) 리더십이다.

선교는 교회가 세상과 소통하는 행위이다. 선교는 결코 일방적으로 진행되어서는 안된다. 세상을 이해하고 시대와 문화, 상황의 특징을 살피는 섬세함이 필요하다. 선교적 교회를 실현하는 목회적 리더십은 목회자의 권위에 의존한 수직적·일방적인 소통의 관계를 지양하고 성도들과 함께하여 평등하게 서로 소통하는 관계를 추구한다. 선교적이란 용어 안에는 타자에 대한 열린 태도와 소통의 의미가 담겨 있다. 세상을 향해 보냄을 받았다는 의미의 선교는 세상을 향해 열린 태도를 가지며 이해하는 과정을 통해 소통하지 않으면 실천이 불가능하다.

넷째, 섬김과 세워 주는 리더십이다.

선교적 목회에서는 목회자와 성도가 동역자의 관계로 재설정된다. 선교적 목회 리더십에서는 성도의 은사와 재능을 발견하며, 교회 안에서뿐만 아니라 그의 삶의 현장에서 기독교적 가치를 실천하면서 살아가는 성도를 양육하고 세워 주는 일에서 목회자의 기쁨과 보람을 찾아야 한다. 목회자는 개인의 목회 비전에 사로잡혀 있는 것이 아니라 함께 공유한 목표를 향해 참여하는 성도들을 세심히 살피고 배려하며 그들의 재능과 은사를 발견하여 동기를 부여하고 격려함으로 성도를 교회와 하나님 나라 활동에 중심으로 세우게 된다.(Ibid., pp.320-337)

이러한 점에서, 서울의 한남제일교회 오창우 목사는 "나는 이 교회의 담임목사가 아닌 이 지역의 마을지기다"라고 선언한 후 지난 30년의 사역을 통해서 지역 사회를 섬기고 변화시킨 선교적 교회 목회 리더십의 모형이라고 평가한다.(《목회와 신학》 2013. 3 & 《월간목회》2017. 2)

전통적인 교회가 어떻게 선교적 교회로 변화될 수 있는가? 그 변화가 어느 단계에 와 있을 때 선교적 교회라고 말할 수 있는가? 선교적 교회의 모형과 이상은 어떠한 상태를 두고 말하는가?

리치 로우스와 크리이그 밴 겔러는 선교적 교회로의 변화를 위한 일곱 가지 핵심요소를 다음과 같이 설명한다.

1) 하나님의 선교에 대한 명확한 비전
2) 하나님의 선교를 위한 제자 훈련
3) 성령의 인도하심에 의한 긍정적인 분위기 형성
4) 선교적 리더십 팀 조성
5) 갈등의 상황에서도 흔들임 없이 지속적으로 선교에 집중
6) 교회 재정에서의 청지기 사명 감당
7) 선교적 교회로의 변화 과정에서의 격려
(Rich Rouse & Craig Van Gelder, *A Field Guide for the Missional Congregation: Embarking on a Journey of Transformation*, pp.42-43)

특히 4단계에서 제시되는 선교적 리더십 팀 조성이 이루어질 때, 공동체적 갈등을 극복하여 선교가 정책적으로 실행에 옮겨진다고 주장한다. 밴 겔더는 선교적 교회 리더십을 특별히 강조하면서, 리더십이야말로 성령의 인도하심을 받는 선교적 교회를 이끄는 핵심어라고 보았다. "그리스도의 뜻을 이루기 위해서 성령께서 교회를 창조하시고, 이끌어 가시기 때문에, 성령의 인도하심을 분별하고 구체적이고 특수한 상황 속에서 그 인도하심을 따르기 위한 방법을 모색하는 것이 선교적 교회의 리더십이다"(Van Gelder, The Ministry of *the Missional*

Church, p.19)라고 해석한다.

선교적 교회의 모습으로 변화되고 발전되는 과정이 지속되도록 중요한 역할을 하는 것이 바로 리더십이라는 것이다. 이 리더십은 하나님의 선교의 관점에서 "1) 하나님께서 무엇을 하고 계시는가? 2) 하나님께서 무엇을 하기를 원하시는가?를 정기적으로 점검해야 한다"(Van Gelder, Ibid., pp.59-60)고 강조한다. 첫 번째 질문은 믿음과 분별력을 필요로 하고, 두 번째 질문은 지혜와 계획을 필요로 한다고 말한다. 종합하면 선교적 리더십은 "끊임없이 하나님께서 지금 내가 그리고 우리 공동체가 무엇을 하기 원하시는지를 찾는 실제적·공동체적 영성을 지향한다"(한국 선교 신학회편, 《선교적 교회론과 한국 교회》, 전석재, 이병옥; 크레이그 밴 겔더(Craig Van Gelder)의 《선교적 교회론》, p.112). 그는 이러한 선교적 교회가 되기 위한 선교적 리더십을 특정 인물이나 조직, 프로그램으로만 보지 않고 그러한 방향을 향하여 나아가는 모든 과정 (Process)이 중요하다고 역설한다. 그 과정은 다음과 같다.

1) 교회 공동체가 성령에 이끌리는 공동체로서, 공동으로 분별하고 논의하는 것이다.
2) 교회 공동체가 가진, 역사적·상황적 형편에 따라 독특한 신학적 관점을 개발한다.
3) 세상을 이해하고 사람들을 이해하는 다양한 사회이론과 사회과학 방법론의 도움을 받아야 한다.
4) 교회가 결과적으로 취하는 행동은 전략적이어야 한다.

밴 겔더는 이 네 가지 과정은 반드시 함께 고려되어야 하되, 이 넷이 시간적 순서를 따라야 한다고 주장하지는 않는다.(Craig Van Gelder 지음, 최동규 역, *The Essence of the Church: A Community Created by the Spirit*, 교회의 본질).

23장

선교적 교회 목회 리더십 응용 실제

1. 신학 훈련과 사역

문교부 유학 시험을 치르고 미국 유학을 준비하던 중, 한국 사회가 기대하던 민주사회로 가는 것이 아니라 오히려 뒷걸음치는 정치적 격변을 겪는 것을 보면서, 미국 장로교(PCUSA) 신학교 중에 하나인, 중서부에 위치한 조그만한 신학교(Univ. of Dubuque Theological Seminary)에 가족을 데리고 와서 1981년 1월 미국에 정착하게 되었다.

첫 학기 수업에서 과테말라에서 온 방문 교수로부터 해방신학(Liberation Theology)을 공부할 수 있었다. 남미에서 생성된 해방신학은 당시 제3세계 신학으로, 서구 신학계에 큰 반항을 일으키던 중이었다. 필자는 한국의 민중신학의 창시자였던 서남동 교수에게 연세대학교 신학과 학부 논문 지도를 받으면서 인간화에 대한 논문을 썼다. 해직 교수였던 김찬국 교수를 통해서 구할 수 있었던, 당시에는 금서이던, 가톨릭에서 번역된 책(성념역, 해방신학)밖에 접할 수 없었던 나로서는 뜻밖의 기회였다. 호기심과 함께 생생한 현장의 목소리를 들어가면서 이론적 배경을 접할 수 있었던 좋은 감동적인 순간들이었다.

연세대학교 연합신학대학원에서 기독교 윤리를 전공 하면서(TH.M.) "라인홀드 니버의 사랑과 정의 이해"란 논문을 썼던 나로서는 실제적인 현장의 목소리를 들을 수 있었던 계기이기도 했다. 그 후 유학생들과 교수들이 중심이 된 캠퍼스 타운의 첫 이민 목회 현장에서 교인들과 로마서를 정독하면서, 분명한 구원론과 성서적 교회관에 입각한 균형잡힌 자유로운 복음주의적 목회(Liberal Evangelism)를 추구하여 왔다. 보수적인 교회 전통과 복음적인 가정환경에서 자라면서 보수적인 한국 교회의 장·단점에 깊은 인식과 회의를 품고, 자유로운 종합대학교 안에서 신학을 하면서 복음과 사회적인 문제에 관심을 가지고 기독교 사회 윤리에 집중하였던 것이다.

도미 유학의 목표였던 박사 과정을 보스톤 대학교 대학원에서 했는데 마틴 루터 킹(M.L King Jr.)에 관해서 집중적으로 연구할 수 있었다. 킹의 교수였던 뮬터(Walter G. Muelder) 명예 교수의 강의와 킹의 학창 시절 동료였던 카트라이트(Cartwright) 교수의 지도하에 킹의 '비폭력 사상과 사회 변화'에 대한 이론적 탐구를 하며 킹이 공부했던 현장에서 깊이 있고 생동감 있게 연구할 수 있던 시기였었다.

때마침 레이건 대통령이 킹의 생일을 국가 기념 공휴일로 재정하여 (1986년 1월) 공포할 때였으므로, 그와 관련된 킹의 사상과 생애를 미주의 여러 언론이나 기독교 신문 그리고 재미 기독 학자회(프린스턴 신학교)에 발표하면서 학문적 이론을 실제적인 목회 현장에 조명하기도 하였다. 그 사이 자연스럽게 한국에서부터 학문적 과제로 삼고 미국으로 왔던 개인 구원과 사회 구원의 양극화의 해결 문제를 이론과 함께 실제 목회에서 점점 적용하게 된 것이다. "인종 화합에 대한 한인 이민 교회의 사명"(The Korean Immigrant Church as Transformer of Culture with Racial Harmony)이라는 박사논문을 쓰면서, 이론적 탐구를 목회 현장에 적용하는 이민 목회자로서의 인식 전환과 사명 발견이 있었다.

논문을 쓰면서 L.A. 4·29 폭동 현장을 몇 주간 탐방하는 가운데, 이민 목회자로서 새로운 시대 인식과 목회 전환이 있었다. 1992년 4·29 폭동을 통하여 미주 한인 이민 사회가 받은 충격은 이루 말할 수 없었는데, 이민 목회 현장에서 그러한 사회적 도전으로 자신의 정체성과 사명에 대해서 새로운 인식을 한 것이다. 그리하여 1994년부터 목회 사역의 중점 가운데 하나로, 인종 화합의 과제를 가지고 인근의 흑인 교회와 함께 공동 예배를 드리면서 합창제를 시작하게 되었다. 인종 화합 합창제는 지난 20여 년 동안 10회를 거치면서, 한, 흑 관계에서 발전해서 이제는 한·흑·백·히스패닉 등 다민족이 정기적으로 친교하며 합창제를 함께하는 인종 화합의 무대가 되어, 지역 사회에 뿌리를 내릴 뿐 아니라 여러 지역으로 메아리를 울렸다.

2. 사회 정의를 위한 사회 선교

한·흑 간의 화목은 당시 지역 한인 사회의 조그만한 가게들이 많이 모여 있던 리치먼드 시 동쪽의 흑인 밀집, 저소득 및 빈민촌 지역에 있는 같은 교단의 흑인 교회를 선택해서 오랜 세월 동안 형제 교회의 관계로 발전되어 왔다. 그 계기로 지역 흑인 사회(Community) 지도자들과의 TV 좌담회가 여러 번 있었으며, 그 영향으로 1997년도에는 아시아인(Asian)으로는 처음으로 버지니아(Virginia) 주 의회에서 개회 기도를 인도하기도 하였다. 인근의 여러 종족과의 인종 화합 합창제가 잘 정착되면서 인근의 백인, 히스패닉 교회와의 오랜 세월 지속적인 교류를 하게 되었을 뿐 아니라, 지역 사회의 여러 타인종과의 유대가 자연스럽게 이루어져 갔다.

주예수교회 공동체가 시작된 1999년부터 교회는 담임목사의 목회 철학과 교인들의 일체된 훈련을 통해서, 지역 사회 봉사 사역에 더욱 집중하게 되었다. 인종 화합 합창제에 이어 매월 빈민이나 독거 노인의 주택 수리, 매주 토요일 노숙자를 위한 먼로 공원 사역(Homeless Soup Kitchen)이 10년 넘게 정착하게 되었고, 2004년 다목적 홀의 건립과 함께 매년 여름 1주일 동안에는 카리타스(CARITAS, Congregations Around Richmond Involved To Assure Shelter)라는 노숙자 사역 기관을 통하여 50여 명의 노숙자들 숙식을 돌보는 일을 하게 되었다.

매년 여름의 단기 선교도, 몇 회의 해외 선교를 제외하고는, 중고등부와 청년들이 애팔래치아 산맥 빈민촌 선교를 하는 ASP(Applalachia Service project) 단체를 통해서 미국인들과 함께 매년 계속해 오고 있는 중이다. 이런 교회의 지역 사회 봉사는 10여 년 전부터는 "사랑과 정의를 위한 사회 선교"(Social Mission for Love and Justice)라는 모토하에 연령별 선교회와 2세들이 동참하고 있다. 교회 공동체는 사명 있는 건강한 교회를 추구하면서 '사랑과 정의'라고 하는 기독교 사회윤리의 양대축을 바탕으로, 늘 성서 해석과 사역 실천을 종합하는 가운데 균형 있게 실천하면서 발전해 오고 있다.

지난 20여 년 동안 주중의 심도 깊은 제자반 교육이나 주일 아침의 '공동체 성경 공부' 반을 통해서 소그룹으로, 또는 공동체적 전체 그룹 성서 연구를 통해서 영적 기초를 단단히 다지며, 공동체적 사명 안에서 일체감을 가진 양육과 훈련을 꾸준히 계속해 오고있다.

온 교우들이 빠짐없이 동참할 수 있도록 오픈한 Stop Hunger Now 프로그램이나, 젊은이들을 중심으로 한 정기적인 헌혈 등도 꾸준히 지속되었다. 거의 매년 개최된 '한국 음식 문화 축제' 같은 행사를 통해서 지역 주민들과 가까워졌으며, 지난 10년간 지역 주민들의 운동 모임이 주 3일 계속해서 다목적 체육관에서 있었고, 현재도 매주 지역 청소년들이 농구 교실 모임이 계속되고 있다. 더 나아가 한인 이민 사회를 위한 무궁화 한국 학교, 여름 문화 학교, 그리고 무궁화 시니어 센터 같은 지역 한인 사회 봉사 사역도 오랜 세월 동안 지속되어 왔다.

백인 보수층의 안정된 주거 및 상업이 활발한 지역 주민들에게 교회 설비는 자주 활용되고 있으며, 체육관은 성인 및 아동 운동으로, 본당은 히스패닉의 결혼식 장소로 자주 사용되고 있다. 감나무 가로수와 소나무 뒷길로 가꾸어진 교회 주변의 조경과 미화는 지역 주민들에게 매우 좋은 이미지를 주고 있을 뿐 아니라, 사역의 지속적인 발전과 건물 확장을 통한 환경 변화는 지역 사회에서도 함께 바라보면서 즐거워하고 있음을 확인하고 있다.

3. 공동체 시리즈 출판

2011년 이민 목회 30년이 되던 해, 주예수교회가 한인 교회 최초로 미국 장로교(PCUSA)가 수여하는 '사회 봉사상'을 받게 되었다. 미국의 저명한 교단 신학교 가운데 하나인 유니온 신학교(Union Presbyterian Seminary, Richmond VA)에서 매년 전 미국의 교단 산하 11,000여 교회를 대상으로 심층 심사를 하여 선정하는 이 명예로운 상(Elinor Curry Award for Outreach and Social Concern)을 교단의 400여 한인 교회 중에서 처음이자 유일하게 수상하게 되었다. 이 일을 계기로 교회의 선교 사역을 정리하여 이민 교계에 나누는 일을 시작하였다.

《사회 선교는 이렇게》(쿰란출판사, 2012)라는 책은 선교적 교회의 이론 배경과 실례들을 종합한, 디아스포라 한인 교회의 사회 봉사에 대한 실제적 자료와 사역 원리들을 한데 묶은 것이다. 교회의 사회 선교 사역이 한 권의 책으로 종합되고 출판되어, 선교학자나 목회자, 선교사들에게서 좋은 평가를 받은 선교적 교회 자료집이라고 볼 수 있다. 공동체적인 관점에서 이러한 결실이 나타날 수 있었던 배경과 과정을 함께 고백한 것이 공동체 시리즈 I, II, III (함께 세우는 공동체, 함께 자라는 공동체, 함께 섬기는 공동체)를 묶어 세 권을 동시에 출판하는 용기를 내게 된 것이다.

《리더십은 이렇게-느헤미야 강해》(함께 세우는 공동체-공동체 시리즈 I.)는 느헤미야 강해설교집으로, 공동체의 회복과 교훈을 위한 느헤미야 리더십이 제자 훈련과 사회 선교 사역에서 균형을 이룬 디아스포라 목회 이야기라고 볼 수 있다. 추천사에서 정인수 목사는 "저자 배현찬 목사님은 척박한 이민 목회지에서 창조와 비전의 리더십을 가지고 성공적인 목회를 감당하고 계십니다. 때때로 처절한 목회 위기 가운데 절망의 나락에도 빠져 들어갔지만 목사님은 다시금 일어나 새로운 부흥의 이야기를 써 내려가고 계십니다. 그동안의 아픔과 상처가 목사님의 리더십을 갱신하는 은총의 계기가 되었습니다. 느헤미야가 백성들과 한 덩이가 되어 성벽을 건설한 것과 같은 동일한 이야기가 주예수교회를 통해 펼쳐지고 있습니다. 목회를 담임목사의 전유물로 삼지 않고 모든 평신도들과 공유하는 배 목사님의 뚜렷한 평신도 사역철학을 곳곳에서 느낄 수 있습니다"라고 말했다. 오정현은 "그리스도인의 정체성 회복의 뿌리는 건강한 공동체요, 공동체 개인의 출발인 비전 성취의 열매는 협력입니다. 말씀 중심의 제자 훈련과 디아스포라 교회의 선교 사역에 집중하여 이민 목회의 귀한 모델이 되고 있는 리치먼드 주예수교회 배현찬 목사님의 이민 목회 30주년을 맞아 출간하는 공동체 시리즈의 첫 번째로 느헤미야를 선택한 것은 그런 점에서 더 큰 은혜가 있다고 생각합니다"라고 하였다.

많은 목회자들이 궁금해 하면서 질문하는 "어떻게 그러한 사역을 공동체적으로 할 수 있는가?"에 대한 응답을 '함께 자라는 공동체'라는 공동체 시리즈 II 《양육은 이렇게-로마서 함께 읽기 및 적용》에서 제시했다. 주일 1부 예배 (8시)와 2부 예배(11시) 사이에 이루어지는 공동체 성경 공부(9:30~10:30)가 바로 그 핵심이다. 지난 30여 년 동안 주일 아침 성경 공부는 디아스포라 목회에서 가장 심혈을 기울인 교인 양육 프로그램이었다. 때때로 소그룹 성경연구 및 토론, 혹은 주제별 소그룹 반, 성경통독 반 등으로 여러 그룹과 단계의 성경 공부, 그리고 주중에 수년 동안 이루어진 제자반 훈련이 있었지만, 주일 아침 목장 성경 공부는 담임목사가 직접 심혈을 기울여 교인들을 공동체적으로 양육한, 영적 성숙과 봉사훈련의 샘터였다. 그 결과로 출판된 책이 《양육은 이렇게-로마서 함께 읽기 및 적용》이다.

한국에서 제직 훈련 세미나 지도자 중 한 사람으로 주목된 신학자 출신의 목회자인 김성봉 목사는 "탁월한 본문 해석과 강해를 바탕으로 삶의 방향을 제시해 주는 신앙 훈련과 성장을 위한 교재"라고 추천하였다. 신약학자로 다양한 논문들을 계속해서 많이 쓰고 있는 이민 목회자인 유승원 목사는 "간결한 로마서 주석으로 보아도 무방할 정도의 학문적 노력이 담겨 있지만, 탁상 공론이 아닌 목양 현장의 체험과 영감이 깊이 배어 있는 성경 공부 안내서"라고 평가하였다. "기독교 신앙을 체계적으로 공부하기 원하는 우리 교회 성도들과 함께 공부하면 좋겠다는 생각이 들었습니다. 로마서를 총 40개의 단락으로 쪼개어 기독교 신학의 핵심이 되는 내용을 거의 다 섭렵할 수 있게 조직을 했기 때문입니다. 소그룹으로 모이는 가정 교회나 셀(Cell) 구역 식구들이 함께 묵상하면 좋을 것이라 판단이 섰습니다. 쉬우면서도 깊이가 있는 자세한 강해와 설명이 있어서 개별적으로 읽기만 해도 묵상을 위한 영감의 통로가 됩니다. 그리고 나서 그룹에 함께 모여 '삶을 위한 생활 적용'을 중심으로 서로 나누면 관념의 유희에서 그치지 않는 실천이 신앙 공동체를 윤택하게 만들어 줄 것입니다."라고 추천하였다.

'디아스포라 한인 교회의 사회 봉사'(Social Mission for Love and Justice)라고 부제가 붙은 '공동체 시리즈 II-함께 섬기는 공동체'인 《사회 선교는 이렇게》는 지역 사회 봉사 이론 및 실제를 기술한 것이다. 필자뿐 아니라 교역자팀(신현호, 강인호, 김영훈, 은광현, 추정순)이 함께 저술한 것이며, 많은 교인들의 소감문과 간증이 실제 사례와 함께 종합된 공동체적 산물이라고 할 수 있다. 주예수교회 공동체의 '사회 선교'(Social Mission) 사역에 대한 이론과 실제를 집대성한 것으로, 선교적 교회를 지향하는 교회들과 지역 사회 봉사 사역을 위한 참고서로서 학자들과 목회자들에게 주목을 받고 있는 자료라고 볼 수 있다.

이민 목회자로서 PGM(Professionals for Global Missions: 전문인 선교 사역)을 창립하여, 이민 교회 선교의 리더 역할을 감당하고 있는 필라델피아 안디옥 교회의 호성기 목사는 이 책을 여러 번 이민 교회 지도자들과 선교사들에게 강조하면서, "성경적인 교회론 위에 세워져 있는 건강한 사회 선교 모델"로 평가한다. "목사님의 확고한 교회론은 '교회는 선교를 위해 존재한다'는 요지 부동의 건강한 신학입니다. 교회는 존재 이유 자체가 영혼을 구원하는 선교에 있다는 신실한 선교 목회의 신학자이십니다. 목사님의 지역 교회에서의 사역이 성경적인 교회를 위해 세워졌기에 참으로 건강한 모델이 되고 있습니다. 배 목사님이 이끌어 오신 주예수교회는 철저히 지역 사회와 미국인들의 주류사회 속에 들어가 '빛으로 소금으로' 많은 영향력을 끼쳐 왔습니다"라고 평가한다.

유니온 신학교 방문교수 1년 동안 주예수교회 생활을 했던 연세대학교 정종훈 교수(기독교 사회윤리)는 "저자 배현찬 목사님은 목회와 사회 선교 양측을 균형 있게 견지하고 계신, 보기 드문 리더십의 목회자이십니다. 실천적인 윤리학자이시고, 동시에 삶의 자리를 정의 위에 평화 공동체로 변혁하고자 애쓰시는 사회운동가이십니다. 이 책은 미국의 한인 교회뿐 아니라 세계 도처에 있는 한인 디아스포라 교회들까지, 교회가 한국인의 섬처럼 되지 않고 지역 사회와 호흡하기를 원한다면 좋은 지침서이자 교보재로 사용될 수 있을 것으로 사료됩니다. 세상적인 기준으로 큰 교회가 아니라, 주님의 기준으로 큰 교회를 지향하는 주예수교회의 대열에 목회자 독자들과 평신도 독자들 모두 함께 동참하게 되기를 기대합니다"고 책을 추천하였다.

주예수교회 창립 시부터 저자의 마음속에 담겨 있던 섬기는 공동체에 대한 뜨거운 비전을 옆에서 지켜보았던, 김세광 교수는(서울장신대학교) 《사회 선교는 이렇게》라는 책은, "첫째로 이민 교회 목회자를 위한 통찰력 있는 목회 지침서, 둘째로 이민 사회의 단체장이나 그룹들의 전략 지침서, 셋째로 이민자들 개개인의 의미있고 보람된 삶을 위한 지침서"라고 특징지었다. 그는 "이 책을 읽고 있는 동안 독자들은 한국 이민자들이 미국 땅에서 단지 자신들의 생존 게임이 아니라, 성서적 가치를 실현하는 미국 사회를 건설하는 현장에 서 있음을 느낄 수 있습니다. 미국으로 이민 오게 된 이유와 동기가 개인적인 차원에서 사회적이고 역사적인 차원으로 발전하는 짜릿함을 맛볼 수 있을 것입니다. 이 책이 이민 교회와 사회적 공헌에 대한 성서적 원리와 실제를 다룬 귀한 자료 교과서로 활용되었으면 하는 바람과 미국 사회 뿐 아니라 세계 모든 나라에 흩어져 있는 한인 교회의 목회적 로드맵으로 제시될 수 있다는 생각이 들었습니다"라고 평가하였다.

4. 사회 선교원과 선교적 교회 세미나

2014년 부활절, 창립 15주년을 지나면서 '사회 선교 센터'(Diaspora Social Mission Center for Love and Justice)를 봉헌하게 되었다. 2세 교육을 위한 제반 시설, 영어 목회 및 문화 행사를 위한 커뮤니티룸, 선교 세미나룸, 행정실, 교역자 사무실 등 여러 가지 기능을 가진 아름다운 건물을 봉헌함으로써 선교적 교회의 내실과 모양을 잘 갖추게 되었다.

사회 선교 센터의 선교룸은 사회선교연구원으로 지명하여 선교적 교회의 본질에 더욱 집중하는 내적 계발과 세미나를 통한 외적 사명에 발전적 박차를 가할 수 있도록 하였다. 그리하여 2014년부터 사회선교연구원 주관으로 매년 봄에 미주 이민 교계를 대상으로 하는 선교적 교회 세미나를 주최할 수 있게 되었다. 세미나는 매회마다 각각 다른 기관과 협력함으로써 효율적으로 대내외적 홍보와 함께 선교적 교회를 지향하는 이민 교회와 선교사들에게 실제적인 도움을 줄 수 있게 되었으며, 갈수록 영향력과 호응이 높아지고 있다.

더불어 미주 한인 교계의 선교 올림픽이자 세계 선교사의 역사적인 평가를 받는 한인세계선교협의회(Korean Wold Mmission Conference)가 주최하여 매 4년마다 열리는 한인세계선교대회에서, 두 차례의 주제 강연을 통해서 이민 교계와 세계 한인 선교사들에게 선교적 교회를 소개하며 홍보함으로써 선교적 교회 운동 사명을 감당하는 계기가 되었다(2012년 제7차대회: 이민 교회의 사회 봉사, 2016년 제8차대회: 선교적 교회). 8차 대회의 주제 강연을 전한 기독일보는 배 목사는 '한국 교회의 새로운 선교 방향과 교회 개혁의 차원에서 이 운동이 논의되고 있다'면서 '외형적 성장과 내면적 성숙의 불균형 속에서 건강한 한국 교회 미래상으로 제시되는 교회론'이라고 설명했다. '교회가 선교적으로 거듭나기 위해서는 이에 대한 명확한 비전과 함께 교회 리더십과 온 성도가 한 마음으로 헌신해야 한다'고 강조했다. '그러나 이 과정에서 가장 중요한 것은 교회나 목회자가 가진 비전보다 성령께서 우리 교회가 어떻게 지역 사회 복음을 전하길 원하시는지 듣는 훈련'이라고 했다. 밴 겔더(Craig Van Gelder)가 강조하듯이, 성령께서 오늘도 세상 안에서 하나님의 통치와 선교를 이루시기 위해서 활동하였으며, 이를 위해서 하나님의 백성의 공동체인 교회를 사용하시기 때문이다.

그간의 선교적 교회 세미나의 주제와 강사들은 아래와 같다.

■ 제1회 선교적 교회 세미나
주제: 선교적 교회, 건강한 교회 – 지역 사회를 섬기는 사명적 교회로 거듭나기
강사: 최형근 교수, 김종국 선교사, 배현찬 목사, 노승환 장로
협력: KWMC
일자: 2014년 6월 12~14일
참석: 35명

■ 제2회 선교적 교회 세미나
주제: 선교적 교회와 이민 교회의 선교

강사: 노진준 목사, 안인권 목사, 배현찬 목사, 백신종 선교사, 노승환 장로

협력: KAFHI(국제기아대책기구 미주 한인 본부)

일자: 2015년 2월 23~25일

참석: 28명

■ 제3회 선교적 교회 세미나

주제: 세상으로 보냄받은 교회

강사: 한국일 교수, 신광섭 교수, 배현찬 목사, 노승환 장로, 박태은 장로

협력: CBTS(Central Baptist Theological Seminary, D.Min. Program)

일자: 2016년 3월 14~16일

참석: 63명

■ 제4회 선교적 교회 세미나

주제: 선교적 교회와 목회 리더십

강사: 이학준 교수, 신혁선 교수, 최병호 목사, 배현찬 목사, 노승환 장로

협력: 미국 장로교 한인 교회 협의회 총회(NCKPC) 국내 선교위원회

일자: 2017년 3월 13~15일

참석: 50명

지난 3회 선교적 교회 세미나에 참석했던 사람들은 이구동성으로 "선교에 대한 관점을 넓혀 더 넓은 시야로 바라볼 수 있었다는 점이 좋았습니다. 실제적이고 구체적인 사례와 적용을 많이 듣고 볼 수 있

어서 감사했습니다. 보수적인 복음주의 신학적 관점 속에서 목회하면서 풀리지 않았던 균형의 중요성을 깨달았습니다"고 밝혔다. 선교적 교회 지향적 목회를 추구하면서 선교적 교회에 대해서 D.Min.논문을 쓰고 있었던 많은 분들 중에서 어느 참가자는 "그동안 혼자서 책으로만 알던 선교적 교회에 대한 내용을 다시 확인할 수 있었습니다. 특히, 배현찬 목사님의 깊은 신학적 확신과 뜨거운 목회 열정을 통해 큰 도전을 받았습니다. 저 역시 느리지만 선교적 교회를 향한 비전의 씨를 심어보겠습니다. 저의 아내 역시 이번 선교적 교회에 대한 이해를 통해 마음을 함께 하게 되었습니다"라고 도전적인 평가를 하였다.

"학문적으로 정리가 되었고, 때론 공감이 되면서도 현실과 적용하기 어려운 부분이 있는데, 그런 점에서도 기대했던 것보다 더 구체적이었습니다. 프로그램 순서상으로 짜임새가 있었습니다"라고 전반적으로 세미나를 평가한 참가자도 있었다. 어떤 참가자는 "선교적 교회의 철학과 신학적·성경적 근거를 먼저 다룸으로써 사회 봉사가 단순히 그리스도인의 선행으로만 인식되지 않고 선교적 교회의 마땅한 모습로서의 섬김을 볼 수 있게 해서 좋았습니다"라고 하였다. 교회의 선교적 사역을 함께 협력하는 기관들을 방문하는 가운데 "교회가 협력하는 CARITAS, Renew Crew라는 기관들을 알게 된 것 또한 감사합니다. 여러 분야에서 사람을 살리고 또한 사랑을 전하는 새로운 기관들을 방문해서 그들의 사역을 보고 생각하는 시간을 갖게 되어서 좋았습니다"라는 반응도 보였다.

5. 뒤돌아 보며, 앞을 바라보며

1999년 11월 첫 주일에 하나님의 부르심으로 배현찬 목사와 뜻을 같이한 성도들로 설립된 주예수교회는 개척 당시부터 교회의 사명을 분명히 하였다[사명 선언문(Mission Statement): 주예수교회는 말씀으로 양육·훈련 받은 디아스포라 공동체로서 하나님과 이웃을 섬긴다.(Lord Jesus Korean Church serves God and neighbors as a Diaspora community by being strengthened through the Word of God.)]. 2년 후 본당을 증축하면서 이 사명을 구체적으로 실천하는 방안을 이상 선언문으로 확정하였다[이상 선언문(Vision Statement): 주예수교회는 성령의 인도하심 따라, 예배가 은혜롭고 2세 교육에 앞서가며, 사회 봉사가 아름다운, 그리스도의 몸으로서 온 세상에 하나님 나라를 이루는 데 전력한다(Lord Jesus Korean Church as a body of Christ strives to extend God's Kingdom on earth through grace-filled worships, education, and compassionate community services empowered by the Holy Spirit.)].

'요셉의 꿈'이라는 뮤지컬을 공연하면서 창립 10주년을 보내고, 14주년을 맞으면서 2013년 10월 20일 선교주일에는 '선교적 교회 선언문'을 선포하였다. 교회 공동체 수양회에서 온 성도가 참여한 가운데, 수년 동안 진행되고 개발되어 온 '사명적 교회'(Missional Church)라는 공동체적 일치와 목표를, 당시 한국의 학자들 사이에서 번역된 '선교적 교회'(Missional Church)라고 명시하였다. 2015년은 교회 표어를 "지역 사회를 함께 섬기는 선교적 교회"(Missional Church United in Serving Community Together)로 설정하면서 목표를 향해 더욱 공동체적인 일치를 추구하게 되었다. 2017년에는 2020년까지 4년 동안 선교적 방향과 실천을 더욱 구체화하면서 Vision 2020을 재정하였고[Vision 2020: 사랑으로 섬기며 정의로 나누는 선교 공동체(The Mission Community Serving in Love and Sharing in Justice)], 이러한 비전에 따라 개인적으로는 더욱 실천적 삶으로, 공동체적으로는 더욱 적극적으로 선교적 교회를 향하여 나갈 것으로 본다. 설교와 성경 공부를 통한 양육과 훈련은 이러한 선교적 교회 목적과 방법에 더욱 집중할 것이다. 성도들의 삶과 공동체적 사명이 균형을 이룬 선교적 교회를 추구하면서 선교적 교회 모형 개발을 충실히 해나갈 것이다.

그동안의 목회 지도력의 결실과 사역 확대의 과정에서 공동체는 성숙되고 발전되어 왔으며, 앞으로도 계속해 갈 것으로 기대하면서 핵심 사항을 다음과 같은 다이어그램에 맞추어 적용하고자 한다. 예수 그리스도가 보여준 섬김의 삶과 나눔의 기적을 통해서 드러난 십자가의 도를 따르는 개인적인 삶과 공동체적 사명에 더욱 헌신할 것으로 기대한다.

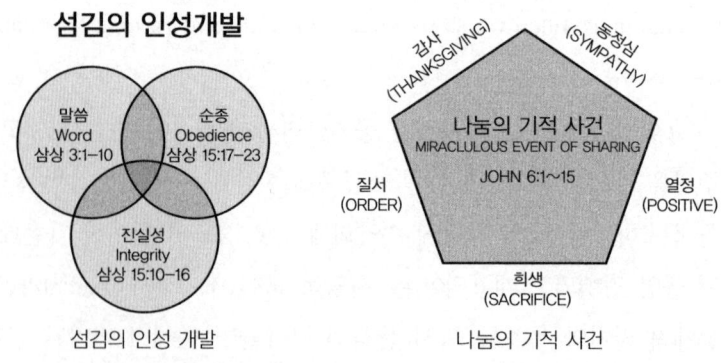

6. 하나님의 신묘막측한 섭리 가운데

18년 전 주예수교회를 개척하면서부터 늘 기도하던 마음의 소원이 있었다. '성령의 인도하심 따라' 목회하기를 간절히 소망한 것이다. 그러면서 '하나님의 뜻을 이루는' 교회가 되기를 간절히 소망하였다. 본당 좌우편에 걸어둔 "주 예수보다 더 귀한 것은 없네"와 "살아 계신 하나님의 영광스러운 교회"라는 표어대로 공동체가 세워지기를 모두가 함께 노력하고 있다. 1999년, 이전의 18년 동안 승승장구하던 이민 목회에서 나락으로 떨어져 밑바닥에서부터 다시 시작하면서, 주예수교회 이름처럼 진심으로 '그리스도가 머리'이며, '그리스도의 몸'으로서 '그리스도의 신부'가 되는 교회를 염원하였다. 지난 세월 동안 하나님의 신묘막측한 섭리 가운데 지나오면서 그렇게 터전을 다져 왔다.

개척 전 잉태의 산고를 겪어가던 10개월 동안 피 마르는 개인적인 좌절감과 가정적인 고통, 교우들의 아픔을 극복하도록 인도하신 하나님의 섭리가 신비했다. 그 10개월 동안 신경안정제로 먹었던 노란색 수면제가 생각난다.

그간의 역사 발전 과정에서 겪은 여러 번의 위기들이 건강하고 성숙한 공동체로 자라는 기회로 이끄시는 하나님의 오묘한 섭리를 여러 번 경험하였다. 창립 후 미국 장로교 제임스 노회에 가입하는 과정에서, 외부적인 방해와 제재를 극복하면서(세 번에 걸친 교단 내에서의 재판에서 승소) 교회는 공동체 발전을 위한 외형적 모형과 조건을 구비하게 되었다. 교육관을 짓고 난 후 사소한 개인적인 갈등 관계가 빚은 공동체 내의 불화로 제직 가정 가운데 일곱 가정이 교회를 떠나면서, 인간적인 회의와 절망감 속에서 헤어 나오기까지는 하나님의 위로가 큰 힘이 되었다. 인간관계의 세속적 악영향 때문에 집사회를 3년간 해체하고(미국 장로교 헌법 안에서) 몇 번의 치리(Discipline)를 하는 아픔을 겪으면서도 건강한 교회를 지향하기 위해 전력을 기울였다.

개인적으로는 목회 생명을 거는 몇 번의 결단이 있었다. 그때마다 나 자신보다는 교회의 건강과 앞날의 역사를 위한 토대를 놓는 관점에서 모험적인 결정을 하기도 했다. 몇 번의 위기 순간에서는 나 자신을 포기하면서 바람직한 목회 환경과 교회 역사 미래를 우선적인 염두에 두고 도전과 맞서기도 했다. 결과적으로 하나님의 섭리 가운데 교회 공동체적 위기는 성숙과 발전의 기회가 되었으며, 목회 지도력은 강화되었다. 그러한 과정들을 여러 번 반복하면서, 목회 철학은 더욱 확고해졌고, 교회 공동체의 사명 역시 더욱 분명해져 갔다. 세월이 흐르면서 목사와 당회를 중심으로 한 지도력은 더욱더 공고해졌으며, 선교적 사명(Missional)을 위한 공동체적 일체와 성장이 자연스럽게 나타났다.

현재의 교회 건물들은 공동체의 성장과 사명이 발전함으로 자연스럽게 증축된 결과이다. 3,000 Sq정도의 조그만 첫 건물에서 지금의 30,000여 Sq의 확장된 건물은 공동체의 성장과 사역 확대와 함께 증축되었으며, 건물 확장과 더불어 선교적 사명은 점점 증대되어 오늘에 이르렀다. 창립 후 지금까지 첫 교회 구입 후(4에이커, 3000여 Sq, 본당과 사무실) 네 번의 건축이 있었다. 창립 2년 후 본당이 증축되었고, 창립 5년 후 다목적 교육관(청소년 예배실, 한국 학교 교실, 부엌, 사랑방, 세미나실) 등을 헌당할 때는, 리치먼드에서 개최된 미국 장로교회 총회의 프로그램 가운데 하나로 채택되어 총회에 참가한 수십 명의 한국 목사님들을 포함한 400여 명의 손님들을 모시고 감격적인 헌당 감사 예배를 드릴 수 있었다. 다목적 교육관 건물을 통해서 2세 교육뿐 아니라, 매년 여름 일주일 동안 50여 명의 노숙자들을 숙식으로 접대하는 CARITAS 프로그램에 참여할 수 있었고, 한국 음식 문화 축제, 지역 주민을 위한 체육 프로그램과 시설 개방 등으로 지역 사회에 성큼 다가서는 계기가 되었다. 20여 년 전부터 시작한 이스트민스터(Eastminster) 교회(흑인), 사우스민스터(Southminster) 교회(백인), 리빙워터 오순절(Living water Pentecostal) 교회(히스패닉) 등과의 인종 화합제는 더욱 활기를 띠면서 지역 주민과 언론의 주목을 받기 시작했다.

창립 10주년 때는 증축 본당과 기존 건물을 리모델링해서 본당을 넓히는 공사를 하면서 400석의 본당을 헌당함으로써, 주일 정기 예배와 합동 예배(EM, 2세와 함께하는)를 여유 있게 드릴 환경을 구비하였다. 그러한 세월 동안 세 명의 선교사를 파송하였고(파송을 요청한 선교사들의 위급한 상황에서), 4명의 목사 후보생을 후원하고 지도하면서 목사 안수를 주고 부목사 사역을 하도록 하였으며, 미국에서 안정된 정착을 위한 배려도 할 수 있었다. 그리고 동역하다가 학위를 받고 귀국하여 한국에서 신학교 교수로 후학들을 가르치는 사역자도 2명 배출하였다. 뿐만 아니라 지도자들의 가정(담임목사, 당회원)에서 2세 목사가 2명 배출되었다. 그동안 유니온 신학교에서 세운(당시 Louis B. Weeks 총장과 필자가 공동 준비위원장으로 함께한) 아시안 센터를 통해서 10여 명의 한국 신학생들을 후원하고 훈련하는 사역을 맡아서 감당하기도 하였다.

설립 15년 해인 2014년 부활절에 사회 선교관(Diaspora Social Mission Center for Love and Justice)을 봉헌하여 선교적 교회 사명에 걸맞는 2세교육과 EM 예배, 청년부 및 문화 활동 공간뿐 아니라 선교적 교회 세미나를 개최할 수 있는 제반 여건을 갖추게 되었다. 이 건축은 2세 교육의 공간 문제로 자연스럽게 부각되면서, 건물의 용도와 명칭이 선교적 교회의 사명에 걸맞게 발전되었다.

이렇게 교회 설립 후 네 번에 걸친 건축은 아주 자연스럽게 은혜롭게 제안되고 진행되었으며, 결과적으로 교회 공동체 발전과 사명 감당에 매우 큰 바탕이 되었다. 뒤돌아 보면, 담임목사가 개인적으로 어떤 상황에서 큰 결심을 하고 자신을 포기한 후에 하나님께서 더불어 축복하신 은총이었다. 도미 유학 때 품었던 개인적인 꿈, 대도시의 유혹에 따른 개인적인 야망, 그리고 자신의 안녕을 추구하는 목표 등을 포기하면서 하나님의 뜻에 순종했을 때마다 하나님은 건축과 더불어 교회의 사명을 확장시켜 나가신 것이다. 그러한 비밀스럽고 신비한 과정 가운데, 담임목사의 목회 지도력과 당회 협력은 더욱 공고해졌으며, 당회의 지도력을 통한 공동체 전체의 일치와 화목도 단단해졌다.

그 중심에는 창립 때 부터 핵심적인 역할을 해오고 있는 장로님들의 적극적인 신뢰와 후원이 있었다는 것이 중요하다고 본다. 담임목사의 신학 연마와 목회훈련의 과정 속에서 빚어진 목회 철학과 함께 평신도 지도력이 협력해서 오늘날의 주예수교회 공동체가 선교적 교회로 모습을 갖추어 가게 된 것이다. 성령의 인도하심 따라 하나님의 신묘 막측한 섭리가 드러난 것이라 하겠다. 아직도 완전한 교회의 온전성이 부족하지만, 이러한 과정을 통해서 성숙하고 발전하듯이 본질 추구의 내적 성숙과 사명감당의 외적 성장을 위해서 공동체적으로 신실하게 부르심에 응답해 나가려고 애쓰고 있다. 사회 봉사상 축하 메시지에서 도전 받은 것처럼 말이다. "그동안의 사역을 통해 여러분은 하나님의 말씀의 힘을 목격했습니다. 생명으로 인도하시는 하나님의 영의 임재를 경험했습니다. 하나님께서 여러분의 새로운 가능성을 일깨우시고, 여러분을 생명을 변화시키는 사역으로 인도해 오심을 느꼈을 것입니다. 1, 2세들이 함께해 온 이러한 생명의 사역들을 앞으로도 더욱 지속 발전시켜야 할 것입니다. 하나님의 말씀과 한국과 미주 한인 문화의 특성을 잘 조화시켜 지역 가운데 화해와 평화를 가져다주는 역할을 잘 감당할 수 있기를 바랍니다. 하나님은 여러분을 더욱 기대하고 계십니다."(2011년 6월 19일 선교주일 예배 시, Dr. Kenneth J. McFayden 유니온 신학교 학장)

지난 세월, 목회 지도력을 위한 개인적 계발의 과정을 되돌아보면, 선교적 교회의 이론 개발과 전략 수립에 있어서 도움이 되었던 간과할 수 없는 요인이 있었다. 말씀과 기도의 영적 터전 위에 독서와 연구가 더해졌기 때문에 목회 리더십이 균형 있게 성숙되고 발전되면서 열매를 맺었다고 본다. 2002년 학위 논문을 마칠 때까지는 15년 동안 목회와 공부를 병행하는 가운데, 언제나 학위를 마무리해야 하는 부담이 있었다. 그러므로 다양하고 폭넓은 독서를 할 여유가 없었다. 그러다가 논문을 마친 후부터 여유 있는 독서에 집중할 수가 있었던 것이다. 다양한 주제에 대해서 폭넓은 독서를 했는데, 특히 역사서와 인문학을 통한 다양한 사회 진단의 폭을 넓힐 수 있었다. 뿐만 아니라, 관심이 깊은 인종 문제와 사회 윤리의 주제에 관해서 깊게 연구하고 분석하는 독서를 할 수 있었던 여건이 중요했다고 본다. 동시에 한국과 미국의 중요한 기독교 잡지들과 언론 매체를 끊이지 않고 접하면서 시대 정신과 역사 의식을 깨우는 일을 놓치지 않으려고 부단히 노력해 왔다.

지난 30년간 한국의 〈기독교 사상〉, 〈월간목회〉, 〈목회와 신학〉, 미국의 〈Christianity Today〉, 〈Christian Century〉 등의 진보적 신학과 보수적 성향을 가진 다양한 다섯 가지 잡지를 계속 정기 구독하면서 미국과 한국의 기독교계 상황을 놓치지 않으려고 했으며, 지금도 계속하고 있다. 이 역시 하나님께서 허락하신 좋은 환경이다. 앞으로는 다음 세대를 준비하는 평신도 지도력을 더욱 훈련하여 공동체 미래를 굳건히 세워 가면서, 2세 교육 발전에 깊은 관심을 기울여 갈 것이다.

지난 35년 간의 이민 목회를 되돌아 보면, 하나님의 감추어진 손길이 늘 함께하셨다고 고백하지 않을 수 없다. 깊은 질곡의 고통과 벅찬 감격의 기쁨 등 모든 것을 엮으셔서 "하나님을 사랑하는 자 곧 그의 뜻대로 부르심을 입은 자들에게는 모든 것이 합력하여 선을 이루느니라"(롬 8:28)의 말씀을 이루시는 것을 깨닫게 된다. 하나님은 세상의 모든 환경과 주권자들 뒤에서 자기 계획을-자동적으로가 아니라 자기를 사랑하는 충성스런 사람을 통해서-역사 발전을 이루면서 당신의 뜻을 드러내시는 분이라는 것을 증언할 수 있다. 도전과 위기에서는 하나님과 사람 앞에서 정직을 최선의 방법으로 삼고 자신을 감추지 않고 남을 속이지도 않으려 했다. 그럴 때마다 시간의 주인으로서 때맞추어 감추어진 섭리를 드러내시는 하나님의 은총을 크게 체험하였다.

결과적으로 인내의 열매와 더불어 담임목사에 대한 신뢰는 깊어갔고 평신도 지도자들과의 연대감은 든든해졌다. 하나님의 신묘막측한 섭리 가운데서 부름 받은 우리들은 선교적 교회를 섬기도록 세움 받은 리더(Servant Leadership)이다. '은총을 크게 받은 다니엘'처럼 역전승하는 목회 지도력(역전승의 리더십, Reversal Leadership)을 통하여, 하나님의 신실한 도구(Faithfulness)가 되어 선교적 교회를 세워 가는 리더십이 곳곳에서 확장되기를 기대한다.

아래와 같은 선교적 교회 세미나 참석자들의 소감문을 통해서 그 의미를 참고할 수 있다.

제4회 선교적 교회 세미나 소감(2018. 4)

정말 감사드립니다. 캐나다에서 온 저희들을 환대해 주셔서 감사드립니다. 또한 하나님께서 사랑하시는 주예수교회와 배 목사님과 장로님들과 교우님들을 만나게 해주셔서 더 기쁘고 감사합니다. 배 목사님의 강의도 너무 좋았지만, 목회 간증을 더 해주셨으면 하는 바람이 있습니다. 2월, 3월에 캐나다를 위해 세미나를 해주시기를 부탁합니다. CARITAS 와 Savior Church를 방문하는 현장 교육에 너무 좋았습니다. 그룹 토의를 해서 서로 교제할 수 있는 시간이 조금 있으면 좋겠습니다(강사님들과 장로님들이 조장이 되셔서). 사모들이 이번 세미나를 통해 깊은 감동과 도전을 받게 되어 너무 감사드립니다. 목회에 실제적인 체험을 하게 되는 기회였습니다. 세미나 준비와 섬김을 보여주신 배 목사님의 사모님께도 깊은 감사드립니다.

주예수교회 교역자 분들, 리더 분들, 담임 목사님의 환대와 섬세한 배려들로 첫날부터 감동을 받았습니다. 진심으로 감사드립니다.

좋았던 점:
1. 이론에서부터 실제적인 Missional Church 사역에 대해 큰 그림을 보게 된 것
2. 매 식사 메뉴(특별히 첫날 환영 만찬이 주예수교회에 대한 첫인상을 강하게 심어 주었습니다. 각각의 영역에서 섬겨 주시고 인사해 주심에 감사했습니다.)
3. 차량 섬김(호텔↔교회, 교회↔현장 견학)
4. 교회 평신도 리더십들의 체계적이고 조직적인 섬김
5. 정확한 시간 엄수
6. 여러 선교 사역들을 구체적으로 어떻게 행해지고 있는지를 보고 우리 교회에 어떻게 적용할 수 있을지 고민할 기회가 주어진 것
7. 두 분의 부목사님들의 헌신적인 섬김
8. 새가족반 팀장 집사님으로부터 교회 내부 Tour 했던 것
9. 'Being'과 'Doing'의 차이점과 우선순위에 대해 배울 수 있던 것

개선점:
1. 각각의 선교 팀의 팀장님들과의 직접 만남의 시간이 있어서 실질적인 지역 선교 팀을 어떻게 운영하고 있는지, 또 Essential and practical tips & know-how들을 배울 수 있는 시간이 있으면 좋겠습니다. (선택 강의 또는 선택 세미나 시간)

2. 찬양과 기도의 시간이 좀 더 길게 있으면 좋겠습니다.
3. '선교적 교회'를 이루는 데 있어서 '사모'로서의 역할들은 무엇인지 배울 수 있는 시간과 기회가 주어지면 좋겠습니다.

우선 이 선교적 세미나를 계획하고 기도로 준비하며 섬겨 주신 주예수교회 교역자와 성도님들께 감사드립니다. 선교에 대한 관점을 더 넓은 시야로 바라볼 수 있던 점이 좋았습니다. 실질적이고 구체적인 사례와 적용을 많이 듣고 볼 수 있어서 감사했습니다. 보수적인 복음주의 신학적 관점 속에서 목회하면서 풀리지 않았던 균형의 중요성을 크게 깨달았습니다.

주예수(사랑)교회

"예수 그리스도는 사랑이시라", "하나님은 사랑이시라"의 말씀이 마음에 와닿는 시간이었습니다. '주예수교회=예수 그리스도의 사랑'이라고 해도 좋을 만큼을 성도님들이 모두 실천하고 행하고 계심을 느꼈습니다. 그래서 저는 '사랑'을 더 강조하여 글머리에 써 보았습니다.

저도 교회의 행사를 준비하고 진행하고 또 돕는 위치에 있어 보았습니다. 이렇게 하려고 하면 저렇게 해야 한다는 의견, 그 정도까지는 하지 않아도 된다, 받는 사람들이 오히려 부담감을 느낄 수 있다는 등의 의견들로, 결국에는 타 교회에서 또는 일반적으로 하는 만큼만 하는 것이 말도 없고 탈도 없다는 결론을 얻고 그리하여야 하는 것으로 알고 있었습니다. 이곳에 오기까지 갈등과 조금의 불평도 있었는데 곧 반성과 회개로 이어졌습니다. 하나님께서 '나'를, 이런 '나'를 향한 어떤 계획하심이 계시는 걸까? 마음을 다시 가다듬고 이 세미나에 임하게 되었습니다. 50일간의 세미나를 위한 작정 기도의 열매와 성도님들의 봉사와 충성의 열매가 풍성하게 수확되어 결국에는 복음 전파, '땅 끝까지 이르러 내 증인이 되라' 하신 명령을 행하여 하나님께 기쁨과 영광을 올려 드리리라 믿습니다.

공항 픽업에서부터 매 일정마다 차량으로 봉사해 주신 장로님들, 다과 준비와 방송 시스템, 일정과 세미나를 관리해 주신 목사님, 전도사님, 성도님들의 모습에서 진정한 '선교적 교회'의 모습을 보았습니다. 초대교회 '안디옥 교회'의 성도들에게 붙여졌던 '그리스도인'이라는 명칭이 지금은 '주예수교회'의 성도 한 사람 한 사람에게 붙여지는 이름이라고 생각합니다. 일정의 오류로 인해 뉴욕공항에서 6시간의 지연으로 인해 홀로 공항 픽업을 '유엔 총장' 급으로 받은 기억, 3회의 시간 지연 변경에도 본인은 행복한 신앙인이라고 하시며 행복한 함박웃음으로 세심한 배려의 마음을 전해 주신 박 장로님, 이 작고 연약한 사람에게 장로님의 차량 봉사를 권해주신 담임목사님의 넓은 사랑과 은혜의 마음에서 진정 '예수 그리스도'의 모습을 보았습니다. 제가 이곳에서 처음부터 느끼고 깨닫게 되는 것이 있습니다. 지금까지 '선교적 교회'를 문자적으로 막연하게 배웠는데 이곳 '주예수교회'에서 '아, 이건 바로 선교적 교회의 모습이구나!'라는 것을 느꼈습니다. 봉사하는 한 분 한 분의 모습에서 하나님의 백성으로 충성하는 자의 기쁨과 행복을 보았습니다. 숙박과 식사, 매회마다 베풀어 주신 다과 사랑, 그리고 필독독서임에도 구입하지 못했던 귀한 도서들을 선물해 주신 섬세하신 배려하심에서 진정 '예수 그리스도' 내 구주의 모습과 '선교적 교회'의 큰 모습을 보았습니다.

갖가지 꽃들이 움트고 피고 있는 주예수교회의 아름다운 모습에서 겨울 같았던 저의 지난 몇 개월이 이 기간의 세미나와 받은 사랑과 배려, 도전, 열정을 통해서 저에게도 새로운 꽃망울이 피어오르려고 움트고 있음을 발견합니다. 많은 감사를 드리며 주의 축복이 충만하시기를 기도합니다.

  2박3일 동안 귀한 시간 주시고 섬겨 주심에 감사드립니다. 세미나를 앞두고 인도하신 하나님의 뜻이 반드시 있을 것으로 믿고 그 뜻을 발견하기를 기도했습니다. 먼저, 학문적으로 정리가 되었고 때로 공감이 되면서도 현실과 적용하기 어려운 부분이 있는데, 그런 점에서 기대했던 것보다 더 구체적이었습니다. 프로그램 순서상으로도 짜임새가 있었습니다. 제가 있는 곳으로 돌아가서 제 삶의 현장에서 어떻게 실천할지가 주어진 기도 제목입니다. 바라는 점은 2월말이나 3월 중에 세미나가 진행되면 좋겠고, 주예수교회의 평신도나 2세의 의견과 경험도 듣고 싶으며, 주예수교회 외에 타 교회 중에서 지역에서 선교적 교회를 실천하는 교회의 사례도 듣고 싶습니다. 실제 목회자가 오셔서 한 부분을 말씀해 주셔도 좋겠습니다. 마지막으로 지금까지 끊임없이 기도하고 연구하시면서 선교적 교회를 이루시는 배현찬 목사님의 간증을 더 듣고 싶습니다.

  저의 마음에 씨를 뿌려 주는 세미나였습니다. 저는 유학 5년차로 공부를 마무리하고 다음 사역을 기다리는 교차점에 있습니다. 봄에 농부가 씨앗을 심듯이 이번 세미나는 제 마음에 씨를 뿌려주는 세미나였습니다. 특히 배현찬 목사님의 깊은 신학적 확신과 뜨거운 목회 열정을 통해 큰 도전을 받았습니다. 저 역시 느리지만 선교적 교회를 향한 비전의 씨를 심어 보겠습니다. 저의 아내 역시 이번 선교적 교회에 대한 이해를 통해 마음을 함께하게 되었습니다. 이런 세미나에 저희 가족을 참석하게 하신 하나님께 감사했습니다.

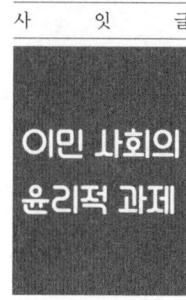

사잇글

이민 사회의
윤리적 과제

　미국 공인회계사협회회장(Chairperson of the American Institute of CPA)이었던 마빈 스트레이트(Marvin Strait)는 경제계 및 지역 사회 지도자들이 모인 자리에서 이렇게 말했다.
　"사람들은 신뢰할 수 있는 사람들과 같이 사업을 하기를 원합니다. 사업이 잘되도록 해주는 것이 바로 신뢰(Trust)입니다. 그것은 시장경제 제도의 근본입니다."
　일본인 이민 3세로서 조지메이슨대학교 교수로 있는 프랜시스 후쿠야마(Francis Fukuyama)는 그의 세계적인 명저인 《신뢰》(Trust)에서, 문화가 경제에 미치는 영향력이 절대적이라고 분석했다.
　후쿠야마의 주장에 의하면 "사회적 자본은 한 사회 또는 그 특정 부분에 신뢰가 정착되었을 때 생긴다"는 것이다. 그래서 어떤 조직이 윤리적 가치를 공유하는 공동체에서 기초할 때 가장 효율적이 될 수 있다고 한다. 이러한 공동체에서는 사전에 합의된 도덕률이 그 집단의 구성원들에게 상호신뢰의 기초를 마련해 준다. 후쿠야마는 일본과 독일 경제의 공동체적 속성과 사업상의 신뢰 관계를 높게 평가하고 있으며, 반대로 신뢰도가 낮은 한국과 중국 사회에 대해서는 혹독한 비판을 가하고 있다. 그의 분석 평가에 의하면, '미국 사회는 신뢰가 무너진 것 같지만, 미국 사회의 전통이 개인주의적인 것만은 아니며 여전히 공동체적 연대와 결속이 가능한 사회임으로, 앞으로도 가장 발전 가능성이 높은 사회'라는 것이다.

> "신뢰란 어떤 공동체에서 그 공동체의 다른 구성원들이 보편적인 규범에 기초하여 규칙적이고 정직하며 서로 협동적인 행동을 할 것이라는 기대를 말한다."

'신뢰'라고 하는 단어를 화두로 부각시키게 된 것은, 경제 중심주의적인 이민 사회에서 사회 간접 자본인 문화가 미치는 영향이, 사회 도덕과 번영의 창조라는 측면에서 상호 관계가 있음을 강조하기 위함이다. 비윤리적인 병폐현상이 빚은 부도덕한 문화야말로 인성 개발뿐 아니라, 경제활동에도 막대한 영향을 미치기 때문이다.,

올바른 습관에 근거를 둔 인간 행동의 사회적 책임 원리인 윤리를 기독교적 측면에서 추구하고자 하는 것이 기독교윤리실천운동의 목적이다. 서양의 윤리는 일반적으로 '목적론적 윤리', '의무론적 윤리', 그리고 '책임적 윤리'의 세 범주로 구별할 수 있다. 추구하는 목표를 향한 자기 실현을 목적으로 삼아 가치체계를 설정하는 아리스토텔레스의 목적론적 윤리와, 행동의 결과보다는 행위자의 동기와 선을 강조하는 임마누엘 칸트의 의무론적 윤리와, 서로의 관계에 있어서 올바르게 응답할 것을 강조하는 라인홀드 니버의 책임론적 윤리로 구분한다. 기독교윤리실천운동은 니버(Reinhold Niebuhr, 20세기 미국의 대표적 기독교 사회윤리학자)가 주장하는 책임론적 윤리를 강조한다. 그러므로 '책임적 자아'(Responsible Self)로서의 기독교인들의 사회 윤리적 사명을 인식하고 실천하는 것이 우리들의 과제라고 할 수 있다.

그러한 관점에서 이민 사회를 분석해 볼 때, 이민 사회의 윤리적 과제를 세 가지 영역으로 함축해서 제안하고자 한다.

첫째는, 개인적인 삶의 자세에 관한 것이며,

둘째는, 교회 공동체의 도덕적 영향력 추구이며,

셋째는, 사회의 부정의 한 구조적 모순과 제도에 대한 것이다.

I. 먼저, 개인적인 삶의 자세에 관한 것이다.

'도덕적 자아'(Moral Self)로서 한 개인은 '행동의 규범'(Norm)을 필요로 한다. 사랑은 기독교 윤리적 행동 규범이다. 뿐만 아니라 일반적으로 사회 통념적인 윤리적 모형이라고 볼 수 있다. 기독교적 측면에서 이 사랑은, 예수 그리스도의 십자가에서 나타난 희생적인 사랑(AGAPE)이다. 이 사랑은 인류가 개인적인 삶의 자세로서 추구하는 온전한 윤리적 완성의 모습이다.

이 완전한 사랑에서, '하나님을 향한 사랑의 높이', '이웃에 대한 사랑의 넓이' 그리고 '자신에 대한 사랑의 깊이'가 조화를 이루게 된다. 그런데 이 온전한 사랑의 모형은 인류 역사상 단 한 번 실현된 십자가 사건에서 나타났다. 현실적으로는 불가능하다. 그 이유는 인간의 죄성과 사회 구조악의 한계성 때문이다. 인간이 가지고 있는 타고난 죄의 성향과 그보다도 더 심각한 사회구조의 죄악성 때문이다.

그러므로 개인적으로는 어느 정도 온전한 사랑을 실천할 수 있지만 구조적인 사회악의 제도 앞에서는 속수무책이다. 이 온전한 희생적인 사랑의 삶은 현실사회 속에서 불가능하게 된다. 그래서 이 사랑을 '불가능한 가능성'(Impossible Possibility)이라고 부른다. 사회 구조악의 모순이 윤리적 가치 기준으로서의 아가페적 사랑을 실천하는 데 한계를 주지만, 그래도 가능성을 찾아야 하기 때문에 '불가능한 가능성'이라고 부르는 것이다.

왜냐하면 이 사랑에 가장 근사한 '근사치적'(Approximate)인 실천 방안이 있기 때문이다. 니버는 그것을 '정의'(Justice)라고 했다. 정의야말로 사랑을 가장 근접하게 실천할 수 있는 현실적인 방법이라는 것이다. 왜냐하면 정의는 그 구성요소의 측면에서, '자유'(Freedom), '평등'(Equality) 그리고 '질서'(Order)의 원리를 수용하기 때문이다. 정의야말로 사랑에 가장 가까운 실천 방안이므로, 사랑의 동기를 정의의 방법으로 실현해야 한다. "사랑의 목표가 정의를 필요로 하고, 정의의 방법은 사랑을 목표로 해야 한다"는 명제가 정립되는 것이다.

우리 한인 사회의 구성원인 각 개인의 삶에 있어서 사랑을 추구하는 규범에서는 모두가 공감하지만, 그 규범을 사회적으로 실천하는 정의로운 삶에는 열정이 부족하다. 사랑을 지나치게 개인적이고 감성적으로 이해하면서, 전혀 정의롭지 못한 삶의 자세로 사랑의 목적을 추구한다. 사랑을 무의식적이고 감각적인 본능적 욕구로 충족하려고 하면서도, 사랑과는 대립되는 부정의한 방법을 정당화시키는 모순적인 삶을 살게 되는 것이다.

정의롭지 못한 방법으로 사랑을 정당화시키는 비윤리적 행동은 공동체적이거나 공공적이지 않다. 심지어 교회에서조차도 사랑을 명목으로 불의한 일을 묵인하거나 수용하고 있다. 특히 한국인의 감정적인 성향 속에는 정의에 대한 이해와 의지적인 실천 의지가 부족하다. 그러므로 사랑과 정의에 대한 균형 잡힌 삶을 추구하는 책임적인 자아가 개인적인 삶의 과제다.

II. 그 다음 과제는 교회의 도덕적 영향력에 관한 것이다.

아무래도 이민 사회의 중심에 선 교회는, 이민 사회의 비윤리적 병폐현상에 대해서 그 책임을 모면할 수 없다. 좀 더 솔직히 말하자면, 이민 사회의 부도덕한 사회 통념이나 불법적 관습에 대해서 교회가 양심적인 자기 고백을 먼저 해야 한다.

최근 종교비자 신청이 대부분 불법한 내용으로 드러난 것에 대해서 목회자들과 교회가 공개적으로 참회를 표명한 뉴욕 한인 사회의 경우가 바로 그 증거다.

이민 교회의 신앙 양태를 보면, 모국에서 전이된 기복주의적 신앙생활로 인해서 고등종교의 윤리성이 약화되었다. 물질적 안정과 번영을 추구하면서 믿음과 행위를 분리하는 무속적인 차원의 신앙에서 벗어나지 못하는 형태가 하급종교가 가지는 비윤리성의 문제점으로 노출되었다. 그 결과는 교회가 사회에 미치는 도덕적 영향력의 무기력이다.

사회의 비윤리적인 병폐 현상과 사회 규범의 혼란에 대해서 안내자 및 정화수의 역할을 해야 할 교회가 스스로 윤리적 기준으로서 정체성이 정립되지 못하고 있다면, 교회 공동체 자체의 비윤리성을 먼저 점검해야 한다.

교회라고 하는 윤리적 모형을 섬기고 있는 목회자는 수단과 방법을 가리지 않는 비윤리적 목회의 요소를 배제하고, 성서적 원칙에 입각해서 "하나님을 두려워하는"(출 1:15-22) 목회 윤리적 기준을 확고히 지켜야 한다. 목사와 교인들은 평신도 지도자를 선출할 때 성서에서 근거한 신앙 윤리적 기준에 입각해서 "하나님을 두려워하며", "진실무망하며", 불의한 이를 미워하는"(출 18:13-27) 사람을 세우도록 훈련해야 할 것이다.

 목회자나 평신도 지도자가 함께, 하나님을 두려워하는 마음으로 정직하며 진실되고 불의에 대해서 공의로운 의문을 품을 수 있어야 교회 공동체가 윤리적 자체 정화력을 가질 수 있다. 그 결과는 공동체 속에서 상호간의 신뢰 형성과 대 사회적인 도덕적 영향력 행사가 될 것이다.

 이민 사회의 지도자들을 배출하고, 이민 사회의 자원을 응집하며, 이민문화를 형성하는 데 음양으로 막대한 영향을 미치는 교회야말로 이민 사회의 윤리적 병폐 현상에 그 책임과 사명이 있음은 누구도 부인할 수 없을 것이다. 이러한 이민 교회의 중대한 영향은 목회자와 평신도 지도자 그리고 교회 공동체 내의 문화가 주는 윤리적 가치체계와 밀접한 관계가 있으므로 교회 스스로 윤리의식으로 깨어 있어야 한다고 본다.

III. 마지막으로, 사회 부정의 한 구조적 모순과 제도에 대한 도전이다.

 미국 사회는 다인종 사회이며, 이민으로 형성되어 가는 사회다. 소수 민족의 인구 분포율은 점점 백인 분포율을 추격해 가고 있으며, 소수 인종 자체의 인구에 있어서도 히스패닉이 흑인을 앞서는 현상이 나타났다. 과거보다는 아시안에 대한 문화적 이해와 공감대가 훨씬 넓어졌다.

 그런데 다인종 사회 속에서 산다는 것을 점점 더 실감하면서도 단일민족 문화에서 성장했던 1세 이민자들은 자주 인종 간의 갈등 문제에 부딪히거나 도피하거나 외면하게 된다. 때때로 열등의식, 때로는 우월의식을 느끼면서, 한계 상황을 수용해 간다. 그러면서 2세들을 통하여 소수 민족의 한과 꿈이 성취되기를 소원한다.

미국 사회가 가지고 있는 인종 편견에 대한 구조적 모순과 제도적인 횡포에 대해서 체념하기도 하고 때때로 감정적인 항거와 분노로, 지혜롭지 못하게 대처하다가 엉뚱한 오해와 피해를 입기도 한다. 현실 속에서 우리가 어떤 윤리적 행동을 해야 하는가를 함께 고민해야 하는, 끊이지 않는 질문이다.

인종우월이나 열등의식이 되는 편견(Prejudice)은 이성적이고 합리적인 논리에 근거한다기보다는 무비판적인 선입관에서 나온 감정적 태도에 근거한 것이다. 이러한 편견의식은 고정관념에서 나온 성숙되지 못한 태도라고 볼 수 있다. 이러한 편견이 인종 간에 자리 잡으면, 서로를 '구별'하는 선(Segregation)을 긋게 된다. 이 선이 고정화되면서 제도적으로 굳어지면 '차별화'(Discrimination)가 일어난다. 결국에 가서는 그 차별화가 '부당한 대우'(Unfair)를 가져오는 것이다. 편견에 의한 개인적 행동이 사회 현상으로 나타나게 되면서부터 점점 사회구조화 되어 종래에는 하나의 문화 현상으로 자리 잡게 된다. 마침내 '인종 차별'(Racism)이라고 하는 사회악이 하나의 문화 양태로 등장하게 된다.

그런데 이러한 문화 속에서 이루어지는 개인적인 심리 상태를 유의해 보아야 한다. 심리학자들의 주장에 의하면, 이러한 인종 차별의 문화 속에서 피해를 입은 개인은 특이한 심리적 반응을 나타내게 된다는 것이다. 정신 분석가들은 설명하기를, 한 개인이 '편견'(Prejudice) 때문에 피해를 입으면 정서적으로 '좌절감'(Frustration)을 느끼게 된다고 한다. 이러한 감정을 가진 사람은 대체적으로 남에 대해서 '공격적'(Aggressive)인 행동을 하게 되는데, 때때로 문제가 해결되지 않거나 만족을 느끼지 못할 경우는 '속죄양'(Scapegoat)을 찾는다고 한다. 인종간의 갈등, 특히 한흑 갈등은 그러한 결과에서 나타난 현상이라고 볼 수 있다. 이러한 이론이, 인종 차별의 문제에 당면하는 한인 이민 사회의 문제 이해에 도움이 되기를 바란다.

마틴 루터 킹(M. L. King, Jr.) 목사는 이러한 인종 차별의 사회악을 비폭력이란 방법을 통해서 사회정의를 추구하는 일에 앞장섰다. 그는 비폭력 운동이 효과가 있기 위하여 4단계의 실현 과정을 겪어야 한다고 보고 참가자들을 훈련시켰다. 한인 이민 사회가 배워야 할 실제적 과제가 있다.

"첫째 단계로, 부정의가 실재하고 있는지 정확한 사실에 근거하여 명확한 판단을 하고, 둘째 단계로, 부정의가 있다는 것이 분명하면 정의를 추구하기 위하여 일차적으로 협상을 벌이며, 셋째 단계로, 협상이 원만치 못하거나 만족한 성과를 기대할 수 없을 때에는 요구하는 쪽에서 자신을 정당화할 수 있도록 더욱 순수화한 다음, 마지막 넷째 단계로 집단적인 행동을 할 것을 촉구했다. 그렇게 되면 결과적으로 이 집단 행동을 통해서 부정의를 행하던 상대방이 새로운 단계의 협상을 위해서 문을 열어 놓기 때문에 그전보다는 더 발전적 환경이 창조된다"는 것이다.

한인 이민 사회는 셋째 단계의 과정을 무시하고 집단적 반론이나 행동을 하기 때문에 정당성을 잃어버린 허점으로 인하여 역공을 당하게 되기 쉽다. 한마디로 자기순수화(Purification)의 단계가 윤리적 과제다. 감정적인 임기응변적 대응보다는, 이론적이고 객관적인 정의를 동반한 지속적인 전략을 세워야 효과적이다. 그 과정 속에서 무엇보다도 한인 이민 사회가 필요한 것은 자기 정당화를 위한 윤리적 순수화 단계라고 본다.

한인 이민 사회는 한국인의 고유한 심성과 소수 민족의 소외 현상, 그리고 이민자들의 사회심리학적 특징들이 어울려 독특한 문화를 만들어 가고 있다. 100년의 역사를 축적했다고 하지만, 본격적인 이민 사회의 문화 형성은 30년이라는 한 세대를 보내고, 새로운 세대를 맞으면서, 1세 이민자와 2세 이민자들의 지도력 이양(Leadership Transition)의 과도기에 접어들고 있다.

이러한 역사적 시점에서, 윤리적으로 건강한 이민 사회, 도덕적으로 정의로운 이민 사회를 창달해 가는 일을 위해서 우리 스스로의 정직한 사회 인식과 실제적인 윤리 과제를 실천하여 건강한 이민 문화를 형성할 수 있게 되기를 소망한다. 그렇게 함으로써, 우리 후손들에게 자랑스럽고 떳떳한 문화적 유산을 넘겨줄 수 있을 것이다. 더 나아가서, 다양한 이민 사회로 이루어진, 점점 다인종 사회로 구성되어 가는 미국에 문화적으로 공헌하며 활력을 주는 결과가 나타나기를 바란다. '이민 사회의 윤리적 과제'가 바로 기독교윤리실천운동의 사명인 것이다. ("워싱턴의 디아스포라" - 워싱턴 기윤실 칼럼집, 2015년 12월 31일)

9부

목회 리더십의
실체

24장

건축의 발자취를 따라

1.

1999년 11월 첫 주일 설립 예배 후 12월 입당과 더불어 기적 같이 마련된 예배당은 직사각형 4에이커(약 5,000평)에 들어선 조그마한 건물과 주차장이었다. 잡풀로 우거진 2에이커의 땅과 나머지 2에이커의 땅에 들어선 조그만 건물(3,000SqFt.)은 100여 석의 본당과 주방, 사무실, 그리고 몇 개 교실을 갖춘 아담한 공간이었다. 작은 공간이었으나 교회로서 기본적인 설계를 갖추고 있었으며, 장래 얼마든지 증축할 수 있는 터가 넓어서 적극적으로 매입하였던 것이다.

2.

설립 후 이듬해 여름, 첫 공동체 수양회에서 결의된 본당 증축의 결정에 따라 2001년 가을 250여 명 수용의 예배당으로 건축하여 헌당하였다. 이 건축 공사는 매우 신비하고 자연스럽게 이루어졌는데, 개척 교회에 대한 하나님의 특별한 섭리였다고 본다.

주정부에서 교회 옆 도로를 확장하고, 카운티에서 교회 옆으로 하수관을 묻으면서 우리 교회 땅을 얼마간 수용하게 되어 얻은 땅이므로 카운티(County)의 도움이 컸다. 교회당 구입 후 선뜻 건축의 용기를 내기 어려운 상황에서, 교회 전체 대지에는 전혀 손상이 없으면서 교인들이 큰 재정적 부담 없이 초창기에 순조롭게 본당을 증축하게 되었다.

3.
교회 공동체의 성장과 함께 설립 개척 후 5년즈음에 교육관과 친교실 용으로 다목적(Multipurpose) 교육관을 짓게 되었다. 10,000여 SqFt로 지은 이 건물은 체육 및 친교 시설로 쓰이고 있을 뿐 아니라, 2세 교육을 위해서 2층 공간을 마련할 수 있었고, 넓은 부엌 시설을 갖추었다. 이 건축을 위해서 교인들이 적극적으로 건축헌금을 하였다. 이 건축은 노회에서 결정된 개척 교회 기금(New Church Development)을 무상후원했기에(20만 달러) 무리 없이 순조롭게 진행되었다. 노회에서 5만 달러씩 지급하기로 한 새 교회 발전 기금을 15만 달러를 추가하여 20만 달러를 지원한 점은 신생교회에 대한 노회의 특별 후원금으로서 전례에 없던 후원이었다. 노회는 교회의 미래를 투자를 할 만하다고 판단하면서 적극 후원한 것이라고 하였다.

4.
본당과 연결되어 2층으로 된 교육관 건축과 함께 교회의 면모를 아름다운 외형과 공동체적 내실을 잘 가꾸어 가던 중, 5년 후 본당과 친교 공간을 하나로 본당을 확장하면서 입구를 새로 트는 리모델링 공사를 하게 되었다. 이때의 공사도 교인들이 적지 않은 건축 헌금을 하였다. 리모델링 공사의 기술적 어려움이 많다고들 하는데도 변경된 건축법에 맞추어 가면서 새로 꾸민 본당은 400여 석으로 확장되었으며, 온전한 방송실과 영아실을 구분하게 되었다. 본당 입구도 이와 어울리는 모양과 규모로 개축되었다.

5.

그 후 5년을 지나면서 주일학교 어린이가 증가하여 교육을 위한 공간이 부족해졌다. 당회는 교회 미래를 위해서 또 한 번의 건축 사역이 필요하다고 보고, 12,000Sq의 사회 선교관을 2014년 건축하고 봉헌하게 되었다. 이 건축에도 교우들은 열심히 기도하면서(건축을 위한 공동 기도문) 공동체적 단합으로 은혜 속에 아름다운 사회관을 건축하였다. 노회는 사회 선교관(Social Mission Center for Love & Justice) 건축을 하는 동안 교회의 선교 사역이 활발히 계속되도록 매년 7만 달러씩 3년(2013~2015) 동안 총 21만 달러를 후원해 주었다. 이러한 하나님의 손길로 선교적 교회 사역은 더욱 발전되어 갈 수 있었다.

이 건물은 기존 교육관과 연결되면서 2세 교육시설, 교역자들의 방과 사무실, 선교 세미나실, 카페, 그리고 문화 공연장이 포함되었다. 이 공간은 EM 예배와 교회나 지역 사회가 음악, 문화 등 특별 행사를 할 수 있도록 2층으로 된 강당으로 전면이 유리로 되어 탁 트인 매력적인 공간이다. 뒷편 아래층에는 청년부실과 영어 목회부실로 각각 나누어져 편리하게 사용할 수 있도록 했다. 그리고 이 건물과 더불어 주차장을 확장해서 150여 대의 자동차가 주차할 수 있게 되었다. 전체 건물 규모가 3,000Sq에서 시작해서 30,000Sq의 빌딩으로 확장되었다. 외부에서 보면 마치 한 번에 공사를 한 것처럼 건물이 옆으로 길게 연결되면서 건물 안은 복도로 연결되어 이쪽에서 저쪽 끝까지 통할 수 있고, 건물 바깥도 보도와 도로를 통해서 연결되어 있다. 뒷면은 소나무 숲으로 싸인 오솔길이 있고 앞은 감나무, 매화나무 등으로 둘러싸인 잔디 공간이 있다.

"내게 줄로 재어 준 구역은 아름다운 곳에 있음이여 나의 기업이 실로 아름답도다"(시 16:6).

- "예배당이 있는데"–개척 수기 중에서 제27차 재북미 교역자 수련회에서 발표(2006. 2)

창립 한 달을 앞두고, 교회 개척을 위한 준비 모임을 소집했다. 이제는 나 스스로를 다잡아야 할 때가 되었다. 이때 나는 미주 크리스챤 신문에서 주최한 연례 교역자 세미나에서, 필라 영생교회 이용걸 목사님께서 강의한 강의록을 읽고 힘을 얻었다. 그분의 자신의 경험을 고백적으로 말씀하시기를 "개척이 길이다"라고 체험을 간증한 것이다.

우연하게도 그때 책방에 들러서 산 책,《목회자가 목회자에게: 심기운 곳에서 성장하고 번성하는 법에 대한 조언: H.B. London & Neal B. Wiseman》이라는 책을 읽고 큰 격려를 받았다. 그 책을 통해서 새로운 각오와 지혜를 얻은 나는, 나의 삶의 꿈을 놓치지 않으려고 애쓸 때마다 즐겨 들었던 킹 목사의 '나에게는 꿈이 있다'는 연설을 반복해서 듣고 들었다. 그리고 Time Warner에서 발간한 《A Call to Conscience: The Landmark of Speeches of King》와 그 책의 내용을 그대로 담은 CD를 구입해서 킹 목사의 목소리를 들으면서 다시금 나를 일깨우려고 몸부림쳤다. 그리고 목회 현장과 나의 사명을 생각하면서, 헨리 나우웬의 《상처입은 치유자》를 읽고는 나의 상처 입은 마음도 다스리고 교우들의 찢겨진 응어리도 싸매면서 그들을 치유하고 새 용기를 북돋고자 결심했다.

그때 "주 예수밖에 더 귀한 것이 없네"라는 찬송가가 선명하게 마음에 다가왔다. '원로목사의 권리 주장도 없고, 그 가족들의 소유권도 없으며, 창립 교인들의 기득권도 없는, 그저 오직 예수뿐이다." 일단 개척으로 마음을 잡았으니 후원자들을 한자리에 모아놓고 제안했다. "빈손으로 나갑시다." 난리가 났다. 절대 그럴 수는 없다는 것이다. 공동의회에서 이긴 측이 빈손으로 나갈 수는 없다는 주장이다. 건축을 위해 헌금하고 지금까지 교회를 위해 수고한 것을 생각하면, 그 큰 재산을 두고 절대로 그냥 나갈 수는 없다는 것이다. 그들 가운데는 초대 당회원도 있고, 초장기 교회 역사 때부터 땀 흘린 교인들도 있었다. 재산권을 포기할 수 없다는 주장이 봇물터지듯 나온다. "평화롭게 분리하니, 재산을 반반으로 나누자" "최소한 개척을 위한 비용을 요구하자" 등, 절대로 재산권을 양보할 수 없다는 입장이다. 나는 난감했다. 그러나 일단 개척을 결심했으니……

"성경이 가르치는 방법대로 하자. 지금까지 그렇게 해 왔으니, 앞으로도 그렇게 하자." 그동안 열심히 성경 공부에 심혈을 기울이며 말씀 목회에 중점을 두었던 나는 성경말씀을 펴 들고 간곡하면서도 힘 있는 목소리로 전했다. 교우 가정에서 모인 그날 모임은 어느 때보다 절박한 심정이 우러난 예배였다. 예배 후 마지막으로 제안했다. "다 함께 기도 드린 후 투표로 결정합시다." 나는 하나님께 맡겼다. 그리고 그들에게 맡겼다. 얼마간의 침묵과 긴장이 흐른 후 모두가 보는 데서 개표가 시작됐다. 놀랍게도 만장일치로 찬성했다. "그냥 빈손으로 나갑시다." 우리는 기쁨으로 서로를 바라보며, 울며, 웃으며, 손뼉치고 감사했다. '할렐루야,' '아멘.' 그렇게 결정하고 어떤 분은 인간적으로는 억울해서 일주일 가까이 몸져 누웠다고 한다.

나는 1999년 11월 1일부터 교회 개척을 할 수 있는 법적인 권리를 얻게 되었으며, 그 교회에는 누구든지 동참할 수 있는 공식적 허락을 받았다. 노회의 입장에서 보면 최소한의 중재요, 나를 몰아내고자 했던 사람들의 측면에서 보면 대단한 승리였던 것이다. 우리들에게는 예배를 방해 받지 않고 드릴 수 있는 자유와 함께, 2세 자녀들에게까지 미칠 악영향을 더 이상 주지 않아도 되는 다행한 새 출발이었다.

그러나 앞으로 우리들은 어디서 어떻게 예배 드리며, 자녀들을 교육한단 말인가? 이 좋은 시설을 두고서……. 그래도 우리들은 모든 것이 깨끗이 끝난 것이 무엇보다 기뻤고, 그 지긋지긋한 분쟁의 소용돌이에서 벗어난 것이 다행이었다. 개척을 마음으로 결정하고 한 달 만의 일이었다. 그동안 나는 누구에게도 개척에 동참하거나 협조해 줄 것을 요청하지 않았으며, 개척을 위해서 준비하는 전략도 세우지 못했다. 단지 그때까지 나를 누르고 있던 무거운 압박감에서 해방된 것만으로도 날아갈 듯했다. "빈손으로 나갑시다"라고 외쳤고, 그대로 빈손으로 나왔으니 마음은 가벼웠다……. (중략)

"여보, 절대 안 돼요. 나는 지난 20여 년 당신이 열심히 교회에 출근하는 것을 보고 살았어요. 2층에서 1층으로 내려오는 출근이 아니에요. 사무실을 얻도록 해요." 이민 목회 시작부터 교회 출근을 철저히 지키던 나의 일상이 깨어지게 되었다. 사무실에서 옮겨온 책들이 수북이 쌓인 식당(Dining Room)의 식탁이 당분간 나의 사무실 책상이 될 것이다. 그러나 아내는 도저히 받아들일 수 없다는 것이다. 교회 사무실을 별도로 마련해서 그곳으로 매일 출근하고 집무하라고 성화였다. 2층에서 아래층으로 내려오는 것은 절대 목회 업무가 아니라고 하면서 사무실을 따로 얻으라고 강요했다.

예배를 위해서는 인근의 기독교 학교를 몇 달간 사용하도록 임대해

둔 상황이다. 학생들이 예배 드리는 강당을 예배실로 쓰고 식당과 체육관 교실들을 자유롭게 사용할 수 있는, 적당한 소규모의 기독교 계통의 사립 중고등학교를 급히 임대할 수 있었다. 그러나 사무실은 허락되지 않았다. 공간이 부족한 것이다. 지난 2주간 동안 나와 아내는 예배 처소가 될 만한 인근의 장소와 시설물들을 찾아다니느라 정신이 없었다. 교회, 수양관, YMCA 등을 찾아 다니면서 이제 곧 다가올 겨울에 교우들을 어디로 인도해 갈지 막막하고 다급했는데, 다행히 적당한 규모의 학교 시설을 임대할 수 있었다. 여기저기 다니다가 차를 세워 두고 한참을 울기도 하면서……승승장구하던 18년 이민목회가 허물어지고, 새로 처음부터 시작하는 마음에 가슴이 미어져 왔다. 그러나 당장 코 앞에 닥친 현실이 급했다.

같은 교단의 평소 알고 지내며 함께 사회 복지 사역을 했던 인근의 미국인 목사님을 찾았다. 그는 100여 년 된 교회를 잘 성장시켜 가면서 최근에 교육관을 크게 신축하였기 때문에, 혹시 여유가 있을까 싶어 찾아가 보았다. 그분은 사무실 앞에 있는 넓은 방으로 나를 안내하면서 마음껏 사용하라며 격려해 주셨다. 아무런 비용을 요청하지도 않으면서 개인적으로 자유롭게 사용하도록 해주었다. 그런데 막 대화를 끝내고 나오는데 그가 말했다. "이 옆에 있는 Robious Road에 내 친구가 목회를 하다가 문을 닫은 예배당이 있는데, 그곳을 임대해서 예배드리면 사무실 문제는 저절로 해결된다. 한번 가보면 어떨까?" 그랜트 목사(Rev. Dr. Charles Grant, Bon Air Presbyterian Church, Richmond, VA)는 그렇게 해서 우리에게 천사가 되었다.

모라비안 교회(Moravian Church)가 그곳에 10년 전에 아담한 예배당을 짓고 교회를 시작했는데, 더 이상 발전이 되지 않아서 교단에서 문을 닫고 매물로 내놓았다는 것이다. 교회의 목사로 시무했던 사람은 자신의 친구며 교회를 창립할 때 자기 교회 교인이 협조했다는데, 지금은 교인들과 교단이 합의해서 교회 문을 닫았다는 것이다. 보수적인 리치먼드에서는 독일 계통의 청교도적인 모라비안 교회가 생소해서 성장에 한계가 있었을 것이다. 우리들의 형편을 생각해서 렌트하면 될 것이라는 조언을 해주었다.

나와 아내는 즉시 그곳으로 가 보았다. 좋은 위치에 4에어커의 네모 반듯한 대지 위에 아담한 교회당과 주차장이 있는 깨끗한 환경이었다. 건물 크기는 부족했으나 예배당, 부엌, 사무실, 교실들이 잘 갖추어진 새 건물 같은 느낌이 들었다. 미국인들이 장래 크게 확장할 것을 생각해서 건물 전체 규모는 작으나 위치와 내외를 짜임새 있게 지은 교회였다. 무엇보다 넓고 반듯한 대지와 앞과 옆을 통하는 도로 등을 보면, 광역 리치먼드 시 전체에서도 더할 수 없는 좋은 지역이었다. 밖이 점점 어두컴컴해져 가는데, 우리 부부는 뒤쪽으로 가서 창문으로 부엌을 들여다보았다. 그만하면 주방 설비도 괜찮아 보였다. 단지 건물이 작아서 마음이 차지 않을 뿐이다. 그러나 우리는 급한 상황이다. 학교 건물 임대 약속도 몇 개월로 제한되어 있었던 것이다.

이튿날 아침 일찍 리얼터(공인부동산중개인) 사무실에 전화 메모를 남기고 조깅을 간 사이에 곧 응답이 왔다. 사실은 1년 동안 매물로 나와 있으면서 몇 군데서 상담이 깊이 진행 중이던 건물이다. 리얼터는 건물이 보고 싶다는 아내의 요청에 엉뚱한 질문을 했다. "돈이 있느냐?" 돈이 있으면 보여주겠다는 것이다. 아내는 자신 있게 "Yes"라고 답했다고 한다. 내심 자신이 있었던 모양이다. 사실 따로 준비해 둔 돈은 없었다. 아무도 그렇게 빨리 건물을 구입할 수 있으리라고는 생각도 하지 못했기 때문이다. 물론 나 자신도. 어쨌든 아내의 단호한 선견지명적 대답에 리얼터는 그날 오후 약속을 하고 현장에 열쇠를 가지고 왔다. 벤츠를 몰고 온 우아한 백인 할머니였다. 한눈에 보아도 상업용 건물을 취급하는 전문 리얼터의 태도나 모습이었다. 급히 연락해서 함께 둘러볼, 교인 대표 되는 장로님 부부는 그렇게 썩 내키지 않은 모습이다. 건물 규모가 너무 작다는 것이다. 하기야 과거 생각하면 그럴 수도 있을 것이다. 그러나 나와 아내는 미래를 보았다. 위치와 터가 더할 수 없는 최적의 장소다. 도시 근교의 외곽 요충지로 편리한 교통이나 주변 환경도 찾아보기 힘든 요지였던 것이다. 평소에 말이 없고, 소극적이던 아내는 무슨 결심이 섰는지 그렇게 적극적일 수가 없었다. 우히려 나보다 분명하고 단호했다. "장로님 이 교회를 구입하면 좋겠습니다." "개척하고자 했으니 이 교회를 삽시다."

    이튿날 개척 핵심 멤버 몇 사람이 우리 부부와 장로님 부부와 함께 또다시 소개업자를 불러서 건물 전부를 자세히 둘러보았다. 모두들 의견이 모였다. 한결같이 되도록 빨리 구입하는 것이 좋겠다는 것이다. 그날 저녁 개척 준비위원들이 우리 집에 모였다. 응접실에 꽉 찬 30여 명의 위원들에게 이 교회 건물에 대한 지난 사흘간의 경과 보고를 했다. 그리고 나는 최종 결정을 그들에게 위임하고 자리를 비켰다. 두 시간의 토의와 협의가 있었던 모양이다. 세 시간이나 지나서 돌아온 나에게 대표 장로님이 준비위원 모두가 동석한 자리에서 보고했다. "목사님, 우리들이 만장일치로 즉시 이 교회를 사기로 결정했습니다." 할렐루야! 그 이튿날 즉시 대표들이 소개인을 만나 계약을 체결했다. 이렇게 해서 예배당을 4일 만에 구입하게 되었다. 상상할 수 없었던 신비한 일이다. 첫 주일 예배(1999년 11월 7일)에서 이 일을 예배 시간 중에 모든 교인들에게 보고하면서, 우리는 말할 수 없는 감사와 감격의 눈물을 흘렸다. 첫 예배에는 143명(173명 등록)이 참석하였다.

    건물에 얽매이지 않고 자유롭게 하나님께 예배드리며 2세 교육을 올바로 하겠다던 우리들, 모든 재산권을 포기하고 종이 한 장 가져오지 않고 양보했던 우리들을, 하나님은 외면하시지 않으신 것이다. 내가 다운 페이먼트(보증금, 계약금 개념) 하고 교회 이름으로 구입하여 사용하던 당회장용 자동차를 포함해서, 사무실의 어떤 기물이나 비품, 기념품, 서류들을 하나도 가져오지 않았다. 오직 책만 옮겼다. 사임 그 이튿날 책을 옮기면서, 이미 열쇠가 바뀌어 잠긴 담임목사실 문을 사찰집사를 시켜서 열게 하고 부목사의 도움을 받아 책을 싣고 오던 날, 나는 몇 시간 동안 말 한마디 하지 않았다. 그때 내 마음속에, 내 가슴에 불타던 아픔을 불쌍히 여기신 주님의 눈길이 있었을 것이다. 아무도 예측하지도 계획하지도 않았던 새 교회당 구입이 이렇게 신비한 하나님의 손길로 이루어져 갔다. 우리는 모라비안 교회가 문을 닫을 때 보관해 두었다는 대형 십자가를 본 에어(Bon Air) 장로교회에서 찾아다 강단 전면에 다시 걸었다. 주예수교회에 주 예수께서 오셨다.

교회는 안정되어 가고, 노회 가입도 마무리되고 있으니, 늦었을지 모르지만 이제 나도 내 앞길을 생각해 볼 때가 된 것이 아닌가? 그동안 질질 끌어왔던 학위 논문을 끝내고 16년 만에 학위도 받았으니, 학문적으로는 욕심에 차지 않지만 평생에 바라던 꿈도 이룰 때가 아닐까? 그때 마침 한국의 모교에서 연락이 오고 다녀가기도 했다. 고국으로 돌아간다. 그것도 평생에 꿈꾸던 모교로. 그만하면 지금의 나에게는 감사하고 어울리는 자리가 아닌가……. 그쪽에서 먼저 제안했고 그쪽에서 더 적극적이었다. 모든 여건이 구비되었다. 이제는 결심할 때. 교회는 이제 누구든지 교회 창립정신에 부합되는 신실한 목회자에게 맡기면 되겠지. 그가 그 다음의 역사인 교육관 건축을 하고 그 힘으로 교회를 성장시킬 수 있으니, 이쯤에서 바통을 넘겨도 문제가 없을 것이라 생각했다.

한국도 잠깐 다녀와서 모든 절차가 잘 진행되어 가고 있었다. 그쪽에서 이사 준비를 하라는 연락을 받고 최종 결과를 기다리고 있는데, 뜻 밖의 답이 왔다. 모든 것이 수포로 돌아간 것이다. 피차 마음에 지우기 힘든 상처. 그때 나는 전화로 상대방에게 이렇게 응답했다. 상대방도 놀랄 정도의 의외의 말이었던 모양이다.

"하나님의 뜻으로 알고 순종하겠습니다."

순종은 어릴 때부터 나에게 전매특허로 따라다니던 말이다. 부모님이나 목사님, 지도자들에 순종 잘하는 착한 믿음의 아들이었다. 나도 모르게 튀어나온 말, "순종해야지요." 나나 저쪽이나 피차 목사의 신분이요, 공적으로는 책임자의 관계요, 사적으로는 선후배 관계다. 하나님의 뜻에 따르겠다는 결심이 선 이상 결과는 그대로 하나님의 뜻으로 받아들일 수밖에……. 이렇게 하여 25여 년 전 문교부 유학 시험을 치고 미국 장로교 신학교로 공부하러 오면서 태평양을 건너며 꿈꾸었던 일생일대의 계획이 허물어졌다. 그동안 열심히 목회하면서 목회를 우선적으로 삼고 공부하다 보니 그럭저럭 16년의 세월이 지나면서 겨우 학위를 마쳤는데……. 사실 그 공부하는 것 때문에 늘 한쪽에는 얽매인 것 같은 짐이 있었다. 돌아가서 장남의 도리를 다해야 한다는 의무감, 언젠가 고국의 교회나 학교로 돌아가서 더 크고 보람 있게 일하고 싶다는 꿈, 누구에게나 있었던 그런 소망이지만 그 동안 줄기차고 끈질기게 놓치지 않고 있었는데…….

이제는 그 모든 꿈이 깨어졌다. 하나님의 뜻이 무엇인가? 그렇다면 순종해야지. 교인들은 열심히 교회를 섬기고 있는데…… 처음 개척할 때 이 교회가 안정되고 교인들이 잘 정착되면 그때는 떠나야지, 교인들을 잘 거두어서 신앙 공동체가 이루어지면 떠나도 괜찮겠지, 의무는 다했겠지 등등의 생각을 염두에 두었는데, 주예수교회와 나의 인연은 그것이 아니란 말인가? 그때부터 나는 나의 장래의 모든 것을 완전히 하나님께 맡기기로 결심했다. 나는 포기했다. 오히려 평안과 감사가 갈등을 넘어서 다가왔다. "너의 행사를 여호와께 맡기라 그리하면 네가 경영하는 것이 이루어지리라"(잠 16:4). 개척하면서 새 사무실에 걸어둔 말씀이다. 신뢰가 넘쳐났다.

교인들 한 사람 한 사람이 더욱 귀중해 보였고, 교회 공동체의 앞날이 더욱 나와 깊은 관계가 있다고 믿어졌다. 그러는 중에 자연스럽게 교육관 건축의 과제가 다가왔다. 너무도 은혜롭고 평화롭게 교육관 건축이 제기되기 시작했다. 2003년 부활절 노회 총무를 모시고 기공 예배를 드렸다. 노회는 이 공사를 위하여 노회 역사에 없었던 큰 도움을 주었다. 교인들에게도 기쁨이었다. 나는 사실 마음에 부담이 좀 되었다. 교회가 잘 성장하고 창립 후 근 5년 가까이, 교회 구입, 새 본당 증축, 이제 또 교육관 건축이라니……. 이제는 절대로 무리하고 싶지 않았다. 그런데도 교회 지도력과 주위환경은 점점 더 교육관 건축으로 나아갔다. 그런데 어렵다고 여겨지던 재정 지원이 노회에서 예상 밖의 규모로 파격적으로 결정되었다. 새로운 개척 교회(New Church Development)의 일환으로 특별히 후원하는 것인데, 충분히 투자할 만한 가치가 있는 교회라고 여겨진 것 때문이라나……. 역시 미국 사람들의 발상과 판단이다.

어쨌든 교인들이 열심히 헌금하고, 참여해서 다목적교육관(Multi-purpose Education Building)은 1년 3개월의 공사 끝에 본당과 부속건물을 합친 것보다 더 큰 규모로 완공되었다. 건물 규모가 처음보다 5배나 커졌다. 2층 체육관을 덮는 큰 골조를 올리던 때, 나와 건축위원들 그리고 교인들은 생각했던 것보다 웅장한 규모에 놀랐다. 교육관은 영어 목회를 위한 제반 시설, 다목적용 친교실과 체육관 등을 갖추며 환경 친화적 건물로 밝고 아름답게 지어졌다. 겉으로는 전체 건물군과 어울릴 뿐 아니라, 안으로는 더 실용적이고 아름답게 지어진 특이한 내부구조다. 환히 뚫린 전면 유리창으로 나무들과 하늘이 들어온다.

헌당예배(2004년 6월 27일)는 리치먼드에서 열린 미국 장로교단 총회의 한 프로그램으로 채택되었다. 한국과 전국 각지에서 온 내외 귀빈들과 교인, 교민 등 500여 명이 참석한 가운데 드려진 은혜롭고 감명 깊은 행사였다. 특히 수십 명의 목사님들이 참석하였으므로 귀하고 영광스러운 예배였다. 참석하신 내빈들은 한결같이 아름다운 건물과 교회, 은혜롭고 활력 있는 교회 공동체, 그리고 짜임새 있고 질서 정연한 순서와 진행들에 대해서 찬사를 모았다. 온 교우들이 그동안 헌당예배를 준비하면서 흘린 땀을 생각하면 더 없이 고맙고 감사하다. 2005년에 들어서서 새 교육관에서 일주일 동안 넓고 편안한 설비로 노숙자(Homeless)를 위한 숙식 제공과 4주간의 5회 여름 문화 학교를 잘 치르면서 좋은 시설을 주신 하나님께 얼마나 감사했는지……. 지금은 토요일마다 열리는 무궁화 한국 학교가 개교되었고, 매주 화·목 양일간 미국인들이 와서 교우들과 함께 에어로빅을 즐기고 있다.

현재 교회 전경

25장

선교사를 파송하면서

　우리 교회가 성장해 가면서, 지역 사회 봉사에 집중한 결실로 나타나게 된 것이 '선교적 교회'라고 할 수 있다. 그렇다고 해서 우리 교회가 '세계 선교'에 무관심했거나 비중을 두지 않았다고 말한다면 오해이다. 교회 설립 1년 6개월 후 2명의 선교사를 파송하면서 세계 선교에도 적극적으로 동참하였다.

　교회가 '선교적 교회로' 성장해 가면서, 세계 선교 사역에도 관심을 돌렸다고 생각하면 오판이다. 성령은 초창기 교회 역사에서부터 주예수교회를 선교하는 공동체로 인도하셨다. 사실 그 첫 사역이 바로 두 분의 선교사 파송이었다. 2001년 1월 21일 본당 증축도 하기 전, 조그만 예배당에 모여서 북적거릴 때, 뜻밖에 선교사를 파송하도록 부르셨다. 물론 초창기부터 예산의 30%를 선교비로 작정하여 어느 곳에서 누가 요청하든 선교적 후원과 협력을 하기로 결정한 점이 중요했다. 그러므로 우리들은 선교 요청이 올 때마다 그때 그때를 성령의 지시와 인도하심으로 믿고 최대한의 노력으로 응답해 왔다. 그렇게 하면서 공동체가 점점 더 선교적 교회로 성장한 것이다.

한국 교회가 1997년 IMF사태를 맞으면서, 그동안 활발히 진행하던 세계 선교를 일시적으로 축소해야만 하는 상황이 벌어졌다. 세계 각 곳에 파송되었던 선교사들 가운데 선교지에서 철수하거나 미주 한인 교회로 그 후원의 손길을 요청하는 일들이 일어났다.

한국의 횃불선교회에서 러시아에 파송했던 김진은 선교사님도 그러한 재정적 위기 상황에 처하게 되면서 이민 교회의 손길을 찾고 있었다. 미국 장로교(PCUSA) 소속의 목사님으로 유명한 한국 선교 단체인 횃불선교회에서 러시아 상트페테르부르크로 파송되어 신학 교육과 개척 교회 사역을 하던 중에 파송기관의 재정적 형편으로 철수해야 할 위기에 직면하게 되었다. 뜻밖에 우리 교회가 연결되면서 교회는 그분을 교단 소속 파송 선교사로서 미국 장로교 선교사로 재파송할 수 있게 되었다. 미국에서 교육학으로 학위(Ph.D.)를 마치고, 프린스턴 신학교에서 공부한 미국 장로교 목사가 되어 한국 기관의 선교사로 사역을 하던 분이었다. 교회는 자연스럽게 미국 장로교단 소속 파송 선교사로 이명시키면서 재정을 책임지는 파송 선교사로 임명한 것이다. 그 후 담임목사와 선교부장 장로님이 함께 사역지를 방문하였으며, 그곳 현지 러시아 기독교 지도자들과 만나 협력 선교를 하도록 하였다.

성실히 러시아 신학생들을 교육하고 목회자로 양육하면서 현지 러시아인 교인들을 중심으로 개척 교회를 섬기시던 김진은 선교사님은 교육 선교와 지도자 양성을 잘 감당하시던 진실된 인격의 성실한 사역자셨다. 매년 파송 교회를 방문하셔서 선교 보고를 하고 교회와 긴밀한 우애와 협력을 나누던 신실한 목사님이셨다. 가족을 미국 워싱턴에 두고 혼자 오랫동안 현지에서 사역하시느라 건강을 잘 돌보지 못해 결국 쇠약한 몸으로 병을 얻으셨다. 미국으로 돌아와서 치료를 받던 중 소천하시어 교인들과 함께 사모님이 출석하시는 교회에서 장례예배를 집례해 드렸다. 10년의 세월 동안 함께 사역하면서 정도 들고 서로 인격적인 관계로 아름다운 교제를 나누었던 그분의 모습이 눈에 선하다.

김진은 선교사님과 함께 파송한 다른 또 한 분은 도미니카 공화국에서 빈민 선교와 교회 개척 사역을 하시던 최정희 선교사님이다. 그는 사전에 전연 일면식이 없었는데, 선교 현지 상황상 파송 교회와 행정적 지도가 필요한 상황이었다. 뉴욕 퀸즈교회의 평신도로서 선교 사역이 점점 확대되어, 도미니카 수도 인근의 조그만 도시에서 활발한 빈민 선교를 하시면서 아이티 국경 부근의 난민촌을 돕고 계셨다.

여성 한 분이 하시는 선교 사역이 점점 확장되면서 신학교가 설립되어, 현지 지도자들을 모시고 운영하는 알찬 신학교가 되었다. 감리교 목사가 된 선교사님이 열심히 노력해서 선교사 파송 후 단기 선교단과 함께 그곳에서 현지 사역을 돕고 2002년 신학교 졸업식을 거행하였던 의미 있는 경험도 했던 선교 사역이다. 파송 선교사로 후원하는 가운데, 선교지 현지의 가족 상황과 미국 후원자들 가운데 관계가 원만치 못해서 더 이상 후원하지 못하고 5년의 짧은 기간으로 마무리하였다. 단기 선교단과 함께 무더운 여름철 그곳 현장을 둘러보던 그리운 시절이 떠오른다.

두 분의 선교사님들과 함께 교회는 10여 명의 협력 선교사님들을 계속하여 후원하였다(러시아, 파라과이, 멕시코, 케냐, 아이티, 인도네시아, 알래스카 등).

교회가 후원하며 담임목사가 이사장으로 섬기는 미주 한인기아대책본부를 통해서 우간다와 페루의 67명의 어린이들을 매월 정기적으로 후원해 오고 있다. 이 사역은 파송 선교사 이상으로 교회 공동체적 협조로 40여 명의 교인들이 15년 동안 계속해서 아동구호를 하므로 귀한 사역에 동참한 세계 선교 사역이다.

18년 전 메일랜드에서 창립된 "기아대책 미주 한인 본부는 세계적인 기아 선교 단체인 Food For Hungry의 한 국가적인 단위로, 미주 본부가 탄생될 때 담임목사가 창립 시 부이사장으로 참여하면서 시작되었다(창립 당시 이사장: 이원상 목사, 대표 이순근 목사). 미주 기아대책기구는 북미주 4,000여 한인 이민 교회를 하나의 국가단위 같은 지역으로 삼고 세계 여러 나라의 국가대표들과 함께 나란히 협력하면서 국제적인 기아운동에 참여하고 있다. 현재 그 본부는 시카고에 있으며(이사장: 배현찬 목사, 대표: 김형근 목사), 사무국장 이하 3명의 유급직원과 전세계 1,000여 명의 아동구호 그리고 8명의 파송 협력 선교사들을 후원하면서 활발하게 사역을 감당하고 있다.

KAFI(국제기아대책 미주 한인 본부)가 10주년을 맞으면서 2012년 협력하는 미국 기아대책본부가 있는 애리조나 피닉스에서 10주년 기념 세미나를 가질 때였다. 그 행사에 참여한 이성호 목사님께서 아프리카 신학교로 선교 사역을 파송 받고 싶다고 기도 중이라 하였다. 나는 교회로 돌아와서 당회와 의논하여 세 번째 파송 선교사로 케냐의 브리지 칼리지(Bridge College, 이종도 선교사님이 나이로비에 세운 정규 대학과 신학교)에 사역을 할 수 있도록 결정하였다. 성령께서 새로운 사역자를 파송하도록 부르신 것으로 받아들였다.

이 선교사님은 서울대학교 음악대학을 졸업하고 미국 필라델피아에 있는 BTS에서 신학을 공부하였다. 복음적 장로교 목사로서 학문적인 취향을 가진 성실한 분이다. 이 목사님도 이전에 전연 일면식이 없었지만 파송 교회를 찾는 그분을, 주예수교회가 파송하였다. 그 후 6년간(2012~2018년) 신학교 교수로 선교 사역을 마치고, 가족이 있는 미국으로 다시 귀국하심으로 선교 사역을 완수하게 되어 파송 선교사 관계는 종료되었다.

우리 교회는 '성령의 인도하심 따라'라는 교회 공동체적 고백과 목회적 지침을 따르면서 그때 그때 성령이 이끄시는 대로 순종하면서 선교 사역을 해왔다. 세 분의 선교사를 파송하면서 세계 선교 사역에 동참하게 된 것도 하나님의 섭리와 은혜였다. 교회 설립 초창기부터 4년마다 개최하는 미주 최대 선교집회인 '한인세계선교대회'(주최/ 한인세계선교협의회, KWMC)에 담임목사(공동의장)의 섬김과 20~30여 명의 교우들이 늘 참여하면서 세계 선교의 도전과 안목을 넓힌 것도 하나의 큰 도움이었다.

주예수교회는 교회의 본질인 선교적 사명을 세계 선교 사역과 함께 지역 사회를 균형 있게 실천해 가는 선교적 교회로, 지금은 전체 예산의 20%를 선교비로 지출하고 있다.

26장

신학생을 양성하며

주예수교회가 소속한 미국 장로교(PCUSA) 신학교로는 프린스턴 신학교를 위시해서 일곱 학교가 미 전역에 흩어져 있다. 그동안 버지니아 주 리치먼드에 소재한 유니온 장로교 신학교(Union Presbyterian Seminary)와 협력하여 이민 2세 목회자 양성을 위해서 적극 노력해 왔다.

대표적인 프린스턴 신학교에 입학하는 2세들이 과반수 이상이 학문의 길을 가기를 원하고, 한국에서 온 유학생들은 거의 다 한국으로 되돌아 가는 경향이었다. 어느 교단과 마찬가지로 과거 미국 기독교계의 주류 교단 중 하나였던 미국 장로교 산하의 한인 교회(현 360교회)에서도 2세 교역자 양성 문제에 어려움을 겪고 있었으며, 현재까지도 계속해서 해답을 얻지 못하고 있다.

과거 보수적이던 남장로교단(1986년 남북 장로교가 연합된 PCUSA 이전)의 인재 양성의 중심에 있던 유니언 장로교 신학교(Union Presbyterian Seminary)와 함께 2세 지도자 양성에 적극 협력하였다.

한국 장로교계에 기독교 교육학자를 대거 배출했던 PSCE

(Presbyterian School Of Christian)와 유니온 신학교가 한 학교로 합치면서 Union-PSCE(최근에는 유니온 장로교 신학교로 바뀜)로 통합하게 되었다. 두 학교의 통합 전부터 기독교 교육대학원 현장 실습 수퍼바이저로 수년 동안 여러 명의 한국인 2세와 유학생들의 교육 목회자 양성을 위해서 협조해 왔다.

두 학교 통합 후 당시 총장이던 웍스(Weeks) 박사와 함께 한인 2세 목회자 양성을 위한 아시안 센터를 유니온 신학교에 세우게 되었다. 미국 이민 교계의 발전과 2세 지도자 부족 현상을 보면서, 특히 교단 안의 2세 목회자 공급에 매우 열악한 구조적 한계를 절감해 오면서, 후원해 오던 유니온 신학교에 아시안 센터를 세울 수 있도록 총장에게 수 차 건의함으로써 이루어진 일이었다. 총장과 함께 건립 책임을 맡아 학교 관계자와 여러 단계의 과정을 거쳐서 아시안 센터를 개설할 수 있었고, 첫 번째 소장으로 이승만 박사님을 특별 초빙교수로 모시게 되었다.

그 후 23년 동안 학교의 여러 사업에 적극 후원하면서 교육 센터 재정 후원, 재단 이사회 이사 파송, 정기적인 후원과 특별사업 협력 등 한인 이민 교회로서는 이례적으로 지역의 교단 신학교와 깊은 관계를 이어왔다.

아시안 센터를 통해서 10여 명의 한국인 2세 전도사님들과 대부분 서울 장로회신학대학 출신이었던 한국에서 유학 온 목사님들을 여러 교육 부분의 사역자들로 봉사할 수 있게 하면서 교회도 2세 교육에 많은 도움을 받았다. 상부상조할 수 있었던 바람직한 신학 교육과 현장의 협력이었다. 그들 중 교회를 통해서 목사 후보생으로 지도를 받아 목사 안수를 받은 학생이 6명이나 되었고, 3명의 박사도 우리 교회에서 배출되었다. 장로회신학대학교 신형섭 교수, 한국실천신학의 김

㈜인옥 교수, 알래스카 원주민 선교사로 장준호 목사 부부, 2세 목회자로 사역하는 최형규 목사, 미 감리교회에서 사역하는 음광현 목사, 이곳에서 석사를 마치고 캐나다에서 학위를 마치고 토론토 대학교에서 박사 과정 중인 신현호 목사, 미국 장로교단의 담임목사로 사역하는 강인호 목사 등등 지금은 맡은 바 소임을 잘 감당해 가고 있다. 이 학교의 아시안 센터가 이제는 선교 교육 센터로 바뀌어 더 폭 넓게 제3세계 신학생들을 선교적 관점으로 후원하고 양육해 오고 있다.

안식년 동안 공동체 생활을 같이 했던 정종훈 교수(연세대학교 연합신학 대학원), 초창기 개척부터 가족과 함께 사역을 목도했던 김세광 교수(서울 장신대학교 대학원)도 잊을 수 없는 분들이다. 타 교단 출신의 여러 사역자들(행정부목사로 섬겼던 송광진, 박제주, 김동원)을 통해서도 많은 사귐과 협력이 있었다.

돌이켜보면 담임목사의 사역에 있어서 당회와 함께 부교역자들과의 동역이 미묘하고 힘든 경험이기도 했지만, 무난한 협력 관계로 많은 후배들을 양육하고 후원해 왔던 세월이었다. 당회의 배려와 교인들의 후원이 없었다면 대형 교회가 아닌 우리 교회의 재정과 구조 면에서 이러한 사명을 잘 감당할 수 있었을까를 생각해 본다.

지난 8년간 매년 가을 서울 장로회신학교 평대원생들의 방문이 있었다. 선교적 교회 세미나를 인도하고 한국 음식을 접대하며 매우 뜻깊은 경험도 하였다. 주예수교회가 이러한 신학생 양성과 평신도 지도자 양육, 특히 선교적 세미나를 4회 개최하면서 선교사님들, 목사님들, 평신도들을 섬길 수 있었던 것은 주예수 교회의 특별한 사명과 은혜였다.

사회 선교관 건축과 함께 그 중심에 선교룸을 두고 여러 자료를 전시해 놓았다. 이러한 귀한 사역들을 섬길 수 있었던 것은 하나님의 특별한 은총이었다. 대도시의 대형 교회가 아닌 중소도시의 이민 교회로서 이러한 독특한 사명을 잘 감당해 오도록 당회를 중심으로 교회 공동체가 합심하여 섬겨온 사역이었다. 참으로 귀중하고 아름다운 교회 공동체적 사명의 경험이었다고 본다.

유니언 신학교 총장, 이승만 목사,
주예수교회에 봉사 중인 신학생들과 졸업생들

27장

안식월을 맞아

사회 선교관 헌당 후(2014년 8월) 찾아온 피로를 회복하고 새로운 에너지 충전을 위해서 안식월을 가지게 되었다. 연세대학교 연합신학대학원 초빙 교수로 2015년 봄학기 강의(3, 4, 5월)을 위하여 귀국해서 가졌던 3개월의 안식월은 주예수교회 개척 후 16년 만에 처음 갖는 휴식이었다.

학부생들에게 기독교 윤리학을 강의하고 대학원 학생들에게 목회신학을 강의하면서 말할 수 없는 뜻 깊은 즐거움을 경험하였다. 강의를 위해서 월, 수, 금 3일간 학생들과 보내면서, 틈틈이 채플(chapel)과 대학 교회에서 설교하는 기쁨을 맛보기도 하였다.

학교의 중책을 맡고 있던 학과의 후배 교수들, 특히 행정 부총장과 재단본부장의 중책을 맡은 절친했던 동아리 후배들과의 만남은 옛날 학창 시절 추억을 회상케 하는 아름다운 교제의 시간들이었다.

전공 영역인 기독교 윤리학을 가르칠 때는 현장에서의 실제적 경험을 연결해서 기독교 윤리 개론을 함께 고찰해 가는 흥미 있는 시간들을 보낼 수 있었다. 학생들의 적극적인 반응이 인상적이었다.

연신원에서는 M.Div. 과정을 공부하는 타 교단 신학교에서 학부를 마친 젊은 전도사님들과의 목회 신학 세미나를 통해서 현장의 경험과 '선교적 교회'의 이론과 실제를 나누는 보람찬 시간들을 가졌다.

똑똑하고 총명하고 초롱초롱한 맑은 눈빛의 학부생들과 장래의 길과 사역의 미래를 눈 앞에 두고 함께 고민하고 토의한 세미나 시간들과 젊은 대학원 전도사님들과의 긴밀했던 교제가 아련히 그리워질 때가 있다.

한 학기 동안 학교의 배려로 아내와 함께 교내 영빈관에서 숙식을 하며 머물면서 더 없이 편안한 환경을 누렸다. 봄기운이 만연한 교정의 신학관, 백양로, 청송대, 노천강당, 그리고 숙소 앞의 고목 느티나무들의 모습이 지금도 눈에 선하다.

교회를 떠나 있던 3개월 동안에 교우들에게 띄운 통신문(매 주일 주보에 기재)들을 통해서 당시의 경험들과 느낌을 전해 보고자 한다.

사랑하는 교우 여러분(서울통신문)

서울통신 1

쌀쌀한 날씨가 좀 가라앉는가 했더니 또 눈이 왔다지요? 지난번 눈이 왔을 때 우리 남자 집사님들이 눈 치우시느라 수고를 했는데 이번에는 때 맞추어 녹았겠지요? 이곳 서울의 신촌골 꽃샘추위도 상당합니다.

저희 부부는 학교에서 배려한 학교 영빈관인 알렌관 게스트룸에서 잘 지내고 있습니다. 저는 월, 수, 금, 매일 3시간 강의와 수요예배 참석 등으로 한 주간을 바쁘게 보내고 있습니다. 아직 시차 적응을 하느라 헤매고 있습니다. 그동안 학교 안과 밖의 여러 식당으로 다니면서

입맛을 맞추어 가고 있습니다. 35년 만에 돌아온 학교에서 후학들을 가르치며 후배 교수들을 만나는 즐거움도 있습니다.

미국 대사의 테러 사건으로 서울이 무척 주시를 받고 있는 가운데, 옆 세브란스 병원에 입원한 그분 때문에 취재진들이 많이 상주하고 드나드는 것을 봅니다. 미국에서도 관심이 많으리라 생각됩니다. 아무튼 그분의 건강 회복과 한미동맹에 관심이 더 가게 됩니다. 미국에서 디아스포라로 살아가는 우리들에게는 더욱 마음이 가는 일입니다.

지난 목요일은 학생식당에서 한식(?)으로 아침을 먹었습니다. 저희가 묵고 있는 알렌관은 학교 중앙에 있어서 다니기가 편리하다곤 해도 캠퍼스에서 많이 걸어야 하는 불편이 있습니다. 연구실까지 배려해 주어서 강의 준비나 학생 상담은 편리하지만, 월요일 아침부터 강의 시간을 배정 받아서, 오랜 세월 습관이 된 월요일 오전 여유가 날아갔습니다. 그래도 화요일과 목요일에는 개인적인 업무를 볼 수 있는 여유가 있어서 좋습니다.

까치가 아침마다 짖어대는 이곳 신촌은 공기가 그다지 나쁘지는 않나 봅니다. 집사람은 버지니아의 공기를 지금부터 그리워하는 것 같습니다.

오늘은 첫 소식이고 피곤하기도 하니 여기서 그치도록 하겠습니다. 다음에 재미있는 소식 전하기로 하고, 모두들 평안을 빌면서……

서울통신 3

지난 한 주간도 모두들 편안하셨지요!
새교우 가족들도 잘 정착해 가시겠지요!
여기저기 구석구석 봉사하시는 교우 여러분들의 모습이 눈에 선합니다.

시니어 센터가 잘 개강되었다지요.

이번 주간은 한국의 사회제도와 서민들의 삶을 확인하게 되는 여러 경험들을 하였습니다.

학교에 제출해야 할 외국인 등록 서류 관계로 신촌동 주민센터(동사무소)와 목동에 있는 법무국 출입국 관리사무소(이민국) 등을 다니면서, 오랜 시간 줄 서서 기다려야 했지만 체계적인 한국사회의 행정사무가 옛날에 비해서 질서 있고 편리함을 보았습니다. 이민국 사무실은 중국인들의 비자관계로 무척 복잡했지만, 저희는 미국에서 와서인지 기다리는 룸도 다르고 좀 더 편리하게 처리되는 경험도 했습니다.

시내버스, 지하철, 택시는 교통카드 하나로 다 탈 수 있어서 무척 편리했습니다. 한국의 대중교통 체제가 세계 어느 도시에 비해서 뒤떨어지지 않는 것 같습니다. 제 경험으로는 뉴욕이나 런던, 파리보다 오히려 더 깨끗하고 편리해 보였습니다. 도심에서는 간선버스 전용 도로가 있어서 버스 통행이 수월했고, 시민들도 대중교통을 질서 있게 잘 활용하는 것 같았습니다.

어제 오후는 분당에 있는 동생 집을 방문하게 되어서 좌석버스를 탔는데, 종점까지 앉아 있는 승객은 저희 부부밖에 없어서 무척 당황하였지만, 운전기사님이 잘 안내해 주어서 목적지에 무사히 도착했습니다.

목요일은 신과대학 연합신학대학원 예배에 설교를 하였으며, 매주 수요일은 강의와 예배 후 교수들과 함께 식사하며 친교하는 시간도 있습니다.

이제는 봄이 성큼 다가오는 듯합니다. 까치들이 보내는 겨울이 아쉬운 듯 맹렬히 지저귀며 여기저기서 반갑게 인사합니다.

또 한 주간도 여러분의 평안한 생활과 공동체의 평화를 기도드리면서…….

서울통신 5

이제는 따스한 봄 기운이 완연하겠지요?

지난주 토요일 열심히들 교회의 안과 밖을 가꾸시느라 수고하셨습니다. 강 목사님도 고난주간 새벽기도회를 인도하시느라 수고하셨고, 여러분 모두 부활절의 백합 같은 기쁨의 향기가 넘치기를……. 저희 부부는 며칠 동안 감기 몸살로 객지 생활 대가를 톡톡히 치르고 이제 좀 회복되었습니다. 고난주간 새벽기도회도 방콕으로 대신했습니다. 방콕이 무슨 뜻인지 아시겠지요.

지난 목요일 아침 연세 조찬 기도회에 참석하면서 여러분과 교회가 무척이나 그리웠습니다. 성가대의 "이 믿음 더욱 굳세라"라는 찬양을 들으면서 우리들이 함께 부르던 예배 시간 생각으로 어찌나 눈물이 나오는지……. 대학 교회에서 모인 이 예배에는 총장님과 재단 이사들 그리고 학교의 중책을 맡은 분들이 모두 함께 조국과 학교를 위해 기도하는 아름다운 모습이었습니다. 언더우드 선교사의 선교적 신앙과 사회적 섬김의 정신을 계승하기를 다짐했습니다. 저도 부총장, 재단본부장, 교목실장들과 함께 참석하여 예배드리고 조찬을 나누었습니다. 이분들은 저와 가까운 후배들이라 무척 반갑고 편했습니다.

지난주 화요일 저녁에는 아픈 몸을 끌고 학교 안 백주년기념관에서 열리는 사순절 기념 음악회에 다녀오기도 했습니다. 유명한 바흐의 "마태 수난곡"을 교회음악과 합창단과 교향악단, 부평시립합창단, 대학 교회 어린이 합창단 그리고 국내 외에서 활동하는 성악가들이 함께 연주한 뜻 깊은 칸타타였습니다. 마태복음의 예수 수난사를 성경

본문 그대로 가사로 이어 구성한 탁월한 종교음악이었는데, 문제는 3시간짜리 공연이란 것입니다. 그래도 출연자나 관객 모두 한 치의 흔들림 없이 호흡을 같이하며 진지하게 함께하는 것을 보면서 놀랐습니다. 저희들도 끝까지 있을 수밖에요. 더군다나 초대권을 받아갔으니 말입니다….

어젯밤 겨우 몸을 좀 회복한 아내가 오늘 아침 비행기를 타고 여러분에게로 떠났습니다. 부활주일 예배를 우리 교회에서 드리고 몇 가지 볼일들을 보고 좀 쉬다가 한 달 후 다시 돌아올 예정입니다. 원래 그렇게 예정했지만 이날을 무척이나 기다린 것 같습니다. 저도 안식해야 하니 여러분께서 붙잡지 마시고 보내 주시기 바랍니다.

지금까지는 통신문도 제가 부르고 아내가 늘 받아 치곤 했는데, 이제는 할 수 없이 신통찮은 솜씨로 이렇게 바쁜 제가 틈을 내어 금요일 강의 마치자 마자 바로 학교 연구실에서 늦지 않게 통신문을 보내 드립니다. "나 바울이 친필로 쓰노라"라는 사도 바울의 말처럼…….

서울통신 6

부활주일을 잘 보내셨지요?

저는 이곳 대학 교회에서 예배를 드리고, 오후에는 연대 노천 강당에서 개최된 한국기독교 연합 부활절 예배에 참석했습니다. 뜻깊은 경험이었습니다.

지난 주간에는 다양한 일들이 있었습니다. 동문 후배 중에서 문화체육 관광부 1차관으로 취임한 이의 축하 모임에서 격려사를 하면서 각계 각층의 분들을 만났습니다. 색다른 좋은 경험이었습니다. 지난 화요일 오후에는 용산에 있는 전쟁기념관을 방문했습니다. 4시간 동안이나 머물면서 이곳 저곳을 자세히 둘러보았습니다. 매우 잘 정리된 역사적 자료였습니다.

놀라운 것은 외국 관광객들이 많다는 것이었습니다. 중국인뿐 아니라 서양인도 많았습니다. 내국인보다 외국인이 더 흥미롭게 관람하는 모습이 인상적이었습니다. '개관 20년 기념관'은 오바마 대통령도 방문한 곳입니다. 후세들을 위한 교육 장소로도 중요한 곳이라 생각되었습니다.

사실 지난 2주 전 아버님께서 관절 수술로 입원하셔서 자주 병원에 다니고 있습니다. 입원하신 곳이 '중앙원호병원'(아버님은 6·25 전쟁 참전 용사)이기 때문에 매번 3~4시간을 왕복하면서 다니고 있습니다. 아내는 그동안 교인들 병원심방을 열심히 했으니 이번에는 아들로서 아버님 심방을 하라고 했습니다. 병원에 자주 다니면서 가족들과 함께 돌보고 있습니다. 다행히 높은 연세에도 불구하고 수술 후 잘 회복하고 계십니다. 어쨌든 그동안 하지 못했던 효도를 좀 하고 있지요……. 집사람도 있는 동안 수고를 많이 했습니다. 몇 주 있으면 퇴원하실 예정입니다.

지난주 토요일 새벽기도회에 오신 어떤 교우가 뒤에서 집사람을 보고 "저분, 사모님 모습과 많이 닮았다"고 말했다는데 그럴 수밖에요. 당사자니까요. 저는 혼자서 불편을 감수하면서 그럭저럭 잘 지내고 있습니다. 아내가 돌아올 때까지 그래야겠지요…….

전쟁기념관에서 본 뜨거운 순애보 하나 전해 드립니다.

6·25전쟁이 발발한 1950년에 참전했던 호주의 육군 대위(당시 34세) 휴머스톤의 미망인은 평생을 혼자 지내면서 당시 임신했던 유복자를 키웠다고 합니다. 2014년 91세로 세상을 떠날 때 남편 곁에 묻히고 싶다고 해서 부산 유엔군 묘지의 남편 옆에 화장한 재를 묻는 노년이 된 아들의 모습이었습니다. 실물 크기의 모형으로 묘지의 모습과 함

께 실감있게 전시했는데, 눈물이 나와 한참을 그 자리에 머물렀습니다. 세상에 이보다 더 가슴 뜨겁고 아픈 간절한 사랑 이야기가 있을까요? 조국의 번영과 발전, 인류의 평화라는 그 어떤 구호보다도 절실히 다가오는 이야기였습니다.

이곳 서울은 곳곳에 벚꽃이 만개하기 시작했습니다. 교회 앞의 독우드도 활짝 피기 시작했겠지요? 아름다운 우리 교회의 전경이 눈에 선합니다. 모두들 그립군요…….

서울통신 7

그동안도 모두 평안하셨는지요?

한국은 지금 국가적으로 매우 혼란스럽습니다. 오늘은 세월호 1주년이 되는 날입니다. 이 때에 맞물려 국민들을 아연실색케 하는 한 기업인의 자살 사건이 일어났습니다. 저는 늘 뉴스를 틀어놓고 신문도 여러 종류를 구입해서 보고 있습니다. 정치권력과 얽힌 한 기업인의 자살과 관련해서 정치인들의 부패가 드러나고 있으며, 이 사건이 어디까지 가서 어떻게 종료될지 아무도 예측하지 못하고 있습니다. 어쨌든 국정을 책임진 사람들과 기업인들과의 부패한 고리가 끊어지고 이번 기회에 혁신된다면, 온 국민을 혼란하게 하며, 정치인들을 불신하게 하는 한 사람의 죽음도 헛되지 않겠지요?

저는 지난 주일 연세대학교회에서 설교를 했습니다. 그 옛날 저를 가르쳤던 은퇴한 교수님들과 전 총창, 부총장, 학장, 그리고 학교 관계자들의 가족과 학생들이 활발하게 신앙 공동체를 이루어 가고 있는 아름다운 모습이었습니다. 저는 특별한 일이 없으면 대학 교회에서 예배를 드리고 있습니다. 분위기가 편하고 특별히 오르간 연주의 대가가 예배음악을 리드하고 있어서 그 예식이 훌륭합니다. 여러 어른들이 계셨지만, 이제는 저도 나이가 있어서인지 별로 부담되지 않았습니다. 하기사, 얼마 전에는 전철에서 저에게 자리를 양보하는 젊은 사람도 있었으니까요……. 월요일 아침부터 강의가 있고, 멀리 출타하기가 번거로워 몇 곳에서 예배를 드리다가, 이제는 바로 옆 학교 안에 있는 대학교회가 가장 편안합니다.

예배 후 날씨가 너무 좋아서 오후 늦게나마 학교 뒷산인 안산(무악산)에 올랐습니다. 왕복 2시간이 좀 넘는 꽤 높은 산인데 등산객이 온 산을 덮고 있더군요. 여기저기 운동 시설도 있고 약수터도 여러 곳 있었습니다. 여러 방면에서 올라온 등산객들이 여기저기서 둘러앉아 맛있는 음식들도 먹습디다. 사람들이 백팩을 왜 메고 다니나 궁금했는데, 그 속에 먹을 것들이 있었더군요.

저야 뭐 혼자고 백도 메지 않았지만 만약을 생각해서 고구마 1개, 사과 반쪽 그리고 쿠키 하나를 포켓에 넣어 갔기 때문에 숲 속 바위에 혼자 앉아 너무 맛있게 먹었습니다.

저는 1, 2학년 때 학교 뒷편의 봉원사 밑에서 하숙을 하면서 안산의 자락 밑에 난 오솔길과 골목길을 따라 학교 청송대를 지나다녔습니다. 그때는 군인 기지 때문에 산 중턱까지만 갈 수 있었습니다. 산 정상의 바위에는 사람들이 빽빽했고 정상에 올라서니 서울이 한눈에 들어왔습니다. 과연 명당이더군요!

서울통신 10

오늘은 어버이주일 예배로 드리겠지요. 합동예배로 모두 함께 한 자리에 앉아서……. 어버이들의 헌신적 사랑을 감사드립니다. 우리 자신들도 어버이로 자녀들의 인사를 받으면서 감사한 마음을 갖게 되리라 봅니다. 아무튼 가족끼리 좋은 하루를 보내시기를……. 저희들은 며칠 전 어머님의 생신에 맞추어 함께 식사를 하고, 오늘 어버이날은 형편대로 각자 병원에 계신 아버님을 찾아뵙기로 했습니다.

저는 오늘 오후 강의가 있어 서울통신문, 강의 준비로 혼자 있고 집사람은 막 병원으로 출발했습니다. 이제는 대중교통을 잘 이용할 줄 알아서 혼자서도 다닐 수 있습니다. 서울 생활에 그럭저럭 익숙해져 가니 돌아갈 때가 되는군요.

지난 목요일에는 뜻 밖에 학교의 매우 중요한 예배에서 말씀을 전했습니다. 지난번에 한 번 참석하고 그 느낌을 전해 드렸던 조찬기도회입니다. 이번 달 조찬기도회는 연세대학교 창립 130주년 기념 기도회였는데, 주최측에서 저에게 설교를 부탁해 왔습니다. 총장님 이하 학교의 중책을 맡은 모든 책임자들, 새 이사장님과 이사님들과 교직원들이 함께 대학 교회에서 드리는 예배입니다. 약간의 심리적인 부담이 있었지만, 하나님의 말씀 안에서 모두 함께 연세의 역사적 사명을 계승·발전시켜야 하는 사명을 강조했습니다. 이른 아침 학교의 행정을 맡고 있는 분들이 함께 모여 매월 기도회를 가진 지가 벌써 129회째가 되었다니, 꾸준한 기도의 힘과 열매로서 연세대학교의 성장과 발전은 하나님의 인도하심과 도우심 때문이라는 고백이 나오게 됩니다.

언더우드 가 4대까지 내려오는 교육 선교에 대한 역사적 흐름과 연세의 학풍을 정립한 초대 총장 용재 백낙준 박사님의 진리와 자유(요 8:32)라는 기독교 교육 이념을 재확인하면서, 하나님을 두려워함으로 하늘에 부끄럼 없기를 다짐하는 은혜의 시간이었습니다.

이 땅에 수많은 교육기관이 있지만 하나님을 경외하는 신앙의 가치에 뿌리를 굳건히 내리고 어떠한 환경과 조건에도 굴하지 않고 시대적 사명을 다하는 모범적인 사학기관으로서 본분을 다하기를 간절히 바라면서…….

알렌에 의해서 130년 전 민중들을 치료하기 위한 제중원이 설립되면서 오늘날의 세브란스가 시작되었고, 100년 전 1915년에 언더우드 선교사(Horace Grant Underwood, 미국 장로교)가 연희전문학교를 설립하면서(문과, 상과, 신과, 농과) 연희학교가 시작되었습니다. 그는 다짐하기를 "우리는 모든 한국을 위한 교육 전체를 비기독교인의 손에 맡길 수 없음을 인정해야 합니다. 만일 그렇게 한다면, 우리는 우리에 대한 신뢰를 저버리는 것이라고 생각합니다"라고 했습니다. 1957년 세브란스와 연희대학교가 통합하면서 오늘의 연세대학교가 된 것입니다.

"믿음으로 인간의 존엄성이 드러나고 인간성이 향상되어야만 물질문명의 변천이 가져다 준 인간의 향상된 능력을 옳고 바르게 사용할 수 있을 것입니다……영혼의 닻, 믿음을 굳게 붙잡고 바로 서서 세파에 흔들리지 아니하고 앞으로 나아가는 믿음의 사람들이 되시기를 빕니다"(백낙준, 1972년 3월, 경영/행정/산업대학원 채플 설교에서).

서울통신 13

어느덧 서울통신 마지막회가 되었군요. 다음주 금요일이면 교회로 돌아갑니다. 주예수교회 공동체가 더욱 그리워집니다.

좌로부터, 정갑영 총장, 배현찬 목사,
이승영 목사(새벽교회), 언더우드 4세(이사)

지난주 연휴에는 호남지방을 다녀왔습니다. 몇 주 전 영남지방에 이어 이번에는 정반대 방향으로 여행을 했습니다. 광주의 5·18 국립민주기념공원과 전주의 한옥마을을 둘러보았습니다. 무등산 자락에 포근하게 자리잡은 5·18 민주항쟁기념관과 묘역들을 돌아보며 마음을 가다듬고 분향을 하는데, 님을 향한 행진곡과 애국가가 울려퍼져 마음이 뭉클했습니다. 그리고 아직도 행방불명 상태로 봉분 없는 빈 무덤으로 조성되어 있는 주인 없는 10묘역에서는 더욱 가슴이 아련했습니다. 모든 비석들의 이름 뒤에는 애절한 사연이나 헌사가 있어서 자세히 읽노라면, 그날의 처참한 현실과 고통을 통해 얻어진 민족 역사의 발전과 민주주의에 대한 신념이 확연히 다가왔습니다. 여기저기에서 듣던 이름들이 보였고, 고등학교 교련복을 입은 모습도 있었습니다. 비석 상단에 십자가를 새긴 묘비가 제법 많았습니다. 목사로서 다시금 생각케 하는 역사의 아픔을 대하게 되었습니다.

전주 한옥마을은 사람의 물결이 흘러넘쳐 지붕 처마나 곡선보다도 사람 얼굴과 머리가 더 많아서 엉망이었습니다. 연휴라 전국에서 온 젊은 학생들이 홍수처럼 밀려와서 먹고 떠들어 대느라고 오붓한 문화 체험을 기대하였던 여정이 헛나가고 말았습니다. 주말이나 연휴는 피해야 하는 줄 알지만, 남은 일정이 허락치 않아서 할 수 없이 그야말로 인산인해의 물결에 휩싸이고 말았던 것입니다. 돌아오는 고속버스는 그나마 일찍 서두르고 또 버스전용차선이어서 다행이었습니다. 그래도 휴게소에서 사먹은 고구마 튀김과 식혜가 멀미하는 집사람을 회복시켜 주었습니다.

지난 두 주간 동안에 중요한 두 가지 업무를 보고 돌아가게 되어 매우 유익했습니다. 등촌동에 있는 한국 기아대책본부를 방문해서 대표와 이사장님과 함께 한국과 미국 기아대책(저는 미주 기아대책 이사장이며, 우리 교회에서 아프리카에 이 단체를 통해 이성호 선교사를 파송하고 있고, 여러분들께서 70명의 아동을 매월 후원하고 있는 선교 협력 기구입니다)과의 업무 협력을 위한 대화를, 미국에서 일시 귀국한 미주 선교국장과 함께 협의하였습니다. 어제 아침에는 기독교 100주년 기념관에서 우리 교단과 제일 긴밀한 협력 관계에 있는 대한예수교장로회(통합) 지도자들과의 만남이 있었습니다. 한국 장로교는 동성애 문제와 관련해서 특별 위원회를 구성했는데, 마침 어제 아침이 첫 모임이어서 초대를 받아 함께 선교적 사명을 도모하는 교단적 차원의 대화를 나누었습니다. 저는 우리 교단 한인 교회 협의회 부총회장이며 우리 측 대책위원회 위원장으로 이 문제를 함께 협의해야 하기 때문에 하나님께서 매우 필요 적절한 시기에 저를 서울로 보내셨음을 감사했습니다.

이번 6월 워싱턴에서 열리는 우리 교단 한인 교회 협의회 총회(400여 교회와 3개 한미노회)를 준비하는데, 한국 측은 9월 열리는 총회에서 이 문제를 함께 협조해야 하는 중요한 때입니다. 저는 이번 여름 총회장을 맡음으로써 가을에 열리는 한국 총회에 참석하게 되어 있습니다. 교단적으로 선교 협력 관계에 있는 통합측(영락교회 소속) 총회와 기독교장로회 총회(경동교회 소속), 그리고 재 일본 기독교연합회(재일 동포 교회) 총회도 참석할 예정입니다. 올해 행사 계획표에 나와 있는 대로, 가을에도 몇 번 여행을 하면서 내년 1년 동안에는 시대적으로 중요한 때에 총회장으로 섬겨야 할 책임을 맡았습니다. 교단의 400여 한인 교회와 미국 장로교 전체에서 수행해야 할 대내외 업무로 사명이 중요한 때이므로 교우 여러분들의 후원과 기도가 더욱 필요합니다. 지금까지 처럼 앞으로 더…….

돌아갈 때가 되니 직행 코스의 버스 노선도 잘 알게 되고 또 버스 타기 위해서 걸어가야 할 골목길 샛길도 알게 되는군요. 서울 생활에 어느 정도 익숙해 가지만, 그리운 여러분들이 있는 리치먼드 주예수교회보다 더하겠습니까. 그동안의 기도에 감사드리면서…….

대학교 예배당 앞 부부

28장

대외 봉사를 통하여

1. 한인세계선교협의회(KWMC, 공동의장)

미주 한인 교계가 하나가 된 한인세계선교협의회(KWMC, Korean World Mission Conference)는 전 미주를 지역별로 묶어 교파를 초월해서 조직한 선교적 연합 기구이다. 1988년 제1차 한인세계선교대회를 유서 깊은 휘튼 칼리지(Wheaton College)에서 빌리 그레이엄(Billy Graham) 센터의 협조로 개최하면서 전 미주 교계를 선교화하여 세계적인 선교운동의 하나로 자리잡게 하였다. 1988년 마이애미 한인장로교회 시무하는 중에 플로리다 지역 대표로 참가하면서 지금까지 30여 년 동안 매 4년마다 개최된 이 대회를 통해서 나 자신은 물론이고 교회와 교인들과 함께 선교 도전을 받으면서 선교 사역에 매진할 수 있었다. 초기 창립 때부터 20년 동안에는 중앙의원 부의장 및 서기 등을 맡아서 미주 교계의 지도자들을 도우면서 많은 배움을 얻었고, 그 이후 10년 동안 공동의장, 대표의장 등으로 섬기면서 세계 선교의 안목을 넓히며 선교 지도력을 확장하는 데 함께하는 보람이 있었다.

지금은 상대적인 여러 선교 단체들이 활발히 조직되어 미주 교계의 선교 사역이 발전되고 다양화되었지만, 초창기부터 지금까지 KWMC가 끼친 역사적인 선교운동의 영향은 아무도 부정할 수 없을 것이다. 이제 30년을 맞아 새로운 시대적 정황에 맞게 변혁되고 발전된 KWMC의 사명을 돌아보면서 KWMC를 통한 세계선교의 전략적인 활성화를 기대한다.(참고: KWMC 30주년을 맞아 / KWMC 회보)

KWMC 미래를 전망하며 – KWMC 30주년을 맞아

1988년 7월, 시카고 휘튼 대학 강당에 모인 1500여 한인 이민 교회 대표자들, 선교 지도자들, 해외 한인 선교사들이 함께 혼신을 다해 불렀던 "88 세계선교대회" 주제가가 귓전을 맴돌며 그날의 감격이 떠오른다.

어느덧 30년의 세월이 흘러, 한국 교회가 세계 선교사의 한 흐름을 주도하면서 북미주 한인 교회들의 선교 연합체인 '기독교 한인세계선교협의회'(KWMC)의 역할과 공헌을 되돌아보는 역사적 시점에 이르게 되었다.

20~21세기 세계 선교에 한민족을 사용하시는 하나님의 오묘한 섭리 속에 이민 교회가 모체가 된 KWMC(Korean World Mission Council for Christ)가 그 한 주축을 맡고 있음을 돌이켜 보면서 감사하지 않을 수 없다.

한국 교회의 모든 선교 단체와 교단 선교를 어울러는 한국세계선교협의회(KWMA)와 더불어 세계 한인 선교사들의 연합체 KWMF와 함께 쌍두마차가 되어 세계 선교를 위한 한국인들의 사명과 열정을 고취시켜온 30년의 세월이었다.

어려운 이민 목회의 현장에서 세계 선교에 대한 폭 넓은 이해와 사명감을 가진 준비위원들과 공동의장단, 각 지역의 대표자들과 목회자들, 그리고 이 운동의 태동과 함께 동참해 주신 고 빌리 그레이엄(Billy Graham) 목사님과 휘튼 대학 빌리 그레이엄 센터의 시대적인 안목과 후원에 깊이 감사드린다. 첫 대회 때부터 참여하여 오랜 세월 동안 총회의 서기직과 지난 10년의 공동의장으로 봉사하면서, 이제 연차에 따라 대표의장직으로 섬기며 30주년을 맞이하는 감회가 더욱 새롭고 의미 있게 다가온다.

한 세대를 흐르면서 꾸준히 이어온 KWMC의 세계 선교 운동을 되돌아 보면서(Hindsight) 현재를 진단하고(Insight) 미래를 전망하는(Foresight) 역사적 사명과 시대적 발전을 염원하는 간절한 심정으로 새로운 의제를 제안하고자 한다.

첫째, 과거를 되돌아보면서

KWMC 태동 당시 북미주 한인 이민 교회는 영세성을 면치 못하고 겨우 자립해 가는 과정을 벗어나고 있었다고 볼 수 있다. 여러 도시들의 대표적인 교회들을 중심으로 지역 교회들이 폭넓게 참여하여 조직된 초창기는, 명실공히 미주 한인 교계를 대표하는 선교적 기구였을 뿐 아니라 실제적으로 교계 지도자들이 거의 참여한, 명실상부한 교회 연합체였다.

그동안 이민교계의 성장과 더불어 선교적 열정이 활발하여 다양한 선교 단체가 창립됨으로써 유일한 초교파적 선교 연합체였던 그 위상이 점점 약화될 수밖에 없었다.

그러나 매 4년마다 개최하는 선교대회를 통하여 미주 교계에 선교 활력을 불러일으키는 그 중대한 사명이 크게 확대되어 갔고 그 영향력도 증명되었다. 참가자 숫자나 대회 규모 그리고 초청된 선교사들의 면면과 지도력은 대회가 거듭될수록 더 확고하게 정립되어 갔다.

한국 선교 역사뿐만 아니라, 세계 선교 역사에 있어서도 이 운동과 모임은 관심과 기대가 어울려진 한민족 세계 선교의 출제였다. 이민 교회의 선교 사명과 헌신자들을 고취하고 발굴하는 면에서 한국 교계에 이보다 더한 공헌을 한 기구가 있었는가?

현재 이민교계 선교 지도자들과 선교 헌신에 불타는 수많은 사역자들 그리고 선교에 앞장서는 이민 교회들에게 가장 큰 도전과 자료를 공급하는 역할을 감당하였다는 것은 누구도 부인할 수 없을 것이다. 또한 세계선교사협의회의 발전을 도모하고 함께 대회를 개최함으로써 굳건한 협력체로서의 대표성을 가지고 지도력을 향상시킬 수 있도록 협조한 것은 매우 중요한 역할이었다.

둘째, 현재를 진단하여

KWMC 운동은 개교회와 담임목회자들이 중심이 되어 조직된 풀뿌리 선교 단체이자, 교회 중심의 선교운동협의체이다. 선교운동의 확산이라는 관점에 볼 때 매우 건강한 운동이라고 볼 수 있다.

그리고 대회에 적극 참여하고 중심적 역할을 하여온 교회들은 모범적인 선교 정책과 더불어 평신도 지도자들을 함께 묶어 선교 공동체로서 한 방향을 유도하는 바람직한 교회적 선교운동을 지향해 왔다. 선교 사역의 발전과 더불어 목회 현장에 혼란과 갈등을 일으키는 많은 선교단체들과는 확연히 다른 긍정적 측면을 간과해서는 안 된다.

그러나 그동안의 대회 운영과 매년 정기총회를 통하여 연속적인 흐름은 계속 이어졌으나, 시대적인 요청과 변화를 도모하지 못하고 구태의연한 운영과 체제를 답습하므로 기대와 신뢰를 점점 잃어버린 점이 문제이다. 풀뿌리인 개교회 후원이나 대회 참여와 열정이 많은 약화된 현실이 무척이나 안타까운 것이다. 새로운 개혁이 긴급히 요청된다.

셋째, 미래를 전망하며

KWMC의 새로운 사명과 함께 개선된 조직이 필요하다. 이미 때 늦은 감이 있지만, 이제부터라도 현재의 진단을 겸허히 수용해서 미래를 설계할 새 지도력이 보완되어야 한다.

초창기의 기구 조직은 거의 유명무실한 것이므로 실제적인 효율성이 동반된 조직 개편을 해야 할 것이다. 더불어 회칙을 개정할 수밖에 없기 때문에 여러 의견을 폭넓게 종합하는 제도적인 기구개편이 필수적이다.

역사적인 흐름과 함께 시대적인 요청을 깊이 숙지하고 연구하여 총회를 통하여 기능을 되살리는 계기를 삼아야 한다고 본다. 더불어 차

2017년 11월 30차 연차총회

대표의장(배현찬 목사), 상임의장(고석희 목사), 사무총장(이승종 목사), 2018년

기 대회는 이러한 변화의 열매가 드러나는 발전이 있기를 기대한다. 그러한 과정을 통해서 개교회들의 참여가 계속 확대되고 새로운 시대의 지도자들이 수용되리라 믿는다.

KWMC를 통한 하나님의 부르심이 30주년을 맞아 끊임없이 이어지기를 염원하면서.

2. 국제기아대책 미주 한인 본부(KAFHI, 이사장)

20여 년 전 볼티모어 베델교회에서 한국 기아대책 이사장과 대표, 세계 기아대책기구 회장을 모시고, 미주 교계를 한 국가 단위로 기아대책 미주 본부(Korean American Food for the Hungry International)가 창립되었다. 창립 당시 워싱턴 중앙장로 교회 이원상 목사님을 이사장으로 모시고 베델교회 이순근 목사를 대표로 하여, 동부와 중부지역의 교계를 섬기는 목사님들과 평신도 지도자들(초대 사무총장 이세희

장로)이 함께하였다. 동부에서 필자가 부이사장으로, 중부에서 김형균 목사(시카고 펠로쉽 교회, 현 대표) 등이 협력하면서 여러 목회자들과 장로님들이 세계적인 기아 선교 운동에 동참하게 되었다. 10년 전부터 2대 이사장으로 아프리카, 아시아, 남미 등에 1000여 명의 아동을 구호하고 10명의 선교사를 파송 협력하는 이 기구를 섬기고 있다. 방콕에서 열린 세계 지도자 회의나 브라질 선교지 방문 등의 경험을 통해서 선교적 안목을 넓히고 기아 선교 현장을 체험할 수 있었다. 세계적인 이 기구와 연대하면서, 긴밀히 협조하는 가운데 미국 기아대책(US-FHI)본부가 있는 피닉스(Phoenix)를 몇 번 방문하면서 이 사역의 중요성을 확인할 수 있었다. 그동안 현지 한인 선교사님들의 협조 요청을 통해서 많은 어린이들을 도왔으며, 세계적인 긴급 구호사역과 재단 구제 등을 국제 본부와 함께 병행하였다.

현재 본부 사무실은 시카고에 있으며(사무국장 정승호 목사) 미주의 70여 교회들이 함께 협력하면서 활발히 아동구호를 하는 가운데 벌써 설립 20년을 맞이하게 되었다. '빵과 복음'을 통해 온전한 후원을 전하기 위한 이 사역은 지금도 부룬디, 아이티, 에티오피아, 방글라데시, 볼리비아, 인도네시아, 캄보디아, 페루, 자마이카, 우간다, 케냐의 어린이들을 돕고자 애쓰고 있으며, 우리 교회에서도 67명의 어린이들을 매월 35달러씩 후원하고 있다.

3. 워싱턴 기윤실(이사장)

워싱턴 기독교윤리실천운동은 워싱턴 교계의 지도자이신 고 이원상 목사님과 중앙장로교회 장로님들(강창제 장로, 김용호 장로, 백순 장로, 허봉수 장로, 변한식 집사)을 중심으로 하여 여러 교회의 목회자들과 평신도 지도자들이 주축이 되어 한국 기독교윤리실천운동의 영향으로 시작되었다.

1992년 L.A.에서 기독교윤리운동이 시작될 때부터 멀리서 이 운동에 참가했던 필자는 워싱턴 기윤실 창립 때 자연스럽게 관계하였고, 3대 이사장으로 오랫동안 봉사하면서 워싱턴 한인 이민 사회에 기독교 윤리실천운동을 (나부터 바르고 정직하게) 활발하게 전개할 수 있었다. 우리 교회 장로님들과 함께 워싱턴에서 개최된 기윤실 강연회들을 개최하고 참여하면서 그리고 교회도 이 운동에 맞추어 여러 가지 모임을 주최하면서, 기독교인들의 윤리적 신앙생활을 강조해 나가기도 하였다.

워싱턴 이민 사회의 윤리적인 타락과 성도들의 도덕적 해이에 경고를 울리면서, 다인종 다문화 사회와 함께 한인 이민 사회를 진단하고 바람직한 윤리관을 제시하는 많은 행사들을 하였으며, 한인 언론과 칼럼집 발간을 통해서 기독교의 윤리적 사명을 감당하는 일에 앞장서기도 했다. 현재 조직이 완화되고 그 운동이 미약해져서 유명무실한 것이 안타까울 뿐이다.(이 운동에 관계하면서 발표된 원고―"이민 사회의 윤리적 과제", "한인들 정직성 회복해야" 등은 이 책의 사잇글에 포함되어 있다)

4. NCKPC 미국 장로교 한인 교회 전국 총회 45차(총회장)

미국 장로교(PCUSA)에 속한 400여 한인 교회들은 세 곳의 한미노회(Chicago, New York, Mid-Atlantic)와 170여 미국 노회에 지역적으로 소속되어 있다. 미국 장로교단 안에(10,000여 교회) 소수 민족 교회로서 한인 교회 전국 총회(NCKPC, National Council of Korean Presbyterian Church)는 교단 안에서 정치적으로 중요한 위치와 함께 구조적으로도 확고한 지위를 확보하고 있다. 미국 장로교단 안에서 한인 교회들의 복음적 목소리를 점점 더 크게 발휘하고 있다. 특히 수년 동안 이슈화된 동성애 문제로 인한 교단 안의 갈등과 대내외적 혼란을 복음주의적 노선을 걷고 있는 한인 교회들에게는 많은 시련과 도전으로 부딪쳐 오고 있는 현실이다.

이러한 교단적인 위기 상황 속에서 시대적인 부름과 함께 교단 안의 역사적 사명을 감당해 가는 한인 교회들의 협의체인 한인 교회 전국 총회(NCKPC)의 제45차 총회장(2015~2016년)으로 섬길 수 있었다. 한국의 대한예수교장로회(통합), 기독교장로회(기장)와 관계를 더욱 공고히 하는 일과 미주 교계에서 우리 입장을 설명하면서 형제 교단 관계를 맺고 있는 미주 한인장로회(KAPC)와의 협력을 도모하는 데 어느 때보다 중요한 시점에 봉사하게 된 것은, 교단을 위해서도 의미 있는 섬김이었다고 본다. 대내외적으로 미주 이민 교계와 한국 교계와의 관계에서 그동안의 섬김으로 좋은 협력을 해오던 지도자들과의 관계가 서로를 이해하고 협력하는 선교적 관계로서 더욱 공고히 하는 데 큰 도움이 되었다. 총회장 성명서와 활동을 통해서 교단 안에서의 한인 교회의 입장을 분명히 전달하였으며, 대외적으로는 사회변화 속에서 문화적 개방성을 유지하면서, 복음적인 교회관을 지키려고 몸부림치는 한인 교회의 사명을 부각시키고자 했다. (참고: 동성애에 관한 행동결의문과 총회장 담화문, 2015년)

결혼 정의 수정에 관한 NCKPC 행동 결의문

지난해 6월 미국 장로교의 결혼 정의 수정 후 올해 3월 과반수 이상 노회의 찬성으로 확정되고 논란이 재점화되자, 미국 장로교 한인 교회 전국 총회(NCKPC)는 부총회장 배현찬 목사를 위원장으로 하여 미국 장로교 결혼정의 수정안 통과 대처를 위한 특별위원회를 조직했다. 특별위원회는 44차 총회에서 보고서 발표와 함께 7개항의 행동 결의문을 초안을 내놓았으며, 회원들의 열띤 토론 끝에 내용을 다듬어 채택했다.

NCKPC는 미국 장로교의 2011년 동성애자 안수 관련, 2013년 동성결혼 관련 성명서를 발표했으며, 이번이 동성애 관련 세 번째 입장 발표이다. 7개항의 결의문 내용은 NCKPC가 이전 발표한 공식 입장에서 적극적인 행동에 중심을 둔 업그레이드 비전이다. 2013년 선언이 "우리는 작금에 논란이 되고 있는 동성애 행위를 성경이 명백하게 잘못된 것으로 규정하고 있다고 믿어 그리스도인이 용납해서는 안 되는 여러 죄들 중의 하나로 본다"라고 분명히 했다면, 상대적으로 이번 결의문은 "성서적 전통을 고수하기를 결단"이라고 그 표현이 완화됐다. 또 △동성 결혼 주례나 시설 사용은 개교회 목사와 당회의 신앙 양심에 따라 불허 △교단의 복음적 단체와 연계 △교단 안팎에서 일어나는 왜곡된 편견에 대해 적극 대응이라는 내용을 가지고 있다.

다음은 "결혼 정의 수정에 관한 NCKPC(미국 장로교 한인 교회 전국 총회) 행동 결의문"라는 제목으로 6월 18일자로 나온 입장의 내용이다.

① 우리는 130년 전 한국 땅에 복음의 씨를 뿌리고 지금까지 계속되어 오는 미국 장로교단(PCUSA)과의 선교적 협력 관계에 감사한다. ② 이 시대를 향하여 열린 문화적 시각과 더불어 성서적 전통을 고수하기를 결단한다. ③ 교단헌법의 개방성이 반영된 동성 결혼 주례나 시설 사용은 개교회 목사와 당회의 신앙 양심에 따라 불허해야 함

을 NCKPC는 천명한다. ④ 개교회의 상황을 고려하여 지역 노회에서 나 한미노회에서 개혁주의 전통을 계승하는 노력에 더욱 매진한다. ⑤ 교단의 복음적 단체와 연계하여 교단 내에서의 시대적 사명을 적극적으로 감당한다. ⑥ 교단 안팎에서 일어나는 왜곡된 편견에 대해 적극 대응하며, 협력 관계에 있는 국내외 교단들과의 연대를 더욱 공고히 한다. ⑦ 우리는 복음을 위한 디아스포라 한인 이민 교회의 역사적 사명을 자각하여 선교적 교회(Missional Church)로의 부름에 더욱 헌신할 것을 결단한다.

동성애 및 동성결혼에 대한 미국 장로교 한인 교회 전국 총회장 담화문

지난 6월 16일부터 19일까지 워싱턴(Washington D.C)에서 모인 제44차 미국 장로교 한인 교회 전국 총회(National Council of Korean Presbyterian Churched, NCKPC)의 동성애와 결혼 정의에 대한 행동결의문을 공포하였습니다. 미국 장로교 산하 400여 한인 교회를 대표하는 296명의 참가자들은, 광복 70주년의 뜻 깊은 해를 맞아 디아스포라 한인 교회의 사명을 숙지하면서 교단 내에서 한인 교회의 역할에 대해 일체감을 가지고 함께 행동할 것을 다짐했습니다.

교단 내에서 격상된 정치적 위상과 영향력으로 인해, 한인 교회 전국 총회는 미국 장로교단 내에서 갈수록 주목을 받으면 긍정적 역할을 하고 있습니다. 동성애 및 동성 결혼에 관하여 해당 당회와 담임목사에게 자유로운 재량권을 주는 교단법의 양면성에 의거하여, 미국 장로교 한인 교회들은 동성 안수와 동성 결혼 집례를 거부하기로 결정했습니다. 미국 장로교단은 보수적·중도적·진보적인 신앙을 가진 다양한 신앙 그룹들로 구성되어 있습니다. 미국 장로교단은 전통적으로 문화 현상과 사회정의에 민감한 의식을 가지고 성서에 기초한 신앙고백을 분명히 하고 있습니다.

오늘날 시대적 변화를 반영하는 미국 장로교단의 포용성에 대해서 깊은 우려를 표명하면서, 동시에 교단 내 한인 교회들은 성서적 전승에 근거한 신앙적 입장을 확고히 할 것을 재천명했습니다.

미국 장로교단 산하 400여 한인 교회 가운데 타 교단으로 이적을 고려하는 교회는 열 교회 미만이며, 절대 다수의 교회들은 개교회의 안정적 성장과 교단의 건강한 발전을 위하여 교단 내 복음주의적 그룹들과 연대하여 더욱 적극적으로 교단 안에서 주어진 사명을 감당하기로 결의했습니다.

미국 장로교단은 130년 전 어두운 한국 땅에 복음으로 우리 민족에게 희망의 씨앗을 뿌렸습니다. 연세대학교, 장로회신학대학교, 숭실대학교, 새문안교회, 정신여고, 계명대학교 및 동산의료원, 전주예수병원 등을 세워서 지금까지 대한예수교장로회(통합) 총회, 기독교장로회 총회, 해외한인장로회 총회, 재일대한기독교회 총회와 함께 선교적 협력 관계를 계속해 오고 있습니다. 미국 장로교 한인 교회 총회는 이러한 선교적 동반 관계를 지속하는 가운데 우리들의 시대적 사명을 감당하기를 다짐합니다.

혼란의 시대를 지나고 있는 주님의 교회들이 교단 간의 결속된 연대를 통해 힘을 합칠 때에 이 땅에 하나님 나라를 이루어 가는 선교 공동체가 될 줄로 믿습니다.

―미국 장로교 한인 교회 전국 총회장 배현찬 목사, 2015년 7월 29일

> 사 잇 글
>
> **선교적 교회와 평신도 리더십**

노승환 장로

제가 어렸을 때 결핵균이 저의 등뼈에 감염되어 그곳을 긁어내고 갈비뼈 부분을 이식하며 뼈를 심는 대수술을 받아, 기적으로 곱추가 되지 않고 이렇게 오늘날까지 건강하게 살아올 수 있었음에 하나님께 감사를 드립니다. 그래서인지 아주 어려서부터 의사가 되는 꿈을 가졌었고, 의사가 된 후에는 어려운 이웃을 도와 그들로 질병으로부터 구하는 것이 목표가 되었습니다.

지난 20년 동안 여러 차례 단기 의료 선교를 다녀오고 최근에 지역 선교로 열심히 이웃을 섬기며 살고 있습니다. 제가 의대에 들어갈 때부터 담임목사님을 만나서 지난 35년간 목사님과 동역해 왔습니다. 목사님으로부터 받은 신앙에 대한 도전, 선교에 대한 비전과 열정이 오늘까지 계속되고 있음에 주님께 감사합니다.

주예수교회가 선교적 교회의 공동체 사명을 감당하기 위해 가장 필수가 되고 기초가 되는 요소는 바로 담임목사님의 리더십과 목회 철학입니다. 저는 지난 30년간 목사님을 모시고 동역해 오면서 목사님을 바라본 평신도 한 사람으로서 선교적 교회의 공동체적 사명감을 생각해 보며, 아래와 같은 담임목사님의 목회 철학을 소개해 드리고 또 왜 목회 철학이 가장 중요한 요소인가를 전하고 싶습니다.

> 담임목사님의 목회 철학
> **신** 하나님 중심
> **본** 본질(말씀) 중심
> **주** 예수 그리스도의 제자화
> **의** 정의와 사랑

그동안 여러 차례 교회 내의 제직 수련회 때마다 담임목사님의 목회 철학에 대해 강의한 적이 많았는데, 최근에는 그것을 한자로 신본주의(神本主義: 믿을 신 하나님, 본질에서 본 말씀, 주인 되시는 주 예수 그리스도, 의로움의 정의)로 표현합니다

사실 30년 전에 30대 초반이었던 담임목사님이 교회는 신본주의를 의지하며 교회 내의 인본주의 요소들은 배척해야 한다고 가르쳐 주셨는데, 소강석 목사님의 신정주의 책보다 15년 이상 앞섰던 말씀이었습니다.

신: 하나님 중심—하나님 우선주의, 주 예수밖에 귀한 것이 없네
본: 본질이 되는 복음—말씀 중심, 그래서 설교 말씀이 복음적이며 동시에 사회를 경종하는 예언적 말씀
주: 온 교인들을 그리스도의 올바른 제자로 양육·훈련하여 참다운 주님의 제자화를 추구
의: 세상의 빛과 소금이 되는, 정의와 사랑의 사도들이 되는 것

목사님께서 이처럼 목회 철학이 아주 투철하여서 교회 초창기 때부터 교회가 존재하는 참 이유와 본질 회복을 위해 열정을 다하시고, 아직도 강단에서 사회 윤리와 기독교인들의 의로운 삶의 자세를 위해 피를 토하실 정도로 최선을 다하시며 지역 사회 선교와 해외 선교를 위해 동분서주하시는 모습을 목격해 왔습니다. 그래서 최근 유행으로

저도 담임목사님 목회 철학 사행시를 적어 보았습니다.

담임목사님의 목회 철학 사행시

신 신실하신 하나님 중심의 사자가
본 본질되는 복음적 몸부림을 동원하여
주 주 예수 그리스도의 참 제자들을 양육하여
의 의의 사도로 이웃과 세상에 보낸다

선교가 이러한 목회 철학에 의해서 움직이고 있고, 앞으로도 계속해서 인도될 것을 의심하지 않습니다.

주예수교회가 오늘날 이렇게 지역 선교로 표창을 받고 선교적 교회로 성장하며 나아가서 교회가 부흥된 원인이 바로 교회 개척부터 교회의 재정 1/3을 선교에 투자하도록 결정하고 시작한 사실이었습니다. 어떤 사람이나 어떤 단체가 선교 후원금을 요청하면 한 번도 거절하지 않고 도왔습니다. 거의 매달 재정 예산 결산이 너무 정확하게 맞아 떨어지거나 마이너스 될 우려가 있어 영국의 고아원 선교를 해온 조지 뮬러의 기도가 생각난 때가 한두 번이 아니었습니다. 아직도 매달 수입과 지출이 딱 맞추도록 살아오고 있습니다. 그러는 중에 할 수 있다면 거의 예산의 1/3을 선교에 투자해 왔습니다. 그 결과로 수많은 선교 후원 사역들, 파송과 후원 선교사님들, 단기 선교 사역들 그리고 선교 후원 단체들이 큰 힘을 얻어왔고 이렇게 지역 사회에 아름다운 열매로 맺게 된 것입니다.

돌이켜 보면 재정이 어려웠던 개척 소형 교회 형편에 있을 때 하나님께서 선교로 비전을 주시고 선교하도록 섭리하셨던 것이었습니다.

우선 교회가 작을 때 어려운 이웃을 좀 더 알게 되고 소외된 그들을 접하기 쉬웠고, 다른 큰 프로그램이 없었던 때라 선교 후원금을 책정하고 결정하기에 수월하였으며, 교회 교인들 전체가 선교로 관심을 모으기에 아주 적절했던 것입니다. 아마도 그래서 대형 교회 또는 기존 교회가 오히려 선교적 교회로 탈바꿈하기 매우 어려운 것 같습니다. 그러므로 개척 초창기 소형교회라 해서 전혀 낙심할 필요가 없습니다. 오히려 그때가 선교적 교회의 기회라 생각하시고 선교에 많은 투자를 해 보시기 바랍니다. 꼭 좋은 열매가 있을 것입니다.

주예수교회는 9개월 동안 상상을 초월하는 심한 고통의 기간을 거쳐 두 교회가 나뉘며 1999년 11월 첫째 주에 생긴 교회입니다. 분쟁 막바지에는 저희가 떠난 교회의 교인들이 예배 후에 데모를 하는 처참한 주일들을 목격하며 마치 해산하는 고통을 당해야 했습니다. 그런 가운데에서도 한미노회의 공식 주관하에 깨끗하게 두 교회로 나뉘어져 세워졌습니다. 공동의회의 좋은 결과가 있었음에도 모든 것을 양보하고 연필 한 자루 갖고 나오지 않았기 때문에 노회에서 기도하고 설교한 대로 평화스러운 공존을 기대하면서 교회 예배 처소가 없는 County Park에 모여서 첫 예배를 드림으로 시작되었습니다. 당장 교회 건물, 예배드릴 장소, 교재 등 수많은 어려운 물자적인 문제들에 직면하여 겨우 겨우 살아남게 되었습니다.

하지만 이러한 것들보다 더 힘든 어려움이 있었습니다. 어렵게 해산해서 새로이 탄생한 아기를 잘 자라지 못하게 하는 개척 공신주의 사상이 내면적 상황을 아주 힘들게 만든 것입니다. 원래 개척해서 나온 교인들은 사실 오합지졸 같아서 주일마다 수없이 크고 작은 잡음들이 생겼고, 새로이 교인들이 교회에 찾아오면 그들을 섬기려는 마음들은 없고 오히려 굴러 들어온 돌이 먼저 자리 잡은 돌들을 쳐내서는 안 된다는 이유로 배척하는 등, 창립 멤버라는 교만에 가득 차 있었던 개척 공신들이 기득권 행세를 했습니다. 결국에는 어떤 사람이 장로 자리에 인선되는 데 대한 시기로 집사 여럿이 야합하는 혼란까지 일어났습니다. 이때에 당회는 집사회를 해체해서 그 일을 처리했습니다. 이렇게 되자 그 개척공신주의자들은 교회 내에서 이간질하고 파벌을 일으켜 두 지도자들을 세워 예배 후에 당회 서기였던 저에게 찾아와 불만을 토하고 윽박지르며 발언을 할 때는 주일마다 예배 후에 있을 일들에 대한 불안함도 많았습니다.

어느 날 아침 묵상 시간에 주신 마태복음 10장 28절 "몸은 죽여도 영혼은 능히 죽이지 못하는 자들을 두려워하지 말고 오직 몸과 영혼을 능히 지옥에 멸하실 수 있는 이를 두려워하라"의 말씀과 이어서 나오는 '참새 하나의 생명도 아끼신다'는 하나님의 음성을 들은 후로는 주일날 마음이 눌리는 일도 없고 평일에 잠도 평안히 잘 수 있었습니다. 결국 그들은 부엌에서 일어난 여선교회원들의 다툼 사건 때문에 교회를 떠났습니다. 그들은 저희들이 개척해서 나온 교회로 다시 돌아갔고, 주예수교회는 아픔을 겪었습니다. 결과적으로 이렇게 해서 몇 가정들이 교회를 떠난 후에 오히려 주예수교회는 더 건강한 교회다운 교회로 세워졌습니다.

교회는 성장하였고 선교에 더 부흥·발전하는 계기가 되었습니다. 평신도의 한 사람으로서 그때를 회고해 보면, 주예수교회라고 교회 이름을 내걸고 개척했지만 교회 안에는 교회를 사랑하지 않는 무리가 있다는 것을 빨리 진단하여 때로는 비록 아픔을 겪더라도 암세포를 제거하는 어려움을 마다하지 않고 문제를 정면으로 돌파한 것은 잘한 일이었습니다. 고린도 교회에 바울파, 아볼로파, 게바파, 그리스도파가 있었던 것을 잘 안 바울은 고린도전서 13장에 사랑에 대한 귀한 사랑의 장을 남겼는데, 제 생각에는 개개인의 사랑에 대해서보다 오히려 교회 안에서 올바른 교회 사랑에 대해 말한 것으로 느끼게 됩니다. 교회 안에 틀림없이 오래 참지 못하고, 온유하지 못하며, 시기하며, 자랑하며, 성내며, 악한 것을 생각하며, 무례히 행하며, 의롭지 못하게 행동하는 무리가 있는데, 건강한 교회 사랑을 위해서 고쳐야 한다는 말씀같이 들립니다. 교회 사랑, 교회 비전과 뜻을 사랑, 담임목사님을 사랑, 교회 공동체적 삶을 사랑하는 믿음직스러운 평신도 지도력이 꼭 건강한 교회 회복에 지름길이 되는 것을 확신하게 되었습니다.

주예수교회가 최근에 또 한 번 어려움을 겪었던 때가 있습니다. 서리집사직을 열어서 젊은 새로운 교인들을 등용해서 교회의 여러 사역을 도우려고 했는데, 오히려 그중에서 교회의 선교 사역에 반기를 들고 교회 제직 내에서 분란을 일으킨 이들이 있었습니다. 이 때가 주예수교회에 대외적으로 선교의 큰 부흥의 불길이 붙었던 때였고 제직들이 성도들과 함께 선교에 동참하는 놀라운 역사가 이루어지고 있던 참이라, 모두들 땀을 흘리며 성실히 선교하는 겉모양만 보고 다 선교적 교회 되기를 지향한다고 생각했는데 아마도 사탄이 서리집사 몇을 시험했나 봅니다. 그 몇 사람은 결국 우리 교회를 떠났고, 저희들은 오히려 선교적 교회가 된다는 그 의미와 비전을 재조명하게 되었습니다. 이때에도 이 어려움을 거쳐서 오히려 교회는 선교적 교회가 되는 것을 재다짐하며 선교적 교회로서의 본질을 다시 회복하는 계기가 되었습니다.

다음 표를 통해서 주예수교회가 거쳐온 과정을 요약해 보려고 합니다. 이 도표를 통해서 성장해 온 평신도 리더십과 그 과정에서 얻은 선교적 교회로서의 양육이 열매들을 열거해 보았습니다.

                                            사명자적 리더십
                                            →

                        겸손한 리더십
                        →

    확고한 리더십
    →

개척(11월, 1999년)	2007년	2014년
≡ 기득권 배제	≡ 자신을 비우는 겸손	≡ 순종하는 리더십
≡ 교회 사랑	≡ 솔선수범 리더십	≡ 선교적 교회 사역 협력
≡ 교회의 본질 확립	≡ 최선으로 헌신/헌금	≡ 디아스포라 한인 교회와 한인 선교사 협력
≡ 목회자에 대한 신뢰	≡ 모든 사역에 앞장서는 실천	≡ 미래 시대 선교적 지도자 발굴
≡ 반세력 대항	≡ 사랑과 정의 구현	≡ 굳건한 리더십
≡ 굳건한 리더십		

끝으로, 주예수교회는 사회 선교관과 더불어 날이 갈수록 더 많은 선교의 사역들이 교회를 성장과 발전의 대로에 굳건히 세울 것이고, 성도들에게는 함께하시는 하나님의 은혜를 체험하는 것 때문에 감사와 기쁨이 그들의 삶에 넘치고, 참 교회다운 교회 주예수교회로서 살아 계신 하나님의 영광스러운 미래의 역사를 이룰 것을 믿습니다(노승환 장로/ 3차 선교적 교회 세미나 발표).

나가는 말

더불어 사는 삶

 2012년 봄, 텍사스 댈러스(Dallas, TX)에서 일어난, "아프리카로 돌아가라"는 말 때문에 일어난 인종 갈등의 도화선이 발 빠른 대처로 수그러들게 되어 참으로 다행한 일이다.
 모처럼 '미주 한인회 총연합회'가 '전국 유색인종연합회'(NAACP)와 '전국 이슬람협회'(NOI) 그리고 연방 정부와의 긴밀한 협조로 인종 폭동이라는 폭발물을 터뜨리지 않고 사그라지게 하였다. 하마터면 제2의 4·29 폭동과 같은 화약고를 건드릴 뻔한 일이었다. 미주 한인 동포들 모두가 조바심으로 지켜본 댈러스 사건이 초기에 진화되었음에 안도하면서도, 다시금 우리들을 자성케 한다.
 "아프리카로 돌아가라"(Back to Africa)는 구호는, 아이러니컬하게도 한때 흑인들(African-American) 스스로가 외쳤던 구호였다. 이는 1914년 자메이카와 1917년 뉴욕 할렘에서 국제흑인개선협회(Universal Negro Improvement Association)를 조직한 마커스 가비(Marcus Garvey, 1887~1940)가 주창했던 흑인 인권운동의 구호이다. 그는 흑인들만을 위한 왕국 건설을 위해서 흑인의 고향인 아프리카로 돌아가야 한다고 했다. 가비는 미국과 서양 문화 속에서는 흑인들의 동등한 권리 획득이 불가능하다고 보고, 아프리카로 돌아가 흑인들을 위한, 흑인들 자시만의 힘으로 새 나라를 건설해야 하므로 "Back to Africa"를 주창했다.

이 구호는 한때 많은 흑인들에게 일시적인 지지를 받으며 흑인 사회에 혼란을 일으키기도 하였다. 그러나 마틴 루터 킹 목사는 그의 인권 운동과 이 구호를 분명히 구분 지었다. 킹의 궁극적 윤리 모델인 '사랑의 공동체'(Beloved Community)는 인종적 분리와 편견과 선입견이 없는 복합 인종 사회 공동체가 목표이므로, 가비의 이러한 분리주의적인 방법을 수용하지 않았다.

우리 한인 이민 사회도 위기의 순간에 역이민을 생각하는 경우가 많다. 뿐만 아니라 자의 반 타의 반, 떠나온 조국의 품으로 되돌아가고픈 유혹에 빠질 때도 많은 것이 현실이다. 더구나 조국의 경제 여건이 달라졌으며, 고향에 대한 향수가 그리운 노년에는 더욱 그럴 수밖에 없는 것은 명백한 사실이다. 그렇다고 해서 우리가 스스로에게 뿐 아니라, 타의에 의해서 "한국으로 돌아가라"(Back to Korea)는 말을 하거나 듣는다면 이민 사회의 미래는 어떻게 될 것인가?

힘들고 어려운 여건에서 생존을 위해 몸부림치다 보면 이성을 잃고 본능적인 감정에 휩싸이기 쉽다. 아무리 그래도 선을 넘어서는 말은 조심해야 한다. 듣는 사람이나 말하는 사람 그 누구에게도 공감을 얻을 수 없는 허공을 치는 메아리일 뿐이다.

옛말에 "좋은 이웃은 담이 있다"고 하지 않았는가? 조국을 떠나온 디아스포라는 돌아갈 곳도, 돌아가야 할 이유도 없다. 마음의 고향은 언제나 존재하지만, 현실의 뿌리는 이곳에 내려져 있지 않은가? 아프리카로 돌아가라고? 천만의 말씀이다.

다인종 사회에서 인종적 소수들은 소수민족이요 약자(ethnic minority)라는 명분을 십분 활용하거나 핑계로 내세울 때가 많다. 약자라고 해서, 소수 인종이라고 해서 모든 것이 다 정당화되고 합법화될 수 없으며 그들 역시 시민사회의 한 구성원임을 잊지 말아야 할 것이다. 정의로운 사회가 가져야 할 개인의 자유, 인권의 평등, 사회 규범으로서의 질서는 강자나 약자, 소수나 다수 모두에게 똑같이 요구되는 것임을 명심해야 한다.

시민사회의 공동체적 의무와 책임을 약자라고 해서 늘 피해 갈 수 없고, 소수자라고 해서 언제나 특혜를 요구할 수만은 없다. 평등한 권익을 요구하고 정당한 대가를 요구하는 만큼 우리 스스로 한 사회의 구성원으로서 기본적인 시민의식을 갖는 것이 먼저인 것이다. 우리 모두 함께 더불어 사는 삶을 살아야 한다.

세상의 빛과 소금이 되어야 할 기독교인은 누구보다도 더 사회적 책임에 민감해야 한다. 존 스토트(J.R.W. Stott)의 말처럼, 첫째로 기독교인들은 비기독교인들과 근본적으로 달라야 하고, 둘째로 기독교인들은 반드시 비기독교인적인 사회에 침투해 들어가야 하며, 셋째로 기독교인들은 비기독교적인 사회에 영향을 미칠 수 있어야 하며, 넷째로 기독교인들은 사회에 침투하되 동화되지 않는 특수성을 유지해야 하는 사명이 있다.

다인종 사회의 지역 사회 봉사인 교회의 사회 선교는 기독교인들의 이러한 신앙적인 사명 감당이요 시민사회의 책임적인 행동화인 것이다.

이웃을 함께 섬기는 공동체로서 교회의 사회 선교 사명에 대한 비전에 일치한 주예수교회 교우들의 합심 협력은 다음과 같은 교인 대표의 소감에도 잘 나타나고 있다.

> 주예수교회는 분명한 목적을 따라 인도되는 교회이다. 사명 선언문에 "주예수교회는 말씀으로 양육·훈련 받은 디아스포라 공동체로서 하나님과 이웃을 섬긴다"라고 쓰여 있듯이, 선교의 사명이

이 공동체를 생동하게 만든다. 주 예수밖에는 귀한 것이 없는 믿음의 증인들이 지역과 사회로 나아가서 세상을 위해 그리스도의 사랑과 정의를 실천하며, 제자들로서 부활하신 주 예수의 귀한 사역을 감당하는 교회이다.

이 디아스포라 교회가 있기 위하여 하나님께서는 일찍이 사랑하시고 택하신 담임목사님을 준비하셨다고 해도 과언이 아닐 것이다. 신본주의 목회 철학, 투철한 교회적 선교 사명 의식 그리고 사랑의 근사치인 정의를 추구하는 기독교 윤리 정신이 교회 터에 씨앗들을 심었고, 오늘날 주예수교회로 하여금 수많은 열매를 맺도록 하나님의 은혜가 함께하셨다. 교회 초창기부터 재정의 1/3을 선교에 투자해 온 노력의 결과로 수많은 선교 후원 사역들, 파송과 후원 선교사님들, 단기 선교 팀들 그리고 선교 후원 단체들이 큰 힘을 얻어 왔고, 교회 내적으로 선교의 큰 부흥의 불길이 붙었다.

최근에는 지역 사회 선교에 더 불붙기 시작했다. 인종 화합 음악 축제, 무궁화 한국 학교, 여름 문화 학교, 한국 음식 문화 축제의 날 등이 활발히 진행되어 지역 주민들뿐 아니라 미주 사회에 좋은 본을 보이고 있다. 올해로 8년째 참여하는 카리타스(CARITAS) 노숙자 선교, 먼로 공원 노숙자 식사 제공 선교와 더불어 몇 년 전부터 시작한 리뉴크루(Renew Crew) 독거노인 집수리와 웨스트 버지니아 산간 마을 집 수리 선교 등 전 교인들이 선교에 동참하는 놀라운 역사가 이루어지고 있다.

바쁘게 땀을 흘리며 열심히 선교하는 성도들의 따뜻한 손길로 이 지역과 사회도 조금씩 하지만 확실하게 변하고 있다. 2011년에는 유니언 장로교 신학교에서 미국 교단 산하 1만 1천여 교회들 중에서 주예수교회를 택하여 유명한 엘리노 커리(Elinor Curry) 사회 봉사상을 수여한 바 있다. 이민 교계와 교단이 본 교회를 격려하는 기회였으며, 앞으로 주예수교회가 신앙의 열정이 식어 가는 미주 교회들과 이기적으로 변질되기 쉬운 이민 교회들에게 빛과 소금의 역할을 감당해야 할 좌우명이 확인된 것이라 보겠다. 성령님의 지속적인 도우심이 더욱 절실하다.

필자는 40년 전 연세대학교 연합신학대학원 석사 학위 논문을 통해서 "라인홀드 니버의 사랑과 정의에 대한 이해"(Th.M. 기독교 윤리)라는 제목으로, 기독교 사회 윤리의 기본적 토대를 구축했다. 마틴 루터 킹 목사에 대한 연구를 위해서 10여 년 동안 보스턴 대학교의 대학원에서 "킹의 비폭력 인권운동을 통한 사회 변화"를 연구하였다.

본격적인 이민 목회 초기 단계에서부터 당시 미주 한인 사회의 대표적 기독교계 신문이었던 〈크리스천 헤럴드〉(*Christian Herald*, 1988. 1. 20)에 "마틴 루터 킹 목사의 기념일을 맞아: 비폭력 주의와 사회 변화"라는 특별 기고 신문 기사를 사무실에 걸어 두고 있다. 박사 학위 논문도 "The Korean Immigrant Church as Transformer of Culture for Racial Harmony"(인종 화합을 위한 문화의 변혁자로서 한인 이민 교회)(Ph.D., Social Ethic)였다. 그리고 지금도 목회 현장에서 킹의 이론과 정신을 실천하기 위해서 애쓰고 있으며, 때때로 그의 연설 "나에게 꿈이 있다"(I have a Dream)을 듣고 그에 관한 저서들을 읽으면서 교회의 사회 윤리적 책임에 대한 역사적 사명을 잊지 않고 있다.

주예수교회는 필자의 이러한 목회 철학과 소명과 더불어 교인들의 헌신을 통해 "이웃을 함께 섬기는 공동체"라는 사회 선교적 사명을 지금까지 잘 감당해 오고 있다. 디아스포라 이민 목회 38년을 맞아 지금까지 이 사명을 일관성 있게 감당하고자 몸부림쳐 오는 가운데, 주예수교회 설립과 함께 공동체적 일체감을 가지고 더욱 힘있게 매진하게 해 주신 하나님의 섭리와 은총에 영광을 돌리며, 주예수교회 교우들에게 진심으로 감사를 드린다.

얼마 전 미주 한인 이민 사회의 최대 수난이었던 4·29 폭동 20주년을 맞이하게 되었다. 점점 다인종·다민족 사회화되는 시대 변화의 물결 속에서 20년의 세월 동안 한인 사회가 발전해 나갔으며, 그와 함께 디아스포라 한인 교회의 사회 선교 사역에 새로운 과제를 제기하고 있다.

역사 발전은 대체적으로 고난의 사건을 계기로 새로운 단계로 접어든다. 4·29 폭동의 고통을 지나면서 당시 이민 사회(80만)가 현재의 규모(200만)로 증가했으며, 1.5세나 2세의 진출로 정치력이 신장되었다. 무엇보다도 한인 이민 디아스포라의 자기 정체성과 더불어 시민의식이 향상되었다고 볼 수 있다. 그러나 정치 사회적·전략적인 면에서는 발전과 성과가 있었다고 하더라도 다인종 사회에 대한 근본적인 인식 변화는 아직도 미흡하다고 본다. 다함께 더불어 사는 다인종사회에 대한 이해와 책임의식이 부족하다. 타 인종에 대한 성숙한 사회의식과 시민정신이 삶의 자세에 결여되어 있기 때문이다.

20년 전의 아픔과 상처는 역사적 교훈으로 남았다. 이제는 피해의식에서 벗어나 책임 있는 사회 구성원으로서의 사명감을 인식해야 할 때다. 미주 한인 이민 공동체의 건강한 모습을 통해서 다인종 사회의 정의를 도모하는 데 책임을 다하도록 하자. 그러므로 소극적이고 방어적인 주변인으로서의 무관심으로부터 벗어나 정의를 위하여 적극적이며 창조적인 사회 구성원으로의 책임을 다하도록 하자. 다인종 미국 사회에서 필요한 민족일 뿐 아니라 우리들 후손들에게도 당당한 자부심을 가진 지도력을 키워 주도록 하자.

주예수교회는 주 예수 닮은 교회가 되기 위한 꿈이 있다. 우리를 섬기기 위해서 육신을 입고 오신 예수님처럼 섬기는 교회가 되는 것이다. 이같은 섬김은 사랑을 전제로 한다. 그 사랑은 허다한 허물을 덮는다. 나와 너와의 차이점을 덮어 버린다. 더불어 살아가기 위해서는 이 같은 섬김의 사랑이 필요하다. 다인종 사회는 겉으로 보이는 피부색의 차이뿐 아니라 눈에 보이지 않는 더 큰 생활양식의 차이를 가지고 있다. 이 차이를 덮기 위한 섬김의 사랑이다. 이러한 섬김의 사랑은 계속해서 주 예수를 닮아 가는 교회로서 필요로 하는 가장 중요한 요소이다.

이 사랑이 끊이지 않고 지속될 때 필자는 우리 교회가 다음과 같은 꿈을 달성하는 교회가 되며, 한인 디아스포라 교회들과도 그 꿈을 함께 나누게 될 줄로 믿는다.

첫째, 지역 사회에 꼭 필요한 교회가 되는 것이다. 건물만 빨간색으로 주위 건물들과 보조를 맞추는 것이 아니라 주변 지역을 사랑으로 품어 지역 사회와 일치감을 갖는 교회가 될 것이다. 한국인 이민자들만의 교회가 아닌 지역 사회 교회, 시대적 교회가 되는 꿈을 꾼다.

둘째, 1, 2세대가 함께하는 지역 사회 봉사 사역을 통해서 우리 2세들에게 한국인이라는 정체성을 심어 줌과 더불어 미래 다인종 사회의 지도자로 양육하여 시민사회의 구성원으로서 책임감을 심어 주는 교회가 되는 것이다. 소수 이민자이기에 특별한 대접, 양보, 섬김을 받겠다는 의식을 탈피하여, 낮은 곳에서 주류 사회를 섬기고, 작은 것을 가져도 나눔의 삶을 실천하는 것이다. 부모들과 함께 다른 인종과 주류 사회를 섬김으로써 자녀들에게 계승되는 긍정적 유산을 남겨주는 것이다.

셋째, 더불어 사는 다인종 사회(Salad Mixing Bowl) 속에서 한국인 문화가 타 인종과 더불어(Mission together) 함께함으로써 지역 사회의 인종 화합과 약자를 섬기며 더불어 정의화가 실현되고 평화가 점점 이루어지길 기대한다.

넷째, 다문화 형성에 공헌하는 것이다. 흑인 교회, 백인 교회, 히스패닉 교회와 다른, 한국 교회만의 맛을 낼 수 있는 문화적인 징검다리(Cross-cultural Bridge)로서 다문화 형성에 공헌하는 것이다. 더불어서 한인 이민 사회에 대한 긍정적 인식을 심어 주게 되며, 더불어 함께하는 사랑의 공동체(Beloved Community)를 지향하는 것이다.

다섯째, 하나님의 미션을 교회의 심장으로 삼는 교회이다. 하나님의 영광이 드러나는 공동체가 되는 것이다. 지역 사회를 섬기는 것은 우리의 겸손을 드러내기 위함이 아니라 우리의 착함을 보고 하늘에 계신 아버지께 영광을 돌리기 위함임을 늘 기억해야 한다.

미주 한인 교회 및 전 세계 한인 디아스포라 교회가 이러한 사회 선교에 사명감을 가지고 동참함으로써, 이 시대의 한민족을 부르신 하나님의 부르심 앞에서 함께하는 일이 더욱 확산되기를 고대한다.

이 책이, 선교적 교회를 추구하는 동역자들과 신학생들 디아스포라 한인 이민 교회들과 전 세계 한인 선교사의 선교 사명에, 그리고 다문화 사회 현상에 처한 한국 교회에 도전을 주기를 기대한다.(2012년, 《사회 선교는 이렇게》 2019년, 《선교적 교회 목회론》)

설립 10주년 기념 뮤지컬 공연(2009)　　　　팸플릿 표지

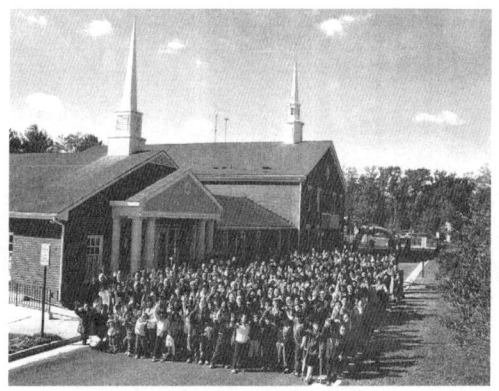

설립 11주년 기념 사진(2010)

1999　　　　　　　　　　　　2001

나가는 말

2004

2008

2014

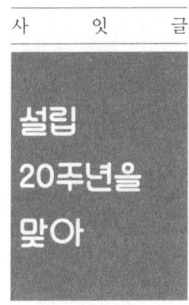

―정호영 장로

신앙생활이 삶의 중심에 와 있는 믿는 사람들한테는 교회와 목사님의 만남이 무엇보다 중요하다. 특히 척박한 이민생활에서 영적 지도자인 목사님은 어려운 인생 항해에서 만나는 희망 등대와도 같기 때문이다.

배현찬 목사님을 처음 만난 것은 25년 전이다. 이 교회 저 교회를 방황하다 정착한 교회였다. 온 힘을 다해 열성을 쏟아붓는 목사님의 주일 성경 가르침에 완전 매료되어 주일날이 오기를 무척 기다렸던 기억이 난다. 그때가 목사님을 통한 성령의 역사가 매우 강하게 내재해 새로운 신앙의 이정표가 세워진 듯하다.

평탄하게 몇 년 교회 생활을 하던 중 주예수교회가 태동되고 해산하고 성장하기까지는 수많은 아픔과 진통을 수반해야만 했다. 20년의 발자취가 말을 하는 듯하다. 그 와중 속에서도 오늘의 주예수교회가 존재하기까지 역사하신 하나님의 놀라운 섭리에 놀랍고 감사할 수밖에 없다.

고비마다 주어진 은혜의 간증들은 본 교회의 확고한 자랑이며 쌓여온 역사라 할 수 있다. 오랜 세월 동안 고난을 잘 극복하며 이끈 목사님의 중심 바탕이 무엇인가, 평신도의 입장에서 목사님의 목회 철학을 정리해 보고자 한다.

1. 좌로나 우로 치우치지 않으려 한다.

신학적인 논리를 바탕으로 한 신약과 구약의 조화 있는 방향 설정이나 개인과 사회 구원의 어느 한쪽으로 치우치지 않음은 물론이거나 인성을 바탕으로 한 공과 사가 분명히 구별된다. 아주 다양한 계층의 교인들을 대함에 있어 때로는 그로 인한 오해와 불만을 감수하면서 지켜온 근저의 룰이다.

2. 단호한 메시지를 보내신다.

많은 목회자들이 꺼려하는 죄인 환자의 아픈 부위를 날 선 칼로 메스를 가한다. 어떤 때는 너무 가혹하다. 단호한 내려침이 종종 따른다. 목사님의 특별한 정의감의 발로에 기인한다.

3. 에벤에셀의 하나님 섭리를 순종으로 받으이신다.

섭리와 순종은 동일선상에 놓여 있지 않을 경우가 많아 목전의 이득에 유혹되어 불순종으로 대피할 수 있으련만, 목사님은 인도하시는 하나님의 섭리를 철저히 믿고 어려운 상황에서도 순종을 하신다.

4. 용장과 지장을 겸비한 리더십이 보이신다.

단호하다. 딱 부러진다. 파고가 크면 더욱 그리하신다. 정면 돌파로 배수의 진을 치고 루비콘 강을 건넌다. 용장의 모습이다. 반면 어떤 때는 지혜롭게 대처해 슬기로운 지장의 모습도 보인다. 양면을 적절히 구사하며 양떼들을 인도하신다.

5. 이어져 가는 역사의식을 강조하신다.

투철한 역사의식으로 교회의 발자취를 남기어 다음 세대로 넘기려 하신다. 철저한 당회록 기록과 보관으로 먼 훗날 오늘의 모습을 남기려 하신다.

6. 뛰어난 행정력으로 교회를 운영하신다.

예배 진행은 물론이거니와 각종 행사에도 철저한 준비와 대비로 쓸데없는 시간 낭비와 혼란을 최대한으로 방지하신다.

7. 정금 같은 믿음을 소유한 알곡들을 모으기에 열정을 쏟으신다.

껍데기 신자를 질타하고 천국 창고에 들어갈 수 있는 신자를 키우기 위해 온 힘을 다하신다. 특히 공동체적인 수평적 교인 연대를 강조하신다.

물론, 목회자도 사람인지라 위에 나열한 모든 것이 완전할 수는 없지만 성심껏 최선을 다하시는 모습이 값져 보인다.

필자와 목사님과의 끊을 수 없는 인연은, 지금까지도 잊혀지지 않는 목회자의 아픈 뒷모습을 목격하고부터이다.

20여년 전 믿는 사람으로는 절대 해서는 안 되는 일이 있었다. 주일날 성전 앞에서 피켓팅 데모까지 하며 소란을 피우는 교회를 사임하시고 버거킹에서 점심을 먹을 때다. 점심 주문을 위해 자리를 비운 사이 목사님이 돌아서서 눈물을 훔치고 있음을 보았다. 마치 예루살렘을 향한 예수님의 안타까운 눈물을 본 듯했다.

"난 그때 결심했다. 평생을 목사님과 같이 하기로."

20년을 되돌아보니 고비 때마다 슬기롭게 대처하도록 목사님께 합당한 리더십을 주신 하나님께 또 한 번 감사를 드린다. 바람이 있다면 평안한 노년처럼 에벤에셀의 하나님께 의지해서 후반 목회를 잘 이끄시어 하나님 보시기에 아름답고 칭찬 받는 마감 목회를 하셨으면 한다.

부록

공동체 나눔

공동체 나눔 1

리뉴크루(Renew Crew)를 다녀와서

▶ 신은경

작년 가을 하나님께서 저희 삶의 터전을 버지니아로 옮기시면서, 인터넷으로 교회를 찾다 주예수교회를 보고 많이 놀랐습니다. '정말 이렇게 사회와 이웃을 섬기는 교회라면 대단하다'라는 생각으로 이사 후 첫 주일날 교회를 찾았습니다. 그 후 매주 따뜻하게 반겨 주시고 맛있는 식사로 섬겨 주시는 성도님들과 매주 저희에게 필요한 말씀으로 채우시는 목사님의 설교에 이끌려 다른 교회에 가 볼 생각도 않고 바로 등록을 했습니다.

이사 후 여러 일들로 분주한 가운데 어느새 성탄절이 다가오자, '무언가 가난한 이웃들에게 하나님의 사랑을 나누고 싶다'라는 마음이 들었습니다. 그때는 아직 새교우반도 시작하기 전이라 교회의 어떤 프로그램에 어떻게 함께해야 할지도 잘 몰랐지만 사회 선교에 열심인 교회처럼 나도 무언가를 하고 싶다는 그런 마음이 들던 때에, 복도에 붙어 있는 RENEW CREW 자원봉사자 명단표를 보고 그냥 이름을 적었습니다. 그리고 큰아이의 이름도 함께 적었습니다.

지난번 교회에서도 매주 토요일 교회에서 하는 노숙자(Homeless)들을 위한 식사 제공 프로그램에 아이들과 함께 다니면서, 그저 가난한 이웃을 섬기는 것이 귀한 일이라고 말로 설명하는 것보다 직접 그 자리에 함께하는 기회를 제공해 주는 것이 산 교육이라는 것을 알았기에, RENEW CREW는 좋은 기회라 생각했습니다.

경제적으로 어렵거나 장애가 있는 분들의 집을 찾아가 그분들의 생활 터전인 집을 더 편하고 깨끗하게 업그레이드할 수 있도록 도와줄 수 있어서 기뻤습니다. 망치로 못을 박아 계단을 만들고 창문에 새로 페인트를 칠하고…… 서툰 솜씨지만 열심히, 다같이 힘을 모아 하고 나면 마음이 뿌듯했습니다. 추운 겨울에도 마다 않고 나오신 여러 어르신들을 보면서 은혜를 받기도 했습니다.

나 혼자서는 하기 힘든 일이지만 교회라는 이름으로 함께 선한 일을 할 수 있다는게 참 감사했습니다. 앞으로도 더 많이 교회를 배워 가며 선한 일에 열심히 동참하려고 합니다. 주예수교회 일원이 되어서 감사하며, 앞으로 이 교회를 통해 하나님의 역사하심에 저희도 같이 동참할 수 있게 되어 기쁩니다.

공동체 나눔 2

먼로 공원 사역의 섬김과 은혜

▶ TCM 청년부 Matthew Choi 집사

학부생으로 처음 리치먼드란 도시로 와서 주예수교회에 출석하며 먼로 공원 노숙자 선교가 시작한 때를 되짚어 보니 벌써 13년이란 시간이 흘렀음을 새삼 깨닫게 되었다. 배식 전에 주기도문으로 시작했는데 많은 사람들이 주기도문을 암송하고 있었기 때문에 함께 같은 기도를 나눌 수 있었다. 상황과 환경은 달라도 모두가 하나님의 자녀인 것을 피부로 느낄 수가 있었다.

지난 10여 년 시간 속에 하나님의 은혜로 가정을 꾸리고 직장도 잡으며 열심으로 살았다. 하지만 대학교가 있는 도시 특성상 남는 사람들보단 떠나는 사람이 훨씬 더 많은 상황 속에, 남아 있는 자가 겪는 어려움은 생각보다 컸다. 홀로 남아 버티는 게 힘들어 리치먼드에 남아 있는 이유를 찾으려고 애썼고, 또한 떠나려고 다른 곳에 직장을 알아보기도 했다. 그러나 하나님께서는 그 문을 열어 주지 않으셨고, 오히려 리치먼드에 새로운 일터를 준비하여 주시며 위로의 손길을 준비하여 주셨다.

하나님의 치유의 손길은 전혀 예상치 못한 방법으로 다가왔다. 몇 년 간 나의 의지로 찾으려 할 땐 침묵하시던 하나님께서, TCM 청년부 예배 회복을 준비하는 과정에서 이제는 청년이 아니지만 10년 전 세워진 청년부의 그루터기 역할을 함으로써 은혜를 경험하게 해주셨다. 내가 리치먼드에 남아 있던 이유를 알려 주신 것이다. 고통이 컸던 만큼 그 은혜의 경험 또한 컸다. 그리고 신앙은 말씀을 듣고 그에 따른 동의와 결단, 그리고 마지막으로 실천이 더해져야 자란다는 것을 배우며 실천을 하기 위한 계기를 가지게 되었다.

때마침 청년부에게 주어진 먼로 공원 노숙자 선교라는 섬김의 자리는 말씀과 결단을 실천하기 더 없이 좋은 자리였다. 게다가 리치먼드에 와서 섬긴 첫 사역이었기 때문에 그 의미가 더욱 컸다. 비록 많지 않은 숫자였지만 서로를 격려하며 열심으로 섬겼다. 하나님의 은혜를 경험하며 말씀을 들으니 먼로 공원 선교는 더 이상 귀찮고 방해되는 자리가 아니라 신앙을 키우는 디딤돌이 되어 있었다. 신앙은 또한 버티는 것이라고 해주셨던 말씀처럼, 이 자리에서 버틸 수 있게 힘 주시고 함께하여 주신 하나님께 모든 감사를 돌린다.

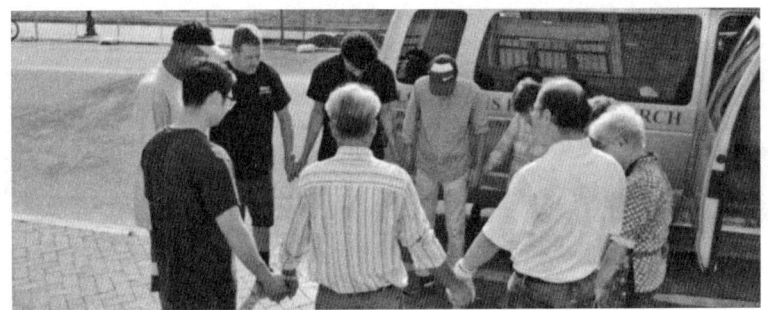

먼로 공원 노숙자 선교 / 70대 선교회

먼로 공원 노숙자 선교 EM

먼로 공원 노숙자 선교–초등부, 중·고등부

공동체 나눔 3

카리타스 홈리스 숙식

▶ 고광섭 집사

토요일 오전에 큰 트럭에 짐들이 도착함으로 시작되어, 오후 5시쯤 재잘거리며 버스에서 내리는 아이들과 생후 3주 되었다는 예쁜 아기와 어른 29명이 도착하여 일주일 여정이 시작되었습니다.

각 선교회에서 하루씩 열심히 봉사하여 맛있는 점심 도시락과 저녁이 준비되었고, 특히 바베큐 그릴에 구운 햄버거는 더운 날씨에 애를 쓰신 보람만큼이나 아이들이 좋아했습니다. 따뜻하고 들고 가기 쉬운 아침을 준비하기 위해 새벽에 여는 가게를 찾아다녀 든든한 아침을 제공하기도 했습니다.

어린아이들이 있는 관계로 모아 놓은 세탁물을 직접 세탁하여 준 세탁 봉사 등 참으로 열심히 봉사하여 주셔서 감사한 일주일이었습니다. 떠나는 아이들의 반짝이는 눈빛 속에서 하나님의 역사하심을 믿으며, 우리 모두에게도 봉사할 수 있는 여건을 주심을 감사하는 정말 귀한 시간이었습니다.

▶ 정태건 집사

모두들 수고 많으셨습니다. 특히 황 집사님은 3일 연속 취침 당번으로 수고해 주셨고, 저는 처음 참석한 카리타스에서 그동안 내 식구와 나를 위해서는 밤잠을 설쳐 보았어도 이렇게 도움을 필요로 하는 이웃을 위해서 취침 당번으로 밤잠을 설친 것은 처음이라, 색다른 하나님의 은혜를 경험케 하시는 감사한 밤들이었습니다.

주님의 뻗으신 손을 우리가 잡은 것이 아니라 주님이 연약한 우리의 손을 잡아 주신 것처럼, 곁으로 찾아와 손을 뻗친 그들을 손을 내밀어 잡아 주는 작은 섬김으로 축복을 유통하는 도구로 사용됨에 감사 또 감사합니다.

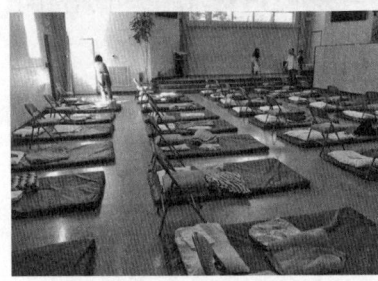

카리타스 노숙자(Homeless) 숙식

날짜: 6월 2일(토) - 6월 9일(토)

장소: 주예수교회

대상: 가족 33명

담당: 선교회별

봉사 내용: 식사봉사, 샤워 봉사, 세탁 봉사, 취침 봉사

공동체 나눔 4

디아스포라 삼일절 예배

1. 95주년 삼일절 기념예배를 드리고

▶ 전 국방부 연락장교 육군중령 오인택 집사

"동해물과 백두산이 마르고 닳도록 하느님이 보우하사"로 시작하는 애국가를 4절까지 제창하고, 95년 전 한반도 전역에 선포되었던 "우리는 이에 우리 조선이 독립한 나라임과 조선 사람이 자주적인 민족임을 선언한다!"라는 독립선언문의 낭독이 끝난 후, "기미년 삼월 일일 정오, 터지자 밀물같이 대한 독립만세~" 삼일절 노래를 전 교인이 부르면서 주예수교회의 95주년 삼일절 기념예배가 시작되었습니다. 개인적으로는 주예수교회에서 세 번째로 맞는 삼일절 기념예배이지만 금년에는 특히 이곳 버지니아에서 동북아시아 평화에 기여하기 위한 "동해 병기 표기를 위한 청원"에 한인 사회의 일원으로 참여하였기에 그 감동은 더 했습니다.

이날 담임 목사님께서는 에스더서를 통해서 '삼일운동과 비폭력 저항'이라는 주제로, 바벨론 디아스포라의 유대인에게 위기가 닥쳤을 때 에스더가 '죽으면 죽으리라'라는 정신으로 하나님의 구원을 기도한 것과 연계하여서 95년 전 한반도의 독립을 위한 만세운동 당시 '3시 기상 후 국가를 위한 기도, 주일 금식, 매일 성경 읽기, 비폭력 저항'이라는 기독교회의 지침에 대한 말씀과 마틴루터 킹 목사의 비폭력 저항 여섯 가지 원칙 - ① 비폭력은 비겁이 아닌 용기를 갖고 시행 ② 비폭력은 사람을 증오하는 것이 아닌 의로움을 통해 좋은 관계로 회복 ③ 비폭력은 불의한 제도를 개선 ④ 비폭력은 희생을 통해 달성 ⑤ 비폭력은 육체적·정신적 폭력에 대항 ⑥ 비폭력은 범세계적인 정의를 추구 - 을 통해서 이곳 미국 사회에서 디아스포라로 사는 한인 교회의 '성서적 가치관과 역사적 교훈을 통해 이민 사회의 빛과 소금' 역할에 대해 강조하셨습니다.

개인적인 소감이지만 메시지의 울림은 다른 날보다 더하였습니다. 또한 설교 말미에 교회 청년들에게 한국인으로서의 '정체성'에 대한 말씀은 많은 생각을 갖게 하였습니다. 사실 요즘은 미국이 아닌 한국에서도 역사에 대한 교육이 많이 부족하며, 삼일절 예배를 우리 주예수교회처럼 드리는 교회도 보기 힘든 것이 사실입니다. 95년 전 한반도에서 일어난 삼일운동은 기록을 살펴보면 1,542회의 집회가 열렸으며, 202만 명이 참여한 가운데 사망자 7,509명, 부상자 15,951명, 일경에 체포된 사람이 52,770명이나 되는 범민족적 독립운동이었으며, 대한민국 임시정부 태동의 계기가 되었고, 범아시아적인 독립운동의 단초였습니다. 이러한 소중한 역사를 그동안 너무 잊고 살지는 않았는지 스스로 반성해 보았습니다.

고국을 떠나 이곳 미국에서 한국인으로서 '정체성'을 잊지 않고, 이민 사회의 디아스포라로서 소속된 사회에 '권리와 책임'을 다하는 데 앞장서는 주예수교회의 '빛과 소금'과 같은 역할이, 현재 신축 중인 사회선교 센터와 함께 더욱 확장되기를 기도하면서, 2019년 삼일절 100주년 기념예배를 드리는 모습은 얼마나 감격스러울까 하는 기분 좋은 생각을 해봅니다. '동해병기' 법안이 3월 5일 마침내 버지니아 하원을 통과했습니다. 아멘! 할렐루야!

2. 이민 교회에서 드려지는 삼일절 기념예배의 의미

▶ VCU School of Social Work 방문교수 이봉재 집사

3·1운동은 지금으로부터 100년 전인 1919년 3월 1일 토요일 서울을 비롯해서 평양과 원산 등 북부지방의 여섯 군데 지역에서 일어난 만세시위로서 두 달이 넘는 기간 동안 전국적으로 펼쳐진 항일독립운동을 일컫는다. 그런데 3·1운동은 과거 100년 전의 일이고 대한민국이 일본 제국주의로부터 독립한 지도 이미 73년이 지났다. 그럼에도 불구하고 이역만리 이곳 미국 땅에 사는 교포들이 해마다 3·1운동을 기념하고 하나님께 감사와 영광의 예배를 드리면서 그 정신을 되새기고자 하는 이유는 무엇일까? 단지 '역사를 잊은 민족에게 미래는 없다'는 경구를 되새기는 차원만은 아닐 것이다. 더군다나 이민 1세대와 달리 한국어도 서툰 1.5세나 2세들에게 있어서 삼일절 기념예배는 어떤 의미를 가질까? 특별히 이민 교회인 주예수교회에서 지난주 함께 드린 삼일절 기념예배가 교회 공동체에 어떤 의미를 가지는지 생각한 바를 함께 나누고자 한다.

첫째, 3·1운동은 국내뿐만 아니라 만주, 연해주 등 해외에까지 확산되어 크고 작은 만세운동을 일으켰다. 독립운동가 손병희 선생은 3·1운동에 참가하기에 앞서 "우리가 만세를 부른다고 당장 독립이 되는 것은 아니오. 그러나 겨레의 가슴에 독립정신을 일깨워 주어야 하기 때문에 이번 기회에 꼭 만세를 불러야 하겠소"라고 말하였다. 아마도 이민

교회에서 해마다 삼일절 기념예배를 드리는 이유도 이러한 생각과 관련이 있을 것으로 추측해 본다. 특히 주예수교회의 삼일절 기념예배에서 애국가와 삼일절 노래를 제창하고, 독립선언문을 낭독하는 순서를 가진 점이 매우 인상적이었는데, 이는 흡사 100년 전 해외에서 만세운동을 함께한 해외 동포들을 연상케 만들었다. 바라기는 동포 사회에서 삼일절을 기념하면서 분단으로 인해 여전히 미완성 상태인 자주독립을 통일로 완성하는 일에도 기도와 관심을 기울이게 된다면 더 감사하고 의미 있는 일이 될 것으로 생각한다.

둘째, 1919년 3·1운동 당시 한국의 전체 인구가 1,600만 명 정도였는데 기독교인 인구는 24만여 명으로서 전체 인구의 약 1.5% 내외를 차지하고 있었다. 하지만 독립선언문에 이름을 올린 민족 대표 33인 중 16인이 기독교인이었고 체포되거나 투옥된 사람 가운데 20% 정도가 기독교인이었다는 사실은, 당시의 기독교가 3·1운동에서 차지하는 비중을 잘 보여주고 있다. 그런데 이러한 사실은 역설적이게도 오늘날 예수 믿는 한인들에게 거룩한 부담감이 되는 지점이다. 즉 미국 사회에서 한인들이 차지하는 인구 규모는 소수이고, 사회적 영향력 측면에서도 다른 국가 출신이나 인종에 비해 적다고 보는 것이 일반적인 평가이다. 하지만 항일 독립운동을 신앙고백 위에서 신앙운동과 함께 진행시킨 선조들의 역사관과 신앙관을 생각할 때, 3·1운동 100주년을 기념하는 예배는 미국 사회에서 살아가고 있는 우리 기독교인들이 어떤 믿음의 자세로 이 땅에서 의미 있는 역사를 만들어 나가야 할지를 되새기게 만든 귀한 시간이었다.

셋째, 선교적 교회를 지향하는 주예수교회의 비전은 3·1운동 100주년을 기념하는 즈음에 한국 교회와 한인 교회에 시의적절한 시사점을 주고 있다. 3·1운동 당시 교회는 길어야 세워진 지 30여 년이었고 그마

저도 아주 적은 무리의 사람들이 모였지만 우리 민족에게 길을 제시하고 희망을 주는 역할을 감당하였다. 오늘날 기독교인은 인구의 20%를 차지하고 교회는 막대한 예산과 웅장한 예배당을 자랑하지만 오히려 사회의 걱정거리로 전락하고 말았다. 교회와 기독교인들이 다시금 민족과 국가의 희망이 되기 위해서는 교회의 본질을 회복하고 사명을 되찾는 것이 시급하다. 이 점에서 주예수교회가 설립된 지 20년 된 젊은 이민 교회임에도 불구하고 교회의 정체성을 선교적 교회로 설정하고 있는 점은 3·1운동 당시의 교회와 기독교인을 떠올리게 만든다. 부디 주예수교회가 앞으로도 지역 사회와 한인들이 가진 문제를 품고 기도하면서 대안을 제시하는 일에 머뭇거리지 않고 계속 전진함으로써 지역 사회와 한인들의 희망이 되는 이민 교회가 될 수 있기를 바라는 마음이다.

공동체 나눔 5

주예수교회를 다녀와서

▶ 김동원 목사(전 행정목사)

선교적 교회로서 하나님과 이웃을 섬기는 교회로 잘 알려진 주예수교회에서 사역자를 청빙한다는 광고를 보고 지원하면서 목사님과의 면접을 위해서 주예수교회를 방문하게 되었습니다.

교회의 분위기

교회를 방문하기 전에 홈페이지를 통해서 교회의 내외부 모습을 미리 볼 수 있었습니다. 교회에 도착하여서 교회를 처음 본 느낌은 '사진에 나와 있는 것보다 더 아름답고 잘 정돈되어 있다'였습니다. 본당과 다목적홀, 사회 선교관이 서로 연결되어 있어서 밖으로 나가지 않아도 쉽게 왕래할 수 있다는 점이 인상적이었고, 곳곳에 많은 방이 있어서 교회 제자 훈련이나 소그룹 모임 등 여러 가지 행사를 하기에 잘 준비되어 있는 교회라는 생각을 하게 되었습니다.

게시판을 통해서는 교회가 어떤 모습을 가지고 어떤 방향으로 나아가고 있는지를 조금은 느낄 수 있었습니다. 선교에 대한 대회와 훈련 광고를 보면서 역시 선교적 교회를 지향하는 교회의 모습을 볼 수 있었고 성경 통독 모임표를 보면서 말씀을 읽는 것을 중요하게 여기고 모든 성도가 말씀 앞에 설 수 있도록 돕는 교회라는 생각이 들었습니다. 특별히 새가족부 게시판을 보니 젊은 부부들이 많이 눈에 띄었습니다. 많은 이민 교회가 중간층(30~50대)의 부족으로 교회에 섬기는 일꾼들이 없어서 어려움을 겪고 있으며 시간이 흐를수록 젊은이들이 교회 예배에 잘 참여하지 않는데, 젊은 사람들이 교회를 계속해서 방문하고 온다는 사실을 통해 주예수교회가 모든 세대들을 섬기는 교회로 서 가고 있는 것을 볼 수 있었습니다. 또한 연령별로 비슷한 시대와 사람들과 소통할 수 있는 선교회 조직을 구성한 것도 무척 인상적이었습니다. 마음을 터 놓고 이야기할 친구들이 부족한 시대에 비슷한 상황과 생각을 가진 사람들과 나눔을 통하여 하나님 안에서 서로를 위로하고 같이 고민할 수 있는 역할을 할 수 있는 선교회라는 생각이 들었습니다.

시니어 사역

마침 제가 방문하게 된 날이 무궁화 시니어 센터 사역이 있는 날이었습니다. 많은 어르신들이 여러 가지로 주제를 가지고 그룹별로 모여서 열심히 참여하시는 것을 보았습니다. 고령화 사회로 접어들면서 앞으로 시니어 사역은 교회 사역에도 중요한 한 축이 될 것입니다. 주예수교회가 그 일에 앞장서서 교회에 계신 어른분들뿐만 아니라 지역에 살고 있는 분들을 초청하여서, 작게는 지역에 있는 어른들을 섬기고 궁극적으로는 이 사역을 통해서 아직 주님을 알지 못하시는 분들에게 복음을 전하는 귀한 통로로서의 역할을 감당하게 될 것이라고 생각했습니다.

시니어 사역에서 인상적이었던 것은 목사님들이 각각 한 프로그램을 맡으셔서 사역에 참여하고 있다는 것이었습니다. 대부분의 사역자들은 시니어 프로그램에 잘 참여하지 않는다고 알고 있었는데 자기가 맡은 분야에 대한 지식과 성실히 가르치는 모습을 보았습니다. 저는 이것을 통해서 교역자와 성도가 주일 예배 외에 함께 교제하고 나눔으로 서로 간의 친밀함을 향상하고 성도들과 소통할 수 있는 좋은 기회를 제공하며 또한 교회에 속하지 않은 다른 분들을 만남을 통하여서 지역에 살고 있는 분들과 교제하며 복음을 전하는 기회도 얻을 수 있다고 생각하였습니다.

마지막으로 점심을 무료로 제공함에도 불구하고 정성껏 준비한 밥과 반찬과 국이 매우 훌륭하였습니다. 교회를 섬기시는 집사님들과 목사님의 사모님도 직접 참여하여 준비하시는 것을 보면서 성도뿐만 아니라 사역자까지 교회 전체가 선교적인 사명을 감당하는 것에 앞장서고 있다는 느낌을 받았습니다.

목사님과의 면담

처음 교회에 도착하고 나서 부목사이신 강인호 목사님과 박제주 목사님께서 친절하게 저를 맞아 주셨고, 담임 목사님이신 배현찬 목사님을 뵐 수 있었습니다. 처음 뵙는 거라 약간의 긴장을 하였는데 처음부터 친근감 있게 대해 주셔서 편안하게 면담에 임할 수 있었습니다. 목사님께서 간단하게 제가 섬겼던 교회의 사역에 대해 물어 보시고 왜 저를 면담하게 되었는지와 목사님이 가지고 있는 생각을 말씀해 주셨습니다. 목사님과의 대화를 통해서 느꼈던 것은, 목사님은 계산하지 않으시는 분이고 정확한 신념과 가치관을 가지고 말로만 하는 것이 아니라 실제로 그렇게 삶을 사시는 분인 것을 느낄 수 있었습니다. 또한 면담 내내 저의 이야기에 귀를 기울여 주시고 저의 상황과 환경에 대해서 이해해 주시고 배려하시는 모습을 보면서 인격적인 분임을 느낄 수 있었고, 왜 주예수교회가 선교적 교회로서 미국 이민 사회의 한국 교회에게 도전을 주고 지역 사회를 섬기며 하나님의 선한 영향력을 끼치며 교회로 자라갈 수 있었는지를 이해할 수 있었습니다.

사실 최근에 PCUSA 교단에 동성애 인정 문제의 이슈가 있어서 지원하는 과정에서 주예수교회는 어떤 생각을 가지고 있는지 매우 궁금하였습니다. 목사님께서 그런 상황을 미리 예상하시고 명확하게 그 문제에 대한 생각을 말씀해 주시고, 총회장으로서 동성애 문제에 대하여 NCKPC의 입장에 대한 편지와 기사를 준비해 주셔서 제가 우려했던 부분들을 해소할 수 있었습니다. 면담 시작부터 식사를 마치고 돌아가는 그 시간까지 면접이란 생각이 들지 않을 정도로 잘 대해 주시고 배려해 주셨던 목사님께 참 감사한 시간이었습니다.

마치며…

짧은 시간이었지만 주예수교회가 가지고 있는 '사명 선언문'과 '이상 선언문'에서 이야기한 것처럼 말씀으로 하나님과 이웃을 섬기고 하나님의 나라를 이루어가는 공동체로 나아가는 모습을 발견할 수 있었습니다. 하나님의 은혜와 교역자와 모든 성도들이 함께 이 사명을 따라 지금까지 왔고 그로 인해 좋은 열매들을 보게 하신 것 같습니다. 앞으로도 하나님의 교회로 하나님의 선교를 이루어가는 교회가 되길 기대하고, 만약 동역할 수 있는 인도하심이 있다면, 이 사역에 함께 동참하여 하나님의 교회를 함께 세워 나가며 교회의 사명을 따라 함께 나아가기를 기대합니다.

공동체 나눔 6

제임스 노회

노회 준비 모임

100회 제임스 노회(Presbytery of the James, PCUSA)

일시: 2018년 10월 20일(오전 9시 ~오후 3시)

장소: 주예수교회(성찬식, 성가대 주예수교회 담당)

준비: 등록, 주차 안내, 점심, 회의, 예배

참가 인원: 103교회, 200여 명 목사, 장로 대표

미국 장로교회(Presbyterian Church USA)는 언더우드 선교사를 파송한 한국 기독교 선교의 모교회 역할을 한 교단이다. 현재 17000여 교회와 200여만 교인들로 이루어진 북미주 개신교단의 주류교단으로 한국의 대한예수교장로회(통합), 기독교장로회(기장) 등과 선교협력 관계를 맺고 있으며, 전 세계 개혁주의 장로교단의 지도적인 역할을 하고 있다.

14대회(synod)와 174노회(presbytery)로 조직되어 있고 교단산하에 프린스톤 신학교를 포함한 일곱 신학교를 운영하고 있으며, 360여 한인교회들이 소속되어 있다. 한인교회는 세 지역의 한인노회들로 구성된 교회들과(40%) 미국노회에 소속된 교회들(60%)이 함께 연대해서 교단의 중간정치조직인 Korean Cacus를 구성하고 있다. 주예수교회는 역사적이며 규모가 큰 제임스노회(Presbytery of the James)에 소속된 한인교회로서 소수민족 교회 중에 가장 활발하게 사역하면서 노회의 중심적 위치에서 미국교회들과 연대하고 있다. 100주년 노회를 주예수교회에서 개최한 이유이다.

❶ 2007년 당회원들과 함께
❷ 2019년 당회원들과 함께
❸ 교회 역사 20년과 함께한 노회 동역자들(Richard Haney 목사, Charles Grant 목사)
❹ 주일예배(Sunday Korean Worship)

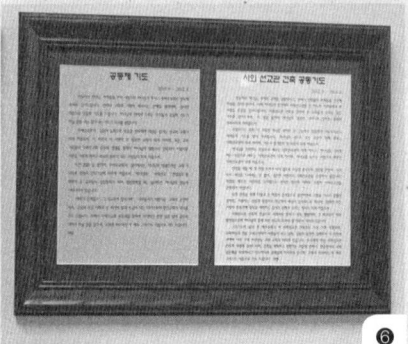

❺ 영어예배(English Worship)
❻ 공동체 기도문
❼ 교회 전경사진 액자

❽ 플랜카드
❾ 플랜카드

참고문헌(Bibliography)

영어서적

Andrew Sung Park. *Racial Conflict & Healing: An Asian-American Theological Perspective*. Orbis Books, Mayknoll, NY, 1996.

Craig Van Gelder. *The Ministry of the Missional Church: A Community Led by the Spirit*. Baker Books, 2007.

_____. *The Missional Church in Context: Helping Congregations Develop Contextual Ministry*. Wm. B. Eerdmans Publishing Co., 2007.

_____. *The Missional Church & Leadership Formation: Helping Congregations Develop Leadership Capacity*. William B. Eerdmans Publishing Company, Grand Rapids, Michigan, 2009.

_____, and Rick Rouse. *A Field Guide for the Missional Congregation: Embarking on a Journey of Transformation*. Augsburg Fortress, 2008.

_____, and Dwight J. Zscheile. *The Missional Church in Perspective: Mapping Trends and Shaping the Conversation*. Baker Academic, 2011.

David J. Bosch. *Transforming Mission: Paradigm Shifts in Theology of Mission*. Orbis Books, Maryknoll, New York, 2011.

Darrell L. Guder et al., *Missional Church: A Vision for the Sending of the Church in North America*. William B. Eerdmans Publishing Co., Grand Rapids, 1998.

Frank S. Page. *The Nehemiah Factor: 16 Characteristics of a Missional Leader*. New Hope Publishers. Birmingham, Alabama, 2008.

J. Andrew Kirk. *What is Missions?: Theological Explorations*. Fortress Press, Minneapolis, 2000.

John J. Ansbro. *Martin Luther King, Jr.: The Making of a Mind*. Orbis Books,

Maryknoll, New York, 1984.

JR Woodward. *Creating A Missional Culture: Equipping the Church for the Sake of the World.* IVP Books, 2012.

Jung Young Lee. *Marginality: The Key to Multicultural Theology.* Augsburg Fortress Publishers, 1995.

Lamin Sanneh, *Translating the Message: The Missionary Impact on Culture.* Orbis Books, Maryknoll, New York, 2009.

Lesslie Newbigin, *Truth to Tell: The Gospel as Public Truth.* William B. Eerdmans Publishing Company, Grand Rapids, Michigan, 1991.

Martin Luther King, Jr. *Stride Toward Freedom: The Montgomery Story.* Harper & Row, Publishers, 1958.

Michael Frost & Alan Hirsch. *ReJesus: A Wild Messiah for a Missional Church.* Hendrickson Publishers, 2009.

Milfred Minatrea. *Shaped by God's Heart: The Passion and Practices of Missional Churches.* Jossey Bass, A Wiley Imprint, 2004.

Reinhold Niebuhr. *The Nature and Destiny of Man. Vol. 1. Human Nature.* Charles Scribner's Sons, 1964.

_____. *Moral Man and Immoral Society: A Study in Ethics and Politics.* Westminster John Knox Press. Louisville, Kentucky, 2013.

_____. *The Nature and Destiny of Man. Vol. 2. Human Destiny.* Charles Scribner's Sons, 1964.

Wilbert R. Shenk. *Changing Frontiers of Mission.* Orbis Books, Maryknoll, New York, 1999.

한국서적

강병근 외 7인. "교회와 사회 봉사 현장". 목회와신학 총서. 두란노 아카데미, 2010.
강철희 외 12인. "기독교와 사회 봉사 총론". 목회와신학 총서. 두란노 아카데미, 2010.
권준. "우리 교회, 이보다 더 좋을 수 있다". 두란노, 2011.
김명용. Ohn Theology: Holistic Theology. 장로회신학대학교출판부, 2015.
김성진. "바로 그 교회". 쿰란출판사, 2015.
김연택. "릭 워렌, 그의 삶과 새들백교회". 예루살렘, 2006.
김은수 외 7인. "선교적 교회론과 한국 교회". 한국선교신학회. 대한기독교서회, 2015.
김한옥. "기독교 사회 봉사의 역사와 신학". 실천신학연구소, 2006.
독일개신교연합. "디아코니아 신학과 실천: 가슴과 입, 행동 그리고 삶. 디아코니아 근거, 과제 그리고 미래적 전망(개신교 백서)". 홍주민 역. 한국디아코니아 연구소, 2009.
박영호. "기독교 사회복지". 기독교문서선교회, 2009.
박종삼. "교회 사회 봉사 이해와 실천". 인간과 복지, 2000.
배현찬. "사회 선교는 이렇게: 디아스포라 한인 교회의 사회 봉사". 쿰란출판사, 2012.
_____. "양육은 이렇게: 로마서 함께 읽기 및 적용". 쿰란출판사, 2012.
_____. "리더십은 이렇게: 느헤미야 강해". 쿰란출판사, 2012.
양병무. "감자탕교회 이야기". 김영사, 2003.
오상철. "이민신학". 쿰란출판사, 2008.
유성준. "미국을 움직이는 작은 공동체, 세이비어 교회". 평단, 2011.
유의영. "지역 사회를 섬기는 교회". 도림교회 70년사. 한국장로교출판사, 1997.

이상훈. "Re_Form Church: 변혁을 이끄는 미국의 선교적 교회들". 교회성장연구소, 2015.
정재훈. "독일 복지국가와 사회복지서비스". 아산재단 연구총서 제225집. 집문당, 2007.
정종훈. "기독교 사회운동, 어떻게 할 것인가?". 한국장로교출판사, 2006.
최동규. "미셔널 처치". 대한기독교서회, 2017.
_____. "새로운 패러다임의 교회 성장". 서로사랑, 2011.
한국일. "선교적 교회의 이론과 실제". 장로회신학대학교출판부, 2016.
_____. "한국적 상황에서 본 선교적 교회: 지역 교회를 중심으로". 선교와 신학. 30집. 장로회신학대학교 출판부, 2012.

번역서

깅성웅 역. "바벨탑에 갇힌 복음". Hank Hanegraaff. 새물결플러스, 2010.
구승회 역. "트러스트: 사회도덕과 번영의 창조". Francis Fukuyama. 대한경제신문사, 1996.
김은홍 역. "교회와 문화, 그 위태로운 관계: 리처드 니버의 《그리스도와 문화》를 재조명하다". D.A. Carson. 국제제자 훈련원, 2009
김재준 역. "그리스도와 문화". H. Richard Niebuhr. 대한기독교서회, 1978.
김현회&박경범 역. "새들백교회 이야기". Rick Warren. 도서출판 디모데, 1995.
남상진 역. "피터 드러커, 미래를 읽는 힘". Kaoru Kobayashi. 청림출판, 2002.
두란노 출판부 역. "공동체, Community". Gilbert Bilezikian. 두란노, 1998.
오진탁 역. "개성있는 교회가 성장한다". Harold J. Westing. 도서출판 디모데, 1995.
이무열 역. "좋은 기업을 넘어…위대한 기업으로". Jim Collins. 김영사, 2002.

이순희 역. "나에게는 꿈이 있습니다", Clayborne Carson. 바다출판사, 2002.
임신희 역. "넥스트 처치" Eddie Gibbs. 교회성장연구소, 2003.
전우의 역. "깊이있는 교회". Jim Belcher. 포이에마, 2011.
_____ 역. "세상을 위한 교회, 세이비어 이야기". Elizabeth O'Connor. IVP, 2016.
정승현 역. "선교적 교회". Darrell L. Guder. 주안대학원대학교출판부, 2013.
지성근 역. "새로운 교회가 온다". Michael Frost and Alan Hirsch. IVP, 2009.
최동규 역. "교회의 본질". Craig Van Gelder. 기독교문서선교회, 2015.
최예자 역. "소규모 교회도 실행할 수 있는 사명을 수행하는 교회". Dennis Bickers. 프리셉트, 2013.
최종훈 역. "래디컬". David Platt. 두란노, 2011.
최형근 역. "교회DNA". Howard A. Snyder, and Daniel V. Runyon. IVP, 2006.
홍병룡 역. "교회란 무엇인가?" Lesslie Newbigin. IVP, 2010.
_____ 역. "다원주의 사회에서의 복음". Lesslie Newbigin. IVP, 2007.
_____ 역. "정의로운 사랑은 가능한가". Nicholas Wolterstorff. IVP, 2017.

저널

Bob Smietana. "The Southern Baptist S(P)ending Crunch." Journal of Christianity Today, November 2015: 63-65.
김보경. "이웃을 보는 따뜻한 시선이 필요합니다". 목회와 신학. 통권 317호. 두란노 서원, (2015): 48-55.
나이영. "경제 민주화 논란, 교회는?". 기독교사상. 통권 제655호. 2013.
성석환. "지역공동체를 세우는 선교적 교회". 목회와 신학. 통권 285호. 두란노 서원, 2013. pp. 57-61.
손병덕. "지역 사회 섬김으로 200년 전통을 이어가는 그리보로 제1장로교회". 목회와 신학. 통권 330호. 두란노 서원, 2016. pp. 115-117.
이대헌. "선교적 교회론에 입각한 선교 및 교회 이해". 목회와 신학. 통권 285호. 두란노 서원, 2013. pp. 44-49.
이상훈. "북미 교회 갱신 운동의 흐름에서 본 선교적 교회와 사역 원리". 목회와 신학. 통권 330호. 두란노 서원, 2016. pp. 139-147.
이학준. "한국 교회의 새로운 패러다임의 핵심, 공적 영성". 목회와 신학. 통권 285호. 두란노 서원, 2013. pp. 68-74.
_____. "출애굽에서 입가나안으로: 한인 교회의 사회적 비전". LA 기독교윤리신천운동 제73호. LA 로스엔젤레스, 2015.
정인수. "작은 겨자씨 하나로 세상을 움직이는 세이비어교회". 목회와 신학. 통권 321호. 두란노 서원, 2016. pp. 120-123.
최동규. "선교적 교회, 무엇이 다른가?". 목회와 신학. 통권 285호. 두란노 서원, 2013. pp. 50-56.
최무열. "교회의 사회복지 교육, 어떻게 해야 하나?". 목회와 신학. 통권 312호. 두란노 서원, 2015. pp. 50-53.
최형근. "선교적 교회란 무엇인가?". 목회와 신학. 통권 285호. 두란노 서원, 2013. pp. 38-43.
한국일. "선교적 교회의 실천적 모델과 원리". 선교신학. Vol. 36. 한국선교신학회, 2014.

선교적 교회 목회론

1판 1쇄 인쇄 _ 2019년 8월 5일
1판 1쇄 발행 _ 2019년 8월 15일

지은이 _ 배현찬
펴낸이 _ 이형규
펴낸곳 _ 쿰란출판사

주소 _ 서울특별시 종로구 이화장길6
편집부 _ 745-1007, 745-1301~2, 747-1212, 743-1300
영업부 _ 747-1004, FAX 745-8490
본사평생전화번호 _ 0502-756-1004
홈페이지 _ http://www.qumran.co.kr
E-mail _ qrbooks@gmail.com / qrbooks@daum.net
한글인터넷주소 _ 쿰란, 쿰란출판사
등록 _ 제1-670호(1988.2.27)
책임교열 _ 김유미·이화정

ⓒ 배현찬 2019 ISBN 979-11-6143-272-4 93230

책값은 뒤표지에 있습니다.
이 출판물은 저작권법에 의해 보호를 받는 저작물이므로 무단 복제할 수 없습니다.
파본(破本)은 구입처에서 교환해 드립니다.